EL SISTEMA DE PARTIDOS VENEZOLANO, 1830-1999

COLECCIÓN ESTUDIOS POLÍTICOS

Títulos publicados

1. *Democracia y reforma del Estado.* Entrevistas de Alfredo Peña, 1ra Edición, 1978, 669 pp.
2. *Procesos de decisión política,* Leandro Area, 1ra Edición, 1984, 116 pp.
3. *Problemas del Estado de partidos.* Allan Brewer-Carías, 1ra Edición, 1988, 339 pp.
4. *El control institucional de la participación en la democracia venezolana.* Crisp Brian F., 1ra Edición, 1997, 367 pp.
5. *Una carta para la democracia.* Gustavo Briceño Vivas, 1ra Edición, 2012, 225 pp.
6. *Historia InConstitucional de Venezuela 1999-2012,* Asdrúbal Aguiar, 2012, 589 páginas.
7. *El golpe de enero en Venezuela (Documentos y testimonios para la historia).* Asdrúbal Aguiar, 1ra Edición, 2013, 316 pp.
8. *El golpe a la democracia dado por la Sala Constitucional,* Allan R. Brewer-Carías, 1ra Edición, 2014, 354 pp.: 2ª Edición, 2015, 426 pp.
9. *Memoria de la Venezuela enferma 2013-2014,* Asdrúbal Aguiar, 2015, 257 pp.
10. *La mentira como política de Estado, Crónica de una crisis política permanente. Venezuela 1999-2015,* Allan R. Brewer-Carías, 1ra. Edición, 2015, 476 pp.
11. *Evolución del Estado Venezolano 1958-2015. De la conciliación de intereses al populismo autoritario,* Manuel Rachadell, 2015, 550 pp.
12. *El sistema de partidos venezolano, 1830-1999,* Juan Carlos Rey, 2015, 294 pp.

Juan Carlos Rey

EL SISTEMA DE
PARTIDOS VENEZOLANO
1830-1999

Colección Estudios Políticos
Nº 12

Editorial Jurídica Venezolana
Caracas/2015

©   Juan Carlos Rey
Email: juancarlosreym@gmail.com
Hecho el depósito de Ley
Depósito Legal: lf54020153402202
ISBN: 978-980-365-317-0

Editorial Jurídica Venezolana
Avda. Francisco Solano López, Torre Oasis, P.B., Local 4, Sabana Grande,
Apartado 17.598 – Caracas, 1015, Venezuela
Teléfono 762.25.53, 762.38.42. Fax. 763.5239
Email fejv@cantv.net
http://www.editorialjuridicavenezolana.com.ve

Impreso por: Lightning Source, an INGRAM Content company
para Editorial Jurídica Venezolana International Inc.
Panamá, República de Panamá.
Email: ejvinternational@gmail.com

Diagramación de la portada por: Camila Odremán Rey.
Imágenes: Dr. Rafael Caldera, Rómulo Betancourt y Jóvito Villalba, reunidos en la
quinta Puntofijo 1958, para suscribir el Pacto de Punto Fijo.
Hugo Chávez juramentándose en 1999 como Presidente, sobre la Constitución de
1961.
Lápida de origen *"chavista"* declarando el R.I.P. del "Puntofijismo"

Diagramación, composición y montaje
por: Francis Gil, en letra Time New Roman 10,5 Interlineado Exacto 11,
Mancha 18 x 11.5 cm, libro: 22,9 X 15,2.

A mi hija Blanca Elena

ÍNDICE

CUARTA PARTE
AVENTURAS Y DESVENTURAS
DEL SISTEMA DE PARTIDOS MODERNO
(1958-1999)

ÍNDICE DE TABLAS Y FIGURAS

SIGLAS DE LOS PRINCIPALES PARTIDOS Y ORGANIZACIONES MENCIONADOS EN EL TEXTO

AD =   Acción Democrática

ARDI =   Agrupación Revolucionaria de Izquierda

BM =   Banco Mundial

BND =   Bloque Nacional Democrático

CCN =   Cruzada Cívica Nacionalista

CENDES =   Centro de Estudios del Desarrollo. Universidad Central de Venezuela

COPEI =   Comité de Organización Política Electoral Independiente

COPRE =   Comisión Presidencial para la Reforma del Estado

FDP =   Frente Democrático Popular

FEI =   Frente Electoral Independiente

FND =   Frente Nacional Democrático

FNT =   Frente Nacional de Trabajadores

FEV (OP) =   Federación de Estudiantes de Venezuela (Organización Política)

FMI =   Fondo Monetario Internacional

FND =   Frente Nacional Democrático

FO =   Frente Obrero

IPFN =   Independientes Pro Frente Nacional

LCR =   La Causa Radical

MBR-200 =   Movimiento Bolivariano Revolucionario 200

MEP =   Movimiento Electoral del Pueblo

MIT =	Massachusetts Institute of Technology
MPJ =	Movimiento Popular Justicialista
MVR =	Movimiento Quinta República
NGD =	Nueva Generación Democrática
OCI =	Oficina Central de Información
ORVE =	Movimiento Organización Venezolana
PCV =	Partido Comunista Venezuela
PDV =	Partido Democrático Venezolano
PDN =	Partido Democrático Nacional
PPT =	Patria Para Todos
PRIN =	Partido Revolucionario de Integración Nacionalista
PRN =	Partido Revolucionario Nacionalista
PRP =	Partido Revolucionario Progresista
PRVZL =	Proyecto Venezuela
PSUV=	Parido Socialista Unificado de Venezuela
RECADI =	Régimen de Cambios Diferenciales
UCV =	Universidad Central de Venezuela
UPA =	Unión Para Avanzar
URD =	Unión Republica Democrática

PREFACIO PARA LA SEGUNDA EDICIÓN

Esta nueva edición ampliada y mejorada de *El sistema de partidos venezolano, 1830-1999*, difiere de la primera, publicada en 2009 por el Centro Gumilla y Publicaciones UCAB, en varios aspectos. Aquella primera publicación formaba parte de la serie "Temas de Formación Sociopolítica", concebida por sus editores con propósitos predominantemente pedagógicos, pues consistía en una colección de manuales especialmente dirigidos a la formación de los jóvenes estudiantes. Ahora aspiro a que el libro sea conocido por un público más maduro, especialmente proveniente del mundo académico. Por ello he incluido en el texto algunos nuevos desarrollos, más complejos, que no consideraba pertinentes para la versión original, que estaba escrita –como lo era lo propio de la serie en la que fue publicada– con fines esencialmente pedagógicos. Esta es la reforma más sustancial de esta nueva edición.

Por otra parte, además de haber modificado –y espero que mejorado– muchos aspectos formales de la anterior edición, me he esforzado por subsanar las erratas y omisiones que se habían deslizado en ella.

Todo los venezolanos reconocemos la excelente labor editorial que al servicio de la formación sociopolítica de los jóvenes estudiantes vienen cumpliendo el Centro Gumilla y la Universidad Católica Andrés Bello, a través de su serie de publicaciones. Como autor de esta obra les debo agradecer que se debió a su amable invitación el haberme decidido a escribir este libro, que ellos publicaron por primera vez.

Es muy grato para mí que la segunda edición de este libro esté a cargo de la Editorial Jurídica Venezolana, pionera en las publicaciones académicas no sólo en materia jurídica sino también en cuestiones políticas y caracterizada por su alta calidad y eficiencia. A esta Editorial le debo la publicación, en 1980, de mis dos primeros libros venezolanos, *Ensayos de Teoría Política* y *Problemas Socio-Políticos de América Latina*. Ahora, transcurridos 35 años de aquella primera asociación, la Editorial vuelve a acoger, en su Colección Estudios Políticos, este libro mío, lo cual es motivo de mi reconocimiento y honda satisfacción.

J.C.R.

San Antonio de los Altos, Julio de 2015

PREFACIO A LA PRIMERA EDICIÓN

Desde 1972, cuando publique en el N° 1 de *Politeia*, el anuario del Instituto de Estudios Políticos de la Universidad Central de Venezuela, mi primera investigación sobre "El sistema de partidos políticos venezolano", he continuado estudiando ininterrumpidamente diversos aspectos de este tema, pues estoy convencido que son fundamentales para el funcionamiento de cualquier democracia representativa, y especialmente de una como la venezolana.

Ahora pretendo reafirmar esta convicción por medio de este libro, presentando una visión no integral, pero sí integrada del sistema de partidos venezolano, para lo cual al lado de nuevos desarrollos e investigaciones, he utilizado ampliaciones, extractos y resúmenes de mis anteriores trabajos, como podrá ver quien consulte la bibliografía.

El objeto que analizo en este libro es el *sistema de partidos venezolano*, de modo que el lector que esté interesado en el estudio de los partidos individuales (de su origen, historia, ideología, organización o sus vicisitudes en el gobierno o en la oposición) deberá buscar otras fuentes de información, pues aunque en esta obra hago menciones de varias de tales cuestiones, el objeto de mi exposición no es ningún partido singular, ni tampoco la suma de sus historias individuales, sino en primer lugar las relaciones reciprocas entre los partidos, y en segundo lugar las relaciones del sistema de partidos con el sistema de gobierno y con el sistema político total. El hecho de que en la Cuarta Parte del libro, a partir de 1958, preste una atención especial a AD y a COPEI, no se debe a ninguna preferencia ideológica sino al papel especial que han desempeñado estos partidos en la vida política contemporánea de Venezuela.

Mi investigación se sitúa dentro del ámbito de la Ciencia Política y no de la Historia, aunque frecuentemente uso tanto el análisis histórico como el comparativo, pues pretendo presentar el sistema de partidos venezolano tanto en su singularidad, es decir, en lo que se distingue de otros sistemas de partidos, como en lo que tiene en común con esos otros, con lo cual espero hacer posibles algunas generalizaciones.

El libro consta de cuatro partes. En la primera parte, de carácter introductorio, desarrollo algunos cuestiones que creo son necesarias para que el que estudia un sistema de partidos como el venezolano, disponga de un marco teórico y conceptual relativamente amplio, que le sirva para facilitar su comprensión y para poder extenderla posteriormente a otros ámbitos.

En la segunda parte, estudio el paso de unos sedicentes partidos sin un verdadero Estado, como eran las organizaciones políticas que existían en nuestro siglo XIX, a un Estado sin partidos, obra de Cipriano Castro y de Juan Vicente Gómez.

En la tercera parte, analizo la creación del primer sistema de partidos democrático durante el trienio 1945-1948, y el intento frustrado –pero lleno de lecciones para el futuro– de crear una democracia de masas.

En la cuarta y última parte, con mucho la más extensa y la que ha sido objeto de mi interés especial, trato de las aventuras y desventuras del sistema de partidos venezolano, héroes o villanos, según la perspectiva desde la que se los mire, desde su nacimiento en 1958 hasta 1999, año en el que si bien no mueren literalmente, apenas subsisten, pero muy debilitados y casi como espectros; pero por otra parte, han surgido algunas nuevos partidos, que en un primer momento aparentaron tener considerable fuerza, pero de una viabilidad dudosa.

He querido dedicar este libro a mi hija Blanca Elena, pues en personas como ella y como mi nieta Camila residen mis esperanzas de la futura democracia venezolana.

J.C.R.
San Antonio de los Altos
Septiembre de 2009

PRIMERA PARTE
INTRODUCCIÓN: DEMOCRACIA, REPRESENTACIÓN Y PARTIDOS POLÍTICOS

I.   DEMOCRACIA Y REPRESENTACIÓN POLÍTICA

1.   *Democracia, representación y elecciones*

Durante muchos años ha sido común en los países occidentales considerar que la única forma posible de democracia en el mundo moderno era la *democracia representativa*, de manera que el concepto de *representación* permanecía asociado al de *democracia* como si fueran inseparables. Sin embargo, en sus orígenes los significados de esos dos términos no sólo eran distintos sino contrarios: un *gobierno representativo* (que también era llamado *república*) era lo contrario a una *democracia*, pues en tanto que en ésta el pueblo gobernaba directamente los asuntos públicos, mediante su participación en asambleas, como ocurría en la antigua Grecia, en cambio en el gobierno representativo, como es lo común en las repúblicas modernas, los gobernantes son elegidos por dicho pueblo.

Pero además la idea de democracia provocó durante mucho tiempo un rechazo, pues era asociada con la forma degenerada el gobierno popular (la *demagogia* u *oclocracia)*. Recuérdese que en la Constitución de los Estados Unidos, que para muchos era el arquetipo de gobierno democrático, no aparece ni una sola vez el término *democracia* o el adjetivo *democrático*, y para caracterizar al régimen que les es propio utilizan los término *república* o *gobierno representativo*. Y cuando un pensador conservador, como nuestro Juan Vicente González, llama a Boves el "primer Jefe de la Democracia Venezolana" (González [1865] 1983: 170), no lo hace para alabarle, sino para mostrar su repulsa hacia esa forma de gobierno.

También se suele considerar el adjetivo *representativo* equivalente a *electivo*, en el sentido que sólo el que ha sido efectivamente elegido por quien va a ser representado puede decirse que representa realmente a quien lo elige. Pero hay que recordar que en derecho privado es muy común y perfectamente legítima la representación sin haber sido elegido por su beneficiario, como es el caso del padre que representa a su hijo menor o el tutor al loco, por la incapacidad natural de los representados para defender por si mismos sus derechos. Pero también en la política tradicional, se suponía que el rey representaba a la totalidad de reino, en el sentido de que velaba por el interés de toda la comunidad, sin que hubiera una elección.

Muy conocida es la representación, defendida por Burke, llamada *virtual*, sin elección, según la cual alguien puede representar a otro, en el sentido de ser un idóneo defensor de sus derechos, bajo el supuesto de una igualdad social e identidad de intereses entre ellos, que Burke diferenciaba de los que son representados *actualmente* o *literalmente*, es decir mediante una efectiva elección[1]. Se trata de un concepto de representación muy común, incluso recientemente en Venezuela, que pretende ser una forma de participación que va a sustituir a la que es realmente democrática.

Durante la Edad Media hubo unos representantes genuinos de las corporaciones personales o territoriales ante las asambleas estamentales, que eran realmente elegidos por aquéllas, con verdaderos nombramientos formales como embajadores, mediante poderes y mandatos precisos que limitaban su autoridad, y con responsabilidades a veces terribles, en caso de incumplimiento, pues podían pagar incluso con su vida. Pero históricamente ha sido muy común, también en Venezuela, que baste la pertenencia de un individuo a un determinado estamento, pero que se sienta autorizado a proclamarse representante del mismo, sin elección, por la supuesta comunidad de intereses con dicho grupo social. Debemos recordar el caso el canónigo José Cortés de Madariaga, que por su condición eclesiástica se atribuyó la representación del clero, para participar en el Cabildo de Caracas el 19 de abril de 1810, sin contar con una elección formal del correspondiente estamento; o el caso de José Félix Ribas, que en la misma ocasión y por análogas razones se atribuyó la representación del estamento de los *pardos*.

Hay que recordar, también, el caso de la aristocracia latinoamericana que se consideraba –y fue aceptada como tal– representante de toda la población colonial, ante las autoridades metropolitanas, lo cual ha sido interpretado erróneamente, por algunos historiadores, como una manifestación anticipada de la democracia.

Pero los casos que acabo de nombrar no son simples antiguallas históricas, pues esta confusión persiste. Todavía en Venezuela, después de 1958, nos encontramos como una presencia viva de la idea de representación corporativa estamental, en el que he llamado *sistema populista de conciliación de élites* (vid *infra*, pp. 116-120) que se instaura en 1958. A través de dicho sistema diversos sectores privados logran una representación corporativa, que les permite participar en las decisiones públicas, lo cual se tiende a confundir con una participación democrática.

---

1   Para todo lo que tiene que ver con el concepto de representación, incluyendo las ideas de Burke sobre el particular, se deberá consultar el libro, aun no superado, de Pitkin (1967).

Pero lo cierto es que incluso hoy en día, cuando se identifica la representación con la elección democrática –de forma que gobierno representativo es igual a gobierno elegido democráticamente– no existe acuerdo sobre las implicaciones de dicha elección. Mientras que algunos restringen la representación a una simple autorización que los votantes dan al que resulta electo, por la cual le confieren la autoridad y los derechos necesarios para gobernar, pero sin estar sometido a ningún tipo de control, otros insisten en que una característica fundamental de la representación es que el elegido, al terminar sus funciones debe dar cuenta de su actuación a quienes lo eligieron; y hay quienes creen necesario resaltar las obligaciones que tiene el representante, durante todo el ejercicio de sus funciones, de actuar de determinada manera y que incurre en cierta forma de responsabilidad en caso de no cumplir con esas obligaciones. Para esta última concepción, la *representación* implica no sólo derechos sino también deberes y *responsabilidades* mucho más exigentes que la simple rendición de cuentas al terminar su mandato (*vid. infra*, pp. 33-35)

Ahora bien, frente a la *responsabilidad política personal e individual* del representante electo, propia de los sistemas de representación liberales, con una democracia muy restringida (pues el derecho al sufragio estaba limitado por razones económicas y/o culturales), que funcionaba con partidos de notables (y no de masas), que por varias razones era, como vamos a ver, un tipo de responsabilidad política precaria e insegura, hay otro tipo de *responsabilidad política institucional y colectiva*, a cargo del partido, mucha más fiable, que es la propia de los partidos políticos de masas, que se da cuando se existe el sufragio universal y por tanto una democracia de masas (*vid. infra*, págs. 90-91).

Con la aparición de la democracia representativa se produce un cambio fundamental en el concepto de democracia, pues a partir de entonces el titular formal y teórico de la soberanía, que es el pueblo, no coincide con el gobernante, que es quien en realidad tiene y ejerce el poder. Cuando existía democracia directa, como en la antigua Grecia, el pueblo ejercía directa y efectivamente la soberanía, pues aunque nombraba algunos magistrados para algunas funciones limitadas, decidía él mismo sobre la mayoría de las cuestiones.

Pero en los regímenes políticos modernos, que dicen ser democracias, hablar del pueblo como poseedor de la soberanía se puede reducir a una ficción jurídica. De manera que si queremos saber, más allá de las proclamaciones puramente verbales, cuál es su verdadera naturaleza de un régimen, tenemos que acudir a ver cuál es el conjunto de instituciones a través de las cuales el principio democrático se traduce o se concreta en la práctica. Desde este punto de vista, las características del *sistema de partidos* son fundamentales para poder determinar el tipo de régimen político real, pues a través de ellas podremos percibir si existe una real competencia abierta, entre los partidos, por el poder y cuál es la forma de acceder al mismo. En este sentido la diferencia que parece ser fundamental, en los países que dicen ser democráticos, es la que existe entre los *sistemas de partido único* (monopolístico), con monopolio del poder, y los *sistemas de partidos múltiples* (su número es relativamente secundario) en los que varios compiten en unas elecciones libres para conseguir el favor del electorado y así acceder al Gobierno[2]. Caso atípico aparte, pues no fue una verdadera democracia, es el de la supuesta democracia sin partidos de la *Yamahiriya Árabe Libia* de Gaddafi (*vid. infra*, pp. 235 y 238)

2. *La democracia sin representación y sin partidos: Rousseau*

Sin embargo, antes de comenzar a analizar los sistemas de partidos, conviene distinguir la *forma de Estado* (que se refiere a la cuestión de cuál es la autoridad última en la que reside el poder político supremo o soberanía) y la *forma de Gobierno* (que tiene que ver con la estructura política especializada encargada de tomar las decisiones colectivas), y tener en cuenta la posible falta de congruencia entre ambas. Aunque se trata de una distinción muy antigua en la historia de las ideas políticas, que se aplica a cualquier forma de gobierno (Rey 2003b: 48-51), nosotros ahora sólo vamos a examinar los problemas de posibles incongruencias entre la forma de Estado y la forma de Gobierno que se pueden producir en las democracias.

Partamos de Rousseau, quien precisa la diferencia entre el soberano, constituido por la totalidad del pueblo, y el gobierno, que se reduce a algunos individuos particulares, y que se diferencia de aquél porque puede actuar con vigor y celeridad (*Du Contrat Social*, 1762, Lib. III, Cap. I). Para Rousseau la única forma legítima de Estado es la democracia, en la que el soberano es la totalidad del pueblo, al cual corresponde la aprobación de las leyes y el nombramiento del gobierno. Pero el soberano puede optar por cualquiera de la tres posibles formas de gobierno desarrolladas por el pensamiento político clásico (democracia, aristocracia o monarquía), y además de una multitud de formas mixtas. (Lib. III, Cap. III). Pero Rousseau, si bien cree que la única *forma de Estado* legítima es la democracia, en cambio no es partidario de una *forma de gobierno* democrático, salvo que se tratara de un pueblo de dioses, pues "un gobierno tan perfecto no es propio de hombres" (Lib. III, Cap. IV).

Según Rousseau, el mero hecho de la existencia del gobierno como un cuerpo especializado, distinto del soberano, representa un peligro continuo para la soberanía, pues la usurpación de ésta (que se supone que pertenece a la generalidad del pueblo) por parte de unos gobernantes particulares es "el vicio inherente e inevitable" de todo cuerpo político democrático. La razón de ello es muy sencilla: en la forma de Estado democrático no hay una voluntad del soberano como cuerpo, que se pueda enfrentarse y resistir permanentemente a la voluntad de los gobernantes (Lib. III, Cap. X), como sí ocurre, en cambio, cuando el soberano es un monarca o una aristocracia. Pues en el Estado democrático "el soberano sólo actúa cuando el pueblo está reunido", pero aunque es necesario que existan asambleas periódicas frecuentes que se reúnan con tal fin, es imposible hacer de tales reuniones una actividad continua y permanente (Lib. III, Caps. XII-XIII). Por tanto, según Rousseau, una notoria debilidad del Estado democrático reside en el hecho de que el pueblo, en cuanto

---

2   En esto ha insistido particularmente Raymond Aron en su *Democracia y Totalitarismo* (Aron 1968).

sujeto de la soberanía y titular último del poder público, es una entidad puramente abstracta o ideal que, al no estar permanentemente organizado, no puede hacerse presente ni manifestar su voluntad frente al gobierno sino muy ocasionalmente (en las pocas ocasiones extraordinarias en las que se le somete a consulta una nueva Constitución) o de manera intermitente (en las elecciones periódicas).

En teoría el pueblo es la fuente última de toda autoridad, pero frecuentemente esto no es sino una mera imputación o ficción jurídica. El poder del pueblo es en gran parte puramente nominal, pues en la práctica no va más allá de aprobar la Constitución y de elegir a los gobernantes, en tanto que el poder real y efectivo está en manos de estos últimos. Y aquí hay que recordar la ironía de Rousseau: "El pueblo inglés cree ser libre, pero se equivoca; sólo lo es durante la elección de los miembros del parlamento; una vez elegidos se convierte en esclavo, no es nada" (Lib. III, Cap. XV).

Pero según Rousseau la soberanía pertenece siempre al pueblo, que *no puede ser representado*, de modo que en un Estado bien constituido el soberano (todo el pueblo) debe actuar en forma directa dictando la legislación a través de reuniones y deliberaciones periódicas en asambleas frecuentes. En la medida que existan diputados estos *no son representantes del pueblo* sino simplemente sus *comisarios* (sólo actúan por su comisión) y no pueden acordar definitivamente nada, de manera que todas ley no ratificada por el pueblo es nula, no es una ley.

Para un importante sector del moderno pensamiento republicano, en el cual sobresale sobre todos Rousseau, el modelo que les servía de inspiración política era una imagen idealizada de las antiguas repúblicas democráticas de Grecia y Roma, y el problema, tal como les era percibido, consistía en cómo realizar los valores ético-políticos propios de éstas, en las circunstancias peculiares de las sociedades modernas. De acuerdo a esa imagen idealizada, la cohesión de las antiguas repúblicas era fundamentalmente el resultado de la "virtud cívica" y el "espíritu público" de sus ciudadanos, que les llevaba a colocar el interés general por encima de los intereses privados y a considerar la participación en los asuntos públicos como su mayor orgullo. La República era, para ellos, el bien supremo que daba sentido y valor a todos los bienes privados, de forma que dedicarse exclusivamente a estos últimos, o darles preeminencia sobre los bienes públicos, era considerado como una aberración y como signo inequívoco de idiocia. Pero la democracia participativa (directa) de las antiguas repúblicas, era posible dada la relativa simplicidad de la sociedad y el alto grado de homogeneidad social entre los ciudadanos, que tenía como supuesto la existencia de esclavos, excluidos de la ciudadanía, así como un gran consenso cultural, producto de una estricta educación en la "virtud cívica", que hacía énfasis en la frugalidad y la autodisciplina. De todo lo cual resultaba una verdadera comunidad sustantiva de intereses entre los ciudadanos, y el predominio del "espíritu público", que les llevaba a subordinar el interés privado al interés general o bien público.

Pero, dado que esas condiciones sociales y culturales han desaparecido en el mundo moderno, y lo que caracteriza más bien a la moderna sociedad civil (o burguesa) es la abdicación del interés público y la agresiva prosecución de los intereses privados, ¿cómo puede evitarse, entonces, que la democracia conduzca al imperio de las facciones y de la corrupción, es decir, cómo impedir que los intereses particulares que irrumpen ilegítimamente en el campo de la política se impongan, en lugar del interés general?. Y si es cierto que todo gobierno que responde a intereses particulares, así sean mayoritario, es faccioso o tiránico ¿cómo se puede prevenir que la democracia moderna, en tales condiciones, desemboque en la tiranía de la mayoría?.

Una posibilidad consiste en tratar de eliminar o de superar los intereses particulares y las consiguientes facciones, que nacen de la asociación de ellos, mediante la creación de un consenso moral entre todos los ciudadanos. Esta es la solución que propone Rousseau a través de su idea de "voluntad general". La voluntad general no es una simple agregación de voluntades individuales que siguen intereses particulares, sino una voluntad ética que se orienta objetivamente hacia el interés general o bien común. La soberanía popular no consiste, por tanto, en la voluntad de una mayoría de intereses privados, particulares y contingentes, sino en la *voluntad general*, en tanto que expresión del interés común; lo demás es facción o tiranía. Pero para que esta solución sea posible, es necesario que se den varios supuestos. Debe suponerse, ante todo, que si bien el individuo, en tanto que miembro de la sociedad civil, tiene intereses privados, también es capaz de reconocer, en tanto que ciudadano, la existencia del interés público o general y guiarse por él, de modo que tal interés es capaz de imponerse en virtud de la fuerza moral que ejercería sobre los ciudadanos.

Esto supone, además, una peculiar concepción acerca de la naturaleza del voto, en tanto que acto político fundamental a través del cual se manifiesta esa voluntad general. El voto no es un derecho que se otorga en interés particular o para el beneficio privado del votante, sino el ejercicio de una función pública que debe estar orientada por el interés común. De manera que es necesario que el ciudadano al votar conteste a la pregunta correcta. Lo que se pide al votante que responda *no* es: ¿es ventajoso para tal hombre o para tal partido que tal o cual opinión sea aprobada? La pregunta correcta es: ¿es ventajoso para el Estado que tal o cual opinión se apruebe? De manera que:

> "Cuando se propone una ley en la asamblea del Pueblo, lo que se les pregunta no es, precisamente, si aprueban la propuesta o la rechazan, sino si es o no conforme a la voluntad general, que es la suya; al emitir el sufragio, cada uno dice cuál es la opinión acerca de ella y del cálculo de votos se extrae la declaración acerca de la voluntad general" (Rousseau [1964], *Du Contract Social*, p. 440).

Es la propia naturaleza del voto la que aconseja, según Rousseau, que sea emitido en forma pública, pues ésta es la mejor garantía de que, por honestidad o por vergüenza de votar algo injusto o indigno, el ciudadano vote de acuerdo a su honesta y sincera opinión acerca de lo que es el interés general. Sólo con la introducción de prácticas deshonestas, como la compra del voto o la influencia indebida que los poderosos pretenden ejercer sobre los más débiles, se puede justificar la introducción del sufragio secreto (Rousseau [1762] 1964: 452). De modo que la existencia del voto secreto indica que la democracia ha comenzado a corromperse y, a partir de entonces, el sufragio puede adquirir un carácter privado y ser utilizado con propósitos particulares o en beneficio personal[3].

Supuesto que al votar se haya contestado la pregunta correcta, y que no haya facciones, de modo que cada ciudadano opine independientemente y por sí mismo, el conteo de votos, mediante la aplicación de la regla de la mayoría, permite determinar cuál es la voluntad general. Mediante este procedimiento se asegurará "que la voluntad general sea siempre esclarecida y que el pueblo nunca se equivoque" ([1762] 1964: 372). Para Rousseau, el voto mayoritario no es un instrumento para agregar intereses privados o para arreglar conflictos entre ellos, sino un método para determinar cuál es el interés general real y objetivo, de acuerdo a un modelo que, como señala Arrow (1975: 85), se asemeja al procedimiento estadístico de agregar las opiniones de un grupo de expertos para llegar al mejor juicio en alguna materia, y en el que los ciudadanos son considerados como expertos en detectar cuál es el interés general.[4]

De modo que según Rousseau no debe haber ninguna forma de representación, sino el ejercicio directo de democracia por el pueblo; y deben prohibirse los partidos (facciones), entendidos como asociaciones de particulares con el fin de hacer prevalecer sus intereses particulares sobre la voluntad general.

Todos los ciudadanos, al suscribir el contrato social original, se han comprometido unánimemente a obedecer los mandatos de la *voluntad general*. Con ello no han dado su consentimiento a un contenido específico de ésta, sino, en abstracto, a lo que en cada caso, al aplicarse el voto mayoritario, resulte ser

---

3   En un texto del pensamiento político de la emancipación venezolana, el "Discurso preliminar dirigido a los americanos" de la conspiración de Gual y España (1797), encontramos expresada esa idea con particular fuerza y claridad:

    "La publicidad de las opiniones y de las deliberaciones, es absolutamente necesaria en una República: no se debe hacer jamás uso, sino del escrutinio verbal. Mal haya aquel, que teme dar su voto, su parecer, o dictamen en alta voz: sus intenciones no pueden ser buenas; no hay sino la maldad que pide la oscuridad y el silencio; una acción loable, no encuentra sino recompensas en la publicidad, y pretender que esta perjudica a la libertad de los que votan, es lo mismo que quejarse de la claridad del sol, que incomoda tanto al malhechor... Todo el efecto de las elecciones populares, se pierde el mismo día en que se deroga este principio; desde este instante, la ambición hace un grande adelantamiento, y con la intriga que la acompaña, logra el buen éxito de sus pérfidos proyectos" (Recogido por Grases 1997: 208-209).

    Hay que recordar que durante gran parte de nuestro siglo XIX se conservó este principio, de manera que la emisión del voto en las elecciones venezolanas se hacía en forma pública.

4   La voluntad general viene a ser "la suma de las diferencias" de las voluntades particulares, que se compensan o destruyen mutuamente, de modo que si el pueblo delibera debidamente informado y sin que se permitan las facciones, "del gran número de las pequeñas diferencias resultará la voluntad general y la deliberación será siempre buena" (Rousseau [1762] 1964: 371).

esa voluntad general. Se trata de que los ciudadanos han contraído un *compromiso normativo* de aceptar tal resultado, dada la naturaleza ética objetiva que se supone ha de tener el mismo. Por tanto, una vez determinado ese contenido, todo ciudadano está moral y legalmente obligado aceptarlo, aunque él haya votado en contra, de modo que si alguien se negara a obedecer la voluntad general deberá ser obligado a ello, lo cual, según Rousseau, "no significa otra cosa que se le obligará a ser libre" (*Du Contract Social*, p. 371). Pues, en efecto:

> "cuando la opinión contraria a la mía vence, lo único que se prueba es que yo me había equivocado, y lo que creía que era la voluntad general, no lo era. Si mi voluntad particular hubiera vencido, no habría hecho lo que hubiera querido, es entonces cuando no habría sido libre". (*Du Contract Social*, p. 441)

Las dificultades teóricas y prácticas de la solución roussoniana, son enormes. Según Rousseau, la soberanía y la voluntad general pertenecen siempre al pueblo y no pueden ser representadas, de modo que en un Estado bien constituido el soberano debe actuar en forma directa dictando la legislación (expresión por excelencia de la voluntad general), a través de reuniones y deliberaciones periódicas en una asamblea.

En la medida en que existan diputados electos, estos no son verdaderos representantes del pueblo, sino simplemente sus comisarios y no pueden acordar definitivamente nada, de manera que "toda ley no ratificada en persona por el pueblo es nula; no es una ley" (*Du Contract Social*, p. 429–30). Es más, la aparición de la figura de los diputados, indica que se ha iniciado un proceso de degeneración de la política, pues cuanto mejor constituido está un Estado más dispuestos están los ciudadanos a participar en las asambleas públicas y más importantes son, para ellos, los asuntos públicos que los privados. Incluso estos últimos son mucho menos numerosos, pues al ser mayor la proporción de la suma de felicidad común que le corresponde a cada individuo, éste tiene mucho menos que buscar en los asuntos particulares.

Por el contrario, cuando lo que prevalece es el afán de comercio, la búsqueda ávida de la ganancia, la molicie y el amor por las comodidades –en resumen, cuando prevalece el espíritu del interés privado–, el servicio público deja de ser el principal asunto del ciudadano y el Estado se halla próximo a su ruina. Es entonces cuando la gente ya no está dispuesta a participar en las asambleas públicas y aparece la idea de los diputados y representantes.

De modo que la sustitución de la democracia participativa y directa por la idea de representación, es la consecuencia del "entibiamiento del amor a la patria" y de "la actividad del interés privado" (además de "la gran extensión de los Estados, la conquista y el abuso de los gobiernos").[5]

---

5   Véase Rousseau, *Du Contract Social*, Libro III, Cap. XV, ["Des Deputés ou Répresentants"], esp. [1762] 1964: 428–29). Contrasta con esto el pensamiento de Benjamín Constant, quien en un texto antológico, en el que opone la libertad de los antiguos a la libertad de los modernas, afirma que, en esta última, los bienes

Por otro lado, al suscribir el contrato social original, los hombres han acordado unánimemente la creación de un cuerpo moral y colectivo dotado de poder absoluto (soberano) y han aceptado someterse a la autoridad suprema de la voluntad general, de modo que "no hay ni puede haber ninguna especie de ley fundamental obligatoria para el cuerpo del pueblo, ni siquiera el contrato social" (Rousseau [1762] 1964: 362). Esto es así, según Rousseau, porque los ciudadanos no necesitan ninguna garantía frente al soberano, ya que éste no puede tener ningún interés contrario al de aquéllos, pues, en él, ser y deber ser coinciden[6].

Pero si la voluntad e interés general son de naturaleza ética objetiva y, por tanto, pueden ser, en principio, distintos de los de la mayoría, es posible que el ser y el deber ser dejen de coincidir y, en tal caso, se abren dos posibilidades igualmente peligrosas. Por un lado, que la voluntad de la mayoría exprese intereses puramente particulares, y sin embargo pretenda presentarse e imponerse como expresión de la voluntad general. Por otro lado, si a la mayoría le falta la capacidad o el deseo de elevarse hasta esa eticidad, entonces, el peligro es que se pretenda obligar a los hombres a ser racionales, virtuosos e, incluso, libres, no ya por la fuerza moral que sobre ellos ejercería la idea de voluntad general, sino mediante la coacción y la violencia física.

De modo que el intento de restaurar las virtudes cívicas de las repúblicas antiguas podía desembocar, como lo vio con claridad Benjamín Constant (1963), en el reino del terror o en una nueva forma de despotismo peor que las anteriormente conocidas.

3. *La democracia representativa como medio para la preservación del interés público*

Una vez desechada la posibilidad de realizar los ideales ético-políticos de las repúblicas antiguas a través de una democracia participativa y directa, la solución que se ideó para poder preservar la noción de "interés público" en las condiciones de la sociedad moderna, fue la teoría de la democracia representativa, desarrollada por autores tales como Madison, Tocqueville y J. S. Mill. Según Madison, la representación no sólo era la "base" y el "pivote" de la República americana (*El Federalista*, N° 14 y 63), sino la cura contra el mal fundamental de la facción y la tiranía de la mayoría (*Ibídem*, N° 10). Para Mill, la idea de democracia representativa es el invento político más importante de los tiempos modernos; y, de acuerdo a Tocqueville, el problema de la representación

---

supremos son "el bienestar particular" y la "libertad individual", de modo que "mientras más tiempo libre nos deje el ejercicio de los derechos políticos, más preciosa nos será la libertad", de lo cual deduce la superioridad de la democracia representativa moderna frente a la democracia participativa de la antigüedad. (Constant 1963: 18–21)

6   "El Soberano, sólo por ser lo que es, es siempre todo lo que debe ser" (Rousseau [1762] 1964: 363)

es "la gran cuestión" de cuya solución "depende la suerte futura de las naciones modernas":

"Se trata, para los amigos de la democracia, menos de hallar los medios de hacer gobernar al pueblo que de hacer elegir al pueblo los más capaces de gobernar y de darle sobre ellos un imperio suficientemente grande para que puedan dirigir el conjunto de su conducta y no el detalle de los actos ni los medios de su ejecución" (Carta a J. S. Mill, del 3 de octubre de 1835. En: Tocqueville-Mill 1985: 52)

La nueva solución consistía, básicamente, en diseñar unos mecanismos a través del cual los intereses privados de los ciudadanos fueran filtrados o decantados, de modo que se desprendieran de sus impurezas y particularismos para dar lugar a un interés general o público.

Con tal fin, en primer lugar, se limitaba tanto el sufragio activo como el pasivo, este último con requisitos más severos que aquél, exigiendo para su ejercicio condiciones de cultura y/o propiedad, supuestamente destinadas, por un lado, a que las masas desposeídas e ignorantes no pudieran hacer de la política un instrumento al servicio de sus intereses particulares; y, por otro lado, a que las personas elegidas como representantes se caracterizaran por poseer mayores luces y virtudes que el común de los ciudadanos.

Pero más allá de tales restricciones, lo esencial en la teoría de la representación democrática era que no concebía a los representantes como meros portavoces, agentes o comisarios de quienes los habían elegido, ni estaban sujetos, por tanto, a instrucciones, a mandato imperativo o a una eventual revocación por parte de estos últimos; pues se los consideraba, más bien, como hombres independientes, superiores al pueblo, tanto por sus puntos de vista ilustrados como por sus sentimientos virtuosos, que estaban por encima de los prejuicios locales, y que no actuarían como abogados de los intereses de los que los habían elegido, sino –según Madison– como intérpretes del interés público y como verdaderos "árbitros imparciales y guardianes de la justicia y del Bien general".

En resumen, si se partía del supuesto de que, como los ciudadanos comunes y corrientes, a través de su voto directo, no podían expresar el interés público y determinar, así, el contenido de la voluntad general, entonces era necesario que su votación no tuviera por objeto la determinación de tal contenido, sino que se limitara a la elección de los representantes que estarían encargados de esa tarea.

Debe tenerse en cuenta, además, que el funcionamiento del sistema político que estamos describiendo se basaba en otros dos supuestos fundamentales. Suponía, por un lado, la existencia de un sistema censitario, con serias restricciones al sufragio activo y pasivo, y que por tanto los ciudadanos que iban a votar eran una minoría de propietarios y hombres ilustrados. Por otro lado, suponía un tipo de Estado liberal, no interventor, en el que las decisiones colectivas, obligatorias para el conjunto de la sociedad, se reducían a un mínimo y en el que se excluían expresamente a un gran número de materias que pudieran ser objeto de regulación. Si además de estos dos supuestos, se aceptan los que vimos anteriormente, entonces podía deducirse que las decisiones tomadas por el Parlamento, después de su deliberación, tenían una gran fuerza persuasiva, tanto moral como racional para la mayoría de los ciudadanos, con relativa independencia de su contenido.

De tal modo que el conjunto de condiciones que hemos examinado, podían ser aceptadas como las *reglas de juego* básicas para la toma de decisiones colectivas, obligatorias para todos los ciudadanos. De allí surge un compromiso en gran parte de naturaleza normativa, pero que incluye también importantes elementos de racionalidad, de considerar como válidas y obligatorias –y por consiguiente de obedecer– las decisiones que se tomaran conforme a tales reglas.

4. *Representación y responsabilidad política*

La idea de *representación política* implica un deber y una responsabilidad. La ventaja decisiva que tiene la democracia representativa sobre cualquier otra forma de gobierno que no haya sido el producto de unas elecciones, es que mediante ella se puede hacer efectiva la *responsabilidad política* de los elegidos, la cual es muy distinta a la responsabilidad moral o a la responsabilidad jurídica, con las que frecuentemente se la confunde.

La virtud de la democracia representativa no consiste en que mediante ella vayan a mejorar las cualidades personales (morales y técnicas) de los gobernantes así elegidos, sino a que gracias al funcionamiento de los mecanismos que le son propios a esta forma de democracia –principalmente, gracias a la elección y reelección periódica de los gobernantes, y al sistema de controles sobre los poderes de los que gobiernan–, la responsabilidad política de quienes han sido elegidos puede hacerse realidad.

En un sentido general, responsabilidad significa la obligación de comportarse de determinada manera y de estar sometido a ciertas sanciones en caso de que se viole tal obligación. Existen diversas tipos de deberes, que implican distintas especies de responsabilidades, que se diferencian entre sí por la clase de normas de las que derivan y por la naturaleza de las sanciones a que da lugar su incumplimiento. Los sistemas normativos pueden ser jurídicos, religiosos, sociales, etc. A nosotros nos interesa especialmente la responsabilidad política, que debe ser distinguida de la responsabilidad moral y de la responsabilidad jurídica (y dentro de ésta, especialmente de la responsabilidad penal) con las que frecuentemente se confunden y a las cuales suele superponerse.[7]

La responsabilidad política puede ser definida como la imposición de una sanción a los gobernantes electos, que normalmente consiste en la remoción del cargo, por haber faltado a sus obligaciones en el ejercicio del poder político. Pero

---

7   Véase, para mayores detalles, mi ensayo Rey (2003b: 64-73). Para distinguir las diferentes formas de responsabilidad y, especialmente, para diferenciar la responsabilidad penal de los gobernantes de su responsabilidad política, es de gran utilidad el libro Díez-Picazo (1996). Sobre la responsabilidad política, se consultará también el libro de Rescigno (1967).

33

durante siglos en el mundo occidental no se concebía una responsabilidad política autónoma, distinta y separada de la responsabilidad moral o de la penal. Sin embargo, como resultado de un largo proceso histórico, la responsabilidad política se va a diferenciar y hacerse autónoma, de modo que se convirtió en el resultado de determinados actos de mal gobierno, sin que los mismos tuvieran que ser penalmente ilícitos ni moralmente reprochables.

Como producto de ese proceso, los tres tipos de responsabilidad ni se implican ni se excluyen. No se implican, porque puede darse, por ejemplo, responsabilidad política, sin que haya responsabilidad moral ni penal; y no se excluyen, porque un mismo acto puede comprometer a la vez la responsabilidad política, moral y penal de su autor.

La responsabilidad política no exige una culpabilidad personal, basada en acciones conscientes y voluntarias del presunto responsable, pues puede ser una responsabilidad objetiva, fundamentada en que el imputado era titular de una función pública, lo cual basta para atribuirle los resultados y consecuencia de un hecho (o de la acción de terceros) que se produjo mientras que ejercía dichas funciones, aunque su conducta fuese totalmente lícita y no pueda ser considerada como inmoral. Por otra parte, a diferencia de la responsabilidad penal, la responsabilidad política no requiere la tipicidad o legalidad de las conductas que se consideran reprobables.

Se puede ser responsable de un mal gobierno, hasta el punto de que la mayoría estime que merece ser removido, sin haber cometido ningún delito ni haber realizado actos que puedan considerados inmorales. Lamentablemente, en muchos países, como es el caso de Venezuela, la responsabilidad política no se ha desarrollado como institución autónoma, de modo que la única forma de hacerla valer es bajo la apariencia de responsabilidad penal, produciéndose una judicialización de la política, que desvirtúa y pervierte la función de los tribunales, como fue el caso del juicio y remoción de Carlos Andrés Pérez, en su segunda presidencia (*vid. infra*, pp. 219-221).

Uno de los aparentes problemas de la responsabilidad política es que no están claras cuáles son las reglas que regulan los deberes políticos; y aunque algunos opinan que sería ideal que tales reglas pudieran codificarse y clarificarse (de la misma manera que lo están los delitos en el Código Penal), de manera que los políticos y los particulares sepan a que atenerse y se disipe la incertidumbre, lo cierto es que cuando se trata de definir el tipo de hechos susceptibles de responsabilidad política, se tiene que acudir inevitablemente a ambigüedades, pues se usan conceptos tales como "abuso de poder", "violación de la confianza pública", etc.

La sanción típica para la responsabilidad política es la remoción del gobernante, y el instrumento obvio para hacerla efectiva es la celebración de nuevas elecciones. Las elecciones periódicas son una de las herramientas básicas para hacer efectiva tal tipo de responsabilidad. Como ya antes se indicó las elecciones no garantizan que los representantes electos sean especialmente sabios ni virtuosos. La ventaja fundamental de los gobiernos que son el producto de elecciones periódicas es que estimula a los representantes, no por sus virtudes, sino por su propio interés en conservar el cargo público y de ser reelegidos, a cumplir con sus obligaciones y, ante todo, a cumplir con sus promesas electorales.

Existe una responsabilidad política difusa, inseparable del concepto de democracia, que consiste en un posible juicio negativo de la opinión pública, que en el caso de los cargos electivos puede traducirse en un comportamiento electoral que lleva a la no reelección del representante cuestionado. Pero junto a ella existe una responsabilidad política más específica e institucional, cuando existe un órgano con poderes para reprobar la conducta que juzgue inadecuada del representante, con la consecuencia de su inmediata remoción, como ocurre en los sistemas parlamentarios a través de los votos de censura al gobierno y la consiguiente disolución del parlamento, que lleva a elecciones inmediatas.

Más complicada es la cuestión de la responsabilidad política en los sistemas presidencialistas, donde las elecciones sólo se producen al cumplirse determinados lapsos fijos. Si además, en estos sistemas (como ha ocurrido en Venezuela desde 1958 hasta 1988), el Presidente al ser elegido es liberado de la disciplina partidista y no le está permitida la reelección, desaparece todo mecanismo para hacer efectiva la responsabilidad política del jefe de Estado, de modo que podría decir, a la manera de los déspotas, que sólo responde ante Dios, ante la historia y ante su conciencia; o, lo que es lo mismo, en la práctica es irresponsable.[8] Pero si se cierran todas las otras vías para hacer efectiva la responsabilidad política, sólo quedará un recurso extremo, no institucional: la revolución.

5. *Los partidos de masas en una democracia de masas*

La instauración del sufragio universal, que llevó a la democracia de masas, junto a la creación y desarrollo de los partidos de masas, que inevitablemente la acompañaron, significó *un cambio radical de los supuestos sobre los cuales había venido funcionando la democracia representativa.*[9]

Durante la época del sufragio restringido, los partidos existentes eran "partidos de opinión", de modo que las diferencias reconocidas entre ellos no consistía en que se proclamaran defensores o representantes de distintos intereses sociales, sino en sostener puntos de vista diferentes acerca del interés público.

Además, los miembros de tales partidos que resultaban elegidos para ocupar posiciones parlamentarias, no estaban sujetos a mandato de sus electores, y

---

8   Además de las elecciones periódicas o de aquellas que son resultado de las crisis parlamentarias, en las democracias modernas existen otros dos mecanismos principales para hacer efectiva la responsabilidad política: el *impeachment* norteamericano (que no debe ser confundido con un *juicio penal*, pues es un *juicio político*) y el referéndum revocatorio o *recall*.

9   Muchas de esas ideas ya habían sido expuestas, desde principios del presente siglo, por Ostrogorski (1979).

tampoco estaban sometidos a una disciplina partidista que les obligara a votar en el Parlamento de una manera determinada; de manera que, ante cada asunto objeto de debate parlamentario, podían libremente votar por las opiniones que consideraran justas y apropiadas.

Los partidos de masa, en cambio, proclaman abiertamente que representan intereses de clase o corporativos diversos; y, por otra parte, cuando un miembro de tales partidos es elegido para ocupar una función parlamentaria, no tiene libertad de voto, sino que actúa como un verdadero agente, a nombre de los intereses particulares que representa y sujeto a la disciplina y a las instrucciones precisas de su partido[10].

Esto supone evidentemente *un cambio radical en la forma de concebir el funcionamiento del proceso político democrático, que va a socavar las bases mismas de legitimidad en que se asentaba la democracia representativa.* Ahora los intereses particulares (las "facciones" del pensamiento clásico) irrumpen abierta y declaradamente en la vida política. Por tanto, el resultado del voto mayoritario ya no puede concebirse como la expresión de una voluntad general de naturaleza ética o del interés público, sino como la medida del éxito alcanzado por un interés particular (o una coalición de tales intereses) para imponerse sobre los restantes.

¿Cómo es posible, bajo estas nuevas condiciones, que un actor acepte las *reglas de juego* de la democracia y se comprometa a considerar como válidas y obligatorias las decisiones colectivas que se tomen conforme a ellas? Es evidente que *no* a través de un compromiso normativo, pues a la voluntad de la mayoría se le ha desprovisto de todo contenido ético, sino *sólo como consecuencia de algún tipo de cálculo utilitario a partir del cual, eventualmente, pudiera darse un compromiso de tipo racional.*

Como consecuencia de la extensión del sufragio universal y la instauración de la democracia de masas, irrumpen nuevos actores sociales en el juego político que ya no consideran que el orden social existente satisfactorio ni justo, de modo que lejos de esperar la abstención del Estado solicitan su activa intervención para una completa reordenación social, de manera que la acción del gobierno debe incluir también funciones de redistribución de acuerdo a criterios de justicia. Por consiguiente, para hacer posible que las nuevas "reglas de juego" (Constitución) sean aceptables tanto por los actores sociales tradicionales como por los nuevos actores, se requería algún tipo de transacción o compromiso entre ambas posiciones, y esto no era fácil.

Debe recordarse que durante mucho tiempo, los sectores más conservadores consideraron que la extensión del sufragio a las masas sería incompatible con la conservación de la democracia, pues éstas, movidas por intereses puramente de clase, promoverían una legislación igualitaria e instaurarían una tiranía de la mayoría. Por su parte, ciertos sectores revolucionarios pensaron, en forma

---

10 Sobre la diferencias entre los partidos de notables y los partidos de masas, *vid.*, págs. 86-88

semejante, que la instauración del sufragio universal, pondría en las manos de los trabajadores el instrumento que llevaría a la abolición del capitalismo y a la instauración del socialismo.

Sin embargo, la transacción o compromiso fue posible, en muchos casos mediante la instauración del Estado de bienestar keynesiano, capaz de promover simultáneamente el crecimiento y la redistribución, y a través de la instauración del llamado "Estado social".

Efectivamente, el que diversos actores sociales, con intereses heterogéneos y parcialmente en conflicto, pudieran aceptar la democracia representativa, fue el resultado de una negociación que concluyó en una transacción y compromiso cuyas características varían de un país a otro, pero que, en general, tenían dos piezas claves como fundamento: el Estado de bienestar keynesiano (y su expresión constitucional, el Estado social) y el desarrollo de los modernos partidos políticos.

6. *La función de la competencia entre partidos*

Los partidos políticos de masas se vieron obligados, por la competencia por los votos, a ampliar su oferta –que inicialmente estaba restringida a sectores sociales determinados– a las más diversas clientelas electorales y agregar intereses heterogéneos, así como a entrar en coaliciones y compromisos que les permitiera el acceso al poder.

La competencia electoral entre partidos se convirtió en un mecanismo que, al igual que el mercado, sirve para proveer de bienes a los votantes y a los compradores, respectivamente –bienes principalmente públicos, en el primer caso, privados en el segundo–, y cuya eficiencia puede ser analizada, como lo hizo Downs (1957), en forma semejante a la eficiencia del mercado. Los partidos políticos se convirtieron en verdaderas *empresas políticas* que competían por los votos de los electores, y los políticos profesionales en *empresarios políticos* que articulaban intereses y reunían votos por su cuenta y riesgo y, a cambio de ello, obtenían algún tipo de beneficio (Rey 1989a: 296–98).

También cambió radicalmente el significado del voto, que ya no fue concebido como el ejercicio de una función pública, a través del cual se debía expresar la opinión del votante acerca del interés público, sino como un derecho que se reconocía en interés particular del elector, de modo que éste no sólo podía utilizarlo de acuerdo a su personal conveniencia, sino que también era libre para no ejercerlo.

En resumen, la democracia se redujo a un mecanismo que a través de la competencia electoral entre partidos, satisfaría las preferencias o demandas de los electores.

Ahora bien, con independencia de la aversión que a algunos pueda producir esta imagen, pues les puede parecer como una degeneración de tal forma e gobierno, lo cierto es que hasta hace poco ella ha servido como uno de los argumentos centrales para la justificación de la democracia, y lo preocupante es que se está desmoronando estrepitosamente en todo el mundo. La más grave crisis que está actualmente planteada es la falta de credibilidad de los mecanismos electorales como instrumentos capaces de satisfacer las preferencias de los votantes, lo cual implica el cuestionamiento de una de las pocas bases de legitimidad que le quedaban a la democracia representativa. Están en crisis, también, los dos pilares básicos que sirvieron de sustento e hicieron posible el mantenimiento de la democracia representativa en la moderna sociedad de masas: los partidos políticos y el Estado de bienestar keynesiano.

La arremetida contra el Estado de bienestar no es exclusiva de los sectores neoliberales y conservadores, pues en ella también participa la izquierda, que coincide en buena parte de sus argumentos con los de aquéllos (por ejemplo: Offe 1984). Y el cuestionamiento de los partidos políticos, que tradicionalmente había sido una actitud típicamente reaccionaria, es compartido por los sectores radicales.

II. INSTRUMENTOS PARA EL ANÁLISIS DEL SISTEMA DE PARTIDOS

7. *Importancia del análisis del sistema de partidos*

La primera cuestión a determinar para cualquier eventual análisis es hasta qué punto existen partido políticos, en tanto que unidades dotadas de estructuras estables y diferenciadas que compiten electoralmente con otras del mismo género para conquistar el voto de los ciudadanos y de esta manera acceder al poder. Los partidos deben diferenciarse de otro tipo de organizaciones que interviene en la política (movimientos, asociaciones, grupos de intereses, etc.), que tratan de alguna manera de influir sobre quienes gobiernan, pero también deben diferenciarse de los diversos aparatos (sectas, logias civiles o militares, bandas, etc.) formados para conquistar el poder mediante la violencia, el fraude o de cualquier manera distinta de la competencia electoral.

Supuesta la existencia de un mínimo de diferencia estructural y de continuidad por parte de dichas organizaciones, dos son las dimensiones que hay que tener en cuenta para determinar si se justifica intentar un análisis del sistema de partidos: 1) por un lado, el grado de su independencia con respecto a los otros grupos sociales; y 2) por otro lado, en qué medida canalizan las funciones de representación política, controlándolas o incluso monopolizándolas; o, por el contrario, comparten dichas funciones con otros grupos sociales. Veámoslo.

7.1. *Independencia de otros grupos sociales*

En ocasiones, los partidos han surgido como la forma de organización política propia de un grupo social particular y concreto, bien sea étnico, religioso, económico, etc., relativamente restringido, que existía con carácter previo y cuyos intereses se van a limitar a representar. En tales casos, los conflictos entre partidos no son sino la forma políticamente organizada que toman las confrontaciones entre esos otros grupos, por lo que no puede afirmar que exista una legitimidad propia de los partidos políticos, pues ésta deriva de la del grupo particular al que representan.

Pero, otras veces, los partidos no se limitan a representar los intereses de ningún grupo particular determinado, pues han alcanzado un nivel más general de agregación de intereses y han desarrollado una legitimidad propia, de modo que los conflictos interpartidista responden a patrones relativamente autónomos. En algunas ocasiones tal independencia o autonomía, respecto a otros grupos, puede convertirse en un predominio o control del partido sobre ellos, de modo que algunos grupos sociales son organizaciones sectoriales de un partido, derivan su legitimidad de la de éste y desarrollan sus conflictos de acuerdo con las líneas divisorias partidistas.

En algunos países, como ocurrió en muchos de los europeos, la aparición de partidos de masas fue el resultado de un proceso de progresiva democratización, mediante sucesivas ampliaciones del sufragio, hasta hacerlo universal, proceso que fue precedido por el desarrollo de grupos u organizaciones sociales modernas diversas, como fue el caso paradigmático de los sindicatos obreros, de modo que los modernos partidos de masas fueron creados a partir de tales grupos y organizaciones, como sus representantes políticos, para defender sus derechos.

Pero en Venezuela, en cambio, la creación de los primeros partidos políticos de masas –como fue el caso del Partido Democrático Nacional (PDN) y su sucesora Acción Democrática (AD)– no sólo fueron anterior a la existencia de organizaciones sociales modernas sino que, en muchos casos, fueron esos partidos los que las crearon. En particular, en nuestro país, en el momento en que nacen los primeros partidos modernos de masas, no había masas de campesinos y de trabajadores urbanos previamente organizados, o eran sumamente escasas y débiles (piénsese en la situación de *movilización social* que se produce en Venezuela a lo largo de periodo 1899-1935, que genera un "relativo vacío social" con una masa "libre y disponible" (Rey 1988), de modo que gran parte de nuestros sindicatos fueron creados por estos partidos y siguieron sus directrices.

Aunque en menor medida una situación análoga se presenta con otras asociaciones sociales modernas (gremiales, profesionales, culturales, etc.).

Si al principio el PDN –y luego AD– fue prácticamente la única organización política con vocación y capacidad para desarrollar tales organizaciones, con apenas una competencia entre los obreros y campesinos por parte del Partido Comunista de Venezuela (PCV), a medida que se desarrollaron otros partidos que trataron de seguir el modelo organizativo de un partido de masas, como fue sobre todo el Comité de Organización Política Electoral Independiente (COPEI), estos nuevos partidos también hicieron lo posible para organizar y desarrollar sus propias organizaciones sindicales, o en general organizaciones sociales, de signo partidista. Esto creó una situación de dependencia de los sindicatos, o de las organizaciones sociales con respecto al partido, pero de las que también pudieron derivarse importantes beneficios para esas organizaciones, que dependieron de la fuerza del partido en cuestión. Si el partido había conquistado el poder, iba a usar a esas organizaciones para apoyar a su gobierno, con lo cual se desviaban o desvirtuaban, en alguna medida, los fines propios de las mismas; pero también podía servir para que tales organizaciones consiguieran, gracias a la acción del gobierno, ciertos beneficios que si hubieran dependido de su sola lucha –por ejemplo, enfrentadas con las organizaciones patronales– sería difícil o imposible que los consiguieran.

En todo caso, la falta relativa de desarrollo social o de modernización en que nacieron nuestros partidos políticos contemporáneos, explica que éstos hayan tenido que desarrollar diversas funciones, tanto políticas como sociales, que en otros países han estado a cargo de otras organizaciones sociales autónomas que existían previamente. El que en Venezuela las hayan llevado a cabo los partidos, no constituye realmente una "usurpación" de funciones, como frecuentemente se les acusa, pues no han arrebatado a otras entidades sociales las funciones que previamente las estuvieran llevando a cabo, Más bien lo que ha ocurrido es que los nuevos partidos tuvieron que asumir funciones necesarias para la modernización, que no eran desempeñadas por nadie.

Con la excepción del PCV, ninguno de los partidos modernos de Venezuela ha pretendido limitarse a expresar los intereses de una clase social determinada o de un grupo restringido de la población, pues todos aspiraron a representar una amplia agregación de intereses. Aunque Acción Democrática (y antes el PDN) se definía como "el Partido del Pueblo", bajo ese término no sólo se incluían las masas más desfavorecidas, sino también encontraban cabida los más diversos sectores sociales, incluyendo a la burguesía moderna y nacionalista, pero excluyendo siempre las oligarquías tradicionales, latifundistas y capitalistas, asociados con el imperialismo. Precisamente el carácter *policlasista* del partido fue uno de los principales motivos de deslindamiento y ruptura del PDN con el PCV, hacia 1939.

7.2. *Control de las funciones de representación política*

La segunda dimensión que hay que tener en cuenta, para establecer la importancia que tiene el *sistema de partidos*, es determinar la medida en que ejercen las funciones de representación política, controlándolas o incluso monopolizándolas, o, por el contrario, comparten esas funciones con otros grupos, sea porque así lo determinan las propias normas constitucionales y legales, que establecen formalmente sistemas representativos que incorporan expresamente a tales grupos a la toma de decisiones políticas (a través de Cámaras corporativas, Consejos económico y sociales o diversas formas de representación de grupos de interés, etc.); o bien porque, independientemente de toda norma escrita, diversos grupos de presión ejercen de hecho un control sobre algunos tipos de decisiones públicas.

Como después tendremos ocasión de examinar, una de las características más destacadas del sistema político venezolano, a partir de 1958, es, precisamente, que va a desarrollar lo que he llamado un *Sistema Político de Conciliación de Élites (vid. infra,* pp. 116-120*)* , una de cuyas consecuencias fue la creación de un aparato semicorporativo para la toma de decisiones públicas, con lo cual el papel de los partidos va a disminuir paulatinamente en forma muy considerable frente al de otros poderes o grupos sociales.

8. *Tipología sobre la relevancia del sistema de partidos*

Si combinamos ahora las dos dimensiones que hemos considerado –por un lado, el grado de autonomía de los partidos con respecto a otros grupos sociales y, por otro lado, la medida en que ejercen exclusiva o predominantemente las funciones de representación política–, obtenemos cuatro tipos ideales, que nos pueden servir para determinar la importancia de las funciones ejercidas por el sistema de partidos en el sistema político total:

a) El primer tipo se caracteriza por una situación en que los partidos son independientes de otros grupos sociales, tienen una legitimad propia y son los únicos que ejercen las funciones de representación política. En este caso, el análisis de sistema de partidos no sólo es importante sino imprescindible y fundamental para entender el sistema político total.

b) El segundo tipo esta caracterizado por una situación en la que junto a los partidos, que continúan siendo independiente de otros grupos sociales, hay un número de grupos de intereses, distintos de ellos, que participan activamente, en forma directa en las decisiones de las políticas públicas, de modo que si bien las funciones del sistema de partidos son importante para comprender el funcionamiento del sistema político total, ese sistema por si solo no nos puede ayudar a comprender una parte, a veces muy significativa, del proceso de toma de decisiones públicas.

c) En el tercer tipo, nos encontramos con un sistema en que si bien los partidos ejercen las funciones de representación pública, no son autónomos con respecto a otros grupos sociales, pues son organizaciones políticas creadas por algunos de tales grupos para representar y defender sus intereses políticos. Lo que se plantea en tales casos es si, en realidad, estamos en presencia de verdaderos partidos políticos, o si, por el contrario, se trata de grupos de intereses más o menos tradicionales disfrazados de partidos.

d) El cuarto y último tipo representa una situación en la que los partidos, por una parte, carecen de autonomía, respecto a otros grupos sociales; y, por otra parte, no pasan de ser un grupo más que, junto a otros muchos grupos sociales intervienen en el proceso de toma de decisiones públicas. En este caso, un análisis autónomo del sistema de partidos no tiene utilidad ni justificación científica alguna para quien se interese en el funcionamiento del sistema político global.

Si aplicamos la anterior tipología al caso de Venezuela, veremos que durante el trienio 1945-48, al principio AD gozaba de una mayoría en la Junta Revolucionaria de Gobierno, apenas moderada por la presencia en ella de militares. Una vez celebradas las elecciones, primero para la Asamblea Nacional Constituyente y después para elegir el nuevo gobierno (Presidente y Congreso Nacional), la situación se asemeja a la del tipo *a)*, en la que AD era el partido claramente dominante.

A partir de 1958, es muy común considerar que, de nuevo, se da una situación del tipo *a)*, pero esto no es así, por varias razones. En primer lugar, si bien es cierto que desde el principio, gracias al Pacto de Puntofijo, a los tres partidos principales (AD, COPEI y URD) se les va a reconocer su poder representativo, mediante su participación igualitaria en el gobierno, con independencia del resultado electoral, se estableció la costumbre, no sancionada en ninguna norma, ley, o acuerdo escrito, de que todas decisiones políticas más importantes del gobierno, además de contar con la aprobación de los tres partidos, debían de contar con el visto bueno de las cuatro grandes corporaciones que encarnaban las principales fuerzas sociales: la Iglesia, las Fuerzas Armadas, los sindicatos de trabajadores y los empresarios. Pero, además, se desarrollo progresivamente un sistema semicorporativo para la toma de importantes decisiones públicas, como consecuencia del cual el papel y la influencia de los partidos políticos fue disminuyendo grandemente. Todo esto será desarrollado en detalle más adelante.

9. *Tipos de relaciones entre partidos*

Frente a la injustificada importancia que muchos de los que han escrito sobre los sistemas partidos políticos han atribuido al número de unidades de dichos sistemas, y la atención especial que se le ha dado al bipartidismo, considerándolo como un sistema en alguna forma privilegiado, he desarrollo una tipología de los sistemas de partidos, según la cual lo esencial no es el número de unidades sino el tipo de relaciones que existe entre ellas y en el interior de cada una.[11]

Si atendiéramos al número de unidades, la distinción realmente importante es la que existe entre los *sistemas de partido único* (monopolístico) y los *sistemas de partidos múltiples* (su número es relativamente secundario[12]) en los que existe concurrencia, pues varios de ellos compiten entre sí para obtener el favor de los electores. La concurrencia de partidos se puede comparar, como lo ha hecho Hirschman (1970), con la situación de competencia en el mercado económico, que puede ir desde la máxima concentración en un partido único, monolítico y totalitario, hasta una situación extrema en que cada elector es su propio partido, de forma que en realidad no hay partidos, pues falta la organización o concertación entre dos o más electores. Esto último coincide con la falta de partidos o facciones preconizada por Rousseau. Pero si bien no se puede evitar la existencia de algún elemento oligopólico, pues el oligopolio es consubstancial con la existencia de partidos, hay que tratar de evitar que implique la desaparición de la responsabilidad política (*Vid. Infra*, pp. 252-253)

Para estudiar el tipo de relaciones básicas que pueden existir entre las distintas unidades partidistas de un sistema, debemos empezar por determinar las posibles situaciones que se pueden dar, en función de sus respectivos intereses. Para simplificar nuestro análisis supondremos que el sistema consta sólo de dos unidades, pero lo podemos extender a cualquier otro número:

---

11 Para una detallada críticas a la tipologías numéricas y al bipartidismo, y frente a ellas mi tipología, véase, Rey (1972).

12 Sin embargo, sobre la importancia del caso particular del *duopoli*o, véase Hirschmann (1970) y mis observaciones para su aplicación en Venezuela, *infra*, pp. 252-257.

(i) Situaciones de pura comunidad de intereses, en las cuales no existe ningún conflicto entre las unidades del sistema, de forma que un mismo bien o una misma decisión satisface simultáneamente los deseos de ambos partidos, de modo que siguiendo cada unidad su propio interés, ayuda al propio tiempo a la otra, aun sin proponérselo, a lograr el suyo. En una situación de este tipo, en la que no existe conflicto, se espera que las partes van a acordar por unanimidad la conducta a seguir. Sin embargo, no toda situación de comunidad de intereses entre unidades supone necesariamente que se vaya a dar una *relación de cooperación* entre ellas, pues para que ésta exista se requiere un mínimo de coordinación de las acciones de ambas[13].

(ii) Situaciones de puro conflicto de intereses, en las cuales la satisfacción de los deseos o intereses de una unidad sólo puede lograrse negando la satisfacción de los deseos o intereses de la otra unidad. Se trata de situaciones del tipo *suma-cero* en las que se da una incompatibilidad total entre las preferencias o los deseos de las dos unidades, pues no hay ninguna coincidencia entre ambas, por mínima que sea. De modo que es imposible que puedan llegar a ningún acuerdo sobre los puntos en conflicto, pues las ganancias o las pérdidas recíprocas son indivisibles: la ganancia, que se supone que es total, de una de las partes, supondría necesariamente la pérdida, también total, de la otra. En una situación como ésta, la solución típica del conflicto entre las partes, cuando se trata de una sociedad democrática, es acudir al voto de la mayoría (simple o calificada).

La condición *suma-cero* tiene un sentido técnico muy preciso en la *teoría de los juegos*: supone que la suma que ganan los vencedores es exactamente igual a

---

13   Frente a la tesis mantenida por la *teoría de los grupos*, expresada en obras como las de Bentley (1967) y Truman (1951), que pretendía que bastaba la existencia de un interés común para que se formara un grupo que actuara colectivamente, Olson (1965) ha mostrado que, al menos que el grupo sea muy pequeño o que exista algún incentivo o coacción adicional, el individuo racional no actuará cooperativamente para el logro del interés común. Se trata de lo que en inglés se llama *the free rider problem* (y que en castellano suele traducirse como "el problema del *polizón*" o "del *gorrón*", es decir, del que quiere beneficiarse de una acción colectiva sin pagar sus costos). El problemas puede resumirse así: en un grupo o colectivo de personas que comparten intereses siempre existirá una fracción muy considerable para los cuales el esfuerzo (el coste) de la acción a realizar para proteger esos intereses es superior a sus beneficios (entendidos como la esperanza matemática de obtener resultados significativos de esa acción). Es decir, que para una parte del ese grupo el precio de la acción en defensa del interés colectivo, es superior al beneficio individual que les puede reportar y, consiguientemente, esas personas no estarán dispuestas a actuar. La clave del razonamiento es que los beneficios esperados de la acción serán públicos, generales, pues los recibirán también quienes no se hayan movilizado en defensa de la colectividad, pero en cambio los costes (los esfuerzo, los peligros, etc.) son siempre individuales, por lo que existirá una tentación muy fuerte de esperar que sean otros los que se movilicen, pues de todas formas, si la acción tiene éxito, los que no sea han movilizado también recibirán los beneficios. Olson sugiere que cuanto mayor sea el grupo que posee intereses comunes menos previsibles será que actúen en defensa de tales intereses colectivos.

la suma de las pérdidas de los vencidos. Para lo cual se requiere que las pérdidas y las ganancias de ambas partes pueden ser cuantificadas y medidas. Se trata de una condición que es esencial para usar los poderosos instrumentos matemáticos de dicha teoría. Pero podemos usar esa expresión (me refiero a la "condición *suma-cero"*) sin ninguna pretensión matemática, como una metáfora, para expresar que en la situación social que estamos analizando sólo tomamos en consideración el conflicto directo entre los participantes e ignoramos las eventuales ventajas mutuas. Es decir, que estamos estudiando sólo el conflicto político directo entre las partes sin tomar en cuenta el contexto de cooperación en el cual el conflicto suele ocurrir (pese a que sabemos que tal contexto existe). En resumen, cuando usemos la condición suma-cero lo único que estamos suponiendo es que *hay conflicto de intereses* y que ese *conflicto es total.*[14]

Cuando consideramos votaciones en el parlamento o elecciones, podemos ignorar las ganancias que se derivan de la continuación de la existencia de una sociedad civilizada y considerar sólo el problema inmediato de ganar o perder una votación. Decisiones como las que se producen por medio una votación o de un combate se caracterizan porque *el ganador se lo lleva todo.* Si una de las partes *gana* la otra *no gana nada* (podemos decir que lo *pierde todo*). Cuando entendemos este tipo de victorias como si fueran indivisibles, el modelo suma-cero es apropiado. Pero todo depende de la manera en que la situación sea percibida. Al discutir *negociaciones,* que son percibidas como ganancias mutuas, lo mejor es utilizar un modelo suma-distinta-de-cero (= suma-variable). Cuando se trata de elecciones o de guerras, que son percibidas como si requirieran victorias indivisibles, los modelos suma-cero son los apropiados. Pero en cambio, en situaciones en que es posible la cooperación entre las partes, de modo que coordinando sus estrategias *ambas partes pueden ganar*, pues pueden aumentar la suma de las ganancias que reciben ambas (o también disminuir el monto de la suma de sus pérdidas), lo apropiado será utilizar un modelo *suma-variable* (o *suma-distinta-de-cero*).

(iii) Situaciones mixtas, en las que *coexiste* una *comunidad de intereses* en ciertos aspectos, pero también el *conflicto de intereses* en otros. Se trata de situaciones en las que, si bien los deseos y aspiraciones de las dos partes difieren en muchos aspectos, en algunos puntos pueden coincidir, de manera que si ambos renunciaran a sus aspiraciones máximas, se podría llegar a una transacción o a un compromiso, en términos aceptables para ambas partes, pues la situación de las dos mejoraría (con respecto a la situación que se produciría si no hubiera acuerdo). Se trata de una situación mixta, porque si bien el posible acuerdo refleja las comunidad de intereses (pues ambas partes prefieren el acuerdo a la falta de acuerdo), existe un conflicto entre dichas partes sobre los posibles términos del mismo (pues cada parte desea mejorar los términos de la transacción en provecho propio y en detrimento de la otra). La solución en una

---

14   Sobre el uso de la condición suma-cero como equivalente al reconocimiento de la existencia de un conflicto de intereses total, pero sin su sentido matemático original, sigo a Riker (1961: 15, 29-31).

situación de este tipo es un compromiso, al que se llega después de una negociación, en la que ambas partes han renunciado a sus aspiraciones máximas y han acordado unos términos que son aceptables para ambas.

10. *Tipo de conflictos: luchas (combates) y "juegos"*

Es evidente que tanto en las *situaciones de pura comunidad de intereses* como en las *situaciones mixtas* cada unidad está interesada en la conservación de la otra. Pero en las *situaciones de puro conflicto* hay que distinguir dos posibilidades radicalmente distintas.

Por un lado, situaciones que podemos llamar de *conflicto existencial* o *antagónico*, en las que falta un marco normativo común o unas "reglas de juego" aceptados por todos los actores. Cada oponente ve en el otro el *enemigo existencial o antagónico* que niega el propio ser o las propias posibilidades vitales. El conflicto entre ambos adquiere la forma que Rapoport ha llamado *lucha* o *combate (fight)*[15], en la que ningún medio está excluido y en la que el objeto último es la destrucción o la eliminación, incluso física del contrario. En situaciones de este tipo los actores tienden a ser motivos por fuertes impulsos emocionales y sus acciones y reacciones se retroalimentan positivamente en forma amplificada, de manera que todo el proceso adquiere la forma de una peligrosa espiral explosiva. En la medida en que se pueden producir ciertos "equilibrios", éstos son precarios, temporales e inestables, de modo que lo típico es que el proceso sólo se detenga con la destrucción de uno o de los dos adversarios, si antes no han agotado los recursos de los que disponen.

Por otro lado, están aquellas otras situaciones caracterizadas por *conflictos agonales,* es decir sujetos a reglas[16], en que los actores están sometidos a un marco normativo común o a unas "reglas de juego" aceptadas por todos. Se trata de conflictos que toman la forma de *juegos*[17], según el modelo desarrollado por Rapoport. Aquí cada actor trata de que la propia opinión o el propio interés prevalezca frente al del oponente, pero no aspira a destruir a éste, pues ambos consideran que el otro tiene un legítimo derecho no sólo a la existencia, sino a tratar de lograr que su interés o su opinión se impongan, dentro del respeto al marco de las "reglas de juego". De modo que, por grande que pueda ser el conflicto entre las partes, éstas tiene al menos un interés común: que se mantenga el marco normativo compartido ("las reglas de juego"), sea por un compromiso normativo (es decir, porque ambas partes creen que tales reglas

---

15 Utilizo la distinción entre *fights* y *games* desarrollada por Rapoport (1970) en su importante libro.

16 *Agón*, en griego antiguo, significa contienda, desafío o disputa. *Agonal* se emplea para referirse a los certámenes, luchas o juegos públicos, sometidos a reglas precisas que todas la partes deben respetar.

17 El término *juegos* no quiere decir que las situaciones a las que se refieren sean frívolas o de poca importancia. Se usa como referencia a la "teoría de los juegos" la importante herramienta intelectual desarrollada por von Neumann y Morgenstern (1947) para analizar los conflictos humanos.

obligan moralmente) o por razones utilitarias (es decir, porque de faltar la reglas las pérdidas de todos ambos actores pueden ser mayores, o sus ganancias menores, que sí se conservan).

Aunque desde un punto de vista conceptual la distinción entre ambas formas de conflicto es muy clara, en la realidad pueden darse toda una serie de situaciones intermedias, así como la posibilidad de transformación de cualquiera de ellas en la otra. Los conflictos que tienen lugar en el interior de una democracia estable son del segundo tipo (como "juegos" en el sentido antes definido); en cambio, una situación de extremo antagonismo político, en la que los distintos actores se enfrentan como enemigos irreconciliables que buscan la destrucción recíproca, sin respecto a las normas básicas de convivencia democrática, está próxima el primer tipo ("combates" o "luchas").

Como veremos, los conflictos entre nuestros partidos políticos en el siglo XIX tomaban la forma de *luchas* o *combates* entre enemigos irreconciliables que buscaban su destrucción recíproca (*Vid. infra*, pp. 63-65). También los enfrentamientos entre AD y la oposición durante la trienio 1945-48, tendieron a asumir esa forma, lo que condujo al fracaso de ensayo democrático. Por el contrario, a partir de 1958 los partidos, conscientes de los errores en que habían incurrido, y deseosos de superar los *combates* o *luchas* del pasado, trataron de desarrollar, con éxito, unas "reglas de juego" aceptables por todos los jugadores, y logaron mantener por muchos años la democracia.

Un sistema simple de partidos basado en una situación de comunidades de intereses y relaciones de pura cooperación entre todos ellos, ha sido más frecuente en la historia y en la política mundial de lo que puede creerse. Tales serían los casos de alianza de la totalidad de los partidos bajo la forma de "Unión Nacional" ante la amenaza de un grave peligro interior o exterior (más frecuentemente éste que aquél). Se trata evidentemente de situaciones excepcionales y transitorias, de manera que sólo persistirán mientras el peligro no haya sido conjurado. Por otra parte la cooperación puede estar reducida a sólo a un sector determinado de actividades (política exterior, conducción de la guerra, etc.), permitiéndose que en los demás se haya relaciones mixtas, objeto de negociaciones, o incluso situaciones de conflicto agonal resueltas por el voto de la mayoría.

Otro ejemplo de un sistema de partidos basado en relaciones de pura cooperación lo constituyen los regímenes totalitarios, no sólo los de partido único, sino también aquellos casos en que junto a un *partido hegemónico* se permite la existencia de pequeños partidos que, reconociendo tal hegemonía y aceptando los principios fundamentales del Estado colaboran con aquél. En tales sistemas los objetivos comunes a seguir no son fijados mediante acuerdos o transacciones entre los partidos, sino por el partido hegemónico que es el interprete máximo de la ideología unitaria que se supone es aceptado por todos (Wiatr 970: 312-321). Un modelo muy parecido al del partido *hegemónico* es el que Hugo Chávez trató de imponer a los demás partidos integrantes del *Polo Patriótico* con respecto al MVR y a su liderazgo, dentro de éste.

Una situación mixta (de intereses en parte comunes y en parte en conflicto) entre los partidos, que da lugar a negociaciones y eventuales transacciones puede consistir en una alianza del tipo "Unión Nacional", en aquellos casos e que la consecución del interés común no aparece como un objetivo único e indivisible, sino que permite cierto margen de manifestación de intereses particulares.

Un sistema simple de partidos, caracterizado por *relaciones de conflicto agonal, no antagónico* entre ellos, es el que normalmente se ha considerado como el patrón típico de competición entre partidos en el mundo occidental. Como enseguida vamos a ver, el carácter privilegiado que se ha atribuido a este tipo de sistema, especialmente en su versión bipartidista, no parece justificada, ni desde el punto de vista de su frecuencia empírica, ni de su relevancia teórica.

Un sistema de partidos en el que exista, al menos con respecto a algunos de ellos, relaciones de *conflicto existencial o antagónico*, que dan lugar a *combates* o *luchas* (en el sentido definido por Rapoport), supone una guerra civil latente o declarada, y requiere un tratamiento especial.

11. *Relaciones en el interior de los partidos*

Pero la tipología de relaciones que hemos propuesto no sólo es aplicable a los sistemas de partidos, sino también a las relaciones en el interior de los partidos individualmente considerados. Al considerar los agregados que constituye cada partido como una unidad, partimos del supuesto de que en su interior hay una total comunidad de intereses y que entre sus componentes se dan sólo relaciones cooperativas, de modo que podemos considerar el conjunto como una unidad que sigue una misma estrategia. Pero en algunos casos esto puede no ser una realidad. Predomina la comunidad de intereses con relaciones totalmente cooperativas en los partidos totalitarios o altamente ideológicos, en tanto que relaciones mixtas o incluso de conflicto agonal puede ser común en partidos del tipo pragmático, lo cual nos lleva a plantearnos el problema de si tales partidos pueden considerarse como formando una unidad social.

No es incluso inconcebible que un partido se caracterice por conflictos antagónicos en su interior, en aquellas situaciones en las que atraviesa una crisis cercana a la desintegración. Esto puede ocurrir no sólo por la aparición de graves diferencias ideológicas, sino también por la existencia de facciones que luchan por el poder sin importarles los medios que van a usar con tales fines. Algunos ejemplos, que posteriormente desarrollaremos, son, en primer lugar, el conflicto ideológico que se produjo en AD y que dio lugar a la posterior creación del MIR; y en segundo lugar, un caso de lucha puramente faccional por el control de partido, fue el enfrentamiento entre Carlos Andrés Pérez y Lusinchi, después de que este entregó al primero la Presidencia (*vid. infra*, pp. 249-250)

Lo importante es tener en cuenta que en ocasiones, el análisis de la estructura interna de los partidos puede llevarnos a cambiar nuestra concepción sobre cuál es el sistema de partidos imperante, pues lo que nos parecía un sistema simple de partidos resulta uno mucho más complejo cuando se examinan las relaciones en el interior de cada uno de ellos.

12. Las "reglas de juego" para la decisión

En los sistemas que se caracterizan por relaciones de *conflicto agonal* (es decir, no antagónico) las "reglas de juego" que todos los jugadores consideran válidas, definen la forma de tomar decisiones obligatorias para el conjunto. Tales reglas se encuentran expresadas en el derecho constitucional y parlamentario de la mayoría de los países, aunque son frecuentes los casos en que o bien no están formalizadas por escrito o bien existe una inadecuación entre la versión formalizada y las reglas que efectivamente aceptan los distintos jugadores.

Al analizar cualquier sistema de partidos caracterizado por *conflictos agonales* (o sometidos a reglas) es preciso examinar varias cuestiones: 1) hay que tener en cuenta hasta que punto las reglas para resolver tales conflictos (las "reglas juego") están formalizadas; 2) el grado de correspondencia en esas reglas formalizadas y las efectivas o reales; 3) el grado de coincidencia o discrepancia entre las reglas aceptadas por los distintos jugadores; y 4) el grado en que dichas reglas gozan de una sincera aceptación o, por el contrario, hay jugadores que en su fuero interno no las consideran obligatorias y están dispuestos a desobedecerlas o subvertirlas cuando se les presente la ocasión.

Las "reglas juego", formalizadas o no, fijan para cada decisión un *punto crítico*, es decir, un número de efectivos o de recursos mínimos (número de votos para ser elegido, mayoría necesaria en el parlamento para las diversas aprobaciones, etc.), de modo que quien lo posea podrá considerarse ganador en el respectivo *juego* e imponer su decisión a los demás. Con frecuencia tal punto crítico se fija para un buen número de las decisiones en la mayoría simple de la totalidad de efectivos (por ejemplo: votos de los electores, número de miembros del parlamento) que poseen los distinto contendores.

La *regla de la mayoría* es la más común para las decisiones democráticas. Pero la casi totalidad de los sistemas constitucionales establecen *puntos críticos superiores* (*mayorías calificadas*) para ciertas decisiones particularmente importancias, y en especial para alterar las "reglas de juego" (reforma de la Constitución). Es posible –y existen varios ejemplos empíricos, como es el caso de la constitución histórica de Polonia[18]– en que el punto crítico coincide con el voto unánime o está muy próximo a él[19].

Si en vez de contentarlos con examinar las "reglas de juego" formalizadas por escrito prestamos atención a las reales y efectivas, los casos de ese tipo son más frecuentes de lo que podría creerse: tener una simple mayoría de los votos del Parlamento no es probable que sea suficiente para que un partido se decida a tomar una decisión de transcendental importancia para el país, aunque la

---

18 En el caso patético de Polonia, a partir del siglo XVI adoptó el *liberum veto*, equivalente a la unanimidad, para la validez de las decisiones de la Dieta (parlamento), con resultados desastrosos. Véase el libro clásico de Konopczynski (1930).

19 Para la justificación de estas reglas de votación, véase el Cap. 7 ("The Rule of Unanimity") del libro de Buchanan y Tullock (1962)

Constitución le autorice formalmente a hacerlo, so pena de arriesgarse a una insubordinación general o, incluso, a una guerra civil.

Desde esta perspectiva las ventajas que tradicionalmente se han atribuido al bipartidismo británico se nos presentan en sus verdaderas dimensiones. Cuando en un país el *punto crítico* para la decisión está fijado en la mayoría simple, la existencia de solo dos partidos asegura, en la práctica, un sencillo funcionamiento del sistema pues, salvo los casos poco probables de absoluta igualdad de efectivos, uno de ellos contará con la mayoría requerida para aprobar muchas decisiones. Sin embargo, si pensamos en situaciones en que el punto crítico vaya subiendo un régimen bipartidista no asegura el funcionamiento del sistema, pues a menos que uno de los partidos tenga una superioridad aplastante de efectivos sobre el otro, nos encontramos con problemas semejantes de negociaciones, transacciones y necesidad de formas coaliciones que son propios de los sistemas multipartidistas.

Por consiguiente la diferencia esencial entre los sistemas de partidos, no es la que existe entre el bipartidismo y el multipartidismo. Lo importante es determinar si en el sistema de partidos objeto de nuestro estudio, las "reglas de juego" efectivamente vigentes señalan un *punto crítico* para las decisiones que puede ser alcanzado por uno de los partidos que de él forman parte, sin necesidad de aliarse con otro; o, por el contrario, si para alcanzar ese *punto crítico* (la necesaria mayoría) es preciso el uso conjunto de los recursos (votos) de dos o más partidos. Este uso conjunto de recursos de varios partidos los denominamos una *coalición*. Las relaciones entre los partidos que forman una coalición pueden ser totalmente cooperativas, si la coalición se ha formado en base a una pura comunidad de intereses entre quienes forman parte de ella; o relaciones mixtas si ha sido resultado de algún compromiso, producto de una negociación entre quienes tienen intereses en parte comunes y en parte en conflicto.

13. *Sistemas de partidos mayoritarios y sistemas de coaliciones de partidos*

Aquellos sistemas de partidos, caracterizados por el conflicto agonal, en el cual, de acuerdo con sus "reglas de juego", un partido puede controlar por sí solo el punto crítico necesario para tomar decisiones obligatorias, lo llamaremos *sistema de partidos mayoritario*. En caso contrario, cuando para obtener una mayoría sea necesario formar una alianza de partidos, lo llamaremos *sistema de coaliciones de partidos*.

En un *sistema de coaliciones de partidos* el número de unidades y el monto de los efectivos de cada una de ellas son muy importantes, pues de tales variables va a depender la estrategia a seguir por cada partido. Es evidente que un sistema de este tipo sólo puede funcionar en la medida que los distintos partidos que forman parte de él desarrollan un cierto espíritu pragmático y están dispuestos a buscar transacciones y compromisos.

Llamaremos *coaliciones ganadoras mínimas* a aquellas en las que la exclusión de uno solo de sus miembros hace que no alcancen el *punto crítico* mínimo para la decisión, y por tanto hace que coalición restante deje de ser una ganadora. Llamaremos *miembros inesenciales*, a aquellos que pueden ser excluidos de cualquier coalición ganadora de la que formen parte sin que dicha coalición deje de ser ganadora. Llamaremos miembro *pivote* al último miembro que una vez añadido a una coalición, que antes no era ganadora, la convierte en una coalición ganadora.[20]

Riker ha afirmado que en un juego suma-cero de n personas, en el que permiten pagos y compensaciones recíprocas por parte de los jugadores, cuando estos son racionales y cuentan con una información completa, sólo se producirán *coaliciones ganadoras mínimas*, es decir que no se incluirán miembros inesenciales. La tendencia a incluir miembros inesenciales, más allá de lo que son necesarios para alcanzar el *punto crítico* de decisión señalado por las "reglas de juego", significa que o bien no se sabe cuál es ese punto crítico (lo cual puede ser muy posible si las "reglas" no están formalizadas), o bien no se está seguro de haberlo alcanzado efectivamente. Pero esta afirmación parece contradicha por la experiencia empírica, pues sabemos de sistema que se caracterizan por un estilo político tendiente a la búsqueda de compromisos, transacciones y acuerdos lo más amplios posibles, e inclusive unánimes, en los que aparentemente se considera insuficiente la formación de coaliciones ganadoras mínimas. Esto ha sido muy común en varios países de Oriente, pero un estilo semejante de búsqueda de acomodaciones, transacciones y amplios entendimientos parece caracterizar también a ciertas democracias occidentales[21], especialmente las llamadas "democracias consensuales" (*consociational democracies*), estudiadas por Arend Lijphart (1977, 1987).

Pero muchos de esos sistemas, en apariencia excepcionales, pierden ese carácter y son fácilmente explicados, de acuerdo a las ideas de Riker, tan pronto como abandonemos en prejuicio de creer que el *punto crítico* de decisión "natural" es la mayoría simple y recordemos que las "reglas de juego" que aparece en la Constitución o en los reglamentos parlamentarios no siempre son las reales y efectivas. La falta de formalización de las "reglas" y/o la falta de consenso sobre las mismas, que se produce en situaciones de crisis de la legitimidad o cuando ésta no está sólidamente implantada, crea incertidumbre sobre cuál es el punto crítico de decisión, por lo cual es lógico que se trate de lograr acuerdos y coaliciones lo más amplios posibles.

Otra de las razones a las que puede obedecer la búsqueda del mayor consenso posible y la tendencia a formar amplias coaliciones con miembros inesenciales desde el punto de vista de las reglas formales, es el propósito de *socializar* a los jugadores en dichas reglas y evitar su alienación. O dicho en otros términos, se trate de convertir un juego que en principio era suma-cero, en otro de suma-distinta-de-cero o suma variable, de manera que no haya perdedores sino que

---

20   Para todos estos conceptos y, en general, para las diversas cuestiones estratégicas y tácticas relativas a la formación de coaliciones ganadoras, véase Riker (1961: espec. 32, 40, 43 y 88-89)

21   Véanse los casos de Austria, Holanda y Bélgica, en Dahl, ed, (1966).

todos ganen algo, y por tanto estén interesados en su mantenimiento. Finalmente, a veces la formación de amplias coaliciones con miembros inesenciales, obedece al hecho de que no estamos en presencia de un "juego" sino de una *lucha* o *combate* (Rapoport), esto es de un conflicto existencial antagónico con un enemigo frente al cual es conveniente oponer al mayor número de fuerzas posibles. Las dos últimas razones que acabamos de señalar han sido muy importantes para que en Venezuela se decidiera idear el Pacto de Puntofijo (*vid. infra*, pp. 120-122)

El hecho de que en el interior de un sistema de partidos exista algún tipo de conflicto existencial o antagónico, con respecto a alguno de sus miembros, pues no acepta las "reglas de juego" comunes, introduce serias dificultades en su funcionamiento, que no va poder ser "normal". Por esta razón la primera Presidencia de Caldera representa un hito muy importante en la evolución del sistema de partidos venezolano, porque por primera vez desaparecen las *luchas* o *combates* del sistema, pues todos los actores políticos principales han aceptado las reglas del juego político de la democracia representativa.

SEGUNDA PARTE:

DE LOS PARTIDOS SIN ESTADO (1830-1899)
AL ESTADO SIN PARTIDOS (1899-1935)

I.   LOS PARTIDOS SIN ESTADO (1830-1899

1.   *La falta del Estado*

Durante todo el siglo XIX faltaban en Venezuela varias de las condiciones básicas para que podamos hablar de una integración nacional (Rey 1988: 60–64).

Ante todo, no existía un Estado moderno, en el sentido de Max Weber, es decir, de una organización de acción continuada cuyo cuadro administrativo mantiene con éxito la pretensión del monopolio legítimo de la coacción física, para el resguardo del orden vigente en el interior del territorio. La ausencia de un ejército profesional y moderno y el hecho de que los diversos caudillos locales o propietarios territoriales disponían de sus ejércitos privados, formados por montoneras, a partir de sus propios peones o por personas vinculadas a ellos por razones personales, significaba que no existía un verdadero Estado.

Por otra parte el aparato gubernamental era muy precario, pues se carecía de una hacienda pública moderna que garantizara el flujo mínimo de recursos fiscales regulares necesarios para financiar la actividad estatal, lo que daba lugar a una administración pública pobre y escasa, sin una burocracia estatal profesional e incapaz hacer frente a las obligaciones básicas de un Estado moderno, incluyendo el mantenimiento del orden y de la paz internos y el cumplimento de sus responsabilidades internacionales.

De modo que a lo largo del siglo XIX en el país se perpetuaba la violencia, frecuentemente bajo la forma de guerra civil, y bajo el pretexto de "Revolución" se robaba, se saqueaba, se destruían vidas, mientras se sucedían las endémicas reclamaciones internacionales. En realidad no había un Estado capaz de garantizar la paz y cumplir con sus obligaciones con el extranjero.

En cuanto a la participación política e incorporación de los habitantes del país al bien común , eran escasísimas, tanto desde el punto de vista político como del económico y social, pues se trataba de regímenes oligárquicos que se sucedían en el poder. Desde el punto de vista político, hasta 1857 el sistema de electoral era de participación limitada y aunque después de este año las Constituciones eliminaron las restricciones que por motivos tanto económicos como culturales (analfabetismo) que existían para el voto, continuaron subsistiendo numerosos factores económicos y sociales que restringían la participación electoral, y, sobre todo factores políticos, principalmente por la intervención gubernamental, que hacían que las elecciones no fuera libres ni sinceras.

Hay que subrayar que la "Revolución", la guerra civil, y la violencia al margen de todo marco institucional, se convirtieron para algunos sectores populares en la principal o única vía de participación e incorporación, no sólo política sino también económica y social; en una palabra en canal de movilidad social accidente. El campesino, uniéndose a una montonera armada (que muchas veces se atribuía el carácter de "partido") que marchaba a tumbar al gobierno, tenía la posibilidad de salir de su pequeña comunidad, ponerse en contacto con él resto del país y, eventualmente, acceder no solo al poder político sino a la riqueza y al prestigio social. Evidentemente se trataba de una vía de incorporación no sólo muy limitada, sino también precaria, insegura y azarosa. Con todo, fue el único canal de ascenso y participación que a lo largo del siglo XIX tuvieron diversos sectores populares.

2. *El origen de la tradición antipartidista*

El rechazo o animadversión a los partidos políticos, no sólo ha estado siempre presente en el pensamiento venezolano, desde Bolívar hasta nuestros días, sino que ha sido claramente preponderante durante la mayor parte del tiempo. Pero esta visión negativa no es una peculiaridad exclusivamente nacional, pues se origina y alimenta en una tradición muy antigua del pensamiento político occidental (véase, para lo que sigue, mi ensayo Rey 2003a).

En efecto, de acuerdo a la teoría clásica de las formas de gobierno, la más reprobable y corrupta de todas ellas es la tiranía, y al menos desde Aristóteles se caracteriza a los tiranos, cualquiera fuera el número de sus titulares, por gobernar en su interés particular y no en el bien de la comunidad.

Desde los siglos XVII y XVIII la tiranía se identificaba con "el espíritu de partido" o con la *facción,* que significa que se daba preferencia a los intereses particulares o privados, en vez de darla a los intereses generales o al bien común; y, entre las diversas formas de gobierno tiránico, la *oclocracia* o demagogia, es decir, la forma corrompida del gobierno popular o democrático, tendió a considerarse la peor.

La condena del "espíritu de partido", así entendido, muy presente en los "padres de la patria" de los Estados Unidos (Washington, Madison, etc.), es una constante del pensamiento del Libertador, que se manifiesta claramente desde sus primeros textos clásicos, como por ejemplo en el *Manifiesto de Cartagena* (1812) o en la *Carta de Jamaica* (1815).

Pero en el pensamiento político occidental, existía otra tradición que tenía un origen y sentido muy distinto pero que también llevaba a rechazar la idea de partido. Era la propia de los teóricos de la soberanía, tanto en su versión monárquica (Bodino y Hobbes, por ejemplo) como en la democrática (sobre todo Rousseau), que al considerarla como un poder único e indivisible, además de supremo y absoluto, veían en la existencia de partidos o facciones un peligro para la unidad del Estado y la amenaza de su disolución.

En Simón Bolívar también encontramos esta razón de rechazo de los partidos, pues, de acuerdo a su pensamiento, la existencia de éstos ponía en peligro el éxito de la guerra de independencia y, una vez conseguida ésta, amenazaba con perder lo ya logrado. En su famosa "última proclama" (1830), su vehemente exhortación al cese de los partidos y al fortalecimiento de la Unión, debe ser entendida como un doble llamamiento: a sacrificar los intereses particulares en aras del interés general y a dejar a un lado las peleas entre bandos que amenazaban con la guerra civil. Desde entonces la exhortación bolivariana iba a ser frecuentemente usada por los déspotas o aspirantes a serlo, desvirtuando su sentido original, para atacar la existencia de los partidos políticos modernos, distintos de las *facciones* condenadas por el Libertador.

3. *Los problemas de la representación política*

Pero si es en los gobiernos democráticos donde aparecen las peores tiranías, ¿cómo es posible, entonces, legitimar una democracia que asegure que en ella va a predominar la *voluntad general*, como expresión del bien común? Como quiera que se era consciente de que a la mayoría de los ciudadanos les podían faltar las virtudes y la sabiduría necesaria para ello, no se iba adoptar la solución roussoniana de la democracia directa, sino la democracia representativa.

Sin embargo, en los primeros años de la Independencia esta solución encontró una seria dificultad por las graves controversias que hubo en Venezuela sobre el alcance y significado de la representación política, en las que se enfrentaban dos concepciones opuestas. Para una de esas concepciones, la representación política significaba un mandato, por el cual el representante estaba obligado a cumplir las instrucciones que le daba el que lo había elegido (de manera que era su mandatario o comisario), y eventualmente estaba sujeto a la revocación, por parte de éste, si no las cumplía. Esta era a concepción típica de la representación política en el "antiguo régimen", en que los representantes de los estamentos ante las asambleas del reino eran sus "embajadores", que recibían su mandato e instrucciones por escrito, que eran de obligatorio cumplimiento y estaban sujetos a la posibilidad de ser revocados en cualquier momento. Pero una posición parecida, aunque partiendo de otros supuestos teóricos, era, como yo lo hemos visto, la de Rousseau, para el cual los diputados no eran verdaderos "representantes", en su sentido jurídico, sino mandatarios o comisarios, que tenían que seguir las instrucciones del pueblo soberano que así como los había designado los podía revocar. Toda decisión de los diputados aprobando una ley no era jurídicamente válida mientras no contara con la ratificación del pueblo.

Frente a estas concepciones estaba la de los grandes teóricos de la representación (como Tocqueville, Mill, Madison, etc.), que sostenían que una vez elegido el representante gozaba de una total libertad de decisión, atendiendo sólo a lo que su conciencia le dictara que era lo mejor para sus representados, que en realidad eran toda la Nación y no sólo aquellos pocos electores de la circunscripción que lo había elegido. Esta última concepción (los diputados como representantes de toda la Nación) fue la idea que prevaleció con la Revolución Francesa[22].

Pero en los primeros años de la independencia, hubo serias controversia sobre este punto en Venezuela. Varios diputados al primer Congreso constituyente de Venezuela (1811) recibieron instrucciones escritas de los colegios electorales que los habían elegido, sobre cómo debían votar, y es sabido que algunos se negaron a votar a favor de la independencia inmediata alegando dichas instrucciones. La Constitución de 1811 determinó que el pueblo tenía derecho a revocar la nominación de sus delegados en el Congreso en cualquier momento y a nombrar otros en su lugar y, por consiguiente podía imponerles instrucciones (Art. 209). Es muy posible que la concepción de la representación detrás de estas decisiones fuera, la propia de la representación corporativa estamental, que predominó durante "antiguo régimen". Pero en 1829 se volvió a discutir el punto, y el Libertador se mostró partidario de que los electores instruyeran obligatoriamente a sus elegidos de cómo debían votar. En la circular el Ministerio del Interior del 16 de octubre, relativa al Congreso Constituyente convocado por Bolívar, se excitaba a la nación a hacerlo, y efectivamente muchas provincias así lo hicieron. No es extraño que este caso haya prevalecido, una concepción roussoniana en esa materia, más bien la que era propia del "antiguo régimen". Pero reunido el Congreso en 1830, tras grandes debates, por fin se aprobó la prohibición de las instrucciones.

Separada Venezuela de Colombia, hubo provincias que siguieron dando instrucciones escritas a sus representantes. Así lo hicieron en 1830 el colegio electoral de Caracas, el de Carabobo, el de Maracaibo y algún otro. Ese último no solo aprobó que las instrucciones fuese obligatorias, sino que estableció que sus delegados estaban obligados a retirarse del Congreso en caso de que éste resolviese que no estaban obligados a seguir las instrucciones de los electores. Pero uno de ellos, José Eusebio Gallegos, declaró que desconocía "la facultad en los electores de imponerle preceptos", pues él representaba no a los electores de su circunscripción sino a todo el pueblo. Este es fue el principio que adoptó el Congreso. El artículo 80 de la Constitución de 1830 estableció que los senadores y representantes tenían tal carácter por la nación y no por la provincia que les nombraba, y que no podían recibir órdenes ni instrucciones particulares de las provincias. Este es el principio que ha prevalecido y se ha conservado hasta finales del siglo XX[23].

---

22 Como es sabido esta es la tesis que posteriormente fue acogida expresamente en todas las Constituciones del mundo occidental, incluida la de Venezuela, contra la solución adoptada por la Comuna de París y seguida por los marxistas, que se reflejó en la Constitución de la URSS y de los países comunistas.

23 Es curioso que un autor, en otros aspectos tan poco democrático, como Gil Fortoul se muestra partidario del mandato imperativo, pues alega que la libertad del

4. *Significado y alcance de la democracia representativa*

En general el pensamiento venezolano no tuvo necesidad de elaborar una teoría de la democracia representativa, pues le bastaba con emplear la concepción que se había originado en otros países. Ideas muy claras sobre el tema, en una fecha algo tardía, las podemos encontrar en la intervención de Fermín Toro, en la Convención Nacional de Valencia el 12 de Octubre de 1858 (Toro 1983: 305-307)

Según la teoría original de la democracia representativa, las decisiones sustantivas no las tomaban el conjunto de ciudadanos mediante su voto directo, sino estaban a cargo de representantes elegidos en votaciones sucesivas, escalonadas en dos o más etapas y en las que el sufragio, tanto activo como pasivo, estaba sometido a condiciones socioeconómicas y/o culturales, cada vez más exigentes a medida en que se ascendían los escalones de las elecciones. Se suponía que, gracias a esa selección, los representantes que resultaran electos serían personas sabias y virtuosas, que quedaban liberadas de cualquier forma de mandato imperativo o de amenaza de revocación por parte de sus electores, y que gozaban de una total libertad en sus decisiones, de forma tal que tras intercambiar argumentos y pareceres entre sí, decidirían mediante votación, de acuerdo a su mejor opinión acerca de en qué consistía el interés general.

A través del conjunto de procedimientos y filtros que son propios de la democracia representativa, que estamos comentando, se esperaba que el *espíritu de partido* no contaminara las decisiones públicas, que estarían orientadas por el bien común o la voluntad general.

Aunque distinta a la de Rousseau, la solución que la teoría de la democracia representativa va a dar al problema de la construcción de un orden político, es también de tipo normativo, pues supone que los responsables de las decisiones públicas, aunque necesitan ser ayudados mediante los mecanismos institucionales dispuestos para filtrar sus pasiones y sus intereses privados, son capaces de dejarse llevar por el interés general, gracias a la "fuerza" moral que éste es capaz de ejercer sobre ellos.

Efectivamente, la primera constitución venezolana de 1830, establecían elecciones escalonadas, indirectas, y numerosas restricciones al sufragio, tanto activo como pasivo, con limitaciones que iban subiendo a medida que se ascendiera en los distintos escalones de las elecciones.

Además en todas se establecía el principio de que para tener el derecho al voto era necesario saber leer y escribir. Pero inmediatamente la propia Constitución suspendía la aplicación de tal restricción, dando un plazo a los analfabetos para que superaran esa condición. Las razones para esta suspensión de su aplicación inmediata eran tanto teóricas como prácticas. Por una parte,

---

representante lo desligaba de la voluntad de sus electores, lo que suponía una "contradicción evidente con el régimen democrático" y desvirtuaba la idea de representación. Véase, sobre la aplicación de este principio en la historia de Venezuela, Gil Fortoul (1954: 27-31; 1890: 249 ss.)

aunque todos estaban de acuerdo en el principio de que, para poder emitir un voto consciente y racional, era condición necesaria saber leer y escribir, la mayoría consideraba injusto excluir de inmediato a los analfabetos, pues, en general, ellos no podían ser considerados responsables de su carencia, que se debía a siglos de despotismo monárquico. Parecía justo, por tanto, una vez establecida la República, conceder a los analfabetos un lapso para superar su situación. Pero, por otra parte, el número de analfabetos era muy grande y comprendía a muchas personas que habían sido movilizadas políticamente por haber participado en la guerra a favor de la independencia, y cuya exclusión podría provocar serios disturbios.

En todo caso, la Constitución de 1858 eliminó totalmente la prohibición del voto de los analfabetos, incluso como principio. Esta decisión sólo sufrió una importante involución cuando en la Constitución de 1936 se excluyó del voto a los analfabetos, por primera vez en la historia de Venezuela.

La Constitución de 1858 estableció también la elección directa para el Presidente de la República, que, salvo los episodios de su elección por el Consejo Federal en las Constituciones de 1881 y 1891, perdurará hasta el derrocamiento de Andrade en 1899.

La Constitución de 1857 (que no llegó a aplicarse) suprimió todas las restricciones al sufragio por razones económicas, supresión que fue ratificada por la Constitución de 1858, sin ninguna seria oposición, con lo cual Venezuela se convirtió en una las naciones del mundo más adelantada el establecer el sufragio universal, sin ninguna restricciones legales por razones económicas o culturales, aunque limitado a los varones. Pero subsistieron numerosos condicionamientos económicos, sociales y sobre todo políticos que incitaban a la abstención o eran causa de la falta de libertad y sinceridad del voto.

Durante el periodo que Gil Fortoul ha llamado de "la oligarquía conservadora" (1830-1847) las quejas de los liberales por la falta de cumplimiento del *principio alternativo*, como consecuencia de la utilización del poder por parte de Páez y su camarilla, y el uso de los recursos del gobierno para favorecer a los candidatos conservadores, fueron constantes. Sin embargo, la situación era todavía tolerable: Vargas fue elegido presidente, frente a Soublette que contaba con la total confianza y el apoyo de Páez; y no se produjeron las escandalosas cuasi-unanimidades de las elecciones posteriores. Si embargo hubo algunos disturbios, que los conservadoras achacaban al haberse concedido el derecho al voto a los analfabetos.

Pero a partir de la elección a la presidencia de José Tadeo Monagas, las elecciones no conservan ni la menor apariencia de pulcritud y legalidad. Un informe oficial de 1867 reconocía que "el país tiene por elecciones una farsa"[24].

---

24 *Informe oficial que acompaña al Proyecto de Reforma de la Constitución,* elaborado por el gobierno (Caracas: Imprenta del Teatro de la legislación, 1867). Citado por Wolf (1945: 206), véase, sobre esta materia, el Cap. XI ("Las Elecciones") del libro de Wolf.

Según Pedro Manuel Arcaya, en la historia de los países hispanoamericanos, las elecciones cuando eran "libres" se caracterizaban por los "fraudes más escandalosos, la violencia de los ciudadanos unos contra otros, la combatividad y la mentira llevadas a los extremos de la delincuencia [..]", y esta era también la situación en Venezuela; y citaba al argentino Ayarragaray, que describía la situación general de América Latina, especialmente aplicable a nuestro país, según la cual las elecciones sólo llevaban a dos posibles resultados: "o el fraude manso simula la legalidad o el fraude sangriento que suprime violentamente toda contienda" (Arcaya 1941: 152).

5. *En defensa de los partidos políticos*

La idea de que hay que rechazar totalmente a los partidos como los peores males, y que mediante su eliminación se manifestará la voluntad general como expresión de la unidad de la nación, fue común en el pensamiento político del país desde la Independencia hasta 1840, aproximadamente. Tal idea, que probablemente se debe a la influencia directa de Rousseau, se expresaba claramente en los muy trillados pensamientos de Simón Bolívar contra los partidos, y en la no tan conocida, pero muy expresiva advertencia de la Constitución de 1830:

> "Los venezolanos tendrán siempre presente que del interés que todos tomen en las elecciones nace el espíritu nacional que, sofocando a los partidos, asegura la manifestación de la voluntad nacional [...]" (Artículo 17).

Pero aproximadamente a partir de 1840, por obra sobre todo de los pensadores liberales, no sólo se va a defender por primera vez la existencia de partidos, sino que son considerados necesarios para la democracia representativa. Los partidos políticos, dice Tomás Lander en 1844, "son indispensables en el sistema representativo", de manera que sin ellos Venezuela "sería como un niño sin piernas" o como "un bonito carro sin ruedas"[25].

Este cambio radical de perspectiva empieza por diferenciar rigurosamente el *partido* de la *facción*, confusión en la que se basaba su anterior rechazo. A Antonio Leocadio Guzmán se deben la más brillantes páginas defendiendo los partidos políticos, y la justificando su necesidad en la democracia representativa. Según él, lo que caracteriza a un partido no es un interés parcial, como ocurre con las facciones, sino su opinión sobre en qué consiste el bien común o la voluntad general. De manera que un partido "no puede existir sin proclamar como causa suya uno o más objetos de interés público", "no puede haber[lo] sin principio de salud pública, de mejorar las condiciones del pueblo, en fin, sin una

---

25 Tomás Lander tiene el mérito de ser el primer autor venezolano (y, hasta donde yo se, uno de los primeros en todo el mundo) en hacer esta afirmación, que un siglo después se convirtió en un lugar común de los pensadores demócratas. El texto citado lleva el título "Notas o Apuntamientos. Partidos" y fue publicado como *Fragmentos de un Relámpago inédito*. Caracas, 1844. Lander (1983: 608).

bandera saludable"[26]. Los partidos son, por tanto, una manifestación necesaria de la libertad de pensamiento y de opinión, de modo que "donde no hay partidos, allí puede asegurarse que no hay libertad, no hay civismo, no hay virtudes sociales; allí hay opresión visible o enmascarada, hay oligarquías o aristocracias, no hay un pueblo sino un rebaño" (*Ibídem*, p. 176).

Siguiendo el ejemplo de Inglaterra y de los Estados Unidos, nuestros pensadores liberales consideraban que lo ideal y lo natural era que se formaran dos grandes partidos, conservador y liberal, en torno a los cuales se agruparía el conjunto de la nación, pues sólo de esta forma el voto individual podría ser efectivo. Y Guzmán describe brillantemente como funcionaría, desde un punto de vista ideal, una democracia representativa mediante la competencia entre esos dos partidos. Cada partido tiene una opinión distinta sobre el bien público y, además de defender las ideas propias, combate las del adversario buscando el triunfo electoral. La competencia partidista hace de cada uno de ellos un excelente fiscal que presenta ante el pueblo, juez nato de esta controversia, los menores defectos del contrario (*Ibídem.*, págs. 178-179). Cada partido, para triunfar en las elecciones busca los mejores candidatos, que al ser elegidos deben obrar para ganarse y conservar el amor del pueblo, al que corresponde examinar su comportamiento y dar su veredicto. Si el partido proclama falsas doctrinas y perjudica al pueblo, será condenado a desaparecer; en caso contrario será acogido, mimado y sostenido por él (*Ibíd.*, p. 180).

Se trata de una justificación, difícilmente superable, del funcionamiento ideal de un sistema de partidos constitucionales, en el que el partido de la oposición, lejos de buscar destruir al partido de gobierno o derrocarlo por medio de una revolución, trata de superarlo mediante una discusión en la que el pueblo, mediante sus votos, será el juez.

Antonio Leocadio Guzmán, escribiendo en *El Venezolano*, desarrolla una idea, que va a ser tema central para la evaluación de los partidos políticos durante el siglo XIX, y que incluso va mantener una considerable vigencia en el siglo XX. Se trata de la distinción entre *partidos doctrinarios*, por un lado, y *partidos eleccionarios* o *personales*, por otro lado. Por *doctrinas* entiende los grandes objetivos políticos que deben figurar en los programas de los partidos, y la tesis que va a defender con gran fuerza es la necesidad de que los partidos sean doctrinaros[27]. Según él, en los países poco avanzados de Iberoamérica, la mayoría de los partidos carecen de cuerpos de doctrinas; sólo se distinguen por los nombres de sus dirigentes; carecen de programas que expresen sus objetivos políticos; y sólo aspiran al triunfo electoral por la búsqueda de cargos y la conquista del poder. Pero para que funcione adecuadamente la democracia representativa, hace falta "hombres que identificados con un cuerpo de doctrinas

---

26   "La Nación y los Partidos". *El Venezolano*, N° 2, Caracas 31 de agosto de 1840. Reproducido en Guzmán (1983: 178)

27   Se trata de dos artículos que bajo el título de "Elecciones" publicó en *El Venezolano*, N° 235 y 236, del 20 y 27 de abril de 1844. Reproducido en Guzmán (1983: 324-341).

legislativas y administrativas corran en lo civil la suerte de esas doctrinas", y no del tipo de políticos "que hacen profesión de mandar y que, a este fin, sacrifican principios, medidas y conveniencias públicas" (*Ibíd.*, págs. 333-335).

6. El ataque a los partidos políticos

Pero el cuadro ideal sobre el funcionamiento de los partidos, que pintaban esos pensadores, iba a ser atacado por sus contrarios, negando que fuera real y cuestionando la sinceridad de quienes lo habían proclamado. De modo que para un conservador, como Pedro José Rojas (1844), lo que ve en el país no es la competición entre los dos grandes partidos constitucionales, sino una diversidad de bandos que agitan la republica, tomando nombres distintos, sin que exista armonía entre ellos y con tendencias no homogéneas, formando facciones divergentes con intereses diferentes. De modo que "ese cuerpo de doctrinas de que se jacta la oposición no es otra cosa que un cuerpo de patrañas". Lo único que quieren los liberales, en realidad, es "mando y cucaña, trastornos y diabluras". En verdad son unos hipócritas que no aman sinceramente al pueblo; sus doctrinas son falsas y en vez de ellas lo que tienen son ambiciones y pasiones. En resumen: las vocinglerías con que cubren sus designios no son sino patrañas[28].

Pero, la efímera ilusión de los liberales acerca del funcionamiento de un sistema de partidos constitucionales, pronto se disipó, y replicaron a los conservadores con análogas acusaciones: búsqueda de beneficios personales y desinterés por el bien público. Es evidente que a partir de esos supuestos no era posible el funcionamiento de un sistema de partidos constitucionales. Tanto conservadores como liberales sólo veían a sus contrarios como a un mal al que había que destruir, de manera que la única vía que quedaba abierta era la guerra civil.

Por lo demás, gran parte del pensamiento del siglo XIX ve en el *caudillismo* la principal causa de nuestros males políticos, y considera que el origen de tales males está en la corrupción de los dos grandes partidos, al haber dejado de ser *doctrinarios* y haberse vuelto *personalistas*.

En general la solución que se va a proponer a este problema consistirá, o bien en una regeneración de los antiguos partidos que los permita volver a su pureza inicial; o bien en la creación de nuevos partidos, realmente modernos, que no sean personalistas sino doctrinarios e institucionales. Así, por ejemplo, Jesús Muñoz Tébar (1890), en una obra por lo demás muy notable, propondrá, como solución bastante ingenua a los problemas políticos, la creación de un partido legalista de alcance iberoamericano, admirablemente organizado para la propaganda y para la lucha, capaz de conquistar el poder y a través de la educación acabar con el personalismo y el caudillismo.

---

28   "Pretextos Políticos", publicado en *El Manzanares*, Cumaná, 18 de junio de 1844, Nº 63. Reproducido en Rojas (1983: 92-94).

Pero la crítica mayor y más contundente a los partidos políticos va a ser obra de los pensadores positivistas. Entre ellos destaca José Gil Fortoul por su particular agudeza y originalidad. Escribiendo al final del siglo XIX, rechaza la tesis defendida, según él, por a totalidad de los historiadores venezolanos, según la cual en Venezuela habrían existido en el pasado dos grandes partidos doctrinarios, pues –de acuerdo a Gil Fortoul– no han existido ni procedimientos ni programas que permitan caracterizar como tales a esas entidades, que nunca han estado claramente diferenciadas (Gil Fortoul 1956: 364-365). Lo que ha habido siempre es una disputa entre ambos grupos por ocupar los cargos públicos. Todos los partidos han sido puramente personalistas; prueba de ello es que estaban dispuestos a posponer sus teorías a cambio de gobernar, y sus jefes se entregaban, con tal propósito, a combinaciones sin fin (las famosas *fusiones*), de modo que grupos de liberales y de conservadores se confundían a veces para compartir el gobierno, a veces para participar en una revolución opositora (*Ibídem*, págs. 381-382).

Pero la parte más original del pensamiento de Gil Fortoul, sobre el particular, consiste en que, apartándose de lo que era la opinión abrumadoramente mayoritaria de los autores de su época, no veía en la falta de partidos doctrinarios un mal sino, por el contrario, un bien: gracias a la ausencia de partidos irreconciliables fueron posible acuerdos (*fusiones*) entre quienes estaban separados por las barreras partidistas, que hicieron posibles notables progresos en diversas áreas (*Ibíd.*, págs. 393-395). Frente a los publicistas de su época, que creían que para la superación de los males era preciso crear nuevos partidos legalistas y doctrinarios, Gil Fortoul consideraba necesario abandonar las estériles luchas entre partidos de contrapuestos ideales, para resolver los problemas nacionales con un criterio exclusivamente científico: "sobre las cábalas y aventuras del ideologismo político" y contra "las intrigas de los politicastros que reducen la política al arte de idear teorías, lógicas rara vez y casi siempre absurdas, para triunfar con ellas y satisfacer así, o el apetito de mando o la ambición de renombre personal". Lo que hay que hacer es evitar cuanto dividida a los ciudadanos en bandos y sectas irreconciliables (*Ibíd.*, págs. 402-403).

Anunciaba nuestro gran historiador que el ciclo de las teorías idealistas, de las fórmulas mágicas y de los evangelios redentores tocaba a su término. Con la universalidad de la instrucción y del sufragio, los pueblos, víctimas hasta ahora de los politicastros que, con la pretensión de regenerarlos por fuerza los esclavizan siempre, van mostrándose ya capaces de dirigirse a sí mismos y empiezan a comprender que, a las antiguas luchas ideológicas es necesario sustituir la observación científica de los fenómenos sociales. Pensaba, que "el sufragio popular desconfía cada vez más de los evangelios políticos declamados por los partidos"; y que a medida que se extendiera el derecho al voto para hacerse más universal, el antagonismo doctrinario encarnado en dos o más partidos conservadores y liberales se hará materialmente imposible (*Ibídem*, p. 413). Todo este razonamiento lo hacía Gil Fortoul para oponerse al propósito de los pensadores de su tiempo, que propugnaban la necesidad de formar nuevos partidos doctrinarios. Frente a ellos–alegaba– en todos los países civilizados se nota "el disgusto creciente de los pensadores y de la población trabajadora ante los manejos, las intrigas e inconsecuencias de los politicastros" (*Ibíd*., p. 416).

En todo caso, pese a su rechazo de los partidos, no menospreciaba el esfuerzo que suponían. Frente a quienes creían ingenuamente en la posibilidad de crear un nuevo partido doctrinario para regenerar la República, nos recuerda

> "que los partidos no surgen de la noche a la mañana al conjuro de unas cuentas voces elocuentes, ni se transforman las costumbres nacionales en sólo unos meses de entusiasmo patriótico [...] Los partidos son siempre y en todas partes efecto de largas luchas y largas tradiciones colectivas [...]" (*Ibíd*., p. 399).

II. EL ESTADO SIN PARTIDOS (1899-1935)

7. *Las críticas de los positivistas a los partidos*

Durante los gobiernos de Cipriano Castro y de Juan Vicente Gómez, el rechazo a los partidos políticos alcanzará su máxima expresión teórica, por obra de los pensadores positivistas que sirvieron como ideólogos del régimen. Es sabido que tanto Castro como Gómez se enorgullecieron de que, junto a la destrucción por las armas del caudillismo venezolano, habían eliminado también los partidos tradicionales, asociados al mismo. Es cierto que en un primer momento ninguno de ambos gobernantes manifestó su deseo de destruir definitivamente a los partidos, sino más bien proclamaron una tregua, una suspensión temporal de sus actividades, justificándola con el pretexto de una dictadura de emergencia. Pero la dictadura temporal se convirtió en dictadura permanente, suprimiéndose de hecho los mecanismos esenciales de la democracia representativa, como son los partidos, cuyos restos sólo pudieron supervivir en el exilio.

Los exponentes más conocidos del positivismo progomecista, como Vallenilla Lanz y Arcaya, en realidad añaden pocos elementos nuevos a la critica a los partidos tradicionales que se había desarrollado en el siglo XIX, pero tuvieron un particular talento propagandístico para justificar la tiranía de Gómez, pintando con rasgos capaces de impresionar a sus lectores, un cuadro muy adverso a los partidos, en el que se mezclaban las exhortaciones del Libertador contra las facciones y la visión dantesca de las guerras civiles y anarquía que había reinado en el país durante gran parte del siglo XIX y que la mayoría de los lectores habían sufrido en carne propia.

Atacando las pretensiones de legitimidad de los enemigos del régimen, Laureano Vallenilla Lanz advierte que, bajo las engañosas declaraciones partidistas de combatir por la realización de principios e ideales, en realidad:

> "Las luchas de partidos no han sido sino luchas personalistas por el poder, por más que en el tumulto de las pasiones se oscurezca algunas veces la realidad, por la gárrula palabrería de nuestro chancletismo intelectual. Para servirnos de una expresión yanqui, no hay en Venezuela otra lucha que

entre los *in* y los *out*, entre los que están dentro y los que aguardan fuera; entre los capitanes y los que aspiran a la capitanía. Éstos declaran la guerra a aquéllos en nombre de pretendidos principios inmortales, pero en realidad por causas mucho menos desinteresadas" (Vallenilla Lanz 1983: 319).

Por tanto, para Vallenilla, la oposición al gomecismo, formada por lo que quedaba de los antiguos caudillos y de los partidos tradicionales, no podía defenderse bajo pretextos éticos y, en cambio, la dictadura del General Gómez se justificaba utilitariamente, por una necesidad elemental de orden:

"[L]os que impacientes esperan fuera [del gobierno, esto es, la oposición] protestan enfáticamente contra la tiranía, contra el despotismo, contra la violación de los principios, cuando un hombre de prestigio, apoyado por la opinión pública, permanece en el poder representado una necesidad de orden y disciplina en uno de esos periodos de transición por los cuales han atravesado y se hallan expuestos a atravesar todos los pueblos de la tierra [...] " (*Ibídem, id.*)

Tampoco es original Arcaya, en sus ataques a los partidos:

"Siempre nos ha parecido un grandísimo error el creer que los partidos políticos que se llaman en Venezuela «ministerial» y «constitucional» (apodados por sus contrarios de «oligarca», «godo», «conservador» y «centralista») el uno, y «Oposicionista» al principio y luego «Liberal» y «Federal» el otro, (gracias a Dios, desaparecidos ya por extinción absoluta el primero y por irremediable fraccionamiento el segundo), corresponderían, realmente, a los conceptos clásicos de «conservatismo» y «liberalismo» y más grave error todavía, el de suponer que, siquiera alguna vez, satisficieran alguna necesidad racional de nuestra sociedad o produjeran algún resultado útil (Arcaya 1941: 127).

Para Arcaya, esos "bandos" que habían "pasado rápidamente de la discusión en la prensa y de lo que llamaban «comicios» a la lucha armada [...], eran simplemente «coaliciones de caudillos»" movidos por la ambición o fanatizados por "la creencia de estar combatiendo por una «causa santa» –la propia– y contra los malos elementos –los adversarios." (*Ibídem*, págs. 127-28). De manera que la "sinceridad" de creencias de los partidos, la falta de intereses personales ocultos, podía ser aun peor que el egoísmo, pues los convertiría en fanáticos capaces de emprender, con su mejor conciencia, una guerra de religión.

También Rómulo Gallegos, escribiendo a principios del siglo XX en *La Alborada*, aunque no fue –como lo fueron los otros autores que acabamos de considerar– un apologista del gomecismo, se mostraba influido por las ideas positivistas y era muy pesimista sobre las posibilidades de los partidos. Ante los males políticos de país, consciente de que la única solución frente a la sucesión de caudillos, era la instauración de instituciones, reconocía que la idea primordial que encarnaba un partido político no había podido penetrar en el corazón de las masas populares, que apenas llegaban a conocer los nombres y los caudillos de los mismos. Según Gallegos, ello se debía a la incapacidad de nuestra raza para captar ideas abstractas, pues debido a su mentalidad rudimentaria no podía comprender una doctrina, de manera que necesitaba concretarse en la persona de un caudillo que hiciera de intercesor inmediato entre la ciudadanía y la patria. La psicología de las multitudes y la heterogeneidad y aislamiento de nuestras agrupaciones étnicas, eran las causas fundamentales de la incapacidad nacional para formar instituciones, de modo que "los partidos políticos –si es que alguna vez habremos de dar a las palabras su verdadera acepción– no han existido aun en Venezuela".[29] Sin embargo, casi cincuenta años después, Gallegos al postularse como candidato simbólico del Partido Democrático Nacional, en la clandestinidad, contra la presidencia de Medina, y recorriendo todo el país en una acción de pedagogía política nacional, va a demostrar su gran fe en las posibilidades de construir un partido político de masas moderno (*vid. infra*, p. 85).

8. *Una visión utilitaria del orden político*

Al analizar el pensamiento positivista es necesario llamar la atención sobre un aspecto de extraordinaria importancia teórica, y de muy relevantes consecuencias prácticas para el funcionamiento de un sistema de partidos políticos. Se trata de la distinción entre dos distintas soluciones posibles al problema de la construir un orden político. Hemos dicho que tanto el pensamiento de Rousseau como la teoría de la democracia representativa tratan de dar al problema de construir un orden político una solución normativa, en el sentido de que en ambos casos se requiere que los ciudadanos y los partidos busquen el bien común o el interés general, en vez de moverse por su propio provecho personal. Pero es evidente que en la medida que cada partido niega que el contrario esté movido por ese interés común, desaparece la posibilidad de una solución normativa al problema mencionado.

Una vía que en teoría estaba abierta era buscar una solución utilitaria a ese problema: si los hombres y los partidos no se orientan siguiendo el interés general, quizá sería posible que persiguiendo sus propios intereses privados pudieran llegar, mediante acuerdos negociados, a arreglos beneficiosos para todos. Las observaciones de Gil Fortoul, sobre lo benéficas que fueron las *fusiones* entre partidos en el siglo XIX, sugieren la posibilidad de una solución de ese tipo.

Sin embargo hay dos obstáculos para una posible solución utilitaria. Por una parte, la tradición cultural venezolana tendió a considerar ilegítimas, por inmorales, este tipo de soluciones, de modo que en los casos en que se practicaron sus verdaderas razones no se hicieron públicas, sino que se tendía a encubrirlas, presentándolas como al servicio de grandes ideales. En segundo lugar, aunque era perfectamente concebible que persiguiendo sus propios intereses privados, los actores políticos pudieran llegar, mediante eventuales acuerdos negociados, a soluciones beneficiosas para todos, se trataba de

---

29   "Las Causas", *La Alborada*, N° II, Caracas, 19 de febrero de 1909 (Gallego 1983a: 534-537)

acuerdos o equilibrios parciales y efímeros, no permanentes, que tenían que ser constantemente renegociados. Lo realmente difícil era concebir la posibilidad de una *solución constitucional,* es decir, de unas reglas de juego relativamente permanentes y estables de tipo utilitario, que fueran aceptadas por todos.

Teniendo en cuenta el cuadro de barbarie, violencia y anarquía que según la "interpretación pesimista" (Mijares [1938] 1998) ha caracterizado a la sociedad venezolana, la solución al problema de construir un orden estable podría asumir la forma de una solución utilitaria del tipo hobbesiano, en la que los individuos renunciaran a su libertad primitiva a cambio del orden y la seguridad, entregando todo el poder a un único titular. Una solución de este tipo, incompatible con la conservación de un mínimo de democracia, es la que, en términos generales, van a dar los pensadores que justifican el gomecismo.

Vallenilla Lanz, por ejemplo, con su explicación acerca del surgimiento "espontáneo" del caudillo y sobre el carácter personal y no institucional del orden así producido, o con su interpretación del dictador como "necesidad social" que da lugar a una "solidaridad mecánica" que paulatinamente será sustituida por una "solidaridad orgánica" (*Ob. cit.*, págs. 79-100, 107 y 288-290), parece estar cercano a una teoría utilitaria de la institucionalización, aunque para él el proceso es más bien el resultado de fuerzas naturales, espontáneas e inconscientes y no de cálculos y asentimientos racionales y conscientes.

El problema mayor que estaba por resolver, consistía en la posibilidad de construir un orden político permanente mediante unas reglas de juego de carácter utilitario, pero conservando la democracia. Sólo fue a partir de 1958 cuando se trató de hacer posible esta proeza.

9. *El Estado gomecista y la movilización social*

Entre 1899-1935, bajo los gobiernos dictatoriales de Cipriano Castro (1899-1908) y de Juan Vicente Gómez (1908-1935) se van a dar ciertas condiciones básicas para la integración nacional, que faltaron durante el siglo XIX (véase, Rangel 1974 y Rey 1988).

Es sobre todo en la época de Gómez cuando se puede decir que se crean las bases de un Estado moderno, en el sentido que lo definió Max Weber (es decir, como ya hemos dicho, como una organización continuada cuyo cuadro administrativo mantiene con éxito la pretensión del monopolio legítimo de la coacción física, para el resguardo del orden vigente en el interior del territorio).

Pieza fundamental para ello fue la creación de un sistema de finanzas públicas regulares, favorecido en parte considerable por la explotación petrolera, que comenzó a desarrollarse intensamente, lo cual tuvo como consecuencia varias cosas, pero ante todo, la liquidación de la deuda externa, factor tradicional de interferencia extranjera; y que en adelante el gobierno dispusiera de los recursos financieros que le permitieron la creación de una incipiente burocracia profesional y técnica para la prestación de algunos servicios públicos elementales y sobre todo la salud . Pero, principalmente, hizo posible la creación un ejército profesional y moderno, frente al cual nada podían las montoneras o bandas irregulares o los ejércitos de los partidos y caudillos tradicionales, lo cual permitió destruir la base del poder de éstos y asegurar todo el país bajo la única y férrea autoridad de Gómez (Kornblith y Quintana 1981).

No podemos olvidar las limitaciones y los aspectos negativos de este proceso: A) Si bien se liquidó la deuda extranjera, a través del régimen de concesiones petroleras se crearon otros vínculos de dependencia más permanentes. B) Pese a que se fundó una Hacienda Pública moderna, el régimen de Gómez se caracterizo por una confusión entre en patrimonio público y el personal del dictador, y por la utilización del poder para su enriquecimiento personal y el de sus seguidores. C) La creación de la paz y el orden se basaron en la arbitrariedad personal de los gobernantes y en la utilización de la violencia y del terror contra sus opositores o, simplemente contra quienes no eran adictos al gobierno. D) La destrucción, de los poderes regionales y locales y de muchos cacicazgos tradicionales, no estuvo acompañada por la creación de un sistema de integración política moderno y democrático, sino que ésta se desarrolló en torno a la persona del dictador, en base a lazos de fidelidad y lealtad personal, incluso en lo que se refiere a la Administración y el Ejército por él creados.

En esta época, también se crearon las condiciones básicas para la unificación económica, social y cultural del país, y se produjo un importante proceso de *movilización social*, como resultado de un conjunto de acontecimientos de los cuales sólo algunos fueron conscientes y deliberados. Por una parte, se llevó a cabo una política de unificación geográfica y facilitación de las comunicaciones a través de la construcción de carreteras y telégrafos, que con independencia de que obedeciera a motivaciones esencialmente políticas y militares, tuvo importantes consecuencias económicas, sociales y culturales, al facilitar todo tipo de intercambios. Esto, unido al proceso de unificación política al que antes me referí, creó las condiciones básicas para el desarrollo de la economía y para una sociedad más integrada y moderna.

Pero además, todos estos procesos, junto al desarrollo de la explotación petrolera que se inicia en esta época, van a tener como consecuencia una *movilización social,* que conducirá a la aparición de una *nueva sociedad.*

Utilizo la expresión *"movilización social"* como lo han hecho algunos especialistas en Ciencia Política, especialmente Deutsch (1961), para referirme a un conjunto de cambios socio-económicos bruscos, irrefrenables y combinados, que se refuerzan mutuamente y que se producen en ciertas sociedades durante los procesos de modernización, a través de los cuales se produce la disolución o deterioro de los nexos y vínculos interpersonales tradicionales y surge una masa humana desarraigada y que está "disponible" para entrar a formar parte de nuevas organizaciones y contraer nuevas lealtades.

Se trata de los efectos que producen cuando se combinan procesos tales, como la industrialización, la urbanización, la creciente alfabetización, la exposición a *mass media* modernos, el aumento de los ingresos y la mayor frecuencia, volumen y alcance de las comunicaciones interpersonales.

Un proceso semejante ocurrió bajo el régimen de Gómez, pero en este caso no fue el resultado del impacto directo del desarrollo de la industria petrolera sobre la estructura económica y social del país, sino sobre todo fue su consecuencia indirecta, a través del aumento de los ingresos fiscales y la subsiguiente acción del Estado, incluyendo la distribución interna de lo recursos de ese origen.

En todo caso, la sociedad tradicional y los vínculos que la caracterizaban fueron en buena parte destruidos y se desataron las fuerzas de una *sociedad nueva*, que se pusieron de manifiesto en sucesos de protesta, como, por ejemplo los del año 1928 (Acedo de Sucre y Nones Mendoza 1967); pero el régimen gomecista fue incapaz de incorporar e integrar a esas nuevas fuerzas sociales, que trató, más bien, de suprimir o al menos reprimir.

En resumen, el régimen de Gómez tuvo un éxito indudable en construir los fundamentos de un Estado moderno, unificar políticamente a Venezuela, crear las condiciones básicas para la unidad económica social y cultural del país, y desató, aún sin proponérselo, un proceso importante de *movilización social,* creando muchas de las condiciones básicas de integración nacional.

Su grave limitación fue haber sido incapaz de completar el proceso, mediante la incorporación y la participación política, social y económica de nuevas fuerzas –masas, clases y élites– emergentes. Fue un Estado sin partidos, ciego ante la existencia de esas nuevas fuerzas, como también lo fueron los dos gobiernos que le sucedieron, hasta 1945.

Hay que reconocer que durante el periodo que hemos considerado (1899-1935), tampoco la gran mayoría de la oposición a Gómez, generalmente en el exilio, fue capaz de desarrollar un proyecto coherente que contemplara la reorganización del orden socio-político del país, mediante la movilización de masas hasta entonces pasivas y su integración a la nación, tanto desde el punto de vista de su integración política como económica y social, pues frente al gomecismo lo único que ofrecían era la vuelta a la vieja política y a los políticos tradicionales.

Ni siquiera los importantes sucesos del año 28, protagonizados por jóvenes estudiantes, que poco tenían que ver con los caudillos políticos tradicionales, fueron acompañados de un proyecto como el indicado, pues se limitaban a dar muestra de la protesta de nuevas fuerzas contra el régimen. Un proyecto de ese tipo sólo va a desarrollarse paulatinamente, por obra de ciertos círculos de oposición en el exilio, a partir de 1931, a través de algunas ideas que comienzan a desarrollarse en ARDI y en el Plan de Barranquilla.

Pero el nuevo proyecto sólo empieza a desarrollarse a partir de 1936, a través de la creación de modernos partidos de masas –fundamentalmente el PDN y su sucesor, AD– que son los que verdaderamente van a culminar el proceso de integración nacional.

10. *Hacia la creación de un sistema populista de movilización de masas*

A partir de la muerte de Gómez, en diciembre de 1935, se van a dar en Venezuela las condiciones típico-ideales para que se desarrollase un *sistema populista de movilización de masas.* He acuñado esta expresión, para referirme a aquellos partidos o movimientos políticos latinoamericanos, que están formados por una coalición de grupos sociales heterogéneos y que han surgido con el propósito de reestructurar el orden sociopolítico existente mediante la organización y movilización de masas hasta entonces pasivas y su integración a la nación no sólo desde el punto de vista de su participación política sino también económica y social (Rey 1976)[30].

En el caso de Venezuela el desarrollo de ese movimiento va a tener lugar entre 1936 y 1945, para dar lugar, como consecuencia de la llamada *Revolución de Octubre*, al intento fallido durante el trienio 1945-1947, de la instauración de una democracia de masas.

Esas condiciones típicas para que se diera un *sistema populista de movilización de masas,* son las siguientes:

1°) durante los gobiernos de Castro y, sobre todo, de Gómez, se había producido, como hemos visto, un proceso de extensa e intensa movilización social, que había generado una masa desarraigada y disponible para entrar en nuevas organizaciones y contraer nuevas lealtades;

2°) existía una situación de exclusión o bloqueo de la participación política, económica y social de grandes sectores de la población por la existencia de un sistema de sufragio restringido y un régimen oligárquico, y

3°) había aparecido una nueva élite, constituida por grupos de clase media urbanos, tanto civiles como militares, que sufrían de *incongruencia de status* y se encontraban alienados en un orden sociopolítico que bloqueaba su participación y no les otorgaba el reconocimiento que creían merecen.

En una situación de este tipo tenemos, como dijo Rómulo Betancourt, de un lado las masas sin intelectuales y del otro los intelectuales sin masas, y las alianzas entre ambos no se hacen esperar (Rey 1976: 139-140).

Tanto el liderazgo como la base del nuevo partido de masas lo van a formar las nuevas fuerzas sociales surgidas como consecuencia de los procesos de movilización social, a los que antes me referí, de modo que los nuevos partidos venezolanos nacerán como una alianza entre una élite de clase media urbana (que sufre incongruencia de status y se siente alienada frente a un régimen oligárquico que bloquea sus posibilidades de participación), y una masa campesina y una incipiente clase obrera que como consecuencia del deterioro de los nexos sociales tradicionales y su exposición a nuevas formas de

---

30 Pero la expresión *populismo movilizador* se puede usar también para referirse a la doctrina o ideología de esos partidos o al nuevo orden político y social que pretende crear. Al término *populismo* o al adjetivo *populista* no les atribuyo ninguna connotación necesariamente peyorativa.

comunicación se encuentra "movilizada" y "disponible" para contraer nuevos vínculos y lealtades y entrar en nuevas formas de organización. Pero también entran a formar parte de la coalición populista miembros de una burguesía moderna.

La iniciativa para constituir el partido surge de la clase media urbana que, en su lucha por transformar el orden político y conquistar el poder busca el apoyo de masas campesinas y trabajadores urbanos, proporcionándoles liderazgo y dotándoles de organización (Di Tella 1973). Las masas que se encuentran en una situación de privación (campesinos sin tierras, trabajadores urbanos subempleados o subpagados, etc.) buscan fundamentalmente articulación de sus intereses económicos y sociales y ofrecen a cambio respaldo al proyecto político (véase, para el caso de la movilización de campesinos, Powell 1971). Pero el desarrollo de todo esto será objeto del próximo capítulo.

TERCERA PARTE:
LA DEMOCRACIA DE MASAS FRUSTRADA
(1936-1948)

I.   EL POS-GOMECISMO (1936-1945)

1.   *Los partidos políticos bajo la "dictablanda" de López Contreras (1936-1941)*

A la muerte de Gómez, su sucesor, Eleazar López Contreras, apenas abrió un resquicio a la actualización de los partidos políticos, pero con grandes limitaciones a la organización y participación popular en las que veía serias amenazas al orden social y político vigente. Ramón Díaz Sánchez, caracterizó el régimen de López como "una transición hábilmente dosificada de una dictadura estacionaria y despótica a una democracia política" (Díaz Sánchez 1975: 322). y no es de extrañar que, comparado con la feroz tiranía gomecista que inmediatamente le precedió, el gobierno de López Contreras pudo parecer a muchos como un alivio, e incluso como liberal y, para algunos, hasta democrático. Pero si bien es cierto que López nunca usó la muerte ni la tortura contra sus adversarios, ni en general practicó los excesos que fueron habituales durante el gomecismo, sí usó la represión y la persecución de los opositores y practicó la restricción de muchas libertades. De modo que aunque no fue tan riguroso en su represión como la dictadura de Gómez, para la mayoría de la oposición democrática no pasó de ser una *dictablanda.*[31]

---

31   El ingenioso termino *dictablanda,* aunque no es nada técnico, me parece muy apropiado para caracterizar el gobierno de López Contreras, que sin ser democrático, no fue tan riguroso en su represión como la dictadura de Gómez. En Venezuela fue Alfredo Tarre Murzi el primero que se lo usó para calificar al gobierno López, comparándolo con el Gómez, porque "fue un régimen fuerte y autoritario, pero nunca llegó a ser cruel y tiránico" (*Sanin* [1982], 1 Capítulo III, pp. 250 ss., espec. 268). Pero Tarre se equivoca al creer que ese vocablo se originó en España para referirse al gobierno de Primo de Rivera. La verdad es, según la mayoría de las fuentes españolas, que el término fue difundido por la prensa de ese país para calificar a la dictadura del General Berenguer, que en enero de 1930 sustituyó a la también dictadura de Primo de Rivera, pero que fue menos severa que ésta. Pero en

Eleazar López Contreras permitió cierto pluralismo político, aunque limitado, abriendo un resquicio para algunos partidos políticos, pero con grandes limitaciones a la organización y participación popular. Algunos pequeños partidos conservadores que entonces se fundaron estuvieron dispuestos a colaborar con el gobierno, pero la actitud de López fue de una total desconfianza general hacia los partidos, recordando las exhortaciones de Bolívar contra las facciones. De modo que cuando se decidió a crear organizaciones que le permitieran controlar las muy limitadas elecciones que se iban a celebrar, en lugar de crear un partido progubernamental, ideó las Agrupaciones Cívicas Bolivarianas, organizaciones integradas en su mayoría por funcionarios públicos y notables afectos al régimen, que con el pretexto de ser asociaciones cívicas para exaltar el espíritu de unidad nacional del Libertador, encarnado por el régimen, intervenían legal e ilegalmente en los sufragios para que sus resultados fueran favorables a éste.

Por otra parte, el gobierno no vacilo en acudir a toda suerte de trampas y fraudes para ganar las elecciones. Con este fin, como quiera que durante los largos años de la dictadura de Gómez, en los que no hubo competencia electoral, no se habían desarrollado las habilidades nacionales en la manipulación de elecciones, el Presidente López importo con este fin a un hábil abogado colombiano, Juan Francisco Franco Quijano, hijo de padre venezolano, experto del partido conservador del vecino país, en tales menesteres, para facilitar en los limitados comicios que se celebraron en el nuestro el triunfo de los candidatos gubernamentales. Pronto se hizo famoso por los escándalos en los que se vio envuelto.

Desde la reforma constitucional de 1936, el gobierno había establecido un sólido dispositivo jurídico destinado a impedir que las organizaciones políticas de masas se convirtieran en un peligro para el orden político y social. Así la Constitución de 1936 conservaba y ampliaba el famoso inciso 6° del Artículo 32, existente desde la Constitución de 1928, que prohibía la propaganda comunista, anarquista o la destinada a subvertir el orden político y social, pues ahora se autorizaba al Ejecutivo en todo momento, sin necesidad de que estuvieran suspendidas las garantías constitucionales, a impedir la entrada al territorio de la República o expulsar de él (por un plazo de seis meses a un año si se tratara de venezolanos o por tiempo indefinido si fueran extranjeros) a los individuos afiliados a cualquiera de las doctrinas antedichas, cuando lo considerase conveniente para el orden público y la paz social. La verdad es que las únicas amenazas al poder político y social imperante eran las nuevas organizaciones

realidad, he podido averiguar que el término *dictablanda* ya fue empleado en Venezuela, durante el siglo XIX. Así se puede ver en el libro de Pedro Núñez de Cáceres (1993), escrito en 1866, en el que su autor se refiere a ciertas medidas suaves y pacíficas que tomó el general Páez en Maracaibo, contra sus opositores, diciendo: "por eso Rafael Arvelo, que se encuentra en esta ciudad como confinado, no le llama al actual gobierno la *Dictadura*, sino la *Dictablanda*". No sé si tal término fue una invención u ocurrencia de Arvelo, o si era ya era conocido y de uso corriente en Venezuela, aunque también es posible que procediera de España.

políticas y sindicales de tendencia democrática radical y/o socialista que empezaron a desarrollarse y que planteaban nuevas formas de movilización e incorporación de las masas a la política.

Además, bajo el pretexto de estar desarrollando las disposiciones constitucionales, pero, en realidad, ampliando en mucho las facultades que conforme a ellas tenía el Ejecutivo, el Congreso aprobó la *Ley para garantizar el orden público y los derechos individuales* de 18 de junio de 1936 (la famosa *Ley Lara*), que estuvo en vigencia hasta 1945, que establecía penas de prisión por hacer "propaganda a favor de la abolición de la propiedad privada, lucha de clases, incitación de los obreros contra los patronos, extinción de la familia, desconocimiento de la ley, dictadura del proletariado; así como las doctrinas o métodos que abarquen el ideal comunista, anarquista o terrorista". Con ello se establecía suficiente pretexto para la represión gubernamental de cualquier líder político o sindical popular.

Asimismo, según la Ley Lara, para que las agrupaciones políticas obtuvieran una autorización para su funcionamiento legal debían presentar a las autoridades gubernamentales los estatutos y un programa concreto, prohibiéndose dejar que las decisiones sobre cuestiones de fondo estuvieran a cargo de las juntas o al comité directivo del partido. El partido debía mantener libros en los que constase el nombre de todos sus miembros, una contabilidad detallada y un relato pormenorizado de las asambleas y de las juntas directivas, en las que figuraran no sólo las decisiones aprobadas sino también las proposiciones rechazadas, la forma en que se aprobasen las mociones, los votos salvados y las personas que intervinieron en los debates. De manera que se pretendía mantener una vigilancia gubernamental permanente e inadmisible sobre el partido, hasta en los menores detalles de su funcionamiento, que lo privaría de libertad de decisión.

Cuando en 1937 las nuevas fuerzas políticas democráticas consiguieron el triunfo en las elecciones municipales de varios lugares (incluyendo el Concejo Municipal de Caracas), así como la designación en elecciones de segundo grado de varios senadores y diputados, el gobierno se consideró que esos resultados eran una seria amenazada e intervino contra ellas. El 3 de febrero de 1937, por decreto ejecutivo se ordenó la disolución de los partidos ORVE, PRP, BND, FEV (OP) y de las organizaciones sindicales de izquierda; y el 13 de marzo se decretó la expulsión del país de 47 dirigentes políticos y sindicales de estas organizaciones. Bajo estas condiciones los nuevos partidos democráticos, como el PDN, fueron declarados ilegales y sus líderes tuvieron que desarrollarse en la clandestinidad durante todo el gobierno de López Contreras.

Además, con el beneplácito de la Corte Federal, las elecciones en que algunos de esos dirigentes, habían sido declarados ganadores, fueron anuladas. Para ello, la Corte Federal extendió las consecuencias del inciso 6° del artículo 32 de la Constitución, mediante la práctica de anular las elecciones directas o individuales de los afiliados a las doctrinas prohibidas, si resultaban elegidos para formar parte del Congreso, sentenciando que las personas comprendida en un decreto de expulsión del país y que de alguna manera fuesen señalados por el índice de la sospecha gubernativa, debían ser considerados comunistas y automáticamente privados de derechos políticos y por tanto como inelegibles para cualquier cao público. La Corte no pidió para esa consecuencia que los imputados hubiesen incurrido en el delito de propaganda de ideas prohibidas; pues era suficiente afiliarse en cualquier forma a la doctrina comunista o con la mera expresión de un ideario comunista (Wolf 1945: 251). De modo que la sentencia del 19 de febrero de 1937 anuló las elecciones de Gonzalo Barrios como senador y de los diputados Jóvito Villalba, Raúl Leoni y Juan Oropesa. Otra, del 21 de abril de 1937, anuló la elección de diputados suplentes por el Estado Zulia, basándose en que se hallaban incluidos en decreto de expulsión de 13 de marzo de 1937, posterior a su elección.

Esa misma Corte llegó a reconocer al Poder Ejecutivo una función de "alta policía nacional", función que era definida como "absoluta y extraordinaria, discrecional y única", por la cual el Presidente de la República podía no sólo decidir soberanamente sobre qué personas estaban incursas en pertenecer a partidos constitucionalmente prohibidos, sino que podía aplicarles las sanciones correspondiente e, incluso, anular las elecciones en que dichas personas hubiesen resultado ganadores. La sentencia de 4 de marzo de 1941 anuló la elección de dos diputados, por solicitud de Procurador General, actuando conforme a una decisión acordada en Consejo de Ministros, sin examinar si dichos diputados eran o no comunistas, y sin tener en cuenta los argumentos de con ellos trataron de defenderse, y que tuvieron gran empeño en demostrar que no ejercían ninguna actividad comunista. Pero a la Corte le bastó el dictamen del Ejecutivo, que consideraba a los elegidos como comunistas, dictamen que la Corte reconoció y declaró que era una "decisión". Según la sentencia,

"el constituyente ha confiado al poder ejecutivo la sanción aplicable [...] con la circunstancia singular que lo ha erigido en *arbitro soberano del punto*. Es pues, *absoluta y extraordinaria, discrecional y única, la función de alta policía nacional que en esta materia tiene el ejecutivo*".

De manera que, mediante esta sentencia, la Corte "agregó a la función de expulsar que la Constitución reconoce al Presidente de la República la facultad desconocida en la Constitución de anular elecciones" (Wolf 1945: 254).

López Contreras pretendió haberse desligado del pensamiento positivista, que había servido de justificación a la dictadura gomecista. En su Mensaje al Congreso de 1940, había dicho: "rechazo rotundamente la teoría que sustenta el cesarismo como la forma natural de gobierno que cuadra a nuestro carácter y formación étnica".[32] Lo que pretendía el régimen, según el Presidente, era tratar de formar la conciencia democrática nacional, por lo cual su preocupación más grande era "la educación del pueblo para la exacta inteligencia de lo que es la democracia", "bajo la inspiración de las enseñanzas bolivarianas", y basado en la "unidad absoluta del espíritu nacional por medio del acercamiento y comprensión de los venezolanos" (*Ibíd.*, p. 142). Pero el año siguiente, al entregar el poder presidencial, tuvo que reconocer, ante el mismo Congreso, que

---

32 Citado por Chiossone (1989: 140).

no había logrado llevar a la práctica todas las conquistas democráticas, pero que ello no se debió a una falta de acción por parte del régimen, sino "a circunstancias de carácter racial, ambiental e histórico que es menester ir encauzando con la evolución interrumpida del elemento humano, cuya inteligencia, sentimiento y voluntad es necesario educarlos progresivamente para el ejercicio de los derechos políticos [...]" (*Ibíd.*, p. 143). Con lo cual volvía a los mismos argumentos que los positivista habían utilizado para justificar los despotismos de Castro y de Gómez.

2. *Isaías Medina Angarita (1941-1945): bienvenidos los partidos políticos..., pero sin elecciones democráticas.*

El general Isaías Medina Angarita, sucesor en la presidencia de López Contreras, representó un evidente progreso en materia de pluralismo y tolerancia política, hasta el punto de ser el primer presidente venezolano del siglo XX que gobernó sin presos ni exilados políticos, lo cual constituía una verdadera proeza en la historia de Venezuela.

Pero esto no significa que su régimen pueda ser calificado como una democracia, ya que carecía de una verdadera legitimidad democrática, pues habiendo sido el Ministro de Guerra y Marina de López Contreras, y una vez convertido en su candidato preferido e impulsado por éste, no fue elegido Presidente directamente por el pueblo, sino por el Congreso en unos sufragios de tercer grado, que a su vez eran el producto de unas elecciones de segundo grado, en cuyo proceso inicial sólo había tenido el derecho al voto aproximadamente el 20 por ciento de los ciudadanos adultos, pues estaban excluidas las mujeres y los analfabetos. En ese Congreso, compuesto es su inmensa mayoría por funcionaros públicos y partidarios del Presidente, Isaías Medina, como el candidato que López Contreras respaldó, fue elegido por 120 votos contra 13 obtenidos por la candidatura simbólica de Gallegos, apoyado oficialmente por un grupo de independientes y, desde la clandestinidad, por el PDN.

Pero lo cierto es con el Presidente Medina hubo un pluralismo político desconocido con su antecesor, pues la oposición pudo manifestar libremente su opinión y organizarse en partidos a los que se les permitió actuar legalmente y participar en las elecciones. Sin embargo tales elecciones, además de no ser directas y de excluir como sufragantes a la mayoría de los ciudadanos, no fueron ni equitativas ni transparentes, pues estuvieron teñidas por el ventajismo gubernamental y por frecuentes fraudes[33]. En resumen, las elecciones que se celebraban no pueden ser consideradas democráticas.

Sin embargo, un signo de la modernidad política del gobierno de Medina, que lo diferencia del de López, fue el cese de la animadversión hacia los partidos políticos que había caracterizado a este último. Medina fue el primer presidente

---

33   El tristemente célebre Franco Quijano, que había sido el asesor en materia electoral de López Contreras y de las Agrupaciones Cívicas Bolivarianas, y que pasó a serlo ahora del nuevo gobierno y del PDV, fue protagonista de varios escándalos electorales que denunció la oposición y de los que dio cuenta la prensa.

del siglo XX que reconoció públicamente que sin partidos políticos no podía haber democracia. Así, en 1944, hablando ante el Congreso, Medina, repitiendo, probablemente sin saberlo, la misma idea que un siglo antes había expresado Tomás Lander (*vid. supra*, p. 59, n. 25), dijo: "Yo he propugnado desde el poder la formación de un partido político porque sin organización de partido no puede haber vida democrática".

Llevado por tal convicción. permitió ya en 1941, al poco de llegar al poder, la legalización del principal partido de la oposición, Acción Democrática (AD), heredero del antiguo PDN, al que López Contreras se había negado a legalizar por considerándolo como un peligro para el orden político y social establecido. Además en 1945, tras una reforma constitucional en la que se suprimió la prohibición contenida en el inciso 6° del artículo 32, se concedió la legalidad al Partido Comunista.

Por otra parte, convencido el Presidente Medina de la necesidad que el gobierno contara con un mecanismo moderno y eficiente, que le permitiera controlar las elecciones, que por restringidas que fueran había que celebrar, y que al mismo tiempo le sirviera como apoyo a su gestión, creó en 1943, en lugar de las anacrónicas y desprestigiadas Agrupaciones Cívicas Bolivarianas, su propio partido, al que llamó inicialmente *Partidarios de las Políticas del Gobierno* [*PPG*], pero que poco después cambio tal chocante nombre por el mucho más presentable de *Partido Democrático Venezolano* [*PDV*]).[34]

Pero el cambio de actitud de Medina frente a la que había tenido López, con respecto los partidos políticos, no implicó una verdadera democratización. Por una parte, si bien se legalizó y se le permitió participar en las elecciones a un partido de masas como AD, que propugnaba una democratización no sólo política sin también social y económica, continuaron bloqueados los mecanismos electorales de participación política que le hubieran permitido llegar al poder: es decir se mantuvo una sistema de elecciones indirectas, tanto para el Congreso (Senado y Cámara de Diputados) como para la Presidencia de la República, y no se reconoció el derecho al voto de las mujeres y de los analfabetos.

---

34   Para tomar la decisión de crear el nuevo partido gubernamental fue decisivo un informe que presentó el técnico electoral Franco Quijano, quien alarmado por el auge de popularidad que estaba experimentando el partido AD, alertaba en un memorándum del 3 noviembre de 1943, dirigido al Ministro del Interior, que "el enemigo está esgrimiendo armas superiores a las nuestras. Los viejos cuadros electorales [se refiere a la *Agrupaciones Cívicas Bolivarianas*] están faltos de fe, anarquizados, desligados de la acción oficial". En consecuencia sugería, entre otras medidas, que era urgente la creación de un verdadero partido gubernamental, capaz de controlar por lo menos al 60 por ciento de los ciudadanos inscritos en los registros electorales (<biblio>). En el telegrama circular que el Presidente de la República hizo llegar a los Presidentes de los Estados, acogiendo la recomendación de Franco Quijano, para que éstos promovieran la creación de la nueva asociación, recomendaba como nombre genérico de la misma: *Partidarios de la Política Gubernamental* (*PPG*).

Por otra parte, el nuevo partido de gobierno, el PDV, no fue un partido de masas democrático sino uno partido de notables, oligárquico y personalista, pues Medina y su principal asesor político, Arturo Uslar Pietri, no podían concebir la idea de un partido moderno de masas democrático, con dirección y responsabilidad colectiva, funcionando en una democracia de masas con sufragio realmente universal y elección directa de la autoridades del Estado. El partido que crearon para apoyar a su gobierno era claramente oligárquico, un partido de notables, sin democracia interna, semejante en muchos aspectos a los que hubo en Europa en las épocas en que el sufragio era restringido o limitado, antes de que hubiera sufragio universal y de que se desarrollaran los partidos de masas.

Se trataba, además, de un partido claramente personalista, como lo delataba su nombre original, elegido por el propio Presidente Medina (*Partidarios de la Política del Gobierno* (PPG)), nombre que definía bien la "función esencial e inmediata" de tal partido, que era –como el propio Medina lo reconoció– "defender la política del Gobierno" (Medina 1963, p. 26). El que poco después se decidiera modificar aquella desafortunada elección de nombre, rebautizándolo como *Partido Democrático Venezolano* (*PDV*), en nada modifico su función original. Era, en verdad, el *Partido del Presidente* Medina, pues lo que servía para definirlo era la adhesión personal a éste y el estar dispuesto a someterse a sus deseos.

La decisión de crear el PPG y su conversión posterior en el PDV se hizo desde el palacio de la Presidencia, Miraflores, mediante telegramas enviados por el Presidente de la República a los Presidentes de los Estados, dándoles instrucciones de cómo tenían que proceder, y que debían incorporar al mismo a empleados públicos y personas de calidad afectos al gobierno. Fue un partido formado desde el gobierno, creado por un acto presidencial, bajo la autoridad indiscutible del Presidente de la República y de su principal hombre de confianza, el todopoderoso Secretario General de la Presidencia, Arturo Uslar Pietri, quien fue, al propio tiempo, su principal ideólogo.[35]

Aunque el PDV contó con un pequeño grupo de profesionales e intelectuales distinguidos, llenos de buena fe, partidarios de realizar una revolución social "por arriba", que fueron bautizados por Andrés Eloy Blanco como "el ala luminosa del PDV" (Betancourt 1956: 164), lo cierto es que no tuvo ningún arraigo popular, pues la mayoría de sus miembros fueron principalmente funcionarios públicos y amigos del gobierno, hasta el punto que un eminente intelectual y político lopecista, el Dr. Tulio Chiossone, lo calificó como una manifestación de "mantuanismo político" (Chiossone 1979, p. 74).

---

35 Uslar ya se había distinguido políticamente durante la presidencia de López Contreras, llegando a ocupar el puesto de Ministro de Educación, pero la cima de su carrera política la alcanzó con Medina, del que fue su hombre de confianza, asesor principal y cerebro gris, ocupando varios ministerios, además de la Secretaría General de la Presidencia. Su papel fue fundamental en la fundación del partido de gobierno, siendo el autor de los estatutos y el programa del PDV y su principal ideólogo.

El ventajismo electoral del que gozo el partido PDV, como resultado de la intervención gubernamental, fue evidente. El Presidente Medina ha reconocido que los miembros del partido, que eran altos empleados del Gobierno, empezando por sus Ministros y Presidentes de los Estados, "excitaban a los hombres que servían como funcionarios públicos a que ingresaran al Partido que defendía las ideas políticas del Gobierno", pero, según Medina, no se trataba más que de una simple "exhortación" que no se hizo "nunca con carácter compulsivo" (*Ibíd.*, p. 28).

Aunque hay que repetir que el gobierno de Medina se caracterizó por un respeto a las libertades públicas, como nunca antes se había conocido en la historia de Venezuela, también hay que recordar que no podía calificarse de democrático, si damos a este adjetivo su verdadero significado. A lo sumo podría ser considerado como un *gobierno representativo* oligárquico. Su grave tacha fue que sus elecciones, además de carecer de pulcritud y equidad, no fueron directas ni permitieron la participación de todos los ciudadanos adultos, sino sólo la de una minoría. De forma que la actitud de Medina, por muy liberal que puede parecer, era claramente antidemocrática, pues se opuso rotundamente al voto universal y a la elección directa de todas las autoridades, incluyendo al Presidente de la República.

La negativa del gobierno de Medina a implantar la votación universal y directa, que hubiera significado una verdadera democratización, es comprensible. Se debía al mismo temor que tuvieron las clases conservadoras de muchos países en Europa durante el siglo XIX y aún en parte del XX, a que se instaurara el sufragio universal, pues podría llevar al triunfo de demagogos irresponsables, apoyados por una mayoría de las masas que carecían de cultura y de propiedad, que establecerían un régimen del tipo socialista, que no gobernase de acuerdo al bien común o al interés general, sino de acuerdo al exclusivo interés partidista de esa masa, violando los derechos de las minorías y sin respetar la propiedad privada.

Para la ideología de las clases conservadoras que compartían el gobierno medinista, el remedio contra tal peligro era el que ya henos visto en la parte primera de este libro: establecer un gobierno representativo, pero no estrictamente democrático, en que el sufragio estuviera restringido por razones económicas y/o culturales, y en que las elecciones no fueran directas, sino escalonadas y por etapas. Se suponía que estos mecanismos servirían para evitar que el "espíritu de partido" y los intereses de las masas contaminaran las decisiones del gobierno, y para asegurar que gobernaran los mejores y que sus políticas expresaran la *voluntad general* y estuvieran dirigidas al *bien común*.

Naturalmente que se podía objetar –y así lo hicieron los que quedaban excluidos por este sistema, como era el caso de AD– que tales ideas no eran sino una ideología con la cual se trataba de ocultar el dominio de unas clases, de modo que las limitaciones al sufragio y el voto indirecto, lejos de estar destinados a garantizar el gobierno de los mejores y a que prevaleciera el interés general, tenían como función preservar la dominación de las minorías que tenían el poder económico y social.

Las reformas supuestamente "democratizadoras" que Medina introdujo en la de la Constitución, no ocurrieron sino en 1945, y fueron muy distintas y restringidas con respecto a las que aspiraba una parte cada vez más numerosa de la población, y de las que el gobierno había alimentado la creencia de que estaba dispuesto a emprender, pues se limitaron a restablecer la elección directa de los diputados y a la concesión del derecho al sufragio a las mujeres y sólo para los comicios municipales. Por lo demás, pese a la tan esperada reforma, no sólo las mujeres siguieron privadas del derecho al voto en las elecciones nacionales y provinciales, sino que los analfabetos de ambos sexos tenían prohibido el sufragio en todo tipo de elecciones. A lo que hay que añadir que tanto la elección del Senado como la del Presidente de la República continuaron siendo indirectas.

En resumen: después de la reforma constitucional de 1945, que para los defensores del medinismo fueron supuestamente democráticas, el grado y la extensión de la participación popular en las elecciones nacionales y provinciales fueron menores a los que hubo con la primera Constitución de Cipriano Castro (1901), e inferiores, también, a los que se reconocieron en todas la constituciones de Gómez (aunque esa época sólo fue un reconocimiento en el papel, pero nunca en la realidad). Ciertamente, hubo promesas del PDV de que si bien no en las elecciones inmediatas de 1946, pero sí en las subsiguientes elecciones presidenciales, a celebrarse en 1951, se establecería el sufragio directo que faltaba. Y la concesión del voto municipal a las mujeres fue pregonado por los partidarios del gobierno como un primer paso que anunciaba su posible ulterior extensión a otro tipo de elecciones. Nada se decía, en cambio, sobre la ampliación del voto a la mayoría formada por los analfabetos.

Las reformas constitucionales que impulsó Medina, que supuestamente iban a conducir a una mayor democratización, fueron demasiado pocas y demasiado tardías. Un acuerdo entre el candidato presidencial del gobierno, Diógenes Escalante, y el principal partido de oposición AD, por el cual el candidato se comprometió a que, tan pronto como fuera elegido Presidente, impulsaría una reforma inmediata de la Constitución que consagraría unas elecciones democráticas plenas, tras la cual renunciaría a la presidencia para que esta se celebrasen de inmediato, hubiera hecho posible la continuidad del hilo constitucional. Sin embargo, la sorpresiva enfermedad de Escalante frustró dicho acuerdo, y como quiera que el gobierno de Medina no estuvo dispuesto a aceptar un nuevo arreglo que permitiera asegurar la celebración de elecciones mediante un sufragio universal y directo a corto plazo, se abrió el camino del golpe de Estado que lo derrocó[36].

---

36 Personas muy cercana al gobierno de Medina o simpatizantes del mismo, han tratado de negar la existencia de dicho acuerdo o lo han querido silenciar. Sin embargo, junto al testimonio de Rómulo Betancourt (1956: 192-193), quien fue, por parte de AD, el principal negociador del mismo, contamos con la información del Dr. Ramón J. Velásquez, quien en aquellos momentos fue nombrado secretario de Dr. Escalante, que nos asegura que éste le advirtió, al asumir la secretaria, en agosto de 1945, del pacto que celebró en Washington con Rómulo Betancourt y Raúl Leoni, de modo que le dijo "Más de dos años no permaneceré en la Presidencia, pies

II. PARTIDO DE MASAS Y DEMOCRACIA DE MASAS (1945-1948)

3. *El golpe de Estado como atajo hacia la democracia de masas*

Al ver que se les habían cerrado las vías electorales para un acceso al poder relativamente próximo, AD aceptó aliarse con un grupo de jóvenes militares para apoyar el *golpe de Estado* que éstos venían planeando, que se ejecutó con éxito el 18 de Octubre de 1948. El partido ocupó la mayoría de los puestos de la Junta Revolucionaria de Gobierno que se formó con participaron de dichos militares, tras lo cual procedió a llevar a cabo los cambios institucionales necesarios para instaurar una moderna democracia de masas. Se trataba del inicio de lo que se ha conocido, con una expresión que no deja de suscitar polémicas, aun hoy en el día, como la *Revolución de Octubre*.

El término *revolución,* que en los países de América Latina se suele aplicar de una manera muy laxa a cualquier cambio de gobierno que no utilice las vías institucionales establecidas, sino mediante el uso de la fuerza, también ha sido usado en un sentido encomiástico, incluso mítico, para referirse a los grandes propósitos, los fines proclamados o los sueños de los presuntos revolucionarios. Los adversarios de AD, que pretenden minimizar la importancia histórica del 18 de Octubre, afirman que se trató, simplemente, de un *golpe de Estado* militar más, como otros muchos que ya habían ocurrido en nuestros países; mientras que los que favorecen a ese partido insisten en los grandes cambios que a partir de este hecho se produjeron y que, según ellos, justificarían considerarla como una *verdadera revolución*.

En realidad, la llamada *Revolución de Octubre* dio lugar a un cambio radical en las *reglas de juego* políticas imperantes hasta entonces y, como consecuencia de tal cambio, se produjo un desplazamiento de los grupos sociales que en virtud de tales reglas se beneficiaban del poder, y en cambio accedieron al mismo otros grupos sociales, que hasta entonces habían estado marginados.

La Junta Revolucionaria, tras un primer acto por el que declaró que ninguna de las personas de que ocupaban dicho gobierno podrían participar en las elecciones presidenciales (gestos insólito en la historia de Venezuela, y que demostraba la falta de intereses personales por parte de los dirigente del *golpe*, especialmente Betancourt), cambió las "reglas de juego" básicas de la competencia política, eliminando las restricciones que anteriormente existan para la participación electoral, instaurando el sufragio universal y la elección directa

---

vengo a presidir una reforma y unas elecciones", según las palabras textuales que cita Velásquez (1979: 77). Por si lo anterior fuera poco, el ex–presidente de la República, Eleazar López Contreras, según un información que nos trasmite el Dr. Chiossone, no sólo nos confirma la existencia del acuerdo en AD y el Dr. Escalante, sino que añade que tan pronto como fue conocido por el Presidente Medina y sus asesores, se opusieron con gran fuerza al mismo, tratando de que fracasara el acuerdo, y contribuyendo con ello, en alguna medida (según lo estima López Contreras), al colapso mental del candidato gubernamental (Véase, Chiossone 1969: 249-251).

de las autoridades políticas. que no habían sido incluidas en la reforma de 1945, y creando, de esta menara, las condiciones para que pudiesen actuar, con todas las posibilidades de conquistar el poder, que le abría la nueva situación, los partidos modernos de masas de Venezuela, y ante todo AD, que por el momento el único partido realmente de masas que existía en el país.

El nuevo sistema electoral establecía un sufragio realmente universal, pues rebajaba la edad de votar de los 21 a los 18 años; extendía el derecho al voto a las mujeres y a los analfabetos; e instauraba la elección directa, no sólo de los senadores y diputados, sino también del Presidente de la República.

Mientras se mantuvieron las condiciones de sufragio restringido y elecciones indirectas, unidos a los abusos electorales del gobierno, partidos como el PPG o el PDV, creados por el presidente Medina, y formados en gran parte por funcionarios públicos, sin ningún arraigo en las masas, podría controlar el resultado de las elecciones, pero el nuevo orden que se trataba de implantar con la Revolución de Octubre, significaba un cambio radical en las reglas de juego que hasta entonces habían regido la política, e implicaba la introducción de nuevos medios de intervención y nuevos jugadores, y, sobre todo, la irrupción de las masas en la política. En adelante los recursos para el éxito político no serían ya las relaciones e influencias personales de tipo tradicional, sino la capacidad de persuadir, organizar y movilizar a las masas.

Esto llevará al desplazamiento de las élites tradicionales y su sustitución por modernos partidos de masas, que pasarán a ser las únicas organizaciones apropiadas para participar exitosamente en dicho juego. Es compresible, por tanto, que una buena parte de los sectores sociales más conservadores, que se veía desplazados en la nueva situación, la rechazaran y desconocieran la legitimidad de unas reglas de juegos que, en la práctica, parecían convertirlos en perpetuos perdedores, por lo que pasaron inmediatamente a la conspiración.

4. *El nuevo sistema de partidos*

Animados por las posibilidades electorales que parecía proporcionales las nuevas "reglas de juego", se fundaron dos nuevos partidos modernos: el 18 de diciembre de 1945, Unión Republicana Democrática (URD), partido de orientación liberal, en el que entraron a militar personalidades asociadas con la llamada "ala luminosa" del gobierno del Presidente Medina (mientras que el PDV fue ilegalizado por la Junta Revolucionaria); y, en 1946, el Comité de Organización Política Electoral Independiente (COPEI), partido de inspiración socialcristiana (véase, Rivera Oviedo 1969; Herman 1980; Combellas Lares 1985). Ambos partidos, junto con AD y el PCV, que ya existían desde el gobierno de Medina, van a forman el moderno sistema de partidos de Venezuela, que participan en la primeras elecciones realmente democráticas de la historia de Venezuela, y que con los avatares que vamos a ver, consiguieron subsistir hasta 1999.

Tanto los dos partidos fundados después de la Revolución como el propio PCV, si bien aceptaron inicialmente las nuevas "reglas de juego", a veces incluso con entusiasmo[37], dadas las nuevas oportunidades que, en principio, les proporcionaba, pronto se produjeron grandes tensiones, que se manifestaron muy claramente en los serios enfrentamientos que se produjeron en la Asamblea Nacional Constituyente, en 1946-47, y en el desarrollo de serias reservas con respecto a las reglas básicas del orden político que iban a ser consagradas en la Constitución de 1947 (Kornblith 1988).

Esto es comprensible, si tenemos en cuento que de los cuatro partidos existentes dos –el PCV y COPEI– representaba ideologías y aun concepciones del mundo radicalmente opuestas (marxismo-leninismo y catolicismo, respectivamente). AD, que aunque no se declaraba expresamente marxista, estaba muy influida por ese tipo de pensamiento, se caracterizaba por una fuerte orientación ideológica y por una permanente movilización emocional de sus militantes contra los enemigos reales o supuesto de la "Revolución". Pero a la vez, este partido también iba a tener la oposición de su antiguo rival, de los tiempos que era el PDN, me refiero al Partido Comunista (PCV), que había sido en varias ocasiones el aliado electoral del partido del Presidente Medina, y que consideraba las políticas del nuevo gobierno como medidas simplemente reformistas y veían en AD su principal competidor entre los trabajadores.

Por su parte, el partido COPEI, que por su inspiración católica y por encontrarse en ese momento en el extremo derecho del espectro de los modernos partidos venezolanos, se convirtió en el centro de atención de muchos grupos conservadores que se "infiltraron" en su organización, para los cuales el objeto fundamental era desplazar a AD del poder, sin importarle los medios necesarios para ello. Un miembro destacado del partido COPEI, ha descrito la situación así:

> "En estas circunstancias se presentó a COPEI un problema de infiltración que no ha sido estudiado claramente todavía. Nosotros pensamos, después de indagar mucho sobre el particular, que el hecho de ser COPEI el partido de oposición al gobierno de Acción Democrática, lo convirtió en polo de atracción de muchos intereses extraños a la organización. Así grupos del desaparecido PDV, muchos lopecistas y gomecistas, se le unieron en a creencia de que éste sería el mejor instrumento de defensa de sus personales intereses […].; lo cierto es que para muchos de los adversarios de COPEI, el único objetivo claro era el de desplazar a Acción Democrática del poder, sin importar mucho el medio que se empleara para conseguir tal fin" (Rivera Oviedo 1969: 88-89).

URD, partido del que, como ya dijimos, formaban parte varios antiguos miembros de la llamada "aliada luminosa del PDV", era exponente de un liberalismo moderado, no clerical, que se oponía al populismo o "democratismo"

---

37 Al principio Rafael Caldera calificó la Revolución de Octubre como "golpe hermoso realizado por un grupo de jóvenes abnegados" y no sólo ofreció su apoyo al nuevo gobierno sino aceptó en él el cargo de Procurador General de la Nación (véase, Rivera Oviedo 1969: 66-67 y 77-78).

radical de AD, con una posición que, frente a las radicales declaraciones ideológicas de los otros partidos, tenía que aparecer como incolora.

Se trata de una época en la que, con la excepción de URD, los otros tres partidos existentes se caracterizaban por una *orientación predominantemente ideológicas,* opuesta al pragmatismo, en la que la falta de posibles acuerdos era habitual, llegando a afectar incluso, como enseguida veremos, a las reglas básicas del *juego político,* que amenazaba en convertirse en una *lucha,* en el sentido que ya hemos explicado de Rapoport en la que las partes iban a tratar de deshacerse del contrario.

Aunque desde una perspectiva actual el proyecto de AD, no sólo político, sino también económico y social, puede aparecer como relativamente moderado, para la Venezuela de esa época representaba una verdadera revolución, en el sentido del desplazamiento de los grupos y clases que hasta entonces habían detentado el poder. Ideas tales como la organización y participación de las masas en la política; la exclusión de la intervención militar en ella; el acceso popular a la educación; los derechos sociales de los trabajadores; la creación de una fuerza sindical organizada a gran escala de los trabajadores de las ciudades; la destrucción del poder político, social y económico tradicional en el campo, mediante la reforma agraria y la organización de los campesinos, etc., tenían que contar con la oposición más enconada de los sectores más tradicionales que veían, con ellas, el triunfo de la tradicional y temida *pardocracia,* o un comunismo apenas solapado.

AD era el único partido que había desarrollado un prolongado esfuerzo organizativo, cuyos primeros pasos se habían iniciado, ya desde la muerte de Gómez, con el PDN desde la clandestinidad. Una vez ya legalizada, en 1941, la dirección había trazado la famosa consigna: "Ni un solo distrito, ni un solo municipio, sin un organismo del Partido", y había conseguido desarrollar una organización política que abarcaba la totalidad del país.

Frente al mito anti-adeco de que era un partido insignificante antes de llegar al poder y que su crecimiento se debió al abuso que hizo de los recursos del gobierno que obtuvo gracias al golpe, hay que señalar que Acción Democrática era el único partido de masas realmente existente antes del 18 de Octubre de 1945, no solo en el papel, de acuerdo a sus estatutos, sino en la realidad. Esa fue la razón fundamental por la cual los militares golpistas, que conspiraban contra Medina, buscaran a ese partido como el único socio civil, pues por la militancia con la que ya contaba y por el prestigio que ante la opinión pública había alcanzado varios de sus dirigentes, era el único partido que les podría servir tanto para legitimar la toma del poder como para proporcionarles el necesario equipo del gobierno revolucionario.

Frente a AD, el antiguo partido PCV no lograba irradiar su influencia más allá de un minúsculo grupo de intelectuales y un pequeño número de obreros y campesinos localizados en lugares reducidos. En cuanto a los dos partidos que se crearon tras el golpe, URD y COPEI, aunque aspiraban a ser partidos realmente modernos, lo cierto es que durante el trienio no pasaron de ser organizaciones con una militancia bastante reducida.

5. *Partidos de masas para una democracia de masas*

Debemos examinar, en detalle, en qué consiste el modelo de partido totalmente nuevo, que AD inaugura y que será seguido e imitado por todos los otros partidos políticos venezolano que posteriormente han aspirado, con alguna oportunidad, a tratar de conquistar el poder.

A la muerte de Gómez ninguno de los intentos de constituir o de recrear partidos al estilo de los antiguos, como el Liberal y el Conservador del siglo XIX, tuvieron éxito, y sólo pudo prevalecer, a la larga, una concepción totalmente nueva de organización política, ya vislumbrada por Rómulo Betancourt desde el Plan de Barranquilla, en 1931, cuyas ideas al respecto eran compartidas por el grupo de jóvenes venezolanos exilados que se agruparon con él en ARDI (1931-1936).

El nuevo partido no sólo debía de ser *ideológico,* adjetivo equivalente, pero preferido al antiguo de *doctrinario* propio del siglo XIX, sino, sobre todo, iba a ser un *partido de masas,* dotado de estructura, organización, programa e ideología totalmente modernas, lo que implicaba diferencias muy marcadas con los *partidos de notables* tradicionales.

Ya en 1932, en su folleto *Con quién estamos y contra quién estamos,* escrito desde el exilio, Rómulo Betancourt rechazaba los viejos partidos tradicionales venezolanos, godos y liberales, no sólo por su carencia de una adecuada ideología, sino también por la falta de una organización moderna, y se manifestaba en favor de un partido de un nuevo tipo, un *partido de masas,* cuyo núcleo inicial lo formaban los miembros de ARDI, pero que sólo podría constituirse realmente al volver a Venezuela, en un futuro:

> "Creemos que será la masa misma quien plasme su propio destino, quien forje para su clase condiciones de vida mejores. Por eso al anarcointe-lectualismo de los políticos injertados en poetas, con reminiscencias en su teoría de *torres de marfil* y demás egolatrías petulantes, oponemos la concepción multitudinaria de la política, la política de masas. Somos, necesariamente, vehementes convencidos de la urgencia en que estamos en Venezuela de disciplinar fuerzas, hoy anarquizadas, dentro del molde riguroso de la ideología y de la táctica partidista, y consecuentes con esa convicción, nuestro grupo está ya cohesionado por algo más concreto y obligador –la disciplina de partido– que aquellos bajos vínculos – solidaridad de generación, amistad personal, etc.,– que hasta ayer nomás nos amalgamaban confusamente. Ya constituimos, desde aquí y para mañana, el núcleo inicial, consciente de lo que quiere y seguro de lo que podrá hacer, de un partido político revolucionario, de confesa y militante filiación socialista" (Betancourt 1990, págs. 393-394).

Desde la muerte de Gómez los sectores políticos que buscaban una democratización o, por lo menos, una liberalización del país reaccionaron contra el *personalismo* y el *caudillismo*, cuya expresión máxima identificaban con el gomecismo, y proclamaban decididamente ser *antipersonalistas*, llegando inclusive a crear nuevos partidos que se identificaban con esa denominación (uno de ellos que fue bautizado como *Partido Antipersonalista Venezolano*).

Pero la mayoría de los viejos caudillos que volvían del exilio o, incluso, muchos de los jóvenes que habían permanecido en el país no entendían otra forma de organización política que el viejo esquema de los partidos de notables del siglo XIX. De modo que Rómulo Betancourt, en su discurso del 8 de marzo de 1936 en el Teatro Metropolitano de Caracas, al poco de volver al país, los acusaba de propugnar "antiguallas oligárquicas", sin programas ni estructuras democráticas, al estilo de los extintos partidos Liberal y Conservador, que "no fueron sino agrupaciones personalistas, clanes, teniendo como único objetivo el botín presupuestal y como único norte el machete ensangrentado de los caudillos o la palabrería insincera y demagógica de Antonio Leocadio Guzmán" (Betancourt 1995: 194).

Ese nuevo modelo de partido, que ya estaba anunciado desde los pronunciamientos de ARDI, sólo iba a empezar a concretarse a partir de 1938, mediante los intentos de desarrollar el Partido Democrático Nacional (PDN) como organización autónoma, después de su deslinde ideológico con los comunistas.

Rómulo Gallegos, que casi medio siglo antes había manifestado su pesimismo, acerca de la incapacidad de los venezolanos para crear verdaderos partidos políticos (*Vid. supra*, p. 65), sin embargo, en 1941 había experimentado una verdadera conversión en esta materia, pues aceptaba ser postulado como candidato presidencial simbólico del PDN clandestino, contra la candidatura oficial del General Isaías Medina Angarita, recorriendo todo el país en una acción de verdadera pedagogía política nacional –pues se daba por seguro el triunfo del candidato del gobierno– demostrando su fe en la posibilidad de crear un partido de masas moderno.

A partir de allí se creó un "vasto movimiento de opinión", que según un destacado dirigente comunista de aquella época, Juan Bautista Fuenmayor, "permitió a Betancourt transformar su pequeño partido clandestino en un movimiento de masas, que unos meses después logró el reconocimiento legal con el nombre de Acción Democrática" (Fuenmayor 1968: 234) (Sobre la evolución de AD: Martz 1966, Sosa 1995).

Hay que señalar que a diferencia de lo ocurrió en los países europeos, en que los *partidos de masas* fueron naciendo natural y gradualmente, a medida que se desarrolló un proceso continuo de democratización, por una extensión progresiva del sufragio a nuevas categorías de votantes, en Venezuela el PDN siempre fue un partido clandestino, pues el Gobierno de López Contreras se negó a legalizarlos; e incluso después que AD obtuvo por fin la legalización con Medina en 1941, se mantuvo aún en el país un régimen de participación política muy limitada, pues como hemos visto se caracterizaba por un sufrago restringido e indirecto. Esto explica el radicalismo del nuevo partido, y el que estuviera dispuesto a apoyar un golpe militar, como la vía para una inmediata democratización electoral.

Ya desde la época de Gómez existían diversas organizaciones marxistas clandestinas que bajo la presidencia de Medina fueron autorizadas a actuar abiertamente, que frecuentemente formaron coaliciones electorales con los candidatos del partido del gobierno, y que en 1945 se unieron para formar el PCV, que fue legalizado (Alexander 1971, Caballero 1978).

6. *Partidos de masas vs. partidos de notables*

Para entender el significado del nuevo tipo de partido, debemos referimos de nuevo a la tipología desarrollada por Duverger en 1951, en su obra clásica, *Los Partidos Políticos*, en la que contrapone los *partidos de masas* a los *partidos de notables* (Duverger 1957).

Duverger distingue entre esos dos tipos de partidos, atendiendo a dos variable: por una parte, al marco político-constitucional en que nacen y, por otra parte, a su forma de organización interna.

En atención a la primera de esas variables, los *partidos de notables* (o de *cuadros*, como Duverger prefiere llamarles) correspondían a los Estados liberales europeos del siglo XIX, caracterizados por la dominación política de unas élites, con sistemas representativos, pero con sufragio restringido o limitado por exigírsele al elector ciertas condiciones económicas (sufragio censitario) y/o culturales, como saber leer y escribir. Se trataba de Estados liberales, en que las élites que dominaban la política se encontraban satisfechas con el orden social y económico "espontáneo" que la sociedad se daba a sí misma, sin necesidad de ninguna intervención de Estado, y que por tanto sólo aspiraban a lograr el poder, mediante las elecciones, para continuar con las políticas típicas no interventoras del Estado liberal.

En cambio, los *partidos de masas,* desarrollados, sobre todo, por los movimientos socialistas y obreros, correspondían a los Estados con sufragio universal y una democracia de masas, que reconocían los derechos sociales y económicos a favor de las clases más desfavorecidas y, propugnaban una necesidad intervención del Estado en la economía y en la sociedad, para reformar un orden que consideraban injusto.

En atención a la segunda variable, la estructura interna del partido (que es, en gran parte, función de la primera) como quiera que los *partidos* de *notables* eran asociaciones cuyo único fin se limitaba a la conquista del poder mediante las elecciones, manteniendo las condiciones políticas básicas del Estado liberal, oligárquico y no interventor, estaban formados por un número relativamente escaso de miembros, reclutados entre las personas que por su poder, prestigio e influencia eran capaces de atraer votos y hacer frente a los gastos electorales. con una organización interna bastante laxa e intermitente, que sólo perduraba durante las épocas electorales.

Los partidos de notables carecían de democracia interna, y se organizaba en base a relaciones personales, fundadas en nexos tales como el parentesco y la amistad. Las obligaciones de quienes se consideraban adheridos al partido eran difusas y poco institucionalizadas.

Estos partidos no se presentaban como defensores de diversos intereses sociales, pues pretendían que las diferencias entre ellos se debían a sus distintas opiniones sobre en qué consistía el interés general o el bien común. Pero se les acusaba de ser, en realidad, personalistas y pragmáticos, pues carecían de ideologías o se valían de ellas para ocultar los intereses personales de sus líderes. Y, en todo caso, estaban dispuestos a renunciar, en todo momento, a sus principios programáticos, si era necesario para conquistar el poder.

Frente a este tipo de asociaciones contrastan los *partidos de masas*, en especial aquellos que asumen modalidades democráticas, como las desarrolladas por los partidos socialistas y obreros europeos (para nuestra exposición no interesan los partidos de masas que tomaron la forma de partidos únicos, fascistas o comunistas). Estos partidos de masas democráticos, además de proponerse conquistar el poder mediante el voto, aspiraban a convertirse en instrumento de una transformación profunda del país, que llevase el proceso de democratización política a las esferas económica y social. Con tal fin intentaban reclutar una amplia militancia, constituida fundamentalmente por trabajadores y, en menor medida, por personas pertenecientes a la clase media, pues a diferencia de los partidos de notables, en los que lo importante era la calidad de los miembros, en los partidos de masas los fundamental es la cantidad, pues era mediante los pequeños aportes económicos y el trabajo personal de muchos militantes, como se aspira a hacer frente a los gastos necesarios para que sus candidatos puedan participar con éxito en las elecciones.

Estos nuevos partidos creaban una fuerte e incluso rígida organización formal, mediante la cual aspiraban a encuadrar permanentemente a todos sus miembros. Se trataba de una organización en que la adhesión del militante esta estrictamente formalizada, lo mismo que sus obligaciones, entre las que destacan, entre muchas otras[38], la de asistir regularmente a las reuniones periódicas del organismo de base al que todos los miembros deben militar y, en general, obedecer las decisiones de la dirección, que supone debía ser elegida democráticamente.

Para respaldar el cumplimiento de tales obligaciones el partido disponía de una estricta disciplina, con penas a los contraventores, que en los casos más graves podían llegar hasta la expulsión de la organización.

Es un tipo de partido que proclama abiertamente defender los intereses de la clases que representan, distintos del ilusorio o falso interés común o general que pretendían defender los partidos de notables.

Los representantes que resultaban elegidos en sus listas se comprometen a defender con sus palabras y sus votos en el Parlamento los intereses de las clases

---

38 Muy importantes suele ser la obligación de pagar una cuota regular, de acuerdo con las posibilidades económicas del militante, para contribuir a mantener las finanzas del partido, y la de comprar, leer y discutir su prensa (cuando existe).

o grupos que representan, tal como en cada caso los interpretan la dirección del partido.

Los estatutos formales de los partidos democráticos de masas suelen establecer inequívocamente la democracia interna para la toma de las principales decisiones, entre las cuales está la elección de sus autoridades; pero en la práctica, se pueden dar frecuentes desviaciones antidemocráticas y oligárquicas en los mismos. Me refiero a las "tendencias oligárquicas de la democracia moderna", que Robert Michels denunció como presentes en los partidos socialista y obreros europeos, en su libro clásico sobre *Los Partido Políticos*, cuya primera edición aparece ya en 1911 (Michels 1969). Pero si bien la tendencia sobre la que llamó la atención Michels es un peligro, que siempre puede estar presente en la práctica, se puede y se debe combatir contra ella y puede ser superada mediante las normas e instituciones adecuadas (*Vid. infra,* pp. 259-260).

Los partidos de masas no se limitaban a tratar de ganar las elecciones, sino que se preocupan por el mejoramiento cultural, social y económico de sus afiliados, prestando especial atención a proporcionarles a sus miembros, que en su mayoría procedían del proletariado o de las capas menos favorecidas de la población –y que por tanto habían tenido pocas posibilidades de acceso a la educación– no sólo formación ideológica y cultura política, sino también de una cultura general básica.

7. *Los partido de masas en América Latina*

Duverger creía que el futuro político pertenecía a los *partidos de masas*, pues el desarrollo de los mismos iba a ser la consecuencia inevitable de la necesaria democratización progresiva y creciente de la humanidad.

Aunque la mayoría de ejemplos empíricos en los que Duverger basa su teoría son europeos, fenómenos semejantes a los por él descritos ocurrieron a partir de la mitad del siglo pasado en América Latina, en donde se produjo un proceso de democratización, no sólo política sino también en materia social, que estuvo unido a la aparición o al afianzamiento de partidos "modernos", que han sido llamados partidos de tipo "aprista" o nacional-revolucionarios, que en general entran dentro de la categoría, que ya hemos definido, de *partidos populistas de movilización*, que, en cuanto a su estructura, siguen muy de cerca el modelo de los *partidos de masas* descrito por Duverger,[39] y entre ellos se destaca AD, en la época que estamos examinando. Sin embargo, hay que tener en cuenta que tanto este partido, como su precursor, el PDN, adoptaron el modelo organizativo de un partido de masas mucho antes de que Duverger escribiera su libro, pues

---

39 Con respecto a la década de los años 50 del siglo XX, según Robert J. Alexander, además de AD, adoptan un esquema de organización semejante a la descrita de los partidos de masas el APRA peruano, *Liberación Nacional* de Costa Rica, el *Movimiento Nacional Revolucionario* de Bolivia, el *Partido Revolucionario Dominicano* y el *Partido Democrático* de Puerto Rico, entre otros (Alexander 1964, págs. 101-125).

Betancourt y sus compañeros no cesaron de proclamar la necesidad de un partido de ese nuevo tipo desde la época de ARDI, hacia los años 1931-1936.

En un estudio publicado en una de las principales revistas de Ciencia Política de los Estados Unidos, apenas dos años después de la primera edición de la obra de Duverger, se llegaba a la conclusión de que los llamados partidos políticos en América Latina no merecían ese nombre, pues se trataba de partidos personalistas de notables, basados en relaciones familiares o de amistad, con estructuras muy intermitentes que sólo desarrollaban un esfuerzo de organización en tipos de elecciones (Gil 1953). Pero para la década de los 60, Alexander, otro notable politólogo de ese país, veía que en el desarrollo político de América Latina se habían producido modernos partidos políticos, que respondían al modelo de los partidos de masas de Duverger. Se trata de una descripción que, pese a lo larga, merece reproducirse in extenso. Según Alexander, el nuevo tipo de partido político que había evolucionado en América Latina difería mucho de los partidos tradicionales del siglo XIX, pues era un partido ideológico, que no se basaba en la fidelidad a un líder político particular:

"En nuevo partido político en América Latina tiene, también, una vida interna mucho mas intensa que el de viejo tipo. Tiene organizaciones locales a lo largo de todo el país que llevan a cabo actividades propias la mayor parte de año y no simplemente en vísperas de una elección o a la mañana siguiente de un golpe de Estado. Celebran reuniones periódicas de sus miembros, se reúnen en convenciones regulares locales, regionales y nacionales, y lo hacen aunque ni estén a la vista elecciones o haya perspectivas de otros cambios de gobierno.

"Estos partidos reúnen números relativamente mayores de ciudadanos procedentes de las diversas clases. Frecuentemente llevan a cabo actividades organizadas entre las filas de los sindicatos, asociaciones profesionales y otros grupos no políticos. Muchos mantienen una variedad de periódicos y publican panfletos e incluso libros. Algunos tiene grupos organizados para llevar a cabo un estudio continuo de los problemas económicos y sociales del país, con independencia de que estén, por el momento, en el gobierno o en la oposición. Estos estudios pueden ser la base de políticas y son publicados. A veces, aunque no siempre, el partido colecta cuotas de sus miembros y emite carnets y otros medios de identificar a quienes pertenecen a él.

"Finalmente ellos nuevos partidos son *civilistas*. Aunque, ciertamente, no se privan totalmente de cooperar políticamente con grupos entre los militares (incluyendo la participación en *coups d'état*), tales contactos tienden a ser circunstanciales y temporales y su atención está concentrada en el terreno civil. Generalmente, tratan –al menos como principio– de mantener a los militares fuera de la política" (Alexander 1964: 103-104).

Se trata de una descripción que podría corresponder a un retrato de AD en sus mejores momentos de vida legal.

8. *Las decisiones y la responsabilidad política colectivas de los partidos de masas*

Una característica fundamental de los *partidos de masas*, a la que Duverger no le ha prestado la atención que se merece, es que en ellos la dirección y la responsabilidad políticas no son individuales y personales, como ocurría en los viejos partidos de notables, sino colectivas e institucionales. Conviene que nos detengamos algunos momentos, para desarrollar algunas reflexiones generales sobre la cuestión de la responsabilidad política colectiva e institucional de estos partidos.

Ya nos hemos referido al significado de la responsabilidad política en los regímenes de democracia representativa clásicos

Originalmente, en los regímenes políticos liberales que se caracterizaban por la existencia de *partidos de notables,* la *responsabilidad política* era individual y *personal*, pues se pensaba que existía una obligación de cada representante individual con cada uno de sus electores, de manera que a ese representante se le "castigaba" personalmente con la no reelección, pues el elector no volvía a votar por él si no había cumplido con sus promesas electorales. Pero este procedimiento presenta dos notorias deficiencias. Primera, en muchos sistemas políticos democráticos la posibilidad de reelección de los representantes está totalmente prohibida o limitada a cierto número de veces, bastante reducido (las Constituciones venezolanas de 1936 y 1945, prohibían a López y a Medina, como Presidente, su reelección inmediata). Con lo cual, desde el momento que al representante se le prohibía presentarse a la reelección, era imposible que el pueblo pudiera ejercer una eventual sanción, burlándose, de esta manera, la supuesta responsabilidad política. Pero, además, se suponía que el representante debía estar interesado en ser reelegido, pero si faltaba tal interés y decidía no presentarse a una eventual reelección, sería la propia voluntad del antiguo representante la que haría nugatoria su eventual responsabilidad política.

Sin embargo, tales dificultades pueden ser superadas por medio de los *partidos de masas*, que son capaces de desarrollar una nueva forma de responsabilidad política que no es individual ni personal, sino institucional y colectiva (véase Rey 2003b: 69-73). En efecto, con dichos partidos, *no es sólo* el candidato, como persona individual, quien va a ser el responsable, sino que es *sobre todo* el partido que lo postula, el que se hace responsable como colectividad, ante los electores por el desempeño del candidato, comprometiéndose a que quienes son postulados bajo su patrocinio, cumplan con las promesas que figuran en el programa electoral que el partido respalda. La disciplina interna del partido, que prevé la posibilidad de expulsión de sus miembros, incluyendo a los representantes electos, en caso de desobediencia, debería obligar a éstos a hacer todo lo posible para cumplir con sus ofertas electorales.

Se trata de una forma de responsabilidad política institucional y colectiva mucho más segura y efectiva que la individual y personal, pues, como ya hemos señalado, existen circunstancias que pueden llevar a que la responsabilidad política individual del representante sea inútil o imposible de ejercer. Pero en el caso de que exista un partido de masas que funcione adecuadamente, lo que hace que su responsabilidad sea efectiva, es, por una parte, la continuidad de la organización partidista, como institución relativamente permanente, que existe más allá de las vidas y de las circunstancias personales de sus candidatos; y, por otra parte, que es de la esencia del partido como institución, el tratar de obtener el poder gubernamental e intentar conservarlo, una vez obtenido. Por tanto, resulta perfectamente racional que sea al partido, más que al candidato individual (pero sin que se descarte la responsabilidad personal de éste), al que corresponda la responsabilidad política; y que, por consiguiente, sea también al partido al que el elector premie o castigue, votando o no a favor de los candidatos incluidos en las listas electorales presentadas por esa organización, teniendo en cuenta, sobre todo, para tomar tal decisión, si el partido ha sido capaz de asegurar que sus anteriores representantes (que pueden ser distintos de los que presenta para la nueva elección) cumplieron en lo esencial con sus ofertas electorales.

9. *Personalismo y liderazgo colectivo en los partidos de masas: el caso de Rómulo Betancourt y AD.*

La idea de que en un partido de masas la dirección debía de ser colectiva, así como de la necesidad de que todos sus militantes se sometieran disciplinariamente a las decisiones que tomara la mayoría, estuvo muy presente en Betancourt desde los primeros años de ARDI (*vid.*, Rey 2008).

Ya en 1932, respondiendo desde San José de Costa Rica a una invitación que le había dirigido José Rafael Pocaterra, quien conocía, sin duda, el liderazgo y autoridad que Betancourt ejercía sobre aquel grupo, éste le contestaba que le era imposible responder a su proposición, pues en Costa Rica no había una mayoría de la asociación, y los militantes individuales como él, por mucha autoridad que gozasen, no podían resolver nada por el grupo, sino que se requería una decisión colectiva:

> "No se trata […] de indecisión de mi parte para resolver en este o en aquel sentido, sino de la posición especial de quien renunció, convencido de que así da más eficacia a su acción, a la sedicente libertad individual de criterio, para acordar el suyo al criterio de grupo, y su actividad a la disciplina de grupo" (Pocaterra 1973: 278).

Betancourt es un caso paradigmático de una persona que desde sus primeros pasos en la política comprendió la importancia decisiva que iba a tener la creación de un partido de masas moderno, como institución indispensable para la realización de un proyecto de modernización y de democratización integral del país.

Su caso contrasta, por ejemplo, con el de Jóvito Villalba, que fue líder, junto con él, de los sucesos estudiantiles del año 1928, y quien estuvo dotado de cualidades oratorias y de una popularidad inicial probablemente superior a la de Betancourt; pero que, en cambio, estuvo totalmente carente de capacidad y de interés para la organización partidista; de modo que la carrera política de Villalba se basó fundamentalmente en sus mencionadas facultades oratorias que lo hacía muy popular entre el público que le oía. De modo que, como dice de él Betancourt, con cierta sorna, Jóvito Villalba "no se había interesado en la organización de un Partido, y en los años que Acción Democrática combatía fieramente en la calle y estructuraba fuerzas en toda la República, él pronunciaba en el Senado discretos discursos de profesor de Derecho Constitucional" (Betancourt 1956, p. 212). Betancourt se refería al periodo del 1941-45, en el que la dirección de A.D. había trazado la famosa consigna de: «Ni un solo distrito, ni un solo municipio, sin un organismo de Partido». Cuando Villalba se dio cuenta –viendo el ejemplo de Betancourt y de AD– de la necesidad de contar, para su éxito político, con un partido, como él había sido incapaz de crearlo, se apoderó –gracias, fundamentalmente, a sus facultades oratorias–, de uno ya existente (URD), fundado por personalidades que provenían, en gran parte, de la llamada "ala luminosa" del Partido Democrático Venezolano (PDV) que respaldaba a Medina.

Un momento estelar en el que se hizo patente el carácter colectivo de las decisiones del partido fue, en vísperas del 18 de octubre de 1945, cuando en la entrevista que Betancourt tuvo, en compañía de Leoni, con los militares que les proponían participar en el golpe que preparaban, ante la invitación de que éstos hicieron de que fuera el propio Betancourt quien presidiera el gobierno provisional, pues conocían su liderazgo sobre el Partido y la autoridad de que gozaba en la opinión pública nacional, éste les respondió: "Leoni y yo no nos pertenecemos a nosotros mismo. Somos dirigentes de Acción Democrática. Sólo después de que informemos a la Dirección del Partido, podemos traer una respuesta a la proposición de ustedes" (Betancourt 1979, p. 306). Y, efectivamente, sólo cuando después de presentar dicho informe, obtuvieron el visto bueno colectivo del "comando del Partido", fue aceptada dicha proposición.[40]

Una vez triunfante la "Revolución" y constituida la Junta de Gobierno, con mayoría de AD, y en la que Betancourt ocupó la Presidencia, las decisiones siempre fueron colectivas, y aunque, como era lógico, las opiniones del Presidente tenían un especial peso, nunca trató de imponerlas frente a una eventual opinión mayoritaria. Recordemos que, además de Betancourt, la Junta estaba formada por otros tres dirigentes de AD (Raúl Leoni, Gonzalo Barrios y Luís Beltrán Prieto), un independiente (Edmundo Fernández) y dos militares (mayor Carlos Delgado Chalbaud y capitán Mario Vagas).

---

40   Las razones que llevaron a AD a participar en el golpe del 18 de Octubre, son ampliamente expuestas en distintos trabajos incluidos en el libro de Betancourt al que se refiere la nota anterior. Aunque la decisión de participar en el golpe fue colectiva (del "comando del Partido"), con el fin de salvar la responsabilidad de AD, para el caso de que la intentona fallara, se hizo pasar por una decisión personal de los dirigentes que llevaron a cabo las negociaciones con los militares. Véase, sin embargo, la interpretación, no exenta de polémica, sobre este episodio de Manuel Caballero, (1998: 9-39).

Winfield Burgraff, un analista que ha estudiado las políticas de ese período, ha señalado que el papel decisivo en tales decisiones fue de la dirección colectiva del partido, hasta el punto de que "la Junta actuó como simple ratificadora del Comité Ejecutivo Nacional de AD, que era el organismo encargado de formular la política partidista" (Burgraff 1972, p. 80).

La dirección y la responsabilidad política colectiva fueron preocupación permanente de AD, como lo subrayó muy explícitamente Rómulo Betancourt, en su carácter de Presidente del partido, al regresar al país tras la caída de Pérez Jiménez, en el informe político que presentó en 1958 a la IX Convención Nacional, en la que dijo:

> "[…] Acción Democrática que ha sido, es y será un Partido de comando y solidaridad colectivos, resulta siempre apto para analizar todas las situaciones vividas por la Organización y las responsabilidades asumidas por ella como algo que a todos nos compete, y en los aciertos y en los errores todos sabemos asumir la cuota-parte que nos corresponde. Este Partido nació hace veintiún años con sus mismas características de hoy, como Organización que nunca ha girado en torno al mesianismo caudillista sino como entidad política moderna y revolucionaria, y en todas las circunstancias de su vida ya larga, en la cual ha afrontado los más diversos avatares, siempre fue conducida no por individualidades imperiosas, sino por comandos grupales. Esta circunstancia le da a nuestra Organización posibilidad de enjuiciar sus éxitos y descalabros, como balance positivo o negativo de una gestión compartida por direcciones pluripersonales, y no como resultado de la clarividencia o de la incapacidad de un jefe" (Betancourt 2006, págs. 275).

10. *La hegemonía de AD*

Junto a su clara vocación de partido de masas y su superior desarrollo organizativo, AD gozaba tras el golpe del 18 de octubre del prestigio de ser el conductor de la revolución, que incorporaba por primera vez a la política a una inmensa mayoría de los venezolanos, antes excluidos, y que le iban a estar agradecidos. Pero además hay que reconocer que el partido supo usar, de forma no siempre ética ni legal, las ventajas derivadas del uso de los recursos del gobierno provisional, para obtener ventajas políticas.

La consecuencia fue que los sucesivos procesos electorales del trienio constituyeron aplastantes victorias para ese partido, que aparecía como abrumadoramente dominante y hegemónico.

Así, en las electores para la Asamblea Constituyente de 1946 AD obtuvo el 78,4% de los votos válidos; en las elecciones de 1947, el 74,5% de los votos válidos para Presidente de la República y el 70,8% para los Cuerpos deliberantes (Senado, Cámara de Diputados y Asambleas Legislativas de los Estados); y en las elecciones municipales de 1948, el 70,8%.

Como consecuencia de estos resultados no sólo las oligarquías tradicionales se sintieron condenadas a ser perpetuos perdedores en el nuevo juego político, sino que el mismo sentimiento se extendió a los otros partidos de la oposición: una sensación de asfixia ante la hegemonía adeca, y un justificado pesimismo acerca de la posibilidad de superar algún día la aplastante mayo-ría de este partido.

Tabla 1

Votación de los principales partidos en las elecciones nacionales
(1946 -1947)

Partido	Elecciones para la Asamblea Nacional Constituyente 1946		Elecciones para la Presidencia de la República y para los Cuerpos Deliberantes 1947			
			Votos "Grandes"[a]		Votos "Pequeños"	
	Absoluto	%	Absoluto	%	Absoluto	%
AD	1.099.601	78,42	871.752	74,47	838.526	70,83
COPEI[b]	179.858	12,83	262.204	22,40	240.186	20,29
URD[c]	49.721	3,55	-	-	52.287	4,42
PCV[d]	50.837	3,63	36.587	3,13	43.190	3,65
otros[e]	21.994	1,57	-	-	9.575	0,81
TOTAL	1.402.011	100,00	1.170.543	100,00	1.183.764	100,00

[a] En las elecciones presidenciales de 1947 participaron tres candidatos: Rómulo Gallegos (AD), Rafael Caldera (COPEI) y Gustavo Machado (PCV).

[b] En las elecciones de 1946 para la Asamblea Nacional Constituyente, y en las elecciones de 1947 para los cuerpos deliberantes, se incluyen como votos de COPEI los obtenidos en el Estado Mérida por UFR (Unión Federal Republicana), partido regional que participó en esa provincia, en lugar y en alianza con aquella organización.

[c] Se incluyen como votos de URD los obtenidos en el Territorio Federal Amazonas por el PLP (Partido Liberal Progresista), partido regional que participó en las elecciones para cuerpos deliberantes en 1947, en ese territorio, en lugar y en alianza con aquella organización.

[d] Se incluyen los votos de UPV (Unión Popular Venezolana), que es el nombre con que actuó el PCV en los estados Aragua y Miranda.

[e] En las elecciones de 1946, participaron cinco partidos nacionales (AD, URD, COPEI, PCV y el PSV [Partido Socialista Venezolano]), y once organizaciones regionales. En las elecciones para cuerpos deliberantes, en 1947, participaron esos mismos partidos nacionales y tres organizaciones regionales.

FUENTE: Bunimov Parra (1968: 50-63, 67-77), Consejo Supremo Electoral (1987, I:39-42)

Tabla 2
Representantes que obtuvieron los principales partidos en la Asamblea Constituyente (1946) y en el Congreso Nacional (1947)

Partido	Asamblea Nacional Constituyente 1946		Congreso Nacional 1947					
			Senadores			Diputados		
	Absolutos	%	D+A[a]	Total	%	D+A[a]	Total	%
AD	137	85,62	38+0	38	82,62	83+0	83	75,45
COPEI[b]	19	11,88	4+2	6	13,04	15+4	19	17,27
URD[c]	2	1,25	0+1	1	2,17	1+4	5	4,55
PCV	2	1,25	0+1	1	2,17	0+3	3	2,73
TOTAL	160	100,00	42+4	46	100,00	99+11	110	100,00

[a] Directos + Adicionales

[b] Se incluyen cinco puestos a la Asamblea Nacional Constituyente, así como dos senadores (directos) y tres diputados (también directos) obtenidos por UFR, en las elecciones del Estado Mérida, en las cuales participó en lugar de COPEI y en alianza con esta organización.

[c] Se incluye un diputado (directo), conseguido por PLP, en las elecciones en el Territorio Federal Amazonas, en las cuales participó en lugar de URD y en alianza con esta organización.

FUENTE: Bunimov Parra (1968: 50-63, 67-77), Consejo Supremo Electoral (1987, I:39-42).

Era muy difícil que partidos tan diversos y en una situación revolucionaria como la que existía en el trienio, aceptasen la legitimidad de las nuevas "reglas de juego" democráticas. En efecto, en un sistema de partidos con las características de aquél, resulta muy poco probable que las minorías acepten como legítimas los decisiones que se tomen por mayoría. Se trata de un problema sumamente importante, tanto desde el punto de teórico como práctico. Veámoslo.

La aceptación de la legitimidad de las decisiones políticas se ha basado históricamente en Venezuela, como en muchos países occidentales, en la creencia en que el contenido de esas decisiones correspondía al interés público o a la voluntad general, en el sentido de Rousseau (*Vid. supra*, pp. 28-31). De modo que el "espíritu de partido", que era considerado equivalente a *facción* o *tiranía*, era considerado como la mayor aberración. De acuerdo a tal idea el voto de la mayoría no tenía un valor especial por sus simples virtudes numérica sino, según Rousseau, por ser el mejor *índice* de que disponemos para saber cuál es la *voluntad general*; pero a condición de que se den al menos dos condiciones: que en el momento de votar los ciudadanos se despojen de todo interés particular y lo hagan buscando sólo el interés general, y que cada uno de ellos tome su decisión de cómo votar individualmente y en forma directa, de forma que no se permitan las *facciones* o *partidos*. El *voto de la mayoría*, en el sentido de Rousseau, no es, en ningún caso, *el voto del partido mayoritario*, y confundir ambos constituye una aberración. Cuando Rousseau afirma que obedecer el voto de la mayoría constituye no sólo una obligación jurídica sino también una deber moral, y que al obligar a alguien a obedecer la decisión de la mayoría se le está obligando a ser libre, no se está refiriendo a las decisiones del partido que es la mayoría, sino a la *voluntad general.*

De acuerdo a tal concepción, el voto del partido mayoritario puede no ser otra cosa que una suma de intereses particulares, y en tal caso no expresaría la *voluntad general*. La *mayoría* a través de la cual se expresa la *voluntad general* no es la de un grupo fijo, no es un partido o facción a la que se pueda atribuir virtudes cívicas especiales, frente a los demás ciudadanos, sino que es un conjunto de ciudadanos cuya composición puede variar de una a otra decisión.

AD como partido de masas reconocía abiertamente que representaba los intereses de un conjunto de clases y de grupos sociales, ciertamente mayoritarios, y sus militantes al ser elegidos a los puestos públicos se comprometían a defender esos intereses que representaban, sometiéndose gustosamente para ello a la disciplina partidista. De modo que el "espíritu de partido", que había sido considerado tradicionalmente en el pensamiento político occidental, incluyendo el venezolano, como la mayor aberración se convierte ahora en un motivo de orgullo para el nuevo partido de masas. Bajo esta concepción, se hubiera podido garantizar la posibilidad de un orden político desde un punto de vista utilitario, a condición de que este partido reconociera que junto a él existieran otros partidos que defendían otros intereses distintos, pero que tenían el mismo derecho a ser considerados como legítimo y a tratar de conquistar el poder; y que cualquier partido que consiguiera obtener una mayoría en una elecciones, adquiría el derecho a gobernar temporalmente, pero respetando los derechos de los partidos minoritarios y permitiendo que éstos continuaran manteniendo todas sus oportunidades de disputar en el futuro el poder.

Pero AD tendió a considerar que las amplias mayorías de votos que obtuvo en repetidas elecciones sucesivas, eran una muestra de que ese partido no gozaba de una mayoría eventualmente transitoria, sino era la manifestación de la auténtica y permanente *voluntad de la nación* o *voluntad general* en el sentido de Rousseau. Las decisiones que eran el resultado del voto de la mayoría se justificaran por la afirmación de que la mayoría siempre tiene la razón o algo equivalente ("el pueblo nunca se equivoca", "la voz del pueblo es la voz de Dios", etc.), que pretendía pasar por un pensamiento verdaderamente democrático, en el sentido de Rousseau.

De manera que para AD los partidos de la oposición no represaban unas opiniones o intereses legítimos y respetables, sino eran la manifestación de un espíritu antinacional y faccioso, éticamente reprobable, que merecía ser reprimido e incluso destruido.

Pero frente a la pretensión de AD de expresar en tanto que mayoría la voluntad general, quienes se sentían amenazados por la Revolución de Octubre identificaban el dominio de ese partido con la *oclocracia* o la *pardocracia* temida por Bolívar, es decir, la tiranía de la mayoría no blanca, sin cultura ni propiedad, que amenazaba los cimientos mismos de la sociedad.

Los partidos de oposición divididos entre sí en diversas materias, tenían el sentimiento común de que el gobierno estaba abusando del poder; de que no respetaba sus legítimos derechos como minorías; y de ser objeto de persecución y estar amenazados con la aniquilación. A todo esto se unía, desde la perspectiva de la oposición, una sensación de asfixia ante la hegemonía adeca, y un justificado pesimismo acerca de la posibilidad de superar algún día la aplastante mayoría de este partido.

11. *Sectarismo y "espíritu de partido"*

Esta fue la época de la que proviene la fama del exclusivismo y sectarismo adeco, pues el partido no sólo consideraba que la tarea de llevar a cabo la "Revolución" era de su exclusiva propiedad, sino que identificaba sus preferencias con voluntad con la de la nación.

A su sectarismo, AD unía un excesivo "ideologismo". Desde su fundación el partido tuvo una orientación predominantemente ideológica, pues aspiraba a conquistar el poder, no como un fin en sí, sino para trasformar a Venezuela. Dicha orientación la mantuvo durante el trienio 1945-1948, pues el objetivo fundamental que se propuso fue la realización del programa que correspondía a su ideología, que contemplaba la incorporación las masas hasta entonces excluidas, no sólo a la participación política, sino también a la económica y social, aun a costa de que con ello se pusiera en grave peligro conservar el poder ya conquistado, por la oposición que había que esperar de las clase conservadoras. Lo cual le llevó, en varias ocasiones, a una política sectaria y poco prudente, que por la falta de realismo y de un mínimo pragmatismo puso en peligro la conservación del poder, hasta finalmente perderlo totalmente.

Cuando hablamos de una orientación predominantemente ideológica y de un extremo sectarismo, no queremos decir que fueron fenómenos universales en AD, pero sí lo suficientemente generalizados como para constituir la imagen más visible del partido. Sin embargo, hay que hacer referencia, pese a todo, al sano realismo y moderado pragmatismo de un dirigente como Betancourt, como Presidente de la Junta, quien en las difíciles circunstancias de una "revolución" en plena marcha, trató de impedir–aunque no siempre con éxito–que se incurriera en extremismos, llegando a tener, en más de una ocasión, enfrentamientos con los elementos más sectarios de su propio partido. Recordemos, como ejemplos, su inconformidad con la forma en que se manejó la cuestión de los juicios por corrupción a algunos altos personajes del gobierno anterior; o también su desagrado por los errores cometidos con el Decreto 321, finalmente enmendado, después de haberse producido un grave daño ante la opinión pública. Pese a esto, Betancourt frecuentemente fue considerado por la oposición, en tanto que principal líder de AD, como el máximo representante e impulsor del sectarismo partidista, y como el responsable de desviar al Presidente Gallegos de sus deberes de gobernar para todos los venezolanos.

Bajo la Junta Revolucionaria de Gobierno, pese a que AD contaba, además de la presidencia, con la mayoría de sus integrantes, no se podía proclamar abiertamente que se trataba de un "gobierno del partido", pues Acción Democrática había llegado al poder por medio de un golpe militar, y por consiguiente carecía de lo que se llama "legitimidad de origen"; pero, además, el gobierno era compartido con los militares, que aunque desde un punto de vista formal estaban en minoría dentro de la Junta, contaban con un poder real y ejercían una vigilancia para evitar que "el espíritu de partido", contra el cual había advertido insistentemente el Libertador, ("espíritu" que muchos consideraban encarnado en AD) se impusiera en el país. Pero, tras los continuos y aplastantes triunfos electorales de AD, que culminaron con la elección de Gallegos, el Presidente recién elegido anunció la instauración de *"un gobierno de partido"* y traspasó así los límites de lo que la mayoría de los militares y de la oposición consideraban tolerable. Así, en su discurso inaugural, al asumir la presidencia, en 1948, Rómulo Gallegos afirmó que frente a los gobiernos de los caudillos y de las clases hegemónicas que tradicionalmente habían dominado Venezuela, ahora *se iba a iniciar un "gobierno de partido"*, pues el éxito abrumador de AD en las elecciones hacía que la constitución de tal forma de gobierno, fuera no sólo un derecho sino también un deber (Gallegos 1983b: 210). Según Gallegos, sería un gobierno para llevar a cabo el programa de AD y estaría integrado, en su gran mayoría, por personas de ese partido, a los que se sumarían algunos independientes, siempre que estuvieran de acuerdo con los principios y planteamientos de Acción Democrática. Gallegos excluía explícitamente la participación en el mismo de miembros de los partidos de oposición ya constituidos.

A partir de tales razonamientos la oposición pudo concluir que el nuevo gobierno *no era el de todos los venezolanos*, sino sólo el de *un partido*, AD. En varios pasajes del discurso, Gallegos hace verdaderos malabarismos verbales, sin mucho éxito, para presentar como compatibles sus obligaciones partidistas con sus deberes como Presidente de todos los venezolanos:

> "Doctrinaria y disciplinariamente continúo unido a la ideología y al programa de mi partido por una obligación indeclinable, pero entregado por él a compromisos con la totalidad del pueblo venezolano, no será el interés partidario el móvil de mi conducta de hoy en adelante, sino el de todo el país cuyo gobierno me ha confiado. Venezuela entera el objeto único de mis preferencias" (*Ibíd. id.*).

Se trataba de una compatibilidad muy difícil de concebir y poco creíble para la oposición, de forma que fue *la acusación de que el Presidente gobernaba para un partido, y no para todos los venezolanos*, uno de los principales argumentos que utilizaron los militares para derrocarlo.

A partir de todo el cúmulo de factores que he descrito, fue produciendo una progresiva alineación de importantes sectores con respecto al sistema y sus reglas de juego, de modo que a los tres años de haberse producido la Revolución, cuando la nueva Constitución apenas había cumplido un año y medio de vida, y el nuevo presidente no había completado diez meses en el ejercicio de su cargo, un golpe militar ejecutado sin derramamiento de sangre y que contó con el asentimiento de casi todas las fuerzas vivas (incluyendo la Iglesia) y de los principales partidos de oposición (COPEI y URD), derrocó al gobierno y abrió paso a una dictadura que duró nueve años, obligando a AD y al PCV, que fueron ilegalizados, a una larga y penosa resistencia (Stambouli 1980: 70-84, 99-160; Consalvi 1991).

12. *Un paréntesis sin sistema de partidos: 1948-1958*

Tras el golpe militar que derrocó a Gallegos, la Junta Militar de Gobierno ilegalizó a AD y sus principales dirigentes fueron al exilio, mientras que los que se quedaron en el país estaban en la cárcel o a la clandestinidad. Además en mayo de 1950 el PCV fue ilegalizado. En cuanto a URD y COPEI, fueron tolerados y se dispusieron a participar, como las únicas fuerzas de oposición, en las elecciones para la Asamblea Nacional Constituyente que la Junta de Gobierno convocó en diciembre de 1952, para poner fin al gobierno provisional.

Pero apenas se conocieron los primeros resultados que indicaban un rotundo triunfo de URD, partido porque habían votados los partidarios de AD y el PCV, que estaban en la clandestinidad, el Gobierno llevó a cabo un gigantesco y descarado fraude, pues tras la dimisión de la mayoría de las autoridades electorales, que se negaron a participar en el mismo, las que quedaron anunciaron un amplio triunfo del Frente Electoral Independiente (FEI), la organización política que respaldaba al Gobierno.

Ante las protestas de URD sus principales dirigentes, empezando por Jóvito Villalba, tuvieron que exilarse o fueron perseguidos. En cuanto a COPEI, aunque una minoría estuvo dispuesta aceptar el fraude, la mayoría del partido resistió y aunque a que no llegaron a ser ilegalizados sufrieron hostigamientos y serias restricciones a sus actividades partidistas.

La Asamblea Constituyente, resultado de este fraude, provista de una total mayoría gubernamental, después de redactar una nueva Constitución, resolvió que no era necesarios celebrar elecciones y ella misma procedió a designar a todas las autoridades constitucionales, desde el Presidente Constitucional, que fue Marcos Pérez Jiménez, a los miembros de las dos Cámaras del Congreso Nacional, de las Asambleas Legislativas de los Estados, de los Concejos Municipales y a todos las demás autoridades constitucionales que eran necesarias.

Cuando en noviembre de 1957 se acercó la fecha en la que por imperativo constitucional se tendrían que celebrar elecciones, el dictador presentó al Congreso un proyecto de ley por el que se autorizaba a todo venezolano y a todo extranjero con dos años de residencia en el país a participan en un plebiscito, en el que el voto afirmativo significaba que se aprobaba toda la gestión de la dictadura y se autorizaba su reelección para un nuevos período presidencial, además de la elección de todos los integrantes del Congreso y demás organismo deliberativos, que eran presentados en una lista única. No se establecía cuales serían las consecuencias de un voto negativo. El gobierno afirmó que no haría publicidad a favor y que tampoco permitiría propaganda en contra, por parte de los partidos, a los que calificaba de "factores de desunión".

En realidad, con el golpe del 24 de noviembre de 1948 iba a comenzar un largo paréntesis de algo más de nueve años, en el que Venezuela careció de un sistema de partidos. No es fácil entender como AD, cuya fortaleza y apoyo popular parecían abrumadores, pudo ser arrojada del poder con relativa facilidad, y hay quienes interpretan este hecho como prueba de que el poder de ese partido no era real, pues las adhesiones a él no era sinceras sino se basaron en su abuso de los recursos del Estado, de manera que se esfumaron tan pronto como se le privó de tal instrumento. Pero el hecho es que AD, que sólo había gobernado el país por tres años, entre 1945 y 1948, sufrió una persecución implacable por otros nueve sin desaparecer, aunque en la clandestinidad, y cuando volvió a la legalidad en 1958, sin disponer en esta ocasión del control del Gobierno, demostró en las elecciones que tuvieron lugar en diciembre que continuaba siendo, sin discusión, la primera fuerza política del país.

Pero la dura lección aprendida por AD por el fracaso del primer intento de instaurar una democracia de masas, sirvió para que a partir de 1958 cambiara radicalmente la forma en que se iba a concebir, en adelante, el sistema de partidos.

CUARTA PARTE:

AVENTURAS Y DESVENTURAS DEL SISTEMA DE PARTIDOS MODERNO (1958-1999)

I. LOS OBJETIVOS Y LOS MEDIOS

1. *El complejo papel de los partidos políticos venezolanos*

Mientras en el periodo 1945-48 una hostilidad extrema entre los partidos fue la causa principal del fracaso del primer intento de crear una democracia de masas en Venezuela, esos mismos partidos, nueve años más tarde, unidos en la Junta Patriótica, fueron los promotores y protagonistas de un movimiento civil que culminó en una huelga general política, que comenzó el 21 de enero de 1958, y amenazando con convertirse en una rebelión popular generalizada, hizo que los militares retiraran su apoyo a Pérez Jiménez, de manera que tuvo que dejar el poder y abandonar el país, abriéndose así paso a la restauración de una democracia.

El llamado *espíritu del 23 de Enero*, sintetiza esa unidad de todos los partidos, incluido el comunista, que hizo posible el renacimiento democrático. Miguel Otero Silva, actuando como orador de orden en un acto del Congreso, celebrando el primer aniversario de esa fecha, alababa la inteligencia política y el patriotismo de los partidos que superando las viejas diferencias se habían unido para conquistar la libertad:

> "Venezuela está orgullosa de sus partidos políticos porque a ellos debe, fundamentalmente, la reconquista de sus derechos y sus leyes. Está orgullosa de *Acción Democrática* [...], Venezuela está orgullosa de *Unión Republicana Democrática* y de *COPEI* [...], orgullosa del *Partido Comunista de Venezuela* [...]" (Otero Silva 1959: 19).

La acción concertada de los partidos había impulsado una verdadera unidad nacional, al estilo de la que tanto anhelaba el Libertador:

"La unidad de los partidos hecha presencia real y no consigna verbal en el seno de la Junta Patriótica, trajo consigo como consecuencia lógica la unidad de los sindicatos obreros, la unidad de los intelectuales, la unidad de la nación entera a la luz de la decisión enfurecida de echar de esta tierra al tirano y a su cortejo de rufianes y verdugos" (*Ibíd.*: 20).

Pero si al principio los partidos fueron alabados por la unidad y patriotismo que manifestaron al hacer posible el "espíritu de 23 de enero", algunos meses más tarde, al excluirse de la alianza al PCV, los anteriores héroes se van a convertir, para no pocos venezolanos, en unos villanos, autores de la repulsiva conchupancia del *puntofijismo*. El llamado *"Estado de Partidos"* que se había instalado progresivamente, muy elogiado por su contribución a la conservación de la democracia representativa inaugurada en 1958, se transformará, años más tarde, en la abominable *partidocracia*, detestada por la mayoría, acusada de ser la responsable de la crisis que estaba experimentando aquella forma de gobierno. Es más, a los partidos se les llega a acusar no sólo de todos los males de nuestro sistema político, sino también –en atención a la penetración y el control que han ejercido sobre diversas instituciones u organizaciones sociales– de ser los culpables de los principales defectos de nuestra sociedad.

En Venezuela los partidos políticos jugaron, desde 1958, un papel que por su importancia y por la variedad de sus funciones probablemente no es comparable al que desempeñaron en ninguna otra democracia competitiva. Por ello el caso venezolano ha podido ser considerado como un ejemplo extremo, casi un "caso de laboratorio", para mostrar la importancia que tiene el *sistema de partidos* para mantener la democracia (Rey 1990: 60). Pero, vista la evolución que nuestro sistema de gobierno en la parte final del siglo pasado, el análisis del sistema de partidos puede servirnos también para que tomemos conciencia sobre las distorsiones al sano funcionamiento de la democracia representativa que tal sistema puede llegar producir, ya sea por sus acciones o por sus omisiones.

En general, la función esencial de los partidos políticos en una democracia representativa es la *representación política*, por medio de su participación en las elecciones. Sin embargo, los partidos políticos venezolanos no se ha limitado a ejercer sus funciones estrictamente electorales. Los dos partidos que durante el lapso 1958-1998 fueron los mas importantes –es decir, AD y COPEI– desempeñaron un papel central como mediadores entre el Estado y la sociedad. Además de sus funciones específicamente electorales, jugaron un rol muy prominente en el desempeño de otras funciones políticas conexas, tales como el reclutamiento y la socialización políticas; la agregación de demandas y la generación de apoyos al sistema político, etc.

Con el advenimiento de la democracia, en 1958, los partidos políticos venezolanos, se convirtieron en órganos muy importantes, y al principio incluso indispensables, para la formación de la voluntad estatal, llegándose a producir un grado tal de articulación y conexión entre ellos y el Estado venezolano contemporáneo, que se llegó a caracterizar a éste como un "Estado de partidos" (Brewer 1988).

Pero además los partidos políticos venezolanos penetraron profundamente el conjunto de la sociedad, hasta el punto de que hubo momentos en que apenas existía algún segmento del entramado social en que su presencia no fuera muy destacada, unas veces llevando a cabo directamente funciones que en otras sociedades no son propias de las instituciones partidistas, sino de estructuras sociales distintas, y en ocasiones ejerciendo cierto control o interferencia sobre el funcionamiento de este tipo de estructuras. Esa penetración social hizo que durante muchos años fueron capaces de canalizar y encapsular el conflicto social, transformando lo que pudiera haber sido lucha de clases revolucionaria, en competencia democrática mediante el voto.

De modo que, dada la importancia y magnitud del papel que han desempeñado los partidos políticos en Venezuela, se les reconoce comúnmente como los forjadores y principales sostenedores de nuestra moderna democracia, es decir, de la democracia representativa que transcurre en los treinta años que van desde 1958 hasta 1988.

A partir de 1958, valiéndose de sus múltiples funciones, los partidos políticos venezolanos fueron los artífices del consenso básico en torno a unas "reglas de juego", comúnmente aceptadas, que fue imprescindible para el mantenimiento de una democracia.

Pero, al mismo tiempo, como ya he indicado, no faltan quienes los consideran responsables de gran parte de los males que afectan a nuestro sistema político e, incluso, al conjunto de nuestra sociedad. Así, se ha afirmado que nuestra democracia ha degenerado en una "partidocracia", pues "ha dejado de ser el gobierno del pueblo y para el pueblo y se ha convertido en un gobierno, no sólo de los partidos, sino para los partidos" (Brewer 1985: 57); y no sólo se llega a considerar a los partidos políticos como los responsables de la crisis política e institucional del Estado venezolano sino que se les acusa de haber usurpado funciones propias de la sociedad civil y de ahogar sus iniciativas y posibilidades de libre desenvolvimiento (Brewer 1988).

2. Los objetivos y las prioridades: masas vs. minorías

El régimen democrático que se instaura en Venezuela en 1958 nació muy marcado por el recuerdo de la experiencia traumática que supuso el fracaso del trienio 1945-1948, que trajo consigo casi diez años de dictadura, y tuvo el firme propósito de evitar los errores y deficiencias de aquel ensayo fallido.

El objetivo prioritario que se propusieron los líderes de los partidos democráticos fue instaurar un sistema democrático en el que se aseguraba que el gobierno elegido por el voto de la mayoría *no fuera derrocado por un golpe militar de derecha o por una insurrección de izquierda* (las dos amenazas inmediatas al nuevo régimen, durante los dos primeros gobiernos electos (1959-1969), y que cumpliera su mandato para ser *sustituido*, cuando éste terminara, por *otro gobierno igualmente elegido*. Este objetivo fue considerado absolutamente prioritario, en el sentido que si entraba en conflicto con otros objetivos, también deseables, era necesario sacrificar temporalmente éstos a cambio de garantizar la satisfacción aquél.

Pero, además de satisfacer el objeto prioritario, se planteaban otros importantes objetivos, como eran extender los valores de la igualdad propios de la democracia, no sólo a la esfera política sino también a la económica y social, de manera que la democracia no fuera "puramente formal". De tal manera que se aspiraba a extender progresivamente la participación de los ciudadanos en la toma de decisiones públicas. En lo económico y social se aspiraba a una incorporación creciente del conjunto de la población a los beneficios del desarrollo y a una continua disminución de las desiguales existentes en esas esferas, mediante un modelo de desarrollo que hiciera posible simultáneamente el crecimiento y la distribución y en el cual el Estado asumiera un papel clave como impulsor del proceso y como distribuidor de sus beneficios, de acuerdo a criterios de justicia y equidad.

El modelo de desarrollo adoptado por Venezuela, y compartido por los principales actores políticos y sociales, constaba de dos componentes esenciales: 1) la idea de *crecimiento*, entendida como un aumento progresivo del conjunto de bienes, servicios y posibilidades de todas clases de que dispone la sociedad ("aumento del tamaño del pastel"), y 2) de otro lado, la idea de *distribución*, entendida como incorporación y participación progresiva de todos los sectores en esos beneficios ("reparto progresivamente equitativo de los pedazos del pastel").

Pero el aspecto más digno de resaltar del modelo de desarrollo venezolano y que explica el que durante años fue considerado, dentro y fuera de Venezuela, como notablemente exitoso, fue su carácter democrático, en lo relativo a su contenido. Pues frente a los modelos desarrollistas de los gobiernos dictatoriales o autoritarios prevalentes en América Latina, que sacrificaban la *redistribución*, que quedaba relegada a un futuro incierto, frente a las necesidades inmediatas del *crecimiento*, el modelo de desarrollo venezolanos, por ser democrático, era capaz de proporcionar satisfacciones parciales pero progresivas a las necesidades populares, generando la confianza de que en el futuros, a medida que avanzara el proceso general de desarrollo, aumentarían, también paulatina pero permanentemente, la satisfacción e incorporación a sus beneficios de todas la población, disminuyendo progresivamente las desigualdades.

El carácter democrático del régimen político se preocupaba por satisfacer las necesidades populares más urgentes y apremiantes desde el presente, pero además generaba la confianza de que en el futuro, con el avance de proceso de desarrollo y al aumentar el crecimiento, se incrementaría, también progresivamente, la incorporación de la mayoría al disfrute de sus beneficios, disminuyendo las desigualdades aun existentes. De modo que la que la confianza de las masas en los mecanismo democráticos, principalmente en la competencia electoral entre partidos, como garantía de la distribución de los beneficios del desarrollo, fue esencial para el mantenimiento, durante años, la estabilidad del sistema político.

Para lograr este objetivo se necesitaba satisfacer dos exigencias políticas hasta cierto punto contradictorias: por un lado, había que mantener la confianza de la mayoría de la población en que los mecanismo de la democracia representativa eran el medio más idóneo para satisfacer sus deseos de libertad, justicia y bienestar; y, por otro lado, había que garantizar a ciertos sectores minoritarios, pero poderosos, que sus intereses fundamentales no se verían afectados por la aplicación de la regla de la mayoría para la toma de las decisiones políticas públicas.

Los principales líderes de los partidos políticos estaban convencidos de que la democracia representativa era la forma de gobierno preferible a las otras, no sólo por razones de ética política, sino también por argumentos utilitarios. Pensaban que su superior valor no se debía sólo a los controles y a las limitaciones que sus instituciones imponían al poder gubernamental, que aseguraban la libertad y el respeto a los derechos humanos, sino también por ser el instrumento más adecuado para la satisfacción de los deseos y aspiraciones populares de justicia y bienestar. Pues creían que la libre competencia electoral entre partidos responsables era la forma más confiable para que el gobierno que resultase en las elecciones, se preocupase por el bienestar de la mayoría de la población y cumpliese con sus promesas y ofertas electorales, no sólo por un deber de ética política, sino también por razones puramente utilitarias, pues de no hacerlo sería castigado por los electores en los próximas elecciones.

Los líderes políticos tenían clara conciencia de que la preservación del nuevo régimen iba a depender de su capacidad para lograr que la mayoría de la población mantuviera su confianza en la efectividad de los mecanismos de la democracia representativa y en la capacidad de los partidos políticos y de los líderes para satisfacer las demandas populares y para lograr una mayor y progresiva incorporación a los beneficios del desarrollo.

Pero junto a la necesidad de satisfacer las necesidades de la mayoría, el otro problema que se planteaba en Venezuela, hasta convertirse en obsesivo, era cómo lograr la aceptación del nuevo régimen, que no se consideraba sólidamente asentado, por parte de grupos y sectores diversos, minoritarios pero poderosos, de los que se sospechaba que su fe en las bondades de la reglas de juego democráticas no era suficientemente sincera, o que, en todo caso, podía sufrir una rápida y seria erosión si los resultados de su funcionamiento les pudiera perjudicar seriamente. Se trataba de sectores importantes de los militares, de la Iglesia y de los empresarios, muchos de cuyos miembros desconfiaban de AD y particularmente de Betancourt, pues tenían muy presente la experiencia del trienio 1945-48.

Se trataba de lograr un difícil equilibrio entre esos dos objetivos que, sobre todo a corto plazo, podían entrar en contradicción.

Todo sistema democrático requiere, para poder funcionar normalmente, de un mínimo de apoyos de sus habitantes, apoyo cuya importancia no es solo cuantitativa (en cuanto a su número), sino también cualitativa, pues depende del poder —sea económico o de cualquier otro tipo— de quienes le prestan su apoyo.

De modo que un gobierno democrático puede ser derrocado si no logra un apoyo de una cierta cantidad y de ciertas categorías de la población. Pero también puede serlo, aunque sea apoyado por una mayoría, si se enfrenta a una agresiva oposición de una minoría o de una suma de minorías lo suficientemente poderosas. El derrocamiento del gobierno de Rómulo Gallegos, en 1948, es un ejemplo de este segundo tipo.

Es difícil calcular para un caso concreto, cuál es la cantidad y la calidad de los apoyos de los que, en cada momento, goza un gobierno, y más difícil, todavía, es determinar cuál es el monto mínimo de apoyos que necesita para poder funcionar normalmente, sin el peligro de ser derrocado. En un país con una larga tradición democrática, cuyas instituciones gubernamentales están sólidamente arraigadas, puede suponerse que en tiempos normales los gobernantes que han sido elegidos por el voto gozan de los apoyos mínimos necesarios para no ser derrocados, y no tienen que preocuparse mayormente por procurárselos. Pero en una situación como la de Venezuela en 1958 y en los años inmediatamente subsiguientes, la incertidumbre acerca del estado de esas dos variables (el monto de los apoyos de los que disponía el gobierno en cada instante y la cantidad mínima que necesitaba para poder funcionar sin peligro de ser derrocado) se convertían en una fuente permanente de angustia y en una preocupación obsesiva del gobierno, que debía tratar día a día, casi a cada instante, si no de aumentar, por lo menos de no perder los apoyos, por el peligro siempre presente de poder ser en cualquier momento derrocado. Quienes vivimos en Venezuela en aquellos tiempos podemos recordar el júbilo con que el gobierno de Betancourt celebró en enero de 1960 su primer año en el poder, ¡pues por primera vez en la historia de Venezuela un gobierno elegido por sufragio universal directo y secreto lograba mantenerse durante todo un año en el poder sin ser derrocado! (el de Rómulo Gallegos sólo había llegado a durar nueve meses).

Es evidente que en condiciones de incertidumbre, como las que hemos descrito, la posibilidad de desarrollar obras gubernamentales se restringen notablemente. El gobierno tendrá que posponer algunos de los objetivos que no considere prioritario, de manera que no tratará de maximizar algunos de los valores asociados a la democracia, tales como la igualdad o la participación ciudadana, pues los intentos de maximizar este tipo de valores podrían llevar a una disminución radical de las probabilidades de que la democracia representativa se mantenga, como consecuencia de eventuales acciones desestabilizadoras de los grupos minoritario poderosos que pueden ver amenazados sus interese vitales fundamentales, por el desarrollo de las acciones gubernamentales.

Pero también sería un grave error que el gobierno, preocupado sólo o principalmente por los posibles peligros que pueden resultar de la eventual oposición de estos grupos poderosos, atendiera de manera privilegiada las demandas de éstos, y pospusiera indefinidamente los objetivos de bienestar de la mayoría de la población, porque en tal caso la quiebra de la democracia representativa se puede producir por falta de apoyo popular, como resultado de la pérdida de su confianza en el gobierno democrático como un instrumento eficaz para satisfacer las aspiraciones de la mayoría, confianza que es esencial para el mantenimiento del régimen.

De manera que frente a los desafíos de a Revolución Cubana y la amenaza de la insurrección de la izquierda, de los primeros años de nuestra democracia, era absolutamente necesario aplacar de inmediato las más urgentes y apremiantes necesidades y demandas populares. Pero, por otra parte, había que mantener viva la esperanza de las mayorías y su confianza en el compromiso gubernamental de ir extendiendo progresivamente la democracia, haciéndola más participativa, disminuyendo las desigualdades y mejorando el bienestar de la mayoría de la población.

La confianza del pueblo en el modelo de desarrollo democrático, su creencia en que, por medio del mismo, sus posibilidades de progreso y de bienestar eran prácticamente ilimitadas, fue una de las característica más resaltantes de la Venezuela en las primeras dos décadas que explican el fuerte arraigo en que los venezolanos llegaron a tener a la democracia representativa.

Conscientes de los errores que ocasionaron el fracaso de intento de instaurar una democracia de masas durante el trienio 1945-48, los líderes de los partidos consideraron que era esencial desarrollar un sistema de partidos en el que se *excluyera el conflicto antagónico* entre sus principales componentes (véase, para más detalles, Rey 1972, Levine 1973). Pero para que todo no quedara reducido a un simple acuerdo efímero y temporal entre partidos, como habían sido las llamadas *fusiones* de partidos, típicas en nuestro del siglo XIX, se propusieron crear unas "reglas de juego" permanentes, que proporcionasen una verdadera *constitución*, tomando este término en un sentido material y no meramente formal. Es decir, se trataba de lograr una amplio consenso entre los principales actores políticos y sociales (los "factores reales de poder", según los términos usados por Lassalle ([1862] 1984), en torno a unas reglas de juego básicas del orden político, que permitiera a los gobiernos elegidos por el voto de la mayoría contar con el apoyo moral y/o material necesario para no ser derrocado y para poder movilizar con éxito el conjunto de recurso sociales y colectivos necesarios para hacer efectivas sus decisiones.

Los principales actores políticos eran los partidos políticos, pero también había que tomar en cuento a los actores sociales, principalmente los militares, la Iglesia, los empresarios y los trabajadores. Todos ellos iban a ser incorporados a través de lo que he llamado (contraponiéndolo al *sistema populista de movilización de masas*, que ya hemos visto) un *sistema populista de conciliación de élites*, al que enseguida nos vamos a referir con más detalle (Rey 1976)

3. *Los mecanismos utilitarios para crear consenso*

Para entender el sistema político venezolano que se desarrolla a partir de 1958, es indispensable estudiar el *sistema de partidos*, que ha sido fundamental para el funcionamiento de la democracia representativa, pero no es menos necesario analizar otro sistema de participación política y de toma de decisiones públicas, distinto y paralelo al de partidos, de carácter semicorporativo, por tanto no democrático, que he denominado *sistema populista de conciliación de élites*. Este otro sistema será objeto de la próxima sección, en tanto que en la presente trataré de ver la naturaleza de los mecanismos de los que el sistema de partidos se ha servido para asegurar la responsabilidad política de los gobiernos democráticos.

La primera cuestión que se nos plantea es cómo pudo ser que el régimen democrático, cuya instauración fue imposible durante el trienio 1945-48, se haya podido implantar con éxito a partir de 1958. Muchos se mostraron escépticos sobre tal posibilidad.

Así, los estudios sociológicos sobre *Cambio político*, realizados en Venezuela por el CENDES y el MIT, en la década de los 60, eran muy pesimistas acerca de la capacidad de funcionamiento efectivo del sistema democrático, pues a partir de la hipótesis de la existencia de una *heterogeneidad cultural* y *social* y de la diversidad de valores y de orientaciones normativas presentes en la sociedad venezolana, concluían en que era inevitable una falta de acuerdo, y que sería imposible conseguir un consenso para llevar a cabo políticas relativamente permanentes y de largo alcance[41].

Pero estos estudios, que se basaban en masivas encuestas de opinión, no tomaron en cuenta para nada informaciones institucionales muy importantes; y no se percataron de los importantes cambios culturales que, como resultado del relativo desarrollo de los últimos diez años, se habían producido en los partidos políticos venezolanos. Así, por ejemplo, frente al COPEI del trienio, refugio en buena parte de antiguos lopecista y gomecistas, que veían en los adecos a comunistas solapados, con los cuales cualquier acuerdo era imposible, ahora era cada vez más frecuente encontrar entre los socialcristianos, a jóvenes universitarios de clase media urbana, influidos por las ideas de las corrientes más progresistas de la democracia cristiana, para quienes no eran ajenas muchos de los ideales políticos de Acción Democrática, de manera que se abría una amplia gama de temas en que los acuerdos o los compromisos eran posibles. Y recíprocamente, por su parte AD, escarmentada del sectarismo y del ideologismo extremo, podría ver en los copeyanos no ya a unos conspiradores dispuestos a terminar con la democracia, sino personas interesadas en su conservación y en propiciar cambios para su mejora y extensión. De manera que, aunque subsistían importantes diferencias entre los partidos en sus ideologías y valores políticos, que hacían imposible que sobre muchos asuntos se lograra una decisión unánime que fuera la expresión de una totalidad homogeneidad de puntos de vista, sí eran factibles negociaciones o transacciones sobre diversos temas, pues existan algunos puntos comunes que podían proporcionar las bases para posibles acuerdos en los que cada parte renunciara a sus máximas preferencias para lograr compromisos preferibles al mantenimiento del conflicto.

---

41 Los estudios a los que me refiero son: Bonilla y Silva Michelena (eds.) (1967); Silva Michelena (1970) y Bonilla (1972).

3Pero el aspecto más importante que los estudios del CENDES-MIT no tuvieron en cuenta, fue que el consenso requerido para el funcionamiento de un sistema político podía ser el resultado –como Levine (1973) puso de relieve– no ya de una comunidad de valores y orientaciones normativas, sino del funcionamiento de mecanismos utilitarios políticos creados expresamente con este propósito por los partidos (Rey 1989a: 258-259 y 269-271).

Existen claros indicios de que el sistema político venezolano desarrolló a partir de 1958, mecanismos utilitarios que jugaron un papel central en la generación de apoyos al régimen democrático, y que con el transcurso del tiempo fueron claves para la estabilidad del sistema. Tenemos evidencia empírica, por ejemplo, sobre la orientación *clientel*ar con respecto a los mecanismos electorales y hacia los partidos que tenían especialmente los votantes de las clases bajas (Martz y Baloyra 1976), lo cual no significa que las otras clases no se caractericen también por un orientación instrumental y utilitaria, pero en el caso de las clases medias y superiores tal orientación parecía dirigirse preferentemente a otros aspectos o componentes del sistema político, y especialmente hacia el *sistema populista de conciliación*, al que más tarde me referiré, pues es en ese otro sistema donde esos sectores iban a tener una representación y participación privilegiada. Otro índice es el carácter cada vez más pragmático y menos ideológico de los principales partidos políticos y la semejanza entre los contenidos y prioridades de sus programas electorales, que se orientaron a satisfacer las preferencias concretas del votante medio. O también, las repetidas críticas a la ineficacia e ineficiencia de la acción gubernamental, al mal funcionamiento de la administración publica y de los servicios que prestaba, temas que se convirtieron en centrales en los debates electorales a partir de 1968, y que sólo fueron superados en atención pública por el de la corrupción.

El hecho de que nuestra democracia se haya basado cada vez más y en forma explícita, en mecanismos de tipo utilitario, representaba un cambio de consideración en la cultura política que había prevalecido en el país pues, como hemos visto, desde el siglo XIX la opinión pública tendía a considerar sólo como legítimos los mecanismos de tipo normativo y veía con sospecha, cuando no con reprobación, los de orden utilitario (*vid. supra*, p. 36). Pero esto no quiere decir – hay que subrayarlo– que a partir de 1958 que se prescindiera en nuestro país de las consideraciones de tipo normativo para servir de apoyo a la democracia, pues subsisten, como tendremos ocasión de ver, pero son las razones utilitarias las que van a ocupar, cada vez más, un primer plano.

Vamos a examinar, a continuación, varios de estos mecanismos.

4. *Estado, partidos y distribución de la renta petrolera*

Como ya antes apuntábamos, un supuesto fundamental que sirvió de soporte a la democracia representativa que se instauró en 1958, y sin el cual no se podría explicar que subsistiera por tantos años, fue la confianza de la mayoría de los venezolanos en que la competencia electoral entre partidos era el instrumento más adecuado para que el gobierno fuera políticamente responsable, en el sentido de cumplir sus promesas y ofertas electorales, asegurando de esta manera la satisfacción de las aspiraciones de quienes lo habían elegido.

Sin duda, que la mayoría de los ciudadanos estimaba altamente a la democracia representativa, porque proporcionaba un conjunto procedimientos jurídico-institucionales para regular la forma de acceder al poder y establecía controles y limitaciones a la acción del gobierno, evitando de esta manera una tiranía. Pero la mayoría no se hubiesen contentado con una democracia puramente "formal", pues era considera como necesaria pero no suficiente.

Una larga tradición histórica y cultural, reforzada por las característica que el Estado venezolano había adquirido desde principios del siglo XX, como Estado "petrolero", llevaban a que se esperara un papel muy activo del gobierno venezolano como promotor del bienestar general, fundamentalmente en tanto que distribuidor de la renta petrolera.

Ya hemos señalado que en Venezuela, desde el siglo XIX, el débil desarrollo de la *sociedad civi*l y de la economía moderna, había llevado a que muchos vieran en la acción política una forma generalmente admisible de buscar provechos y beneficios personales, pues a través de ella podían acceder a los escasos resortes del endeble poder estatal existente, muchas veces al margen de toda institucionalidad. Se trataba de capturar del poder mediante la participación en una banda armada, que tomaba el nombre de partido político; o de recibir los dones paternalistas de quienes triunfaban en las contiendas civiles.

En el siglo XX, sobre todo a partir de la dictadura de Gómez, al crearse las bases del Estado moderno y aumentar los recursos de éste, como nunca se había visto antes, crecieron también, proporcionalmente, las posibilidades de distribución de beneficios del Gobierno. López y Medina, como sucesores de Gómez, mantuvieron el papel central del Estado en la economía y en la vida nacional, del que se esperaba una importante función en la distribución de la renta petrolera, pero según criterios aun personalistas, autoritarios y paternalistas.

Cuando se instaura la democracia, ni la tradicional debilidad de la *sociedad civil,* ni los grandes recursos del Estado, frente a ella, se habían modificado en forma substancial, y también se mantuvo, en gran medida, la cultura política paternalista que llevaba a esperar de las autoridades la solución a los problemas de los particulares. Pero ahora se trataba de un régimen político realmente democrático, con partidos políticos que suelen calificarse despectivamente de "populistas", y que estaban convencidos de que en circunstancias de atraso y desigualdad social como las de Venezuela, la única forma de que subsistiera la democracia representativa era que mostrara su capacidad para satisfacer progresivamente las anhelos de bienestar de la mayoría de su población. Pero además, los líderes políticos de la democracia eran conscientes de que, dadas las extraordinarias y excepcionales condiciones de la riqueza petrolera de

Venezuela, este país tenía una oportunidad única de "sembrar el petróleo"[42] y avanzar en este proceso reduciendo al mínimo los conflictos sociales.

Cuando los líderes políticos de 1958, seguidos en esto por la mayoría de la población, optaron por la democracia representativa como la forma preferida de gobierno, no lo hicieron por una creencia ingenua de que por medio de la competencia electoral entre partidos, se iba a seleccionar a los gobernantes más sabios y virtuosos, sino porque creían que el gobierno que resultase de tal tipo de elecciones se iba a preocupar por el bienestar de la mayoría de la población y de cumplir con las promesas y ofertas que había hecho durante su campaña electoral, no sólo por un deber de ética política, sino sobre todo por razones puramente utilitarias: porque de no hacerlo sería "castigado" por los electores no votando por él en las próximas elecciones, y así perderían el poder.

Hay que subrayar que una de las mayores ventajas de la *democracia representativa*, frente a otras formas de gobierno, es que para funcionar adecuadamente no necesita basarse en unas virtudes extraordinarias o en una ética especial de los gobernantes (que, en caso de que existan, siempre serán bienvenidas), sino que bastaba suponer que éstos –los personas de los gobernantes y sus partidos– movidos por su simple interés racional y utilitario de conservar el poder, deberían cumplir con las ofertas y promesas hechas durante sus campañas electorales, porque de no hacerlo serán castigados por el electorado desalojándolos del poder en las próximas elecciones.

Con la democracia, el papel que venía desarrollando el Estado venezolano desde los tiempos de Gómez se desarrolló y fortaleció, hasta alcanzar dimensiones colosales, especialmente a partir de 1974, durante la primera presidencia de Carlos Andrés Pérez, hasta 1989 (*vid.* Brewer 1989), año en el que comenzó su segunda presidencia, en la quiso dar un vuelco radical, cambiando toda la tendencia anterior.

---

42 La consigna "sembrar el petróleo" fue un feliz hallazgo de Arturo Uslar Pietri, dado a la publicidad por primera vez el 4 de julio de 1936, como título de un editorial que apareció en la primera página del diario *Ahora* de Caracas. Sin embargo el pensamiento de Uslar en esta época era, desde el punto de vista económico, francamente atrasado pues estaba muy influido por la fisiocracia del siglo XVIII, para los cuales la única actividad generadora de riquezas para las naciones era la agricultura. Hay que recordar que con la idea de llevar a la práctica este tipo de ideas fisiócratas. Uslar fue, en 1938, uno de los fundadores del Partido Agrario Nacional. En cambio, Rómulo Betancourt en la quinta parte de su *libro Venezuela, política y petróleo* (1956: Caps. VI-XIV), usa la expresión *siembra del petróleo*, en una forma puramente metafórica, pues incluye en ella todas las actividades económicas, como por ejemplo, además de la agricultura, la industrialización, la vialidad e infraestructuras para comunicaciones, etc., pero también las políticas sociales, la sanidad y la educación.

El Estado venezolano a partir de 1958, ya sea en forma directa o indirecta, fue un factor clave para impulsar la economía, a través del gasto público o mediante regulaciones, protecciones y estímulos diversos de naturaleza fiscal[43]. Hay que tener en cuenta que el papel central desempeñado por el Estado venezolano fue muy facilitado no sólo por la cuantía de los ingresos petroleros de los que dispuso sino por la naturaleza peculiar de esos recursos. En efecto: el ingreso de origen petrolero es un excedente rentístico (renta de la tierra) que iba originalmente a manos del Estado, el cual lo distribuía, transfiriéndolo a los particulares, a través de mecanismos económicos diversos[44], en forma de beneficios para el capital privado y/o para el trabajo, y de salarios para este último (véase, Baptista 1980, 1985; Mommer 1985, 1988a, 1988b). El gasto público determinaba el nivel de ingresos y distribución del país, pues los recursos de origen petrolero permitían, a través de asignaciones del presupuesto estatal, promover, estimular y desarrollar la economía. Esos gastos podían ser invertidos en obras de infraestructura o en empresas públicas; o colocarse en manos de particulares para que estos los invirtieran, formalmente a título de préstamos, pero en la práctica frecuentemente como transferencias o donaciones. Además, el Estado podía llevar a cabo, simultáneamente, gastos sociales y políticas distributivas diversas.[45]

El hecho de que los recursos provinieran en abrumadora medida del sector externo petrolero, bajo el control y propiedad estatal, y no procedieran de exacciones o de impuestos internos, hizo posible financiar mediante el gasto público el desarrollo, sin que los *conflictos distributivos* en Venezuela adquirieran el carácter antagónico que fue característico de los conflictos r*edistributivos* en otros países, pues aquí no era necesario *quitar* a un sector social para *dar* a otro, de modo que en el caso venezolanos no se trataba en realidad de una *re*-distribución. Dada la naturaleza de estos recursos era posible aumentar su monto, y por tanto aumentar la cuantía de los gastos del Estado, sin que ello implicaría una pérdida para ninguno de los actores nacionales, pues todos ellos podían considerarse como sus beneficiarios potenciales, con lo cual las relaciones entre ellos, en lo que refiere a tal aumento, podían ser

---

43 Sobre el desarrollo del capitalismo de Estado venezolano, Bigler (1981) y Kelly de Escobar (1984); sobre su impulso a la industrialización, mediante ayudas a empresas privadas, Purroy (1986); sobre su impacto en la generación de empleo, Sabino (1988)

44 Entre tales mecanismos se encuentra el llamado gasto corriente, la sobrevaluación del bolívar (que permitía la importación ventajosa de todo tipo de bienes), las existencias de bajas tasas impositivas (de modo que cuanto el Estado realizaba gastos que beneficiaban a los particulares había una transferencia de recursos a favor de éstos) y las inversiones en estructuras diversas.

45 Sobre el gasto público, véase Kornblith y Maingón (1983); sobre la distribución interna de la renta petrolera, Nissen y Momer, coords. (1989); sobre los instrumentos políticos de tal distribución, España (1989); sobre los mecanismo a través de los cuales esa distribución beneficiaba a ciertos grupos económicos, Machado de Acedo, Plaza y Pacheco (1981)

cooperativas. Esto permitía conciliar los típicos antagonismos que en otros países han caracterizado a los procesos de desarrollo (me refiero a los antagonismos del tipo inversión *versus* consumo, acumulación *versus* redistribución, etc.).

Esencial para la conservación de la democracia venezolana iba a ser el mantener la confianza de la mayoría de la población en que la competencia electoral entre partidos era el procedimiento adecuado para que la población satisficiera, así fuera sólo paulatinamente, sus aspiraciones al mejoramiento y al progreso, tanto colectivo como personal. De modo que, como vamos a ver, incluso en los momentos en que la mayoría de la población tuvo muy mala opinión sobre sus gobernantes, y consideró que los partidos y los políticos profesionales eran muy corruptos; y pese a que se declaró frustrada por su incapacidad de influir sobre sus gobiernos, sin embargo continuó confiando en que los mecanismos utilitarios de la competencia electoral entre partidos, propios de la democracia representativa, eran los procedimientos adecuados para solucionar los grandes problemas del país.

Pero ya en una intervención pública en febrero de 1981, apenas seis meses antes de su fallecimiento, Betancourt era muy consciente de la grave crisis político-económica del país, que entonces apenas estaba empezando a manifestarse, y la atribuía a la "falta de fe que se ha extendido por todo el país". Según su certero diagnóstico, tal crisis se debía, fundamentalmente, a "[u]na falta de confianza en el régimen democrático [...]" (Betancourt 2006: 443). Durante las dos décadas que siguieron a su muerte la crisis de la democracia representativa venezolana no hizo sino agravarse, hasta llegar a la situación de quiebra total.

Sin embargo, aunque durante mucho tiempo hubo un acuerdo mayoritario, fundamentalmente entre los principales partidos políticos, que fue aceptado por los principales actores económicos y sociales, sobre los supuestos básicos del funcionamiento de la democracia representativa venezolana. no faltaron quienes desde el principio, en 1958, los rechazaron. Por una lado, una derecha empresarial liberal, que defendía un pensamiento que durante más de treinta de años fue absolutamente minoritario en Venezuela, pero que con los años se fue extendiendo, hasta llegar a orientar la política gubernamental, durante la segunda presidencia de Carlos Andrés Pérez (1989-1993). Esta corriente ideológica, no podía aceptar una democracia estatista, pues creía que tarde o temprano conduciría al comunismo, y rechazaba a los partidos llamados "populistas", en los que veían una vocación totalitaria y a los que consideraban corruptos y corruptores de los trabajadores, además de ser ineficaces desde el punto de cita administrativo.

Pero los supuestos para el desarrollo de la democracia representativa venezolana eran también rechazados, aunque desde un punto de vista radicalmente distinto, por los que profesaban un marxismo radical, para el cual mientras subsistieran en Venezuela las estructuras económicas y sociales propias del capitalismo, y por consiguiente la explotación de clases, sería totalmente imposible que los mecanismos electorales se convirtieran en un instrumento efectivo para satisfacer las aspiraciones reales de la mayoría, que siempre se verían frustradas. De modo que aunque en ocasiones estuvieran dispuestos a buscar alianzas tácticas ocasionales con los partidos populistas, veían esencialmente en tales partidos un instrumento creado para engañar y manipular a los trabajadores sembrando en ellos falsas esperanzas de liberación.

Contra las dos tendencias a las que acabo de referirme, los partidos políticos venezolanos lograron que prevaleciera en la mayoría de la población, la confianza en la democracia representativa. Pero para ello fue necesario proporcionar a las minorías poderosas garantías de que sus intereses fundamentales no serían amenazados por las decisiones de las mayorías, lo cual significó –como vamos a ver en las secciones siguientes– que los partidos políticos estuvieron dispuestos a introducir correctivos e incluso distorsiones en los principios estrictamente democráticos de gobierno, pero que se pensaba que iban a ser únicamente excepcionales y temporales, pues sólo durarían mientras no desaparecieran los peligros que desde 1958 amenazaban a la democracia venezolana.

5. El rechazo de la "regla de la mayoría"

Hemos visto que en el periodo 1945-48 el sistema de partidos existente en Venezuela, al que he denominado "sistema populista de movilización de masas", se caracterizó por la exacerbación del antagonismo ideológico entre sus integrantes, así como por la existencia de un partido hegemónico, abrumadoramente mayoritario, AD, que desarrolló un estilo político sectario y excluyente, que llevó a los partidos minoritarios a sentir amenazada su existencia y a desconocer la legitimidad de las "reglas de juego" del nuevo sistema, pues no consideraban que las decisiones del partido mayoritario fueran legítimas y moralmente vinculantes. Pero a falta de una solución normativa al problema de construir un orden político, se hubiera podía tratar de buscar una solución de tipo utilitario al propio de construir un orden político estable, que es lo que se logró a partir 1958.

Sin embargo, el que las minorías poderosas aceptaran la "regla de la mayoría" para la toma de decisiones políticas obligatorias para toda la comunidad, no resultaba fácil desde un punto de vista puramente utilitario. Fue esta dificultad la que llevó a los partidos políticos venezolanos a establecer, a partir de 1958, que para ciertas decisiones se iban a emplear unas "reglas de juego" distintas a la de la simple mayoría, por medio lo que he llamado un "sistema populista de conciliación de élites", que pudieran ser aceptadas por los principales actores políticos y sociales. Para ello no se vaciló en establecer ciertas limitaciones a los valores típicamente democráticos y, en particular, a la adopción de la "regla de la mayoría" para la toma de decisiones públicas. Para explicar lo que sucedió son necesarias algunas consideraciones teórica previas.

En general, el que los distintos actores sociales acepten adoptar la "regla de la mayoría" para la toma de decisiones colectivas obligatorias, se justificaría en virtud de su puro valor normativo siempre que se den un conjunto de supuestos muy exigentes, como, por ejemplo, aquellos de los que partía Rousseau[46], pero ante la falta de una comunidad sustantiva de valores entre los ciudadanos y la existencia de partidos, hay que explorar cuáles son las condiciones en que un actor racional, desde un punto de vista puramente utilitario, aceptaría como obligatoria esa regla de la mayoría para tomar las decisiones colectivas.

Desde el punto de vista de la *teoría de la decisión racional*, la "regla de la mayoría" para tomar decisiones colectivas, sería aceptable para todos los actores racionales en aquellas situaciones en las que cada actor calcula que con motivo de las decisiones que habrá que tomar en el futuro todas las coaliciones de votantes son igualmente posibles, y que, por tanto, todos los actores tienen igual probabilidad de formar parte de las coaliciones mayoritarias que resultarán ganadoras. Pero si existen coaliciones poderosas y permanentes de votantes, de modo que la adopción de la regla de la mayoría significaría convertir a algunos actores en perpetuos ganadores y a otros en enteros perdedores, estos últimos se mostraran reluctantes a aceptar tal regla (véase Rey 1992: 38-40).

En general, el análisis político histórico y comparado muestra que en una sociedad caracterizada por marcadas fragmentaciones étnicas, socio-económicas o culturales, en las que se puede prever que a partir de dicha fragmentación se formarán coaliciones políticas mayoritarias permanentes, las minorías no estarán dispuestas a aceptar como obligatoria la regla de la mayoría. Y lo mismo tiende a ocurrir cuando existe un gran partido dominante o hegemónico que agrega de manera permanente a una mayoría de votantes, formada por una suma de diversos intereses especiales. En condiciones como éstas, en que hay partidos o grupos minoritarios que están condenados a ser perpetuos perdedores, es difícil que éstos aceptasen la regla de la mayoría para la toma de decisiones, especialmente cuando no se cree que tal regla tenga ninguna virtud normativa especial[47].

En aquellos casos en que los sectores minoritarios pero poderosos, temen que sus intereses pueden verse gravemente perjudicados por la adopción de la regla de la mayoría, una posible solución, de tipo utilitario, consiste en la instauración de una forma de *gobierno mixto*, de manera que junto a la regla de la mayoría para cierto tipo de decisiones, se adopta parcialmente, para otras, la regla de la

---

46   Recuérdese que, según Rousseau, para que la decisión alcanzada mediante el voto de la mayoría fuese un expresión la *voluntad general* y no una simple agregación de intereses particulares, eran necesarias al menos dos condiciones: que todos los ciudadanos, en el momento de emitir sus votos, lo hicieran buscando lo más conveniente para el Estado y la Sociedad en su conjunto, y no procurando su provecho particular y privado; y que estuviesen prohibidos los partidos, entendidos como la concertaciones entre intereses partido para tratar de imponer su común interés faccioso, de forma que cada ciudadano, al tomar su decisión, lo haga individualmente, sin inadmisibles concertaciones. Sólo en tales condiciones la decisión de la mayoría, en cuanto auténtica expresión de la voluntad general, de naturaleza ética, no sólo es obligatoria *jurídicamente*, sino también *moralmente* (*vid. supra*, p. 30).

47   En sentido parecido, Buchanan y Tullock (1962: 78–80) y Ragowski (1974).

unanimidad en favor de esos sectores minoritarios, reconociendo a éstos un derecho de veto sobre aquellas decisiones que afectan sus intereses vitales. De esta manera algún tipo de *gobierno mixto* va a ser un recurso posible cuando la democracia representativa de masas se vuelve inviable, pero el prestigio adquirido por la palabra *democracia* hace que se trate de ocultar que, en tales casos, la nueva realidad política que resulta ya no es una democracia pura y simple. Aunque en teoría se siga proclamando que la soberanía reside en el pueblo, se debilitan los componentes democráticos de gobierno, lo cual es una de las razones de la crisis de la democracia representativa. Esto es lo que ocurre en Venezuela después de 1958, a través de un largo proceso, cuyos detalles enseguida examinaremos,.

Otra posible solución consiste en establecer sistemas de toma de decisiones especializados, fragmentados o segmentados, para los distintos tipos de decisiones, dándoles en cada uno de ellos una participación y representación privilegiada, frecuentemente de naturaleza semicorporativa, a diversos intereses poderosos especiales. Como vamos a ver ambos tipos de soluciones se adoptaron en Venezuela.

6. *Un Sistema Populista de Conciliación de Élites*

Hemos visto que la viabilidad de la democracia venezolana iba a depender, en una gran parte, de la capacidad de los mecanismos democráticos (fundamentalmente de las elecciones y del sistema de partidos), para satisfacer las aspiraciones del pueblo. Pero al lado de esos mecanismos democráticos, se creó otro complejo sistema, no sólo *no democrático* sino frecuentemente *antidemocrático*, pues concedía una participación privilegiada en ciertas decisiones públicas a algunas minorías, lo cual sirvió para asegurar el respaldo de tales minorías que podían sentirse afectadas negativamente en sus intereses fundamentales por una decisión tomada por la mayoría.

He propuesto llamar a este dispositivo *"Sistema Populista de Conciliación de Élites"*[48]. Se trata de un sistema que originalmente fue creación de los partidos políticos, que al principio desempeñaron un papel muy importante en su funcionamiento, pero que llego a adquirir una vida independiente de ellos, dotada de un dinamismo propio.

Ya desde 1958 el Gobierno adoptó la regla de que para todas las decisiones importantes era necesaria la consulta previa con los actores políticos y sociales considerados fundamentales, concediéndoseles, incluso, el derecho de veto sobre las decisiones que afectaran a sus intereses esenciales o vitales. No se trataba de una regla jurídica, sino de una pauta normativa de la cultura política que en la mayoría de los casos no estaba formalizada, ni era explícita, pero no por ello es menos efectiva, hasta el punto de que su violación podía privar de legitimidad a las decisiones que se tomen y crear graves problemas al Gobierno, en el extremo,

---

48   Sobre el significado de este concepto, véase Rey (1976:137-150; 1991a: 542-544)

la pérdida de apoyos por parte de sectores decisivos y, en casos particularmente graves, la amenaza de ser derrocado.

El *Pacto de Puntofijo* consagró formalmente, por escrito y expresamente esta regla para los tres principales partidos políticos (AD, COPEI y URD) (Rey 1972: 213–219); pero simultáneamente se desarrolló, durante la Presidencia de Rómulo Betancourt, un sistema no escrito, que incluía la consulta para las decisiones fundamentales a la Iglesia Católica, a través de su más alta jerarquía (Levine 1973: 62–144); a las Fuerzas Armadas, a través del Alto Mando Militar (Bigler 1974, 1981b; Schaposnik 1985); a los trabajadores, a través de la CTV[49]; y al empresariado, a través de Fedecámaras[50].

Si atendiéramos solamente a la Constitución escrita no podríamos entender cabalmente este sistema, pues las nuevas "reglas de juego" no se expresaban en el texto de la Constitución de 1961 (que, por lo demás, en buena medida se inspira en el de la Constitución de 1947), sino en un conjunto de reglas y arreglos institucionales, muchas veces no formalizados ni explícitos, que formaban lo que podríamos llamar la constitución informal, pero real (véase, Rey 1986b; Kornblith 1991). Se trataba de una peculiar cultura política y de un conjunto de reglas informales del juego político, cuyo objetivo básico era preservar el orden socio-político, en las condiciones peculiares de un país sin tradición democrática y con amenazas a su estabilidad procedentes tanto de la izquierda como de la derecha.

Lo que he llamado *"Sistema Populista de Conciliación de Élites"* estaba constituido por un *complejo sistema de negociación y acomodación de intereses heterogéneos, en el que los mecanismos de tipo utilitario iban a jugar un papel central en la generación de apoyos al régimen y, por consiguiente, en el mantenimiento del mismo.*

Mediante él se trataba de formar y mantener una gran coalición o alianza, en parte expresa y en parte tácita, de partidos políticos y grupos sociales diversos, heterogéneos y poderosos, basada en el *reconocimiento de la legitimidad de los intereses que abarcaba, tanto de la mayoría como de la minoría, y en la creación de un sistema de negociación, transacciones, compromisos y conciliaciones entre ellos,* de manera que todos pudieran ser satisfechos, así fuera parcialmente. Y se implantó un nuevo estilo político que con el fin de conseguir el orden político-social, sin desconocer ni dejar de utilizar para ello los mecanismos ideológicos-normativos o los coactivos (estos últimos dirigidos contra quienes no forman parte de la alianza y eran considerados abiertamente hostiles), hacía énfasis en los mecanismos utilitarios.

---

49 Sobre el movimiento sindical como actor corporativo, Febres (1984) y Salamanca (1982).

50 Sobre la organización del empresariado venezolano y su participación en el sistema de toma de decisiones del Estado, véase Gil Yépez (1974).

Ahora bien, aunque la participación corporativa de los actores fundamentales (Partidos, Iglesia, Militares, Sindicatos y Empresarios) y su eventual derecho al veto, podía ser viable en lo que se refiere a las decisiones políticas esenciales o básicas para el país, había una serie de decisiones día a día, relativamente menores y que afectaban más específicamente los intereses de ciertos sectores especiales, para las cuales ese sistema de consulta permanente resultaba imposible o poco práctico. La solución típica en tales casos, a la que ya antes nos referimos, fue la diferenciación estructural y organizativa de varios sectores especializados de toma de decisiones, mediante la segmentación o fragmentación y su descentralización funcional, asegurando en ellos la presencia y participación permanente y privilegiada de ciertos intereses especializados. Esto es lo que llevó a cabo mediante la proliferación de entes descentralizados y empresas de Estado (Bigler 1981, Kelly de Escobar 1984) y la creación de lo que se ha denominado un "sistema de planificación".[51]

Este "sistema" funcionaba a través de diversos mecanismos: consejos consultivos permanentes para políticas públicas diversas; consejos consultivos *ad hoc* para proyectos o leyes específicos; comités asesores a nivel de burocracia; representación de intereses privados en Institutos autónomos, entes descentralizados y empresas del Estado; fondos de administración de subsidios estatales, etc. (véase, Njaim 1973, 1975; y Combellas 1975). Pero todos ellos tenían en común –al igual que el sistema de entes descentralizados– el reconocer la presencia privilegiada de representantes de ciertos intereses privados especiales, que podrían ser particularmente afectados por ciertas políticas públicas, para que junto con representantes del Gobierno llevaran a cabo un diálogo y pudieran llegar a una concertación. Se trataba de un "sistema de planificación" concertada y de una maraña de entes descentralizados y empresas del Estado, en los que participaban, junto a representantes del gobierno, sectores empresariales y laborales, además de profesiones y gremios diversos.[52]

El desarrollo de este poderoso sistema semicorporativo no tenía un significado meramente *estatizante*, en el sentido de aumentar el control por parte del Estado sobre la *sociedad civil*, sino fundamentalmente *privatista*: es decir, que significaba una penetración y colonización por parte de intereses privados del ámbito de actividades propias del Estado. Así, por ejemplo, la proliferación de empresas del Estado y otros entes descentralizados dedicados a la actividad económica, no llevaba siempre necesariamente a un aumento del control estatal sobre el conjunto de la economía, sino frecuentemente a poner a disposición de los intereses privados capital de origen público.[53]

---

51   Sobre el significado del "sistema de planificación" y la importancia del "diálogo" y la "concertación" entre el Estado y el sector privado en la moderna democracia venezolana, consúltese, Friedman (1965); Blank (1973: Caps. 4, 8–9). Sobre la ideología de la planificación en Venezuela, Giordani (1986).

52   Para una descripción detallada de este sistema, véase Crisp (1997).

53   Sin embargo, véase una discusión sobre este problema en Bigler (1981).

El desarrollo de este tipo de sistema implicaba sustraer del área de las decisiones políticas centrales del Estado, sometida al control y a las influencias políticas directas de los partidos, un sector de toma de decisiones, asegurando que en esta esfera no intervinieran perturbaciones irracionales, molestas para esos intereses especiales; y significaba que un conjunto de importantes decisiones de naturaleza socioeconómica, quedaban al margen del control y del debate democrático y, por supuesto, al margen de la intervención de los partidos políticos, para tener lugar de acuerdo a criterios y argumentos supuestamente técnicos, en un escenario especializado y segregado en el que tienen una presencia permanente y privilegiada sectores o intereses especiales.

Esta representación corporativa y privilegiada, no se limitaba a los empresarios, sino que comprendía, también, a los trabajadores organizados –fundamentalmente representados a través de la CTV–, a sectores gremiales y profesionales diversos y en general a cualquier grupo con poder suficiente para convertirse en una fuente de apoyo importante para la preservación del régimen o, negativamente, en un eventual factor perturbador que pudiera significar una amenaza de desestabilización para el mismo. No puede desconocerse que en ocasiones llevó a una *incorporación* a beneficios económicos y sociales diversos a grupos anteriormente no participantes, que habían adquirido importancia social y política. Pero hay que subrayar que no se debe confundir, como muchas veces se ha hecho en Venezuela, la democracia con las formas de participación y de incorporación a las decisiones y beneficios del Estado, de carácter privilegiado, a través de mecanismos corporativos, que pretenden ostentar una representación virtual, no estrictamente democrática, de los diferentes sectores. El Manifiesto de Porlamar de la CTV o la Carta de Maracaibo de Fedecámaras, ambas de 1980, que pretendían ser intentos de una total reordenación de la democracia en el país pueden ser considerados ejemplos de tal confusión.

No puede dejar de señalarse, también, que desde los inicios del sistema democrático hubo corrientes de pensamiento que trataron de disminuir el alcance e importancia de la participación y representación democrática (especialmente la de los partidos) y quisieron fortalecer, en cambio, un sistema de tipo corporativo que sirviera de contrapeso a éstos. A tal corriente se debió la propuesta, durante elaboración de la Constitución de 1961, de hacer del Senado una cámara corporativa en la que estuvieran representadas las fuerzas vivas económicas, sociales y culturales; pero aunque la propuesta no llega a cristalizar, logró la inclusión del Artículo 109 de la Carta Magna, que sirvió para legitimar una política de concertación de tipo semicorporativo.

Quizá pueda parecer extraño que en un libro cuyo tema central son los partidos, le haya dedicado tanto espacio a resaltar la importancia de ese sistema no partidista. La razón de ello es que cuando cerramos los ojos ante su existencia, no podemos comprender el funcionamiento real del sistema político venezolano, y se tiende a sobreestimar la responsabilidad directa que tienen los partidos en la crisis de nuestra democracia, sin percatarse que buena parte de tal responsabilidad reside en el funcionamiento de un sector en que dichos partidos no influyen directamente. Es cierto que en el sistema semicorporativo venezolano que hemos descrito, aparecen frecuentemente, como representantes del Estado, nombrados por el Presidente de la República, miembros de los partidos políticos (véanse los datos en el libro de Crisp 1977); pero en la inmensa mayoría de los casos no se trata de políticos profesionales, que estén cumpliendo responsabilidades partidistas, sino que forman parte de lo que podríamos llamar una *burocracia* o *tecnocracia económica gubernamental* cuyo nombramiento no lo deben al partido, ante el cual no son responsables, sino al Presidente de la República. Como veremos especialmente en el capítulo final de este libro, se trata de un sistema que está bajo la absoluta autoridad del Presidente de la República, y no del partido.

7. Del Pacto de Puntofijo al "puntofijismo"

El sistema de concertación resultaba mucho más explícito y notorio en su funcionamiento en el ámbito de los partidos políticos, verdaderos artífices del mismo, que se desarrolló a partir de *Pacto de Puntofijo*.

El deseo de los partidos políticos de asegurar un entendimiento entre todos ellos, que garantizara el funcionamiento del sistema y evitara los enfrentamientos caracterizados por relaciones de conflicto antagónico, como las del "trienio" 1945-48, llevó a la elaboración del llamado *Pacto de Puntofijo*, que constituye uno de los más notables ejemplos que cabe encontrar en sistema político alguno de formalización e institucionalización de una comunes "reglas de juego" entre los partidos políticos[54] y muestra, al propio tiempo, la lucidez de la élite de los políticos venezolanos. El *Pacto* fue suscrito por los máximos líderes de AD, URD y COPEI, y pocos días antes de las elecciones de 1958 fue complementado por un *Programa Mínimo Conjunto,* firmado por los candidatos presidenciales de los tres partidos[55].

De acuerdo con los términos del *Pacto*, se reconocía, en primer lugar, que la existencia de diversos partidos y las diferencias entre ellos podía ser perfectamente canalizadas "dentro de pautas de convivencia", de modo que no se considerasen como enemigos mutuamente irreconciliables, como había ocurrido en el "trienio", sino que se asegure "la inteligencia, mutuo respeto y cooperación". Esto implicaba la prohibición de utilizar ciertos medios o procedimientos y, en concreto, "la despersonalización del debate y la erradicación de la violencia interpartidista".

---

54 Pueden encontrase antecedentes, que quizá hayan podido influir en la elaboración del acuerdo venezolano, en algunas prácticas "consociacionalistas" de la política colombiana, aunque menos elaboradas y explícitas que nuestro Pacto (véase, Hartlyn 1993). Por otra parte, no cabe duda sobre la influencia que ejerció el Pacto venezolano sobre futuros acuerdos interpartidistas, tanto en América Latina como en España, que hicieron posible la transición desde la dictadura a la democracia.

55 Puede verse un excelente estudio sobre el contenido del *Pacto*, junto con el texto del mismo y del Programa mínimo *en* Suárez Figueroa (2006).

En segundo lugar, se reconocía que, por encima de las diferencias entre las distintos partidos, existían intereses comunes más importantes, que todos debían defender, los cuales se expresaban en un programa común y mínimo de gobierno, que "no excluye el derecho de las organizaciones políticas a defender otras puntos no comprendidos en él", pero que obligaba, por una parte, a que ningún partido de los que suscriben el Pacto "incluirá en su programa articular puntos contrarios a los comunes del programa mínimo" y, por otra parte, "la discusión pública de los puntos no comunes se mantendrá dentro de los límites de la tolerancia y del mutuo respeto".

En tercer lugar, puesto que por encima de las diferencias todos los partidos aceptaban y respetaban unas reglas de juego comunes, y como era fundamental su reconocimiento por todos, "todos los votos emitidos a favor de los las distintas candidaturas democráticas, serán considerados como votos unitarios y la suma de los votos por los distintos colore como una afirmación de la voluntad popular a favor del régimen constitucional y de la consolidación del Estado de Derecho".

En cuarto lugar, dado que Venezuela carecía de tradición respecto de un sistema de partidos basado en relaciones de *conflicto agonal*, resultaba conveniente "evitar una oposición sistemática que debilitaría el movimiento democrático", aunque fuera dentro de las normas aceptadas por todos y, con tal fin, todos los partidos se comprometían, cualquiera que fuera el ganador, a participar en un gobierno unitario sin predominio de ninguno de ellos en el Gabinete, "cuando menos por tanto tiempo como perduren los factores que amenazan el ensayo republicano iniciado el 23 de enero", es decir, hasta tanto no se hubieran consolidado plenamente las "reglas de juego". De modo que:

"Todas las organizaciones políticas están obligadas a actuar en defensa de las autoridades constitucionales en caso de intentarse producirse un golpe de Estado, aun cuando durante el transcurso de los cinco años las circunstancias de la autonomía que se reservan dichas organizaciones hayan podido colocar a cualquiera de ellas en la oposición legal y democrática al gobierno".

Se trataba de un intento de formalizar al máximo la reglas de juego político y de crear un sistema de partidos basado en relaciones de cooperación entre ellos que asegurara la defensa común frente a los enemigos existenciales o antagónicos (las fuerzas antidemocráticas) y que contribuyera a la "socialización" de los actores en el mutuo respeto y tolerancia, abriendo la posibilidad de que en el futuro pudieran mantener, con toda normalidad, relaciones de *conflicto agonal* (no antagónico).

Se excluía expresamente del Pacto al Partido Comunista, porque, como decía Betancourt, "la filosofía política comunista no se compagina con la estructura democrática del Estado venezolano" (Betancourt 1962: 16). En otros términos: se creía que el PCV no aceptaba con sinceridad las reglas de juego y, por consiguiente, respecto a él solo eran posibles relaciones antagónicas, que eran las propias con un enemigo existencial.

La vigencia formal del Pacto sólo abarcó el periodo constitucional del Presidente Betancourt, y se redujo a sólo dos partidos (AD y COPEI), pues URD decidió retirarse, al final del primer año, para pasar a ejercer una oposición democrática. Pero lo que podríamos llamar "el espíritu de Puntofijo" (o como lo llaman despectivamente sus adversario, el "puntofijismo"[56]), se mantuvo por décadas a través de otros pactos partidistas posteriores (como el de "Ancha Base"). Pero sobre todo, se mantuvo el acuerdo tácito de que ciertas decisiones fundamentales sólo pueden ser tomadas mediante el consenso de los principales partidos. Así, por ejemplo, según el llamado "pacto institucional" (pacto que nunca ha sido escrito, ni formalizado), los titulares de ciertos cargos públicos (como por ejemplo, el Presidente de ambas Cámaras del Congreso, el Fiscal General, el Contralor General, los miembros de la Corte Suprema de Justicia, el Presidente del Consejo Supremo Electoral, etc.) debían ser designados mediante acuerdo entre los principales partidos, sin que el mayoritario pueda imponer unilateralmente su voluntad. Lo mismo ocurría –más allá de tal pacto– para la toma de decisiones que afectaran los intereses vitales del país, como por ejemplo, las negociaciones con países vecinos en materia de límites fronterizos.

8.   *Importancia de los factores políticos y las distorsiones de la democracia*

Hay que rechazar la simplificación, que es frecuente tanto en autores venezolanos como extranjeros, de tratar de explicar el mantenimiento por tantos años de la democracia en nuestro país, exclusivamente por la existencia de recursos petroleros. Sin duda que éste es un factor que no se puede dejar de lado en tal explicación, pero es evidentemente insuficiente. En efecto, el análisis histórico y comparado revela que los países que son los mayores exportadores mundiales de petróleo no se han caracterizado por regímenes democráticos, y nuestra propia historia muestra que, aunque la explotación petrolera se intensificó desde la segunda década del siglo XX, sólo a partir de 1958 se logró instaurar una democracia que fue capaz de perdurar.

De modo que para explicar cabalmente como fue posible llegar a acuerdos entre grupos tan heterogéneos hay que acudir a variables y mecanismos estrictamente políticos, como son: la existencia de una mínima homogeneidad entre los actores; un número relativamente reducidos de grandes y sólidas organizaciones capaces de agregar y articular todos los intereses; y la existencia de líderes que gozaron de la autoridad y confianza de las masas. Veámoslo.

Un sistema como el *populista de conciliación*, basado en que las decisiones deben ser tomadas, si no por unanimidad al menos mediante la negociación y conciliación de intereses diversos, precisaba varias condiciones.

---

56   Últimamente algunos sectores políticos venezolanos acostumbran a hablar de *puntofijismo* para referirse al sistema de pactos, acuerdos y arreglos entre élites diversas, que caracteriza al régimen político que se inicia en 1958. El uso de este término implica la utilización de una sinécdoque: para designar el sistema total se utiliza el nombre de una de sus partes.

En primer lugar, requería un adecuado equilibro entre las demandas y los recursos de los que disponía. Esto se logró, por un lado, por el nivel relativamente bajo del que partían las demandas populares a la caída de Pérez Jiménez, y, del otro lado, por la estabilidad y abundancia de recursos de origen petrolero y el éxito de las políticas de desarrollo económico. Cuando el modelo de desarrolló empezó a experimentar dificultades y no pudo continuar creciendo, o cuando disminuyeron los ingresos petroleros; o también, cuando aumentó el número de demandas y se hicieron cada vez más complejas, se incrementarían las dificultades para que todas fueran satisfechas y se planteó la necesidad de excluir a una buena parte de los actores, que es lo que intentó hacer, sin éxito, Carlos Andrés Pérez durante su segunda Presidencia

En segundo lugar, pese a que se trataba de una coalición de intereses muy diversos, se requería no una total homogeneidad de valores o de intereses, pues esto era imposible, pero sí alguna base común entre ellos, de modo que fueran capaces de llegar a un mínimo acuerdo sobre unas reglas comunes, pero también a eventuales compromisos renunciando a sus aspiraciones máximas. Esto se lograba, por un lado, excluyendo de la coalición o alianza a aquellos actores –por ejemplo, a los comunistas– que no compartían los valores básicos de la democracia y cuya presencia sería incompatible con la de aquellos otros cuyo apoyo se considera imprescindible, por ejemplo, la Iglesia, las Fuerzas Armadas y los empresarios. Por otro lado, mediante un modelo de desarrollo dentro del cual los recursos del Estado originados en el sector petrolero externo, jugarán un papel clave, como ya hemos visto. Cuando llegó el momento de que los antiguos extremistas fueron incorporados al sistema –bajo la primera presidencia de Caldera– y cuando disminuyeron los ingresos petroleros y hubo que depender de impuesto u otros fuentes de ingresos internas, el conflicto entre los actores aumentó, amenazando con convertirse en un conflicto antagónico.

En tercer lugar, era necesario que existieran unas cuantas organizaciones (partidos políticos y grupos de presión) grandes y sólidas, capaces de agregar y articular intereses diversos y heterogéneos, y de sintetizar, elaborar, procesar y canalizar hasta los órganos encargados de las decisiones públicas, las distintas demandas sociales, a fin de que pudieran ser satisfechas, pues de otra manera había el peligro de que desbordaran el sistema político y no pudieran ser manejadas. La satisfacción de tales demandas, además de ser un compromiso ético de la democracia, se consideraba necesaria para generar apoyos directos al gobierno y, en última instancia, al régimen político democrático.

He hablado de "unas cuantas organizaciones", es decir, no muchas, pues si hubiera un número demasiado grande de actores, los "costos" de las necesarias negociaciones podría convertirse en prohibitivos y éstas serían imposibles (véanse los datos sobre la evolución del número de partidos, *infra*, Tabla 5), Sobre las vicisitudes de los partidos políticos y de los grupos de presión dependiente de ellos, más tarde me tendré que extender.

En cuarto lugar, se requería que en el interior de las organizaciones que acabamos de mencionar, se afirmara el principio de autoridad y libertad de maniobra para el líder, en tanto que se esperaba confianza y pasividad en las masas, de modo que los dirigentes pudieran tomas decisiones y eventualmente llegar a acuerdos que obligaran y comprometieran efectivamente a todos los que formaban parte de las organizaciones. Esto llevó a que las masas se acostumbraran a recibir los beneficios en forma de dones paternalistas y no como resultado de su propia organización y esfuerzo. Como vamos a ver, aunque el prestigio de los líderes políticos entre las personas ajenas a los partidos no era mucho, progresivamente fue descendiendo, hasta alcanzar niveles deplorables entre el gran público. Incluso llegó un momento en que los más importantes líderes tradicionales fueron desafiados por los militantes en el interior de sus propias organizaciones.

El satisfacer este conjunto de requerimientos –en especial los que he mencionado en el tercer y cuarto lugar– iba a llevar a que se instaurara en Venezuela una forma de "democracia" *hiperorganizada* y *elitista*, con serias fallas desde el punto de vista estrictamente democrático. Este sistema iba a generar progresivamente una tendencia desmovilizadora y antiparticipativa, cuando no autoritaria. Por un lado, se propugnó que todas las demandas sociales fueran canalizadas a través de unas pocas organizaciones (partidos políticos y grupos de interés) consideradas "confiables", pues se temía que de no ser así podían volverse incontrolables o inmanejables; de modo que se fortalecieron al máximo esas organizaciones supuestamente confiables, otorgándoles privilegios diversos e incluso insertándolas el sistema de decisiones del Estado a través de mecanismos de naturaleza semicorporativa. Simultáneamente, se desestimularon otras formas de participación distintas, que fueron vistas con recelo y sospecha, llegándose incluso, en ocasiones, a utilizar la represión contra ellas[57]. Por otra parte, en el interior de los partidos políticos y de los grupos de presión, se robusteció el liderazgo y se fomentó la pasividad de las masas, mediante una falta de democracia interna creciente.

Los rasgos negativos, que hemos señalado no se dieron plenamente desde el inicio del régimen democrático, sino que se manifestaron, más bien, como una tendencia progresiva. En todo caso, el sistema fue capaz de mantener por algunos quinquenios un nivel de satisfacción de las aspiraciones de la población y de mantener su confianza en la democracia representativa.

Durante ese tiempo, el papel principalísimo desempeñado por el Estado en el proceso desarrollo, la cuantía y la naturaleza de los recursos de los que ha dispuesto y, sobre todo, la actuación de los partidos políticos y de las organizaciones sociales controladas por ellos (v. gr. los sindicatos), hicieron posible que aquél se convirtiera en un amortiguador y atenuador de los conflictos sociales, que en vez de revestir la forma de lucha de clases, aparecían como

---

57   Véase, por ejemplo, la peculiar mezcla de clientelismo y patronazgo, por una lado, con represión, por otro, que se empleó en algunos momentos para asegurar el control de los "barrios", en Ray (1969).

demandas o disputas acerca de la distribución dirigidas al Estado, y en las que no resultaba infrecuente la colusión entre grupos o clases sociales que de acuerdo con la perspectiva marxistas debían considerarse como antagonistas.

En otras palabras: gracias a la acción distributiva del Estado, los posibles conflictos sociales eran encapsulados políticamente, por un lado, a través del sistema de partidos políticos y las elecciones; y, por otro lado, a través de los mecanismos de representación y participación semicorporativa, a los que ya me referí. De modo que las grandes diferencias socioeconómicas que existían no se expresaban en enfrentamientos políticos o en formas de votación o de militancia partidista.

II. EL COMPORTAMIENTO ELECTORAL

Aunque los partidos políticos venezolanos han desempeñado funciones que exceden en mucho las simplemente electorales, las de este tipo son, sin duda, esenciales en las democracias representativas, de manera que debemos prestar a esta cuestión la atención que merece, y examinar alguna información cuantitativa sobre el particular[58].

9. *Participación electoral: del entusiasmo a la desilusión*

Desde 1958, Venezuela disfrutó de una alta participación electoral, en la que muchos veían una manifestación del amor de nuestros ciudadanos a la democracia y de su alto espíritu cívico. Una importante autoridad electoral llegó incluso a afirmar, en 1985, que nuestro índice de abstención era el "más bajo del mundo", lo cual no era cierto (Rey 1989b: 13). Era verdad que nuestro índice de participación electoral en los cuatro primeros procesos nacionales (1958, 1963, 1968 y 1973) fue impresionante, pero ya para 1978 las abstenciones aumentaron en casi cuatro veces, y para este año nuestro país era, entre aquellos en que el voto era obligatorio y en los que se penalizaba la abstención con sanciones, el segundo con más baja participación electoral, sólo superado en el porcentaje de abstenciones por Grecia (Penniman 1980: xi).

En las posteriores elecciones nacionales del siglo XX la abstención aumentó muy sensiblemente, sobre todo a partir de 1993 (año en el que por primera vez se suprimieron las sanciones para el que no votara), pero sin llegar a los niveles que llegó a alcanzar en las elecciones municipales, que fue del 53,9 por ciento en 1995 y del 64,4% en 1999; o en las elecciones nacionales del 2000, que llegó al 76,5 por ciento de los inscritos.

Las posibles interpretaciones del significado de la abstención electoral dependen del significado que se le atribuya al acto de votar, y en esta materia caben dos posiciones extremos. Por un lado, de acuerdo con una venerable tradición republicana, que se puede remontar a Rousseau, el voto no es un

---

58 En lo que sigue resumo, extracto o amplío lo que ya he tratado en anteriores ensayos, Rey (1972: 208-230; 1989b: 27-66; 1990; 1994).

derecho que se reconozca en el interés privado del elector, sino que significa el ejercicio de una función pública, a través de la cual el votante emite su sincera opinión acerca del interés general o del bien común. De acuerdo a tal concepción, al dejar de votar no se está cumpliendo con un deber cívico fundamental, lo cual no sólo es muy reprobable desde un punto de vista ético, sino que puede justificar una sanción legal. Esta es la concepción que durante varios años fue "oficial" en Venezuela, hasta 1993, y en virtud de la cual se justificaban, las sanciones legales a la abstención electoral. A partir de ese año una reforma legal suprime las sanciones al que no vote, aunque se conserva el texto constitucional según el cual el voto es una función pública y se autoriza a la ley a fijar los límites y las condiciones en que su ejercicio será obligatorio (Artículo 110 de la Constitución de 1961)

Pero existe otra concepción, para la cual el voto es un acto instrumental y utilitario que se le reconoce al elector para su interés personal, de manera que no sólo puede utilizarlo de acuerdo a lo que juzgue que le conviene, sino que también es libre de no ejercerlo. De acuerdo a esta concepción la abstención no tiene en sí nada de reprobable. Es más, como el voto es considerado como un acto puramente instrumental, a través del cual el elector trata de influir en el resultado final de acuerdo de acuerdo a su interés personal, se produce lo que algunos politólogos han llamado "la paradoja del votante", pues dada la bajísima probabilidad de que un ciudadano individual modifique mediante su solo voto el ganador de la elección; dado, además, que los resultados de una elección pueden ser considerados "bienes públicos" (en el sentido de que inclusive las personas que no han votado no pueden ser privadas de los eventuales beneficios que de los resultados que de tal votación pueden derivarse); y teniendo en cuenta, por último, que el votar implica ciertos costos para el votante (molestias en la cola, pérdida de tiempo, etc.), la decisión que debe tomar un elector "racional" es abstenerse. De modo que el problema que hay que explicar no es el alto grado de abstención que se registra en muchos países democráticos, pues lo que resulta *paradójico*, mas bien, es el relativamente alto número de votantes que se da en algunos.

Tabla 3:
Abstención electoral
(1958-1988)

ELECCIÓN	PADRÓN ELECTORAL #	ABSTENCIÓN	
		absoluta #	relativa %
1958	2.913.801	191.748	6,6
1963	3.369.968	262.441	7,8
1968	4.134.928	135.311	3,3
1973	4.737.122	164.935	3,5
1978	6.223.903	775.103	12,5
1983	7.777.892	952.712	12,2
1988	9.185.647	1.660.887	18,1
1993	9.688.795	3.859.579	39,8
1998 [a]	10.991.482	4.470.863	45,6
1998 [b]	11.013.020	4.013.622	36,5

[a] Elección del 8 de noviembre de 1998 (para el Congreso)
[b] Elección del 6 de diciembre de 1998 (para Presidente)

FUENTE: Conejo Supremo Electoral (1987, 1993a, 1993b 1998)

Figura 1
% Abstención electoral
(1958-1998)

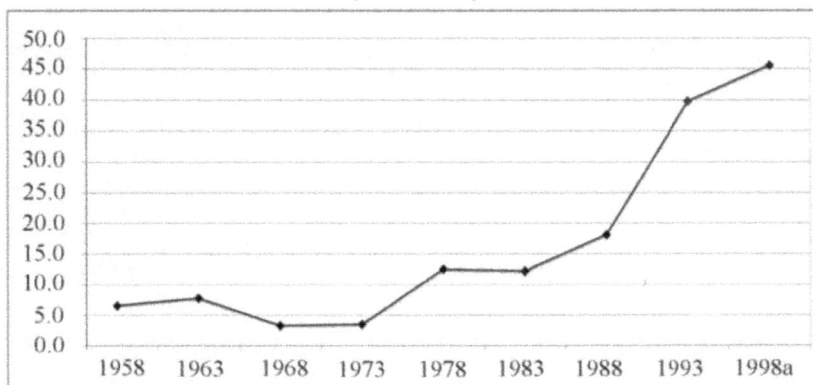

FUENTE: Elaboración propia a partir de los datos de la Tabla 3.

Se han propuesto varias alternativas para superar esta aparente paradoja[59]. Si el voto, en lugar de ser instrumental, fuera un acto *expresivo*[60], no estaría sujeto al cálculo de costos y beneficios que lleva a la abstención. Por otro lado, si además de tener un valor instrumental tuviera un valor de *consumo*, de modo que el votante derivara una satisfacción personal por el acto mismo de la participación, que sería independiente del efecto que tiene su voto sobre el resultado final; o también si el elector pudiera obtener bienes no ya *públicos*, sino *privados* por su voto (por ejemplo, vendiéndolo o otorgándoselo a quien le ofrece a cambio cualquier tipo de beneficio privado), en ambos casos el votar se convertiría en un acto "racional" en término de costos-beneficios. Por último, otra manera típica de reducir las abstenciones ha sido introducir sanciones severas y efectivas, que acarreen un alto costo en caso de no votar.

En Venezuela la concepción del voto que se impuso a partir de 1958 fue la primera de las mencionadas (como deber cívico), que quedó consagrada en el artículo 110 de la Constitución de 1961, reforzada por un sistema de sanciones que la legislación electoral establecía para quienes no se inscribieran en el registro electoral o para quienes, habiéndolo hecho, dejaran de votar. Para quienes, por la razón que fuera, no quisieran votar la única opción que les quedaba para escapar a la eventual sanción era votar nulo o en blanco.

Pero, al mismo tiempo, para la mayoría de los ciudadanos, el voto no era un simple acto instrumental sino que era vivido como la expresión de un fuerte compromiso emocional de adhesión a la democracia. Es más, a los dos primeros procesos electorales (1958 y 1963) se les quiso dar el significado de un plebiscito a favor de la democracia. Así se hace explícitamente en el *Pacto de Puntofijo*, suscrito inmediatamente antes de las elecciones de 1958, ante la amenaza de un golpe militar de derecha que restaurase la recientemente derrocada dictadura, pues decía:

> "Todos los votos emitidos a favor de todas las candidaturas democráticas, serán considerados votos unitarios y la suma de votos de los diferentes colores como una afirmación de la voluntad popular a favor del régimen constitucional y de la consolidación del Estado de Derecho".

Un significado semejante tuvieron las elecciones de 1963, en las que el Partido Comunista y el MIR, ambos en la clandestinidad, habían lanzado la consigna de la "abstención militante" y trataron mediante amenazas y el uso de acciones armadas, impedir el éxito del proceso electoral. En ambos casos la masiva concurrencia del pueblo a las urnas pudo ser interpretada, con toda razón, como la expresión de un inequívoco y abrumador apoyo a la democracia[61].

---

59 Una excelente discusión del problema y un intento de superación de la "paradoja" puede verse en Riker y Ordeshook (1973).

60 Es el tipo de acto cuyo único valor es expresar un estado emocional, afectivo o físico del que lo emite, sin buscar ningún otro fin.

61 No puede alegarse que fue la amenaza de sanciones legales a quienes se abstuvieran lo que explica la masiva concurrencia, porque de ser así el resultado electoral, tanto

Un año decisivo fue 1969, pues a partir del gobierno de Rafael Caldera, que se instaura en esa fecha, podemos considerar que la democracia se ha consolidado en Venezuela (*vid infra*, p. 175). Ahora bien, en la mayoría de los países, cuando la democracia se considera firmemente asentada, las elecciones tienden a perder su carácter extraordinario y dejan de estar acompañadas del fuerte *pathos* que inicialmente las caracteriza, para convertirse en actos cotidianos desprovistos de emotividad. Cuando esto ocurre no resulta fácil mantener una alto grado de participación electoral. De manera que sería muy tentador usar este tipo de explicación para entender el progresivo aumento de las abstenciones que ocurrieron en Venezuela a partir de 1973, en lugar de atribuirlo necesariamente a una pérdida de la confianza de los ciudadanos en la democracia representativa y en los mecánicos electorales que le son propios.

Pero aunque las encuestas de opinión de las que disponemos (*vid. infra*, p. 182) nos indican que todavía para este año la mayoría de los venezolanos afirmaban que confiaban (aunque sólo "en principio y en abstracto") en la democracia representativa y en la competencia electoral entre partidos como los medios más adecuado para asegurar que los gobernantes se preocuparan por el bienestar de los ciudadanos, esa misma mayoría era muy crítica, específicamente con los partidos políticos venezolanos, con sus líderes y acerca del comportamiento de los gobernantes que habían sido elegidos en el pasado. Como veremos, estas críticas aumentaron en años sucesivos para convertirse en un total rechazo del sistema electoral existente en Venezuela y de los políticos profesionales populistas, considerados ineficientes y corrompidos, y frente a los cuales se afirman las figuras de los "notables" antipartidistas y de los tecnócratas liberales. Pero sobre todo, a través de las denuncias contra la *partidocracia*, aumentaron las críticas a los partidos políticos, que se consideraban no sólo innecesarios sino dañinos (*vid. infra*, pp. 233-239). Todo lo cual iba a concluir, poco después, en la apología de una democracia directa y participativa, que debía sustituir a la democracia representativa.

10. *Multiplicación de opciones electorales y selectividad del votante*

La legislación venezolana ha sido bastante liberal en lo referente a la posibilidad de constituir partidos políticos o grupos de electores[62] para tomar parte en las elecciones nacionales. Pero de los varios cientos de organizaciones para participar en la elecciones, creados en estos 40 años, para participar en esos nueve procesos electorales, solo 36 de ellas lograron obtener al menos el uno por

---

en 1958 como en 1963, hubiera recogido una alta proporción de votos nulos y en blanco, que no fueron mayores que en otros procesos electorales.

62   La legislación venezolana distinguía los partidos políticos propiamente dichos, entendidos como organizaciones permanentes concebidas para participar en todas las elecciones, de los grupos electores, creados ocasionalmente para participar en una elección concreta y precisa. Los partidos están regidos por la "Ley de Partidos Políticos", y poseen personalidad jurídica, de la que carecen los grupos de electores.

ciento de los votos para la presidencia o un representantes en el Congreso, como puede verse en la Tabla 4.

Pero son pocos los partidos que han logrado sobrevivir a la larga. De los partidos que a mí me gusta llamar *históricos*, que son aquellos cuya existencia se remonta al trienio 1945-48, sólo tres de ellos (AD, COPEI y URD) lograron participar en las nueve elecciones nacionales que se celebraron en los cuarenta años que van de 1958 a 1998. El PCV, que es el cuarto partido que también puede considerarse *histórico*, en ese mismo sentido, sólo pudo participar en siete de esas elecciones, porque al celebrase las de 1963 y 1968 se encontraba ilegalizado (aunque pudo tomar parte en esta última, por medio de una organización electoral de "fachada", creada con ese fin, y autorizada por el gobierno, con el nombre de UPA). En todo caso, tanto AD como COPEI y URD, llegaron a las elecciones de 1993 y 1998 con una tremenda disminución del número de sus sufragios, y en el caso de URD, estuvo a punto de desaparecer, pues sólo logro obtener un diputado adicional (ninguno directo).

Hay dos partidos, el MEP y el MAS, productos de desprendimientos de AD y del PCV, respectivamente, que desde que se produjo la escisión han participado en todas la elecciones que se han celebrado: el MEP, en las siete que ha tenido lugar a partir de 1968; y el MAS en las seis que se han celebrado desde 1973. (Para los correspondiente porcentajes, *vid. infra*, Tabla 7).

De los cuatro partidos "emergentes", que surgieron, con gran empuje en los últimos años, el más antiguo es LCR, que ha participado en todas las elecciones desde que se han celebrado desde 1983, pero que sólo en la 1993 obtuvo un discreto resultado electoral. CONVERGENCIA participó en las elecciones 1993 y 1998, pero pese a las éxito que obtuvo en la primera el decayó mucho para la segunda ocasión. En cuanto al MVR y el PRVLZ, aunque participaron por primera vez en las elecciones en 1998, se convirtieron en la primera y segunda fuerza, respectivamente, en la elección del presidente de la República; en las del Congreso, el MVR alcanzo el segundo puesto y el PRVZL el cuarto. (Para los correspondiente porcentajes, *vid. infra*, Tabla 8).

En el Tabla 5 pueden verse el número de opciones electorales de las que han dispuesto los votantes venezolanos a los largo de los cuarenta años, cantidad que es apreciable, y que ha ido en aumento, especialmente en listas de partidos con candidatos al Congreso. Es importante notar que pese al aumento de las opciones electorales no ha ido acompañado de un proceso paralelo de atomización del voto, ni entre el número de partidos que presentaros sus candidatos a la Presidencia de la República, pues los sufragios tendieron a concentrarse, entre 1973 y 1988 en AD y COPEI. En cuanto a las tarjetas pequeñas, se dio un fenómeno semejante de concentración de votos, pero menos marcado que para la presidencia (*vid. infra*, pp. 165-180, sobre la polarización electoral).

130

Tabla 4:
Principales partidos y grupos electores que participaron en las elecciones nacionales, (1958-1998)[a]

Siglas	Partido	1958	1963	1968	1973	1978	1983	1988	1993	1998	Total
AD	Acción Democrática	*	*	*	*	*	*	*	*	*	9
AD–OP	Acción Democrática (Oposición)		*								1
APERTURA	Apertura a la Participación Nacional									*	1
C. COMÚN	Causa Común					*					1
CCN	Cruzada Cívica Nacionalista			*	*	*		*			4
Convergencia	Convergencia								*	*	2
COPEI	Comité de Organización Política Electoral Independiente	*	*	*	*	*	*	*	*	*	9
F–1	Fórmula Uno							*			1
FDP	Fuerza Democrática Popular		*	*	*	*					4
FND	Frente Nacional Democrático			*	*						2
ICC	Independientes con Caldera							*			1
IPFN	Independientes Pro–Frente Nacional		*								1
IRENE	Integración y Renovación Nueva Esperanza									*	1
LCR	La Causa Radical						*	*	*	*	4
LS	Liga Socialista						*	*	*		3
MAN	Movimiento de Acción Nacional		*	*	*						3
MAS	Movimiento Al Socialismo				*	*	*	*	*	*	6
MDP-BR	Movimiento Democrático Popular-Bandera Roja									*	1
MENI	Movimiento Electoral Nacional Independiente	*	*	*							3
MEP	Movimiento Electoral del Pueblo			*	*	*	*	*	*	*	7
MIN	Movimiento de Integración Nacional					*	*	*	*	*	5
MIR	Movimiento de Izquierda Revolucionaria				*	*	*	*			4
MVR	Movimiento V República									*	1
NA	La Nueva Alternativa						*	*			2
NGD	Nueva Generación Democrática						*	*	*		3
OFM	Organización Fuerza en Movimiento									*	1
OPINA	Opinión Nacional			*	*	*	*	*			5
ORA	Organización Renovadora Auténtica					*	*	*	*	*	5
PCV	Partido Comunista de Venezuela	*			*	*	*	*	*	*	7
PNI	Partido Nacional Integracionista					*					1
PPT	Patria Para Todos									*	1
PRIN	Partido Revolucionario de Integración Nacionalista				*						1
PRVZL	Proyecto Venezuela									*	1
PSV	Partido Socialista de Venezuela	*	*	*	*						4
Renovación	Partido Renovación									*	1
SI	Solidaridad Independiente									*	1
UDH	Unión por los Derechos Humanos									*	1
UPA	Unión para Avanzar				*						1
URD	Unión Republicana Democrática	*	*	*	*	*	*	*	*	*	9
VUC	Vanguardia Unitaria Comunista					*					1
	Total de Partidos: 36	6	9	13	14	15	14	16	11	20	

[a] Sólo se incluyen los partidos u organizaciones electorales que obtuvieron en la elección respectiva al menos el uno por ciento de los votos para la presidencia o un representante en el Congreso.

131

En lo que se refiere a las candidaturas para la Presidencia, en las siete elecciones que abarcan los primeros treinta años, sólo los candidatos respaldadas por AD y COPEI lograron triunfar, y sólo uno no respaldado por esos partidos logró obtener el segundo puesto (la excepción fue Larrazábal, respaldado por URD y el PCV, que fue el segundo en las elecciones en 1958). Caldera, en 1993, rompió esta tendencia al duopolio, pues logra ser elegido Presidente por segunda vez, pero ahora encabezando un partido, CONVERGENCIA, creado con este sólo propósito, y formando una amalgama con 16 pequeños partidos (el "chiripero"), en la que figuraban algunos de tanta tradición histórica como URD, PCV, MEP, MAS, etc., muchos de ellos de la izquierda tradicional. Pero no se puede olvidar que se trataba de quien había sido fundador y durante muchos años máximo dirigente de COPEI, líder fundamental de la democracia representativa y uno de los tres firmantes del Pacto de Puntofijo.

Tabla 5:

Número de candidatos a la presidencia, y de partidos que participaron en las elecciones nacionales y que obtuvieron alguna representación parlamentaria (1958-1998)

	1958	1963	1968	1973	1978	1983	1988	1993	1998
Candidatos a la presidencia	3	7	6	12	10	12	24	18	11
Partidos con "Tarjeta Grande"	7	9	16	24	15	27	34	48	31
Partidos con "Tarjeta Pequeña"	8	11	33	37	29	52	78	157 [a] / 166 [b]	277 [a] / 286 [b]
Partidos que obtuvieron alguna representación parlamentaria	4	8	11	10	11	11	11	10	20

[a] Partidos con postulación de candidatos a senadores

[b] Partidos con postulación de candidatos a diputados

FUENTE: Elaboración propia a partir de datos de Consejo Supremo Electoral (1987, 1993a, 1993b 1998)

La elección que realmente significaba una ruptura radical con el pasado, fue la del comandante Hugo Chávez en 1998, antiguo líder del intento de golpe de Estado de febrero de 1992, que liberado de la cárcel, como consecuencia la decisión del Presidente de la República, Rafael Caldera, de sobreseer el juicio militar que se le venía siguiendo, optó con éxito por conquistar el poder mediante el voto popular, ofreciendo cambios radicales y sustituir la democracia representativa por una democracia participativa y protagónica.

Tabla 6
Resultados de las Elecciones Presidenciales
(1958-1998)
1958

CANDIDATO	PARTIDO	votos válidos	%
Rómulo Betancourt	AD	1.284.092	49,18
Wolfgang Larrazábal	URD	800.716	30,67
	PCV	84.451	3,23
	MENI	18.312	0,70
	Total	903.479	34,61
Rafael Caldera	COPEI	396.293	15,18
	IR	15.564	0,60
	PST	11.405	0,44
	Total	423.262	16,21

1963

CANDIDATO	PARTIDO	votos válidos	%
Raúl Leoni	AD	957.574	32,81
Rafael Caldera	COPEI	589.177	20,19
Jóvito Villalba	URD	510.975	17,51
	PSV	24.128	0,83
	MENI	16.163	0,55
	Total	551.266	18,89
Arturo Uslar Pietri	IPFN	469.363	16,08
Wolfgang Larrazábal	FDP	275.325	9,43
Raúl Ramos Jiménez	AD-OPOS	66.880	2,29
Germán Borregales	MAN	9.292	0,32

1968

CANDIDATO	PARTIDO	votos válidos	%
Rafael Caldera	COPEI	1.067.211	28,68
	MDI	16.501	0,44
	Total	1.083.712	29,13
Gonzalo Barrios	AD	1.021.725	27,46
	API	15.370	0,41
	PRIVO	6.672	0,18
	AIR	5.731	0,15
	OPIR	1.308	0,04
	Total	1.050.806	28,24
Miguel Ángel Burelli Rivas	URD	439.642	11,82
	FDP	240.337	6,46
	FND	132.030	3,55
	MENI	14.749	0,40
	Total	826.758	22,22
Luis Beltrán Prieto Figueroa	MEP	645.532	17,35
	PRIN	68.417	1,84
	OPINA	5.512	0,15
	Total	719.461	19,34
Alejandro Hernández	PSV	27.336	0,73
Germán Borregales	MAN	12.587	0,34

1973

CANDIDATO	PARTIDO	votos válidos	%
Carlos Andrés Pérez	AD	2.128.161	48,64
	PRN	2.168	0,05
	otras tarjetas	414	0,01
	Total	2.130.743	48,70
Lorenzo Fernández	COPEI	1.544.223	35,29
	FDO	35.165	0,80
	IP	20.350	0,47
	MPJ	3.394	0,08
	otras tarjetas	2.496	0,06
	Total	1.605.628	36,70
Jesús Ángel Paz Galarraga	MEP	191.780	4,37
	PCV	30.235	0,69
	otras tarjetas	588	0,01
	Total	221.827	5,07
José Vicente Rangel	MAS	161.780	3,70
	MIR	23.943	0,55
	otras tarjetas	532	0,01
	Total	186.255	4,26
Jóvito Villalba	URD	134.487	3,07
Miguel Ángel Burelli Rivas	OPINA	33.977	0,78
Pedro Tinoco	PNI	24.833	0,57
	MD	4.001	0,09
	otras tarjetas	565	0,01
	Total	29.399	0,67
Martín García Villasmil	PSD	11.965	0,27
Germán Borregales	MAN	9.331	0,21
Pedro Segnini La Cruz	FND	6.176	0,14
Raimundo Verde Rojas	MDI	3.754	0,09
Alberto Solano	FE	1.736	0,04

1978

CANDIDATO	PARTIDO	votos válidos	%
Luís Herrera Campíns	COPEI	2.414.699	45,28
	URD	56.920	1,07
	FDP	8.623	0,16
	OPINA	7.076	0,13
	Total	2.487.318	46,64
Luís María Piñerúa Ordaz	AD	2.309.577	43,31
	FURE	0	0,00
	Total	2.309.577	43,31
José Vicente Rangel	MAS	250.605	4,70
	VUC	25.478	0,48
	Total	276.083	5,18
Diego Arria	CC	71.206	1,34
	MDT	18.854	0,35
	Total	90.060	1,69
Luís Beltrán Prieto Figueroa	MEP	59.747	1,12
Américo Martín	MIR	52.286	0,98
Héctor Mujica	PCV	29.305	0,55
Leonardo Montiel Ortega	MORENA	13.918	0,26
Alejandro Gómez Silva	FUN	8.337	0,16
Pablo Salas Castillo	CCN	6.081	0,11

1983

CANDIDATO	PARTIDO	votos válidos	%
Jaime Lusinchi	AD	3.680.549	55,32
	URD	86.408	1,30
	VOI	2.284	0,03
	otras tarjetas	4.490	0,07
	Total	3.773.731	56,72
Rafael Caldera	COPEI	2.166.467	32,56
	FUN	11.258	0,17
	MIO	10.115	0,15
	NGD	12.174	0,18
	ICC	80.074	1,20
	CIMA	11.565	0,17
	otras tarjetas	6.523	0,10
	Total	2.298.176	34,54
Teodoro Petkoff	MAS	223.194	3,35
	MIR	40.424	0,61
	IRE	13.062	0,20
	otras tarjetas	818	0,01
	Total	277.498	4,17
José Vicente Rangel	MEP	73.978	1,11
	PCV	67.681	1,02
	NA	44.340	0,67
	LS	25.157	0,38
	GAR	7.833	0,12
	SI	2.108	0,03
	otras tarjetas	821	0,01
	Total	221.918	3,34
Jorge Olavarría	OPINA	32.254	0,48
Gonzalo Pérez Hernández	MIN	19.528	0,29
Luís Rangel B.	RN	8.820	0,13
Andrés Velásquez	LCR	5.917	0,09
Vinicio Romero	CONFE	3.236	0,05
Alberto Solano	FE	1.650	0,02
Félix Díaz Ortega	NOR	1.610	0,02
Juan Ibarra Riverol	PNV	1.363	0,02
Adolfo Alcalá	EI	1.077	0,02
OTROS	otras tarjetas	6.539	0,10

1988

CANDIDATO	PARTIDO	votos válidos	%
Carlos Andrés Pérez	AD	3.859.180	52,76
	PN	7.778	0,11
	otras tarjetas	1.885	0,03
	Total	3.868.843	52,89
Eduardo Fernández	COPEI	2.932.277	40,08
	MIN	15.680	0,21
	ICC	2.980	0,04
	FNP	1.232	0,02
	otras tarjetas	2.892	0,04
	Total	2.955.061	40,40
Teodoro Petkoff	MAS-MIR	189.361	2,71
Godofredo Martín	ORA	63.795	0,87
Ismenia Villalba	URD	50.640	0,69
	IRE	10.998	0,15
	otras tarjetas	94	0,00
	Total	61.732	0,84
Edmundo Chirinos	MEP	28.874	0,39
	PCV	24.652	0,34
	RENOVACION	3.599	0,05
	MOMO	1.033	0,01
	otras tarjetas	575	0,01
	Total	58.733	0,80
Vladimir Gessen	NGD	28.329	0,39
Andrés Velásquez	LCR	26.870	0,37
Gastón Grisandes	OPINA	10.759	0,15
Jorge Olavarría	LRN	10.209	0,14
David Nieves	LS	10.073	0,14
Alberto Martín Urdaneta	FUN	5.802	0,08
Luís Alfonso Godoy	PSN	2.642	0,04
Luís Hernández C.	CNN	2.553	0,03
Leopoldo Díaz Bruzual	NA	2.484	0,03
Alejandro Peña E.	PLV	2.235	0,03
Rómulo Abreu D.	FEVO	1.507	0,02
Hermán Escarrá	MNV	1.452	0,02
José Rojas Contreras	NOR	845	0,01
	AMI	248	0,00
	otras tarjetas	158	0,00
	Total	1.251	0,02
Alberto Solano	FE	796	0,01
Napoleón Barrios	MPDIN	598	0,01
Arévalo Tovar Y.	ONI	408	0,01
Rómulo Yordi C.	PUEBLO	377	0,01
Juan Pablo Bront	MIAP	316	0,00

1993

CANDIDATO	PARTIDO	Votos válidos	%
Rafael Caldera	CONVERGENCIA	956.529	17,03
	MAS	595.042	10,59
	URD	32.916	0,59
	MEP	27.788	0,49
	MIN	19.386	0,35
	PCV	19.330	0,34
	FUN	10.308	0,18
	ONDA	8.863	0,16
	AA	7.154	0,13
	U	6.285	0,11
	EPAP	4.445	0,08
	AP	4.434	0,08
	FIN	4.078	0,07
	UP	4.039	0,07
	IDEAL	3.713	0,07
	FAI	3.629	0,06
	MID	2.786	0,05
	Total	1.710.722	30,46
Claudio Fermín	AD	1.304.849	23,23
	ICC	5.224	0,09
	FDP	3.992	0,07
	IRE	3.776	0,07
	FACTOR E	2.077	0,04
	MONCHO	1.760	0,03
	ONI	1.507	0,03
	PROSOCIAL	1.236	0,02
	NR	866	0,02
	Total	1.325.287	23,60
Oswaldo Álvarez Paz	COPEI	1.241.645	22,11
	RENOVACION	10.583	0,19
	VOLUNTARIOS	6.624	0,12
	PAZ	6.613	0,12
	SENCO	5.908	0,11
	GE	5.133	0,09
	Total	1.276.506	22,73
		Sigue	⟶

CANDIDATO	PARTIDO	Votos válidos	%
Andrés Velásquez	LCR	1.232.653	21,95
Modesto Rivero	ORA	20.814	0,37
Nelson Ojeda Valenzuela	FPI	18.690	0,33
Luís Alberto Machado	REV. DE LA INT.	6.851	0,12
Fernando Bianco	GEM	5.590	0,10
José Antonio Cova	DGD	3.509	0,06
	MRN	1.428	0,03
	Total	4.937	0,09
Gabriel Puerta Aponte	MDP	3.746	0,07
Rhona Otolina	F-1	3.633	0,06
Rómulo Abreu Duarte	FEVO	1.554	0,03
Jesús Tang	PN	1.251	0,02
Blas García Núñez	PEV	1.198	0,02
Juan Chacín	PODER	981	0,02
Carmen de González	CCN	866	0,02
Félix Díaz Ortega	NOR	780	0,01
Temístocles Fernández	IT	640	0,01

1998

CANDIDATO	PARTIDO	votos válidos	%
Hugo Chávez Frías	MVR	2.625.839	40,17
	MAS	588.643	9,00
	PPT	142.859	2,19
	PCV	81.979	1,25
	IPCN	67.479	1,03
	GE	56.504	0,86
	MEP	54.797	0,84
	SI	36.940	0,57
	AA	18.645	0,29
	Total	3.673.685	56,20
Henrique Salas Rómer	PRVZL	1.879.457	28,75
	AD	591.362	9,05
	COPEI	140.792	2,15
	PQAC	1.550	0,02
	Total	2.613.161	39,97
Irene Sáez Conde	IRENE	127.849	1,97
	FD	24.085	0,37
	LA LLAVE	19.634	0,30
	PQAC	13.000	0,20
	Total	184.568	2,82
Luís Alfaro Ucero	ORA	7.518	0,12
	URD	5.187	0,08
	RENACE	5.085	0,08
	VU	3.468	0,05
	ICC	3.123	0,05
	FIN	2.062	0,03
	ONDA	1.143	0,02
	Total	27.586	0,42
Miguel Rodríguez	APERTURA	19.629	0,30
Alfredo Ramos	LCR	7.275	0,11
Radamés Muñoz León	NR	2.919	0,04
Oswaldo Sujú Raffo	FS	2.901	0,04
Alejandro Peña Esclusa	PLV	2.424	0,04
Domenico Tanzi	PARTICIPA	1.900	0,03
Ignacio Quintana	OPINA	1.256	0,02

FUENTE: Consejo Supremo Electoral (1987, 1993a, 1993b, 1998)

Del análisis de los resultados de las elecciones presidenciales, puede verse que hasta 1988, inclusive, sólo los partidos políticos dotados de una organización relativamente estable y continua, fueron los instrumentos capaces del triunfo electoral de los respectivos candidatos presidenciales o al menos de lograr una participación importante (aunque no siempre los candidatos eran miembros del partido que lo postulaba). Los *grupos de electores* constituidos para apoyar la candidatura de alguna persona particular en una elección, casi nunca lograron obtener más del uno por ciento de los votos válidos. La mayor excepción fue el IPFN (Independiente Pro-Frente Nacional), grupo de electores creado para apoyar la candidatura de Úslar Pietri en 1963, que logró captar el 16,08 por ciento del total de votos. Además, cuando se ha tratado de capitalizar el caudal electoral de tales candidatos, mediante la creación de un partido político en torno a su persona, esos intentos han fracasado, pues el partido no ha perdurado. Tal fue el caso de FDP (Fuerza Democrática Popular), creada en torno a Larrazábal; del FND (Frente Nacional Democrático), que fue el partido creado para sustituir al IPFN, con el fin de capitalizar el gran numero sufragios obtenidos por Uslar; y de la CCN (Cruzada Cívica Nacionalista), en torno a la figura de Pérez Jiménez.

Es importante subrayar, en cambio, que a partir de 1993 los partidos personalistas parecen prosperar, lo cual puede atribuirse a la importancia que adquieren los medios masivos de comunicación, especialmente la televisión, que hacen posible que un candidato, gracias a un abundante uso de quien dispone de tales medios, pueda triunfar en las elecciones sin que le sea necesario, como ocurría antes, contar con una organización relativamente estable y continua, basada en un gran número de militantes abnegados, dispuestos a contribuir con sus esfuerzos personales al éxito electoral. El caso de Caldera y de Chávez parecen confirmarlo, pero no aseguran para nada la continuidad como partido político del aparato que fue creado con tal propósito.

Puede verse también, en la Tabla 5, que frente a la multiplicación de partidos que concurren a las elecciones legislativas, el número de los que logran obtener alguna representación parlamentaria permanece estabilizado, hasta las elecciones de 1993, entre 10 y 11. Pero en 1998 el número absoluto de partidos o grupos de electores que obtuvieron alguna representación el Congreso, aumento a casi el doble, pues fueron 20; sin embargo, no aumento el porcentaje de los partidos o grupos que participaron en las elecciones y que obtuvieron esa representación.

Este proceso de relativa "filtración", que se produce tanto en los candidatos a Presidente como en los aspirantes al Congreso, no se debió a la existencia de ningún límite o barrera legal, como los que existen en muchos países, ni a un efecto restrictivo especial de nuestro sistema de representación, que es sumamente liberal en esa materia, sino a la selectividad de los votantes. En efecto, en Venezuela, por aplicación de sistema de representación proporcional, cualquier partido podía obtener un diputado o senador "directo" en alguna de las circunscripciones electorales (que coinciden con nuestras entidades federales), sin que sea necesario, como ocurre en otros países (Alemania por ejemplo) que alcancen a tener un porcentaje mínimo de votos a nivel nacional. Pero, además, en nuestra legislación electoral existía una provisión para "votos perdidos", de modo que un partido que no lograban ningún diputado o senador "directo" en alguna de las circunscripciones electorales, podía obtener diputados o senadores indirectos (denominados "adicionales"), si al sumar todos sus votos a nivel nacional alcanzaba determinado porcentaje del total de votos válidos. Ese porcentaje mínimo del total de votos válidos fue bajísimo (del 0,55 por ciento para un diputado, y del 2,38 por ciento para un senador).

La selectividad del votante fue muy importante para el mantenimiento del sistema democrático. En efecto, la Constitución venezolana de 1961 acogió el principio de mayoría relativa para la elección del Presidente de la República. Pero este sistema tiene el peligro de que una excesiva multiplicación de candidatos y una pareja división del voto entre todos ellos, podía llevar a la victoria del candidato de un partido minoritario extremista. El proceso de creciente fragmentación de la votación que se produjo entre 1958 y 1968 podía haber conducido, de haber continuado, a una situación de ese tipo. Sin embargo, a partir de 1973 se desarrolló una tendencia hacia la concentración del voto para Presidente en los candidatos de los dos grandes partidos (AD y COPEI). En 1993, con la crisis de esos dos partidos, que habían sido tradicionalmente mayoritarios, Caldera, un candidato apoyado por una diversidad de pequeños partidos y personalidades, algunos de ellos de extrema izquierda, logró obtener la presidencia con una mayoría relativa, equivalente apenas al 30 por ciento de votos. Pero se trataba de un líder que, dada su larga trayectoria anterior –fundador y máximo dirigente de COPEI, uno de los signatario del Pacto de Puntofijo y que ya una vez había sido Presidente de la República– no era sospechoso de llevar a cabo una política radical y era difícil que alguien pudiera disputarle la legitimidad como Presidente.

Cuando en las elecciones presidenciales siguientes triunfó Hugo Chávez con una mayoría del 56,2 por ciento, el mayor porcentaje de todos los presidentes democráticos[63], que superaba en más de 15 puntos al candidato que le seguía, y teniendo en cuenta la debacle en los votos de los grandes partidos tradicionales, nadie podía discutir la legitimidad de su triunfo, por más radical que fuera visto por muchos, y pese a que hubo una abstención en su elección del 36,5 por ciento, una de las más altas (la segunda, después de la de 1993).

11. *Continuidad y cambio en las lealtades partidistas*

AD ha sido el principal partido del sistema, no sólo por haber logrado más veces la Presidencia de la República (5 sobre 9) y por haber obtenido más y más amplias mayorías en el Congreso, sino porque siempre ha sido –incluso en 1978, cuando en votos pequeños fue superada ligeramente por COPEI– la primera fuerza parlamentaria[64].

---

63 El más cercano había sido Lusinchi, que había obtenido el 55,3 por ciento de los votos, menos del 1 por ciento de diferencia con Chávez.

64 Aunque el número de votos obtenidos por AD, en 1978, en todo el país, fue menor que los de COPEI, el de los diputados que obtuvo fue superior. Esta incongruencia resulta por la aplicación del sistema de representación proporcionan por separado a

Entre 1958 y 1968 la trayectoria de las líneas que representan el porcentaje de votos grandes y pequeños de AD descendió en forma continua. Eso ocurrió durante los dos primeros periodos constitucionales en los cuales ese partido ocupó la Presidencia y sufrió tres serias divisiones (la del MIR en 1960, la del "Grupo Ars" en 1962 y la del MEP en 1968). Después de su pérdida de las elecciones en 1968, comenzó un proceso de recuperación, pero su ascenso no fue continuo y, aunque recuperó la presidencia, sólo en 1983 logró superar el porcentaje de votos grandes y pequeños de 1958. A partir de la elecciones de 1963 sus votos comienzan a descender en forma continua.

Figura 2

Porcentaje de votos para la presidencia y para el Congreso obtenidos por AD (1958-1998)

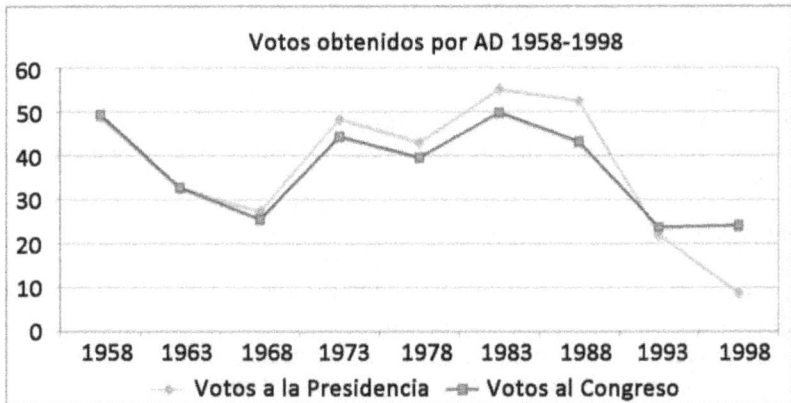

FUENTE: Elaboración propia a partir de los datos de la Tabla 7

La trayectoria de los votos que ha recibido parece responder a un patrón consistente: cada vez que AD ha ocupado el Gobierno, en las elecciones siguientes ha sufrido una disminución de su porcentaje electoral, lo cual sugiere la existencia de un desgaste o deterioro, como consecuencia del ejercicio de las responsabilidades gubernamentales. En dos ocasiones (1968 y 1978) ello le ha causado la pérdida de las elecciones presidenciales, pero en otras dos (1963 y 1988), pese a la disminución de su caudal electoral, logró conservar la Presidencia. En las elecciones de 1993, la acusación contra el Presidente Pérez y su enjuiciamiento y remoción provocó una dramática disminución de sus votos presidenciales, y una análoga reducción en los del Congreso. Si a ello le añadimos la torpeza del partido en la selección de su candidato presidencial en 1998, podemos explicar el increíble nivel de penuria al que llegaron sus votos para Presidente, como nunca antes había ocurrido en su historia.

---

cada una de las circunscripciones que forman los Estados, en vez de aplicarlo a toda la nación, como si formara una sola circunscripción electoral.

En todo caso, aunque llama la atención es la increíble capacidad de recuperación que ha mostrado el partido parece muy difícil que pueda reponerse del terrible descalabro que sufrió en 1998.

Si examinamos los votos de COPEI, y comparamos los "grandes" (para Presidente) con los "pequeños" (para el Congreso) vemos que de 1958 a 1978 ambos muestran la trayectoria de un partido en un continuo e impresionante ascenso electoral.

Figura 3
Votos obtenidos por COPEI 1958-1998

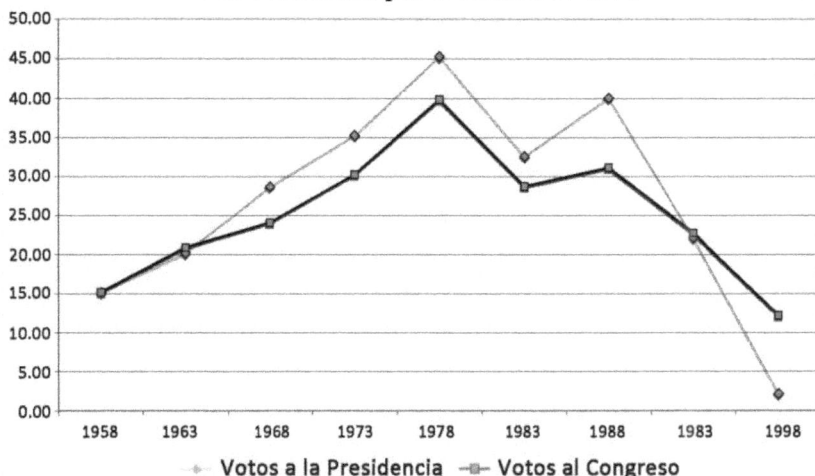

FUENTE: Elaboración propia a partir de los datos de la Tabla 7

Es notable que el primer gobierno de Caldera no significara para el partido ningún desgaste electoral, de modo que en 1973, aunque perdió las elecciones, logró aumentar tanto el porcentaje de votos *grandes* como el de los *pequeños*, comparándolos con los resultados de 1968.

El punto máximo ascendente lo logró en las elecciones de 1978, con el triunfo para la presidencia de Luis Herrera, pero el gobierno de éste tuvo como consecuencia un serio deterioro electoral para el partido, de modo que su votación sufrió una grave disminución en 1983.

En 1988, bajo el joven liderazgo de Eduardo Fernández, el partido volvió a retomar su trayectoria ascendente, pero sin lograr recuperar, ni en los votos grandes ni los pequeños, su nivel de 1978. En 1993 sufrió, de nuevo, un serio deterioro electoral, superior aun al que en esas mismas elecciones sufrió AD, lo cual no es de extrañar, pues, sin duda, buena parte de los antiguos votos copeyanos le fueron arrebatados por Rafael Caldera, el tradicional líder máximo del partido, quien tras abandonarlo concurrió a las elecciones con una nueva organización.

Una nueva y más drástica disminución del caudal electoral la sufrió COPEI en 1998, pues apoyando a un candidato a la presidencia, simpatizante pero no miembro del partido, sólo obtuvo un nivel de votos realmente ridículo, pues apenas fue del 2,15 por ciento de los votos válidos. En cuanto a los votos al Congreso, su porcentaje sólo alcanzó poco más de la mitad de lo que había obtenido en las elecciones de 1993.

Tabla 7:

Porcentaje de votos obtenidos por los partidos *históricos* y por sus tres escisiones más importantes (1958-1998)

Partido		1958	1963	1968	1973	1978	1983	1988	1993	1998
AD	Votos a la Presidencia	49,18	32,81	27,46	48,64	43,31	55,37	52,76	23,23	9,05
	Votos al Congreso	49,45	32,77	25,55	44,44	39,68	49,95	43,26	23,71[c]	24,21[d]
COPEI	Votos a la Presidencia	15,18	20,19	28,68	35,29	45,28	32,59	40,08	22,11	2,15
	Votos al Congreso	15,18	20,86	24,03	30,24	39,81	28,71	31,12	22,72[e]	12,19[f]
URD	Votos a la Presidencia	30,67	17,51	11,82	3,07	1,07	1,30	1,42	0,59	0,08
	Votos al Congreso	15,20	17,42	9,25	3,19	1,68	1,91	1,44	0,55[g]	0,36[h]
PCV	Votos a la Presidencia	3,23	[a]	[a]	0,69	0,55	1,02	0,94	0,34	1,25
	Votos al Congreso	6,23	[a]	2,82[a]	1,20	1,04	1,75	0,97	0,42[i]	0,54[j]
MEP	Votos a la Presidencia	-	-	17,37	4,37	1,12	1,11	1,62	0,49	0,84
	Votos al Congreso	-	-	12,94	4,96	2,22	1,97	1,62	0,57[k]	0,33[l]
MAS	Votos a la Presidencia	-	-	-	3,70	4,70	3,36	2,71[b]	10,59	9,00
	Votos al Congreso	-	-	-	3,70	6,16	5,75	10,16[b]	10,84[m]	9,03[n]
MIR	Votos a la Presidencia	-	-	-	0.55	0.98	0.62	-[b]	-	-
	Votos al Congreso				1,0	2,35	1,58	-[b]	-	-

[a]   El PCV estaba ilegalizado y no pudo participar en las elecciones de 1963 ni de 1968. Sin embargo participó en las elecciones legislativas de este último año a través de UPA, una organización de fachada creada con ese fin.

[b]   En 1988 a los votos del MAS se suman también los del MIR, pues ambos partidos concurrieron a las elecciones con tarjeta electoral única, como paso previo a su unificación, que se produjo a partir de la siguiente elección..

[c]   Promedio = 24,08 (senadores) + 23,34 (diputados)

[d]   Promedio = 24,36 (senadores) + 24,05 (diputados)

[e]   Promedio = 22,81 (senadores) + 22,62 (diputados)

[f]   Promedio = 12,19 (senadores) + 12,0 (diputados)

[g]   Promedio = 0,53 (senadores) + 0,56 (diputados)

[h]   Promedio = 0,33 (senadores) + 0.39 (diputados)

[i]   Promedio = 0,39 (senadores) + 0,45 (diputados)

[j]   Promedio = 0,49 (senadores) + 0,58 (diputados)

[k]   Promedio = 0,55 (senadores) + 0,59 (diputados)

[l]   Promedio = 0,30 (senadores) + 0,35 (diputados)

[m]   Promedio = 10,87 (senadores) + 10,81 (diputados)

[n]   Promedio = 9,15 (senadores) + 8,90 (diputados)

FUENTE: Elaboración propia a partir de datos de Consejo Supremo Electoral (1987, 1993a, 1993b 1998)

Tabla 8:
Porcentaje de votos obtenidos
por los partidos *emergentes* (1983-1998)

Partido		1983	1988	1993	1998
LCR	Votos a la Presidencia	0,09	0,37	21,95	0,11
	Votos al Congreso	0,54	1,65	20,47 [a]	2,93 [b]
Convergencia	Votos a la Presidencia	-	-	17,03	-
	Votos al Congreso	-	-	13,64 [c]	2,42 [d]
MVR	Votos a la Presidencia	-	-	-	40,17
	Votos al Congreso	-	-	-	19,82 [e]
PRVZL	Votos a la Presidencia	-	-	-	28,75
	Votos al Congreso	-	-	-	10,35 [f]
PPT	Votos a la Presidencia	-	-	-	2,00
	Votos al Congreso	-	-	-	3,31 [g]

[a]   Promedio = 20,78 (senadores) + 20,15 (diputados)

[b]   Promedio: = 2,92 (senadores) + 2,93 (diputados)

[c]   Promedio= 13,84 (senadores) + 13,44 (diputados)

[d]   Promedio= 2,74 (senadores) + 2,36 (diputados)

[e]   Promedio= 19,88 (senadores) + 19,75 (diputados)

[f]   Promedio= 10,49 (senadores) + 10,21 (diputados)

[g]   Promedio= 3,40 (senadores)+ 3,21 (diputados)

FUENTE: Elaboración propia a partir de datos de Consejo Supremo Electoral (1987, 1993a, 1993b 1998)

En cuanto al MAS, fue un partido que desde la primera elección en la que participó, en 1973, había mantenido un modesto porcentaje de votos, que oscilaba entre el 3 y el 5 por ciento. Concurrió a las elecciones de 1988, unido con el MIR, obteniendo un aumento relativamente moderado, pero importante, pues logró el 10,2% del total de votos para el Congreso, con lo que se convertía en una referencia obligada para los que, en aquella época, buscaban una "tercera alternativa" diferente de AD y COPEI. El MAS se consolidaba como la *tercera fuerza* en el Congreso, disminuyendo la distancia que tradicionalmente la había separado de la *segunda fuerza* (que era COPEI), y aumentado, en cambio, la distancia que la separaba de la *cuarta fuerza,* que entonces era Nueva Generación Democrática (NGD), un grupo electoral de derechas, fundado en 1979. Pero además, el MAS podía entrar a jugar un importante papel estratégico el Congreso, pues la correlación de fuerzas parlamentarias proporcionaba a este partido un *poder real* que excedía en mucho al de su modesto caudal de votos. Aunque el partido en las siguientes elecciones se limitó a conservar aproximadamente ese mismo nivel de apoyo electoral, fue una minoría muy apreciada y buscada por los futuros gobiernos del siglo XX, y sirvió de apoyo a los candidatos que resultaron ser los dos presidentes subsiguientes: Rafael Caldera y Hugo Chávez.

URD, cuyos nacimientos se remonta al trienio 1945-48, llegó a ser en 1958 la segunda fuerza electoral del país, pero sufrió una pronunciada y continua disminución de su caudal electoral, de manera que en 1988 apenas le permitía sobrevivir, y que continuó disminuyendo en los años posteriores. Análogo fue el caso del MEP, aunque su historia comienza en una fecha mas reciente. Semejante fue, también, la situación del PCV, cuyos antecedentes se remontan incluso a la época de Juan Vicente Gómez, pero que, sin embargo, nunca había alcanzado la proporción de votos de los dos partidos anteriores.

12. *Representación parlamentaria y coaliciones partidistas*

Es importante tener en cuenta la forma en que los votos recibidos por cada partido se traducen en la cantidad de diputados y senadores que lo representarán en el Congreso.

Como es sabido, la manera en que los votos obtenidos por los partidos se transforman en puestos en el Parlamento depende del sistema de representación que se adopte. En Venezuela adoptamos, desde 1958, el principio de representación proporcional para la elección de cuerpos deliberantes. Sin embargo, en el caso de los Senadores, dado que sólo se eligen dos de ellos en forma directa en cada circunscripción (o "estados"), en la práctica esto equivalía a la adopción de un sistema mayoritario, aunque "mejorado".

En efecto, el sistema adoptado para el Senado, por un lado fomentaba o estimulaba la alternabilidad de los dos partidos mayoritarios, y en esto es muy semejante a lo que ocurriría en un sistema simplemente mayoritario, con lo cual se aseguraba un senador al partido que lograba superar la tercera parte de los votos, y hacía difícil que un solo partido pudiera obtener todos los puestos, pues para ello tendría que lograr más del doble de la votación del que le sigue. Esto representa una mejora con respecto al sistema mayoritario. Pero en el caso que creciera la insatisfacción de los electores con los dos partidos mayoritarios, la circunscripción electoral con dos puestos hacía que el triunfo de un tercer partido fuera más fácil de lo que sería en un sistema mayoritario, pero a la vez bloqueaba las posibilidades que tendrían un cuarto y quinto partido, con la misma fuerza que lo haría la adopción de una circunscripción uninominal. Con esto el sistema adoptado ocupa una posición intermedia entre el sistema mayoritario y la representación proporcional, aunque está más próximo de aquél que de éste (Rey 1987: 22–23).

Ahora bien, sólo AD y COPEI lograron obtener Senadores "directos" en todas las elecciones; además, desde 1978 los únicos senadores "directos" fueron los de esos dos partidos.

148

Tabla 9:
Número y porcentaje de Senadores electos
por partido (1958-1998)

Partido	1958		1963		1968		1973		1978		1983		1988		1993		1998	
	#	%	#	%	#	%	#	%	#	%	#	%	#	%	#	%	#	%
AD	32	62,7	22	46,8	19	36,5	28	59,6	21	47,7	28	63,6	22	47,8	16	32,0	19	35,2
URD	11	21,6	7	14,9	3	5,8	1	2,1										
COPEI	6	11,8	8	17,0	16	30,8	13	27,7	21	47,7	14	31,8	20	43,5	14	28,0	7	13,0
PCV	2	3,9																
IPFN			5	10,6														
FDP			4	8,5	2	3,8												
AD-OP			1	2,1														
MEP					5	9,6	2	4,3										
CCN					4	7,7	1	2,1										
FND					1	1,9												
PRIN					1	1,9												
UPA					1	1,9												
MAS							2	4,3	2	4,5	2	4,5	3	6,5	5	10,0	5	9,3
NGD													1	2,2				
LCR															9	18,0	1	1,9
CONVERGENCIA															6	12,0	2	3,7
MVR																	12	22,2
PRVZL																	4	7,4
APER																	1	1,9
IRENE																	1	1,9
PPT																	1	1,9
RENOV																	1	1,9
Total	51	100,0	47	100,0	52	100,0	47	100,0	44	100,0	44	100,0	46	100,0	50	100,0	54	100,0

FUENTE: Consejo Supremo Electoral (1987, 1993a, 1993b 1998)

En la Cámara de Diputados, dado que en cada circunscripción se elegía un número mucho mayor de representantes (que variaba de acuerdo a la población de la respectiva entidad federal), el sistema de representación proporcional funcionaba con mayor amplitud y las "desproporciones" entre votos y cuotas parlamentarias eran mucho menores.

149

Tabla 10:
Número y porcentaje de Diputados electos por partido (1958-1998)

Partido	1958		1963		1968		1973		1978		1983		1988		1993		1998	
	#	%	#	%	#	%	#	%	#	%	#	%	#	%	#	%	#	%
AD	73	54,9	66	37,1	66	30,8	102	51,0	88	44,2	113	56,5	97	48,3	55	27,1	62	30,0
URD	34	25,6	29	16,3	17	7,9	5	2,5	3	1,5	3	1,5	2	1,0	1	0,5	1	0,5
COPEI	19	14,3	38	21,3	59	27,6	64	32,0	84	42,2	60	30,0	67	33,3	53	26,1	28	13,5
PCV	7	5,3			5	2,3	2	1,0	1	0,5	3	1,5	1	0,5			1	0,5
IPFN			22	12,4														
FDP			16	9,0	11	5,1												
AD-OP			5	2,8														
MENI			1	0,6														
PSV			1	0,6	1	0,5												
MEP					25	11,7	8	4,0	4	2,0	3	1,5	2	1,0	1	0,5	1	0,5
CCN					21	9,8	7	3,5										
FND					4	1,9												
PRIN					4	1,9												
MAN					1	0,5												
MAS							9	4,5	11	5,5	10	5,0	18	9,0	24	11,8	17	8,2
MIR							1	0,5	4	2,0	1	0,5						
OPINA							1	0,5			3	1,5	1	0,5				
PNI							1	0,5										
CC									1	0,5								
LS									1	0,5	1	0,5						
MIN									1	0,5	1	0,5			1	0,5	1	0,5
VUC									1	0,5								
NA											1	0,5						
LCR													3	1,5	40	19,7	6	2,9
NGD													6	3,0	1	0,5		
F-1													2	1,0				
ORA													2	1,0	1	0,5	1	0,5
CONVER															26	12,8	4	1,9
MVR																	46	22,2
PRVZL																	20	9,7
APER																	3	1,4
IRENE																	2	1,0
PPT																	7	3,4
RENOV																	2	1,0
OFM																	2	1,0
SI																	1	0,5
MDP-BR																	1	0,5
UDH																	1	0,5
Total	133	100,0	178	100,0	214	100,0	200	100,0	199	100,0	200	100,0	201	100,0	203	100,0	207	100,0

FUENTE: Consejo Supremo Electoral (1987, 1993a, 1993b 1998)

Pero uno de los aspectos más importante de la representación parlamentaria, es determinar si el partido que ha alcanzado el Gobierno (en el caso de Venezuela, el partido que ha ganado la Presidencia) cuenta con mayoría parlamentaria suficiente, como para permitirle que el Congreso tome las decisiones que son necesarias para gobernar, o, por el contrario, va a tener necesidad de recurrir a una coalición en materias legislativas con otros partidos. (Se trata de la distinción que he desarrollado en la primera parte de este libro entre sistemas de *partidos mayoritarios* y sistemas de *coaliciones de partidos (vid. supra*, pp. 50-51). Pues cualquier gobierno, aunque se trate de un régimen presidencialista como el venezolano, requiere contar con una mayoría en el Congreso, y a falta de ella se pueden producir conflictos irresolubles que paralicen la acción gubernamental. Precisamente uno de los reproches más frecuentes de los especialistas en política comparada a los sistemas de representación proporcional, es que, como quiera que dichos sistemas propician la dispersión del voto y de la composición del parlamento, pueden conducir a la ingobernabilidad del sistema o a la irresponsabilidad de los partidos.

Pero este reproche, que es justo cuando se dirige a un régimen parlamentario, no es aplicable necesariamente a un régimen presidencialista como el venezolano (véase, sobre esta cuestión, Duverger (1984: 36–37); Johnston (1984: 68–69)). Es cierto que puede ocurrir que un Presidente elegido por una mayoría relativa no cuente con una mayoría parlamentaria; pero esto, que ha sucedido más de una vez en Venezuela, se ha podido solucionar, como veremos, sin serios peligro para la estabilidad del sistema, siempre que tanto el partido del Presidente como los de la oposición estén dispuestos a transacciones y compromisos. Sin embargo, cuando un Presidente que logra conquistar la Jefatura del Estado, quiere introducir cambios radicales, que no serían aceptables para la oposición, y no cuenta con la mayoría de votos del Congreso, la gobernabilidad se vuelve imposible y la única solución es su renuncia o la ruptura con la Constitución vigente. Esto último es lo que hizo Hugo Chávez después de haber conquistado la Presidencia, pero sin mayoría legislativa, en 1998.

Pasemos una rápida revista a lo ocurrido desde 1958 hasta 1993. AD pudo contar con mayoría absoluta de los integrantes del Senado y de la Cámara de Diputados, tras las elecciones de 1958, 1973 y 1983. En 1988 estuvo muy cerca de obtenerla, pero en principio, en circunstancias normales, no debería haber tenidos dificultades para conseguir los pocos votos que le faltaban.

COPEI, en cambio, nunca gozó de la mayoría absoluta del Congreso, ni aun cuando ganó la Presidencia de la República (como ocurrió en 1968 y 1978). Ante la falta de una mayoría propia en el Congreso, los Presidentes venezolanos han recurrido a distintos tipos de coaliciones o alianzas con otros partidos: unas veces a coaliciones gubernamentales relativamente permanentes, otras a alianzas parlamentarias ocasionales para la aprobación puntual de asuntos concretas (llamadas "coincidencias parlamentarias", en la terminología política usual de Venezuela).

Repito que en un caso como el de Hugo Chávez, elegido Presidente en 1998, pero sin contar con una mayoría parlamentaria, y sin estar dispuesto a gobernar moderadamente, negociando con la oposición acuerdos aceptables por ambas partes, la situación iba a conducir a una ruptura del orden constitucional entonces vigente.

En todo caso, en Venezuela se ha acudido a formar distintos tipos de coaliciones políticas entre partidos, que respondían a necesidades también diversas como veremos detenidamente al examinar en los capítulos sobre "Las Aventura del Sistema" y "las Desventuras del Sistema".

13. *De 1958 a 1988: de la fragmentación a la polarización electoral*

En Venezuela, los resultados de los tres primeros procesos electorales que tuvieron lugar tras la restauración de la democracia (1958, 1963 y 1968), parecían indicar una tendencia hacia la fragmentación del voto que, en el extremo, podría desembocar en su total atomización. Sin embargo, a partir de 1973 se produjo el fenómeno que suele denominarse *polarización electoral*[65], que va a durar durante las cuatro elecciones siguientes, hasta la de 1988 inclusive. Analicémoslo detenidamente.

13.1. *Descripción y cuantificación de la polarización*

En lo que se refiere a la elección del Presidente de la República, la Constitución venezolana acogió el principio de mayoría relativa (lo que en inglés se conoce como *plurality rule* o *first–past–the–post*), que tiene el peligro de que una excesiva multiplicación de candidatos, unida a una pareja división del voto entre todos ellos, puede llevar a la victoria de algún candidato de un partido extremista que, aunque dispone de la mayoría relativa de los votos, cuenta con un fuerte repudio de la mayoría del electorado. Los resultados de los tres primeros procesos electorales que tuvieron lugar en Venezuela tras la restauración de la democracia (1958, 1963 y 1968), hacían presagiar que tal amenaza se podía convertir en realidad, pues mostraban una tendencia hacia la fragmentación del voto que en el extremo podría desembocar en su total atomización[66]. Basándose en tal tendencia, un reputado analista político venezolano afirmó que en el futuro no sería posible un gobierno mayoritario fuerte, pues se iba a producir inevitablemente una progresiva disminución del porcentaje de votos que favorecerían al candidato y al partido ganador; y llegó incluso a predecir que para las elecciones de 1973 ningún candidato o partido podría obtener más del 25% de los votos válidos (Brewer-Carías 1973: 103–127). Pero esas predicciones resultaron totalmente equivocadas, pues 1973 fue más bien el año en que se inició el fenómeno que en Venezuela suele denominarse *polarización electoral*[67], que significó la total desaparición de la

---

65   En Venezuela al término "polarización" en materia electoral, se le ha dado un significado distinto al usual en la literatura especializada de habla inglesa, en la que se suele en la que se suele emplear para los casos en que las preferencias electorales se concentrar en dos partidos que expresan ideologías extremas. En nuestro país, en cambio, los dos centros de atracción de los votantes, a los que se refiere la polarización, son partidos que han sufrido un proceso de progresiva desideologización, que se han vuelto crecientemente pragmáticos y convergen en sus ofertas electorales hacia el centro del electorado.

66   Los datos y análisis que siguen de las secciones 3–6, han sido extractados de: Rey 1989b: 41–61.

67   En Venezuela se le da a este término un significado distinto al que es usual en la literatura especializada de habla inglesa. En los Estados Unidos se suele hablar de *polarización* en aquellos casos en que las preferencias electorales se concentran en dos partidos que expresan ideologías extremas. En Venezuela, en cambio, se usa dicho termino para referirse solamente a la existencia de dos partido que constituyen

tendencia observada en los procesos electorales anteriores, y la aparición de una nueva de sentido contrario, que se robustecería progresivamente en las elecciones de los 15 años siguientes[68].

Para las elecciones nacionales celebradas desde 1958 hasta 1968, el análisis del porcentaje de votos *grandes* que recibieron los dos principales partidos (AD y COPEI[69]) a favor de sus tarjetas "grandes", así como el porcentaje de sus tarjetas "pequeñas" y el número y porcentaje de representantes en el Congreso Nacional (diputados y senadores), que obtuvieron, parecen confirmar que se produjo una tendencia a la dispersión y fragmentación creciente de los votos. Pero la situación cambia radicalmente a partir de 1973, cuando comienza una progresiva *polarización* que se mantiene hasta 1988 inclusive (pueden verse las cifras en las Tablas 5, 9 y 10), como se representa gráficamente en las Figuras 2 y 3.

Existen muchas maneras, desde las más sencillas a las más refinadas, de tratar de medir los fenómenos de dispersión o polarización del voto, así como diversos índices de su fragmentación (véase, por ejemplo, Rey (1990: 100-103; 1994: 6-17). Uno de los más sencillos es sumar el porcentaje de votos de las dos primeras fuerzas electorales, como se puede ver a continuación. Con el fin de introducir una mayor precisión en nuestra evaluación utilizaremos, como índices del grado de concentración, las sumas acumulativas de los dos primeros paridos partidos, tal como aparecen en la Tabla 11, y cómo puede verse gráficamente en la Figura 4.

---

los principales centros de atracción de los votantes; pero esos dos partidos, en el caso venezolano, han experimentado un proceso de progresiva desideologización, volviéndose crecientemente pragmáticos y convergiendo en sus ofertas electorales hacia posiciones de centro.

68 Contradiciendo otro análisis más detallado del mismo autor (Brewer-Carías : 1975: Caps. 9-11), publicado después de conocerse los resultados de las elecciones de 1973, en el cual insistía en sus argumentos anteriores. Alegaba que la polarización imprevista que se produjo en 1973 sólo cambio momentáneamente los efectos del sistema electoral venezolano (p. 201); que los fenómenos polarizadores no alteraban permanentemente la lógica del sistema; y que, por tanto, la polarización era un fenómeno meramente circunstancia.

69 Aunque en todas las elecciones, entre 1963 y 1993, COPEI consiguió el segundo lugar en cuanto al número de votos, en las de 1958 ocupó en tercer (el segundo fue para URD).

Tabla 11

**Porcentaje acumulativo de votos para los
dos primeros partidos en las elecciones
(1958-1998)**

	1958	1963	1968	1973	1978	1983	1988	1993	1998
Votos "grandes"	79,85	53,00	56,14	83,93	88,59	87,96	92,84	40,26	68,92
Votos "pequeños"	76,21	53,63	49,58	74,68	79,49	78,66	74,60	46,43	44,3

FUENTE: Elaboración propia a partir de los datos de las Tablas 5, 6 y 7.

Figura 4

**Porcentaje acumulativo de votos para los dos primeros
partidos en las elecciones (1958-1998)**

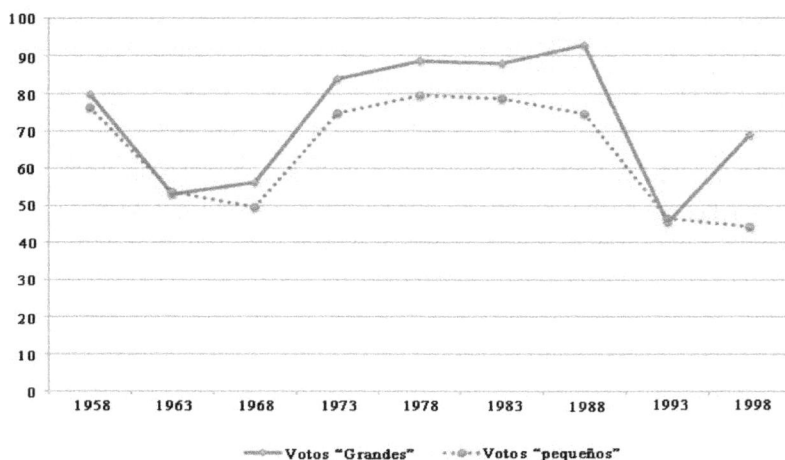

———Votos "Grandes"   ·∙·∙·Votos "pequeños"

FUENTE: Elaboración propia a partir de los datos de las Tabla 7

El año 1958 la suma las dos primeras fuerza, que fueron AD y URD alcanzó el 79,85% de los votos "grandes", pero hay que tener en cuenta que ese año sólo hubo tres candidatos a la presidencia de modo que COPEI, partido que presentó al otro candidato, obtuvo el 15,16%. De modo que el 5% de votos "grandes" restantes se repartió entre cuatro pequeños partidos que apoyaron con su votos las candidaturas de URD y de COPEI (véase los detalles en la Tabla 6). Pero, a partir de 1963 vemos que los porcentajes sumados de los *votos grandes* de AD y COPEI siguen una trayectoria ascendente continua, con solo una ligera baja en 1983. En cambio, la trayectoria de los *votos pequeños* sumados de ambos partidos muestra tres descensos (en 1968, 1983 y 1988), y además, se observa un continuo aumento de la distancia existente entre la línea que representa la suma de los porcentajes de las *tarjetas pequeñas* y la línea que representa la suma de los porcentajes de *tarjetas grandes*. Esto sugiere que mientras la tendencia de los votos de las *tarjetas grandes* conduce hacia el bipartidismo, el de las *tarjetas*

154

pequeñas obedece a otra lógica, en virtud de la cual el resultado se va alejando, en forma paulatina pero continua, del bipartidismo.

Esta progresiva diferenciación del monto de los porcentajes de los voto "grandes" y de los "pequeños" que se produce en los años sucesivos, se observa también al examinar por separado los votos de los dos principales partidos (véase Tablas 7 y Figuras 2 y 3). En el caso de AD puede verse que a partir de 1963 y con la sola excepción de 1978, la distancia entre la línea que representa los *votos grandes* y la de los *pequeños* aumenta en cada elección sucesiva. En el caso de COPEI, ocurre lo mismo desde 1958, con la única excepción del año 1983. En ambos casos los datos sugieren que el *voto grande* y el *voto pequeño* obedecen a dos lógicas distintas que se van diferenciando en forma paulatina pero continua.

Podemos introducir un mayor refinamiento en nuestro análisis, utilizando una medida más sofisticada del grado de concentración o dispersión de los votos, como es el *Índice de Fraccionamiento* desarrollado por Rae, que toma en cuenta los votos obtenidos por todos los partidos, y que es sensible tanto a la igualdad relativas de los porcentajes obtenidos por los partidos como al número de éstos[70]. He calculado el índice de fraccionamiento para las elecciones venezolanas, que se celebraron dese 1958 a 1988, y el resultad numérico aparece en la Tabla 12 y la representación gráfica de la trayectoria de ese índice en Figura 5.

---

70   Este índice está basado en una medida de la probabilidad de que cualquier par de votantes, seleccionados al azar, haya elegido partidos diferentes en una elección dada. La fórmula propuesta por Rae es:

$$F_e = 1 - \left(\sum_{i=1}^{n} T_i^2 \right)$$

en donde *Fe* representa el *índice de fraccionamiento*; *n* el número de partidos que participan en una elección; y *Ti* el porcentaje de votos que obtiene un partido en esa elección. Entonces el índice se calcula restando de 1 la sumatoria de los cuadrados de los porcentajes de votos obtenidos por todos los partidos. El valor del fraccionamiento ocupa un continuo que puede ir desde el *no fraccionamiento*, y por consiguiente, existe una máxima concentración del voto, en un sistema monopartidista perfecto (*Fe* igual a cero), hasta el fraccionamiento completo, algo que nunca puede existir en la realidad, en el que el valor límite de es igual a uno. Bajo un sistema perfectamente monopartidista, no hay fraccionamiento y no existiría ninguna probabilidad de que dos votantes hubiesen elegido diferentes partidos (por tanto, igual a cero). Bajo un sistema bipartidista perfecto, se da una forma intermedia de fraccionamiento y existe una probabilidad del cincuenta por ciento de que dos votantes hubieran elegido diferentes partidos (por tanto, *Fe* igual a 0.5). En un sistema imaginario, en que cada votante eligiera su propio partido, existiría una forma extrema de fraccionamiento, de modo que cualquier par de votantes necesariamente habrían elegido partidos diferentes (por tanto, *Fe* es igual a la unidad). Véase Rae (1971: 55–58).

Tabla 12:

Índice de Rae del "fraccionamiento" partidista, de acuerdo a los votos "grandes" y "pequeños", en las elecciones nacionales: 1958–1988

Año	Fraccionamiento de los votos "grandes"	Fraccionamiento de los votos "pequeños"
1958	0.640	0.657
1963	0.786	0.790
1968	0.792	0.835
1973	0.634	0.702
1978	0.605	0.678
1983	0.585	0.663
1988	0.560	0.704

FUENTE: Cálculos propios, a partir de los datos de Consejo Supremo Electoral (1987, 1993a, 1993b 1998)

Figura 5

Trayectoria del "fraccionamiento" partidista según los votos "grandes" y los "pequeños": (1958–1988)

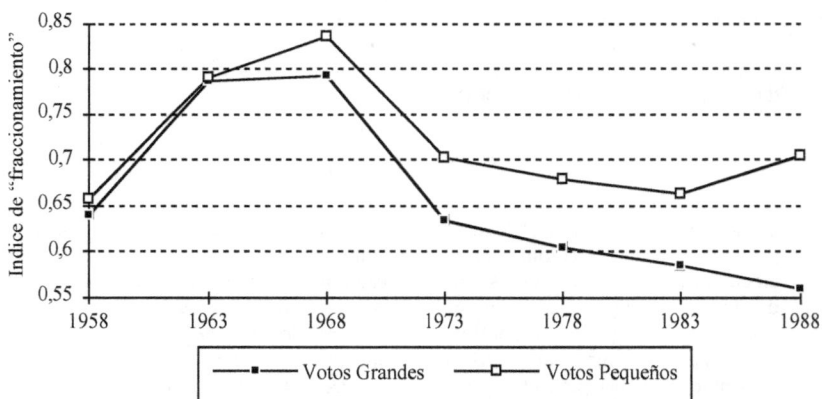

FUENTE: Elaboración propia a partir de los datos de la Tabla 12.

Tanto para los *votos grandes* como para los *pequeños* la trayectoria entre 1958 y 1968 indica un aumento continuo del fraccionamiento, más pronunciado para los *votos pequeños*. Después de ese último año, la trayectoria tanto de los *votos grandes* como de los *pequeños* cambia de dirección, indicando una disminución del fraccionamiento; pero en tanto que para los *votos grandes* esta tendencia se mantiene en forma continua de 1978 a 1988, mientras que en el

156

caso de los *pequeños* se interrumpe de nuevo en 1983; de modo que para 1988 vuelve a aumentar el índice de fraccionamiento, que se coloca en un nivel ligera mente superior al de 1973. Pero lo más importante es, como muestra la Figura 5, que a partir de 1963 el índice de fraccionamiento de los *votos grandes* y de los *pequeños* se va separando en forma paulatina pero continua. En ese proceso el año 1988 parece representar un punto crucial, no sólo porque tal separación alcanza el valor máximo de la serie, sino principalmente porque las dos líneas que representan el fraccionamiento de los votos comienzan a transitar en direcciones contrarias: ascendente la de los *votos grandes* y descendente la de los *pequeños*. La trayectoria del índice de fraccionamiento, que ha sido construido tomando en cuenta todos los partidos políticos, confirma la conclusión de que los *votos grandes* y los *pequeños,* parecen obedecer a dos lógicas diferentes, y que la diferenciación entre ambas se produce de una manera paulatina pero continua.

13.2. *Explicaciones alternativas de la polarización*

Se han propuesto diversas alternativas para explicar la *polarización* electoral que se produce en Venezuela a partir de 1973[71]. Uno de estos modelos utiliza como principal factor la cultura (o subcultura) política y las formas de socialización a partir de los cuales se transmite; y dentro de ella la *predisposición partidista* —entendida como conducta expresiva, normativa o simbólica y no como conducta racional— ha sido considerada como la variable explicativa fundamental. Desde esta perspectiva se ha afirmado que el proceso de polarización del voto, que se produce a partir de 1973, se debe a un aumento y consolidación de las preferencias partidistas en favor de AD y COPEI (Torres 1980a: 17), y el hecho de que se produjera a partir de esa fecha se explicaría por el "tiempo" necesario para que tuviera lugar el fenómeno de socialización partidista (Torres 1980b, 1982). Dejando al lado las serias dificultades que presenta la utilización de la variable *"partidismo"*,[72] lo cierto es que tal modelo puede servir para dar cuenta de la existencia de una base (o de un *piso*) de lealtades consolidadas con las que pueden contar los dos partidos mayoritarios, pero no resulta suficiente para explicar los importantes cambios cuantitativos en el soporte electoral de AD y COPEI, que determinan el eventual triunfo, o —lo que es más importante— la creciente diferencia entre la trayectoria de los *votos grandes* y la de los *pequeños*.

Otra alternativa consiste en la utilización de modelos de elección racional, que en el caso de Venezuela, aunque no han sido casi empleados por los especialistas en el análisis político, son muy populares, en cambio, en las explicaciones que los políticos profesionales, los periodistas y la gente común

---

71 Los primeros análisis que trataron de explicar la polarización fueron los de un grupo de políticos copeyanos (Rodríguez Iturbe *et alii* 1974), y otro de intelectuales de izquierda (Álvarez *et alii* 1974)

72 Unas de esas dificultades se refiere a su conceptualización y al poder hacer operativa la variable; y otras al soporte empírico necesario para poder probar su existencia y al peso que tienen el comportamiento del venezolano (Baloyra 1980, Bloom 1980).

suelen hacer del fenómeno, pues consideran que la *polarización* es consecuencia de la llamada e*conomía del voto*. Según el principio de *economía del voto*, los electores que estiman que sus candidatos favoritos para la presidencia tienen poca o ninguna probabilidad de ganar, se ven inducidos, en función de cierto cálculo, a votar por los candidatos de AD o COPEI para no "perder" su *voto grande*. Esto ocurre porque los sistemas electorales basados en la mayoría relativa (como el adoptado en Venezuela para la elección del Presidente de la República), son particularmente vulnerables, cuando en la elección intervienen más de dos candidatos, a una particular forma de cálculo o de *voto sofisticado*, que es la que en Venezuela se llama (con una expresión que me parece muy apropiada) *economía del voto*[73].

Se trata de un argumento conocido, desde hace mucho tiempo, por los políticos profesionales de todos los países, y que es usado, al parecer con éxito, por los partidos mayoritarios en las campañas electorales. Desde el punto de vista teórico, su formulación se debe a aquellos autores que han desarrollado modelos de decisión racional para explicar el comportamiento del votante. Downs resume el argumento con singular claridad:

> "Un votante racional decide primero qué partido cree que le beneficiará más; después trata de estimar si ese partido tiene alguna oportunidad de ganar. Hace esto porque su voto tiene que ser utilizado como parte de un proceso de selección, no como la expresión de una preferencia. Por tanto, aunque prefiera al partido *A*, estaría "malgastando" su voto en *A* si éste no tiene oportunidad de ganar porque muy pocos otros votantes lo prefieren a *B* o a *C*. La elección relevante, en este caso, es entre *B* y *C*. Sería irracional emitir un voto por *A*, pues no es útil en el proceso efectivo de selección" (Downs 1957: 48).

Por su parte, Black (1958: 81–82), en su obra clásica, afirmaba que el sistema de elección por mayoría relativa, lleva casi siempre a que el elector vote por uno de los partidos que tiene más probabilidades de ganar, a los cuales se reduce en la práctica la pelea; y explicaba que esto ocurre porque un voto por cualquier otro partido es considerado generalmente como un "voto perdido" o, a lo más, como la expresión de una piadosa protesta que no tendrá ninguna influencia sobre la decisión en disputa.

La famosa "ley de Duverger –según la cual el escrutinio en sistemas de mayoría relativa, de una sola vuelta, tiende a generar el bipartidismo, en tanto que la representación proporcional tiende a propiciar el multipartidismo– es una expresión de ese mismo principio, pues es explicada por su autor como el

---

73 Es oportuno recordar que no existe ningún sistema de votación ni puede concebirse ninguno que esté a salvo de algún tipo de cálculo estratégico. Es cierto que algunos de esos sistemas son inmunes al mecanismo de la *economía del voto*, pero en cambio son más vulnerables a otras formas de voto estratégico, a veces mucho más graves Para una discusión general del problema puede verse, Riker (1982a, especialmente Capítulos. 4 y 6).

resultado del comportamiento de los electores deseosos de no perder su voto[74]. En efecto, si el sistema de elección consagra como ganador a quien obtenga mayoría relativa y sólo existen dos candidatos, el votante votará sinceramente por su candidato favorito; pero si hay más de dos candidatos que aspiran a la elección, y si su candidato favorito tiene pocas probabilidades de resultar ganador, entonces no votará en forma *sincera* por él, sino que votará en forma *sofisticada* por alguno de los candidatos que tienen más probabilidades de triunfar, aunque no sea el que ocupa el lugar más alto en su orden de preferencias. Distinto es el caso de un sistema de representación proporcional, especialmente en los casos –como el de Venezuela– en que cualquier partido, con pocos votos que reciba, puede obtener alguna representación en el Parlamento, así sea pequeña, la cual puede proporcionarle un monto de poder insospechado[75]. En tales casos el argumento del "voto perdido" no funcionará, de modo que el elector votará sinceramente por el candidato que ocupe el primer lugar en su orden de preferencias.

Hay evidencia empírica de la existencia de un alto grado de *voto sofisticado*, semejante al que cabría esperar si la "ley de Duverger" fuera cierta, en países tales como Alemania, Canadá, Estados Unidos y Gran Bretaña; pero pese a los resultados de ciertas investigaciones, no faltan quienes disputan seriamente el argumento. Véanse las referencias en Riker (1982: 762–764).

En Venezuela, como ya hemos visto, Brewer-Carías (1973, 1975) intentó utilizar la "ley de Duverger" para explicar la fragmentación partidista que se produjo en las elecciones anteriores a 1973 y para predecir que en el futuro aumentaría esa tendencia. El fracaso de tal intento de explicación y predicción no se debe a defectos de la "ley" en cuestión, sino a una incomprensión de su significado por parte de quien trató de aplicarla. En efecto, las elecciones nacionales venezolanas se realizan en un solo acto, en el que se vota para elegir al mismo tiempo, al Presidente de la República y a los miembros del Congreso; pero no se puede perder de vista que se trata de dos votaciones, que se llevan a cabo mediante dos tarjetas distintas (la *grande* para el Presidente de la República y la *pequeña* para los cuerpos deliberantes), de modo que constituyen en realidad dos elecciones diferentes, que están sometidas a dos sistemas distintos de representación: el sistema de mayoría relativa, en el primer caso, y el sistema representación proporcional, en el segundo. Entonces, si la "ley de Duverger" es cierta, hay que suponer que las dos elecciones deberían ser analizadas utilizando

---

74   Para la formulación original de la "ley", véase: Duverger (1950, 1951). Para un análisis retrospectivo por su autor: Duverger (1986). Para una historia intelectual de la "ley de Duverger": Riker (1982).

75   Como es sabido, el número de votos de que dispone un partido en el Parlamento, no constituye una expresión adecuada de su grado de poder que puede depender, más bien, por la probabilidad de ser el "pivote" de una *coalición ganadora* (o también de una coalición de *bloqueo*), lo cual depende de las reglas para la toma de decisiones que se aplican en ese Parlamento y de la forma en que están distribuidos los es caños entre los distintos partidos. Véase, en el caso de Venezuela: Rey (1989b: 35–40)

dos modelos distintos de decisión, que obedecen a lógicas también diferentes: en el caso del *voto grande* funcionará el mecanismo de la *economía del voto*, mientras que el *voto pequeño*, en cambio, será *sincero*. De acuerdo a los modelos teóricos propuestos por Duverger, en el primer caso los resultados electorales tenderán a consagrar el bipartidismo y, en cambio, en el segundo caso propiciarán el multipartidismo. Pero Brewer-Carías parecía creer que lo que provocaba el fraccionamiento partidista en nuestro país era la lógica que imponía la elección con la tarjeta pequeña, sin tener en cuenta que en Venezuela se realizaban en el mismo acto, dos elecciones, la de elegir los cuerpos deliberantes, y simultáneamente otra con la tarjeta grande, para elegir al Presidente. Pero para muchos venezolano esta última elección podía ser la mas importante, de modo que la lógica racional de la misma (la "economía del voto", puesto que es una elección bajo el principio de mayoría relativa) prevaleciera en ambas elecciones (*vid. infra*, la sección «El "arrastre" del voto pequeño por el voto grande», pp. 164-165). En tal caso, en vez de una creciente dispersión de votos y atomización partidistas, lo que cabría esperar, si la "ley de Duverger" fuera cierta, es una concentración de los sufragios y una tendencia hacia el bipartidismo.

En todo caso, varios de los datos empíricos que hemos examinado, parecen insinuar que en Venezuela se produjo una gradual diferenciación entre los dos tipos de decisión que efectuaba un ciudadano cuando vota en una elección nacional, diferenciación que es semejante a la que cabría esperar si la "ley de Duverger" fuese verdadera. Así, hemos visto que la evolución del porcentaje de votos de AD y COPEI indica un gradual aumento de la distancia entre las *tarjetas grandes* y las *pequeñas*, como si se tratara de dos procesos que obedecen a dos lógicas distintas y que se van diferenciando de manera paulatina pero continua. Hemos visto, también, que algo semejante se percibe para el conjunto de los partidos, cuando analizamos la evolución del índice de fraccionamiento de los *votos grandes* y *pequeños*. Pero hay algunos datos adicionales que parecen apoyar esa hipótesis.

13.3. *La "incoherencia en los votos" y los "votos cruzados"*

Si las elecciones venezolanas respondieran realmente a los dos modelos teóricos desarrollados por Duverger, una de las consecuencias empíricas que habría que esperar es que se producirá una importante cantidad de *"votos cruzados"* (por *"votos cruzados"* entiendo que el *voto grande* y el *pequeño*, emitidos por una misma persona, son a favor de partidos diferentes); y habrá que esperar, también, que como resultado de ese *cruzamiento*, los partidos mayoritarios (en nuestro caso AD y COPEI) deberán recibir más *votos grandes* que *pequeños*, en tanto que en el caso de los partidos minoritarios, ocurrirá lo contrario. De modo que los electores que se sienten identificados con los partidos minoritarios, votarán *sinceramente* por éstos con la *tarjeta pequeña* (pues aquí, dado el sistema de representación proporcional existente, no deben tener el temor de "perder" el voto); pero en cambio, muchos de esos mismos electores votarán con la *tarjeta grande* por uno de los partidos mayoritarios (pues en este caso, dado el sistema de mayoría relativa vigente, funcionará la *economía del voto*).

En otras palabras: los pequeños partidos "perderán" *votos grandes*, que serán "ganados" por los partidos mayoritarios. Esto explicaría el hecho muy frecuente —como puede verse en detalle si se examina la Tabla 5— de que muchos partidos pequeños, si bien elaboran y postulan sus propias listas de candidatos parlas elecciones a los cuerpos deliberantes, en cambio para las del Presidente de la República no presentan un candidato partidista propio, sino que prefieren apoyar con la tarjeta "grande" correspondiente a sus partidos, a un candidato de uno de los partidos mayoritarios con mayor posibilidad de ser elegido, a cambio de favores que esperan recibir de él, en caso de que triunfe[76].

Ahora bien, aunque carecemos de estudios sobre los patrones de cruzamiento de los votos individuales, disponemos en cambio de datos agregados sobre los *votos grandes* y *pequeños* recibidos por cada uno de los diversos partidos en las distintas elecciones en las que participaron, en los 30 años del periodo que nos interesa (1958-1988), y el análisis de su grado de *coherencia* resulta de gran interés[77]. Par ello procedí a calcular, para cada partido, el *grado de incoherencia* de los *votos* de las *tarjetas grandes* y *pequeñas* que recibió, utilizando dos criterios diferentes: el primero (I), la variación relativa del número absoluto de *votos "grande"* con respecto al número de los *pequeños*. Es decir: si llamamos *"a"* al número absoluto de votos "grandes" que recibe un partido en una elección, y llamamos *"c"* al número absoluto de sus votos pequeños, entonces el índice de incoherencia será: $(a-c)/c$. El segundo índice, más sencillo, será (II) la diferencia entre el porcentaje de sus votos "grandes" y el de sus votos "pequeños. De modo que si llamamos *"b"* al porcentaje de sus votos grandes, y *"d"* al porcentaje de sus votos pequeños, entonces el otro índice de incoherencia sería, simplemente: $b-d$.

Aunque los dos criterios no son equivalentes, en ambos casos un *índice positivo de incoherencia* significa que el partido en cuestión recibió más *votos grandes* que *pequeños*, y un *índice negativo* significa lo contrario.

Si examinamos los índices que he calculado[78], vemos que en el primer proceso electoral correspondiente a 1958, no se puede apreciar que la variación

---

76 Otra razón que puede favorecer el que los partidos minoritarios apoyen con su tarjeta grande a un candidato de un partido mayoritario, puede tener que ver con el problema del posible "arrastre" del voto pequeño por el grande, y al "efecto portaaviones", según el cual, la popularidad del candidato a la presidencia puede hacer que los votantes decididos a votar por él, se muestren inclinados a acompañarlo votando con la tarjeta pequeña a favor de uno de los partidos que lo apoya. *Vid.* pp. 164-165.

77 Hablo de *"coherencia del voto"*, para referirme a los casos en que el elector al votar selecciona la tarjeta "grande" y "pequeña" de un mismo partido. En cambio, "incoherencia *del voto"* es equivalente a *voto cruzado*.

78 Como quiera que el material del cálculo de todos los índices, pese a su interés científico, es de considerable extensión, lo he incluido íntegro en un *Apéndice*, para que pueda ser consultado en detalle por los lectores interesados. *Vid. infra,* pp. 275-279.

de los índices de incoherencia de un partido a otro responda a algún patrón definido, pero las cosas cambian a partir de las elecciones siguientes. Ya para 1963, los partidos que ocupan los primeros puestos de acuerdo al número de *tarjetas grandes* recibidas, tienen en general *índices de incoherencia positivos* (la única, pero importante excepción, es COPEI), en tanto que los ubicados en los últimos puestos aparecen con *índices de incoherencia negativos*. En 1968 vemos que *todos los partidos que ocupan los seis primeros puestos. en cuanto a los votos grandes recibidos, tienen índices de incoherencia positivos*, en tanto que *de los diez partidos restantes sólo dos tienen índices de incoherencia positivos* (por cierto, comparativamente muy pequeños). En 1973 sólo *tres partidos tienen índices de incoherencia positivos*: AD y COPEI (es decir: los partidos que ocuparon el primero y segundo puesto en los resultados electorales de la presidencia) y OPINA, pero en este caso los índices son considerablemente inferiores. En 1978 *sólo* AD *y* COPEI *tienen índices de incoherencia positivos*. En 1983 AD y COPEI *vuelven a tener índices positivos*; también los tienen tres partidos minoritarios (como son ICC, NGD y MIO), pero lo interesante es que esta aparente excepción, más bien confirma la "ley de Duverger", pues *estos tres pequeños partidos no presentaron un candidato propio a la presidencia, sino que respaldaron con su* tarjeta grande *al candidato de uno de los principales partidos, COPEI,* de modo que los electores podían escoger la tarjeta grande de alguno de esos partidos, sin el temor de "perder" su voto, y algunos electores . Finalmente, en 1988 son de nuevo AD y COPEI *los únicos partidos que logran un índice de incoherencia positivo*. Esto podría significar que el mecanismo de la *economía del voto* requiere de un proceso de aprendizaje, de modo que comienza a funcionar, aunque en forma un tanto atenuada, en las elecciones de 1963, para desarrollarse más cabalmente en los posteriores procesos electorales.

Disponemos de datos de otra naturaleza que refuerzan esos hallazgos. El análisis de los mensajes utilizados por los partidos venezolanos, durante las campañas electorales, muestra que es en la campaña de 1968 cuando la idea de la *economía del voto* es utilizada por primera vez, como una estrategia electoral explícita por parte de COPEI (Álvarez s.f.: 200–205) para tratar de crear la imagen de ser el único partido cuyo candidato a la presidencia tenía posibilidades de derrotar al postulado por el partido de Gobierno (AD). Con este fin, el partido COPEI llegó a publicar en la prensa unas supuestas encuestas sobre las preferencias del electorado, en las que el candidato propio aparecía con una alta puntuación, muy próxima a la de *AD* y, en cambio, los restantes candidatos de los partidos de oposición se veían, comparativamente, muy disminuidos en sus posibilidades de triunfar. De esta manera se trataba de poner a funcionar el mecanismo de la *economía del voto*, pues se esperaba que los opositores del Gobierno votaran por el candidato copeyano, que aparecía como el único capaz de derrotar el candidato adeco. El candidato copeyano, Rafael Caldera, ganó efectivamente las elecciones de 1968, y aunque su triunfo no puede ser considerado como una prueba de que funcionó la *economía del voto*, el éxito de COPEI probablemente contribuyó a difundir la idea entre los periodistas y el gran público de Venezuela, de la existencia de ese mecanismo. La creciente y frecuente utilización de las encuestas con fines propagandísticos, que se produce en los procesos electorales posteriores –por ejemplo: la "guerra de las encuestas" en la campaña de 1973 (Martz y Baloyra 1976: 201 ss.)– tiene que ver con intentos de poner a funcionar (o a veces a detener) el mecanismo de la *economía del voto*.

13.4. El "arrastre" del voto pequeño por el voto grande

Hasta ahora hemos supuesto que la emisión del *voto grande* y del *pequeño* son dos decisiones autónomas, que obedecen a lógicas diferentes y que deben explicarse a través de modelos también distintos, y los datos empíricos que hemos utilizado parecen confirmarlo, al menos en parte. Sin embargo, el hecho de que los dos votos, el "grande" y el "pequeño", en principio distintos, deban emitirse en forma simultánea, puede significar que una de esas decisiones perturbe o interfiera de alguna manera a la otra; o se puede pensar, incluso, que los dos votos emitidos por una persona, forman parte, en realidad, de un acto de decisión único. En tal sentido se suele alegar, con frecuencia, que existe un fenómeno llamado de "arrastre" del *voto pequeño* por parte del *voto grande*. Esto significa que la elección de la *tarjeta pequeña* no es el producto de una decisión autónoma del elector, en función de sus preferencias por los distintos candidatos al Congreso, sino que depende de su decisión previa (sincera o sofisticada) sobre el candidato por el que va a votar como Presidente de la República. Si tenemos en cuenta nuestra tradición presidencialista y el papel central que la cultura política venezolana atribuye al Jefe del Estado, resulta razonable pensar que la figura del candidato a la presidencia puede ser fundamental para un buen número de electores, y que su voto por la *tarjeta pequeña* se haga en función de su *voto grande*. Esto es posible, a condición de que se considere la elección de ambas tarjetas como una sola decisión; de que se haga de la selección del Presidente y de los cuerpos deliberantes una decisión única. En tal caso, el votante ya no selecciona al Presidente de la República, por un lado, y al Congreso, por otro lado, sino que *elige de una sola vez un equipo de Gobierno, en el que lo esencial es la persona que ha escogido para encabezarlo como Presidente*. Así podemos ver que en las seis primeras elecciones nacionales (desde la de 1958 hasta la de 1983, inclusive), una buena parte de la propaganda electoral, sobre todo la de los partidos mayoritarios, pero también la de los otros, se ha basado en un modelo de decisión de este tipo: todo el énfasis de la campaña electoral se ponía en la persona del candidato a la presidencia, en tanto que las listas (o las *planchas*[79])

---

79 En Venezuela, desde fines del siglo pasado, a las *listas de candidatos* para las elecciones se les denomina *planchas*. La palabra *plancha* (en el sentido electoral) parece haber sido importada de Colombia, desde donde también pasó al Ecuador. En nuestro país la palabra *plancha*, alcanza por primera vez su consagración oficial, en la Ley electoral del 26 de septiembre de 1945 (en cuya elaboración que intervino decisivamente nuestro ya conocido abogado colombiano Franco Quijano), siendo a partir de entonces voz triunfante en nuestra legislación. Sin embargo, a partir de la reanudación de la democracia en 1958, la legislación electoral trata de suprimir sistemáticamente esa palabra, reemplazándola por el vocablo *lista*. Pero lo cierto es

de los candidatos a integrar los cuerpos deliberantes, eran considerados, simplemente, como el equipo que debería acompañar al Presidente y apoyar su obra. El voto que se pedía al elector en el caso de la *tarjeta pequeña*, era un complemento del voto en favor del candidato a la presidencia, pues se entendía que era el respaldo parlamentario necesario para que pudiera cumplir adecuadamente su gestión. El mismo formato de la *tarjeta grande* y la *tarjeta pequeña*, utilizada desde el principio en las votaciones venezolanas, sugiere al elector el carácter subordinado de la segunda elección. Y merece subrayarse que en los tarjetones de votación, utilizados antes de 1988, en la *tarjeta pequeña* correspondiente a cada partido, no aparecía el nombre ni el retrato de los candidatos al Congreso por los que el elector estaba votando si la elegía; pero en cambio, sí aparecía en esa tarjeta (además de aparecer también en la *tarjeta grande*) el retrato del candidato a la presidencia de la República al que apoyaba el partido respectivo. Es obvio que este procedimiento no solo reforzaba la tradición presidencialista de la historia de Venezuela, de forma que la elección del Congreso aparecía como una consecuencia de la elección previa del Presidente, sino que además podía crear la confusión, al menos en el caso de los electores sin suficiente cultura política, de que para votar válidamente por determinado candidato a la presidencia, era necesario elegir no sólo la *tarjeta grande* sino también la *tarjeta pequeña* del partido que lo postulaba, pues *en ambas tarjetas aparecía el retrato de ese candidato.*

El llamado "arrastre" del voto pequeño por el grande, en la medida que es el resultado una elección consciente, supone que el votante es partidario de un gobierno "fuerte"; es decir: de un gobierno que esté dotado de suficiente poder y, especialmente, que cuente con el respaldo parlamentario necesario para poner cumplir con su programa y con sus ofertas electorales. Es digno de notarse que por primer vez, en la campaña electoral de 1988, los partidos minoritarios que lograron atraer más *votos pequeños,* insistieron en la importancia y autonomía de este tipo de votación y subrayando las funciones controladoras que debe cumplir el Congreso frente al Ejecutivo.

13.5. *El "voto castigo" y la responsabilidad política del partido de gobierno*

En un largo ensayo que publiqué en 1994, traté de explicar las causas de la tendencia a la polarización que se había producido en nuestro país entre 1973 y 1988 (Rey 1994), Después de revisar y criticar varias de las explicaciones más comunes, sobre las causa de la polarización de nuestro país, y tras analizar los distintos modelos del acto del voto como una decisión racional, y confrontarlos con la evidencia empírica de la que disponíamos, llegué a sugerir la hipótesis de que el comportamiento electoral del venezolano, era la consecuencia del uso por parte de una mayoría de electores del llamado *voto negativo* o *voto castigo*, entendido como una decisión racional, tanto desde el punto de vista teórico como

---

que la mayoría del pueblo prefirió continuar hablando de *plancha*s. Véanse los comentarios sobre el uso y origen de tal palabra en Rosenblat (1974: 60–63)

normativo, para responder a la carencia de otros mecanismos instituciones necesarios para hacer posible la responsabilidad política de nuestro partidos gobernantes. Aquí sólo puedo presentar las conclusiones de dicho estudio[80].

Existen situaciones en unas elecciones en que el eventual triunfo de cierto candidato es percibido por un elector como el peor de los resultados posibles, pues en caso de ocurrir podría acarrear un mal o un daño de tal naturaleza que es preciso evitar a toda costa. Como consecuencia de tal percepción el elector en cuestión considera necesario minimizar la probabilidad de que ese candidato resulte elegido. Bajo tales condiciones su elección racional no será simplemente votar por alguno de los otros candidatos y, eventualmente, por aquel de ellos que le resulte preferible, sino que deberá votar precisamente por aquél que tenga más probabilidades de derrotar al candidato que es objeto de su máximo rechazo. Para ello no es necesario que el elector sea capaz de determinar, en términos cuantitativos precisos, cuál el grado de probabilidad del triunfo de cada candidato, pues le bastará con saber cuál es, entre los candidatos distintos al que quiere ver derrotados, el que tiene más probabilidades de ser elegido. En un caso como éste no hay ningún inconveniente en dar al concepto de *probabilidad* (subjetiva) un significado preciso, que puede ser traducido en términos operativos[81].

En el campo de la política comparada este tipo de decisiones y los correspondiente cálculos son relativamente frecuentes. Se dan cuando en unas elecciones un partido retira el candidato propio a favor del de otro partido al que atribuye más probabilidades de derrotar a un tercero, al que considera como una amenaza que en caso de triunfar acarrearía un grave daño, tal vez irreparable. En general, un cálculo semejante está detrás de los que podemos llamar *voto negativo*, es decir, aquellos casos en que el voto, en lugar de estar determinado por las cualidades positivas del candidato a favor del cual se emite, responde al deseo de *minimizar la probabilidad* de que otro candidato determinado resulte ganador.

Lo que en Venezuela suele llamarse comúnmente *voto castigo*, no es sino un *voto negativo* contra el candidato del partido que ocupa el gobierno. En tal caso, el votante no evalúa a los distintos candidatos que participan en las elecciones de acuerdo a sus méritos intrínsecos, sino que establece un orden de preferencias lexicográficas, cuya prioridad absoluta es minimizar la probabilidad de que resulte triunfador el candidato del partido de gobierno, con independencia de las cualidades o atributos personales que éste pueda poseer. Es evidente que una estrategia de este tipo llevaría a favorecer al candidato del partido de la oposición que tenga más probabilidades de derrotar al del gobierno.

---

80   Los interesado en los detalles técnicos de los problemas de la decisión racional, en los actos de votación, pueden consultar Rey (1994).

81   Para saber, desde un punto de vista operativo, cuál es el candidato al que el elector le atribuye más probabilidades de ganar, bastaría con ofrecerle un premio fijo si adivina cual de ellos resultará ganador.

Se trata de una estrategia electoral que en Venezuela fue utilizada, con éxito, por primera vez por COPEI en la campaña pectoral de 1968; y que en las campañas siguientes ha sido empleada por el principal partido de oposición, sea éste AD o el propio COPEI.

Se ha argumentado a veces (y no es casualidad que quienes lo han hecho hayan sido, casi siempre, personas del partido del gobierno) que el *voto castigo* es un acto irracional, por sus motivaciones y objetivos. Así, por ejemplo, durante la campaña electoral de 1983, frente a la estrategia electoral, que resulto muy exitosa, de AD, que llamaba al electorado a "castigar" al partido COPEI, entonces en el gobierno, por la mala actuación del Presidente Herrera, votando por el candidato adeco, los estrategas electorales copeyanos argumentaban que una elección racional debía basarse en las superiores cualidades positivas del candidato preferido, de modo que un voto "castigo" contra un candidato por ser el del partido de gobierno (que supondría una su descalificación *a priori,* sin comparar sus méritos intrínsecos con los de los candidatos) sería una decisión irracional. Se trata de un argumento que merece ser examinado con cuidado pues implica aspectos claves del significado del voto en una democracia representativa.

El voto no es sólo un procedimiento para seleccionar a la persona que es considerada más idónea, sino que también debe ser fundamentalmente, como hemos visto, un mecanismo para hacer efectiva la responsabilidad política democrática. Democracia no significa sólo que la mayoría elija al candidato de su preferencia, sino también que existen mecanismos que hacen posible la responsabilidad política, de modo que el candidato, una vez elegido, responda a las expectativas de quienes por él votaron y no los defraude incumpliendo sus ofertas electorales. En un régimen constitucional, en que el candidato electo no puede ser removido antes de termina su período, el *voto castigo* al terminar su periodo, sería el único mecanismo a través del cual puede hacerse efectiva una responsabilidad política mínima. En el caso de que la actuación del gobierno defraude e irrite a un número suficientemente grande de electores, la posibilidad de que éstos lo "castiguen" en las próximas elecciones, desplazándolo del poder, debería poder servir como una amenaza, que constituye uno de los pocos incentivos que tiene quienes gobiernan para que se preocupen por satisfacer las expectativas de quienes los eligieron y cumplan con sus ofertas electorales.

Pero bajo una Constitución como la venezolana de 1961, en que la reelección inmediata del Presidente estaba prohibido, el voto castigo no puede operar contra la persona del Presidente en ejercicio, pero sí contra el candidato de su partido, lo cual involucra que en realidad se exige la responsabilidad política colectiva e institucional del partido en cuestión, y no la responsabilidad personal de los candidatos. Pero, como vamos a ver, uno de las mayores fallas de los partidos políticos venezolanos es el haber renunciado a ejercer tal responsabilidad (*vid. infra,* pp. 272 ss.).

Las circunstancias extraordinarias de la crisis que se produce en Venezuela durante la segunda Presidencia de Pérez, crea las condiciones para que en las elecciones de 1993 el *voto negativo* no sea utilizado contra el Presidente interino, sino contra los dos partidos que durante los últimos 20 años venían ejerciendo un verdadero duopolio electoral, y finalmente, como veremos, en los últimos capítulos, al rechazo de los partidos políticos, en general, y en definitiva al rechazo el rechazo de la democracia representativa y al intento de sustituirla por una nueva forma de gobierno, llamada democracia participativa y protagónica, con la máxima exaltación del personalismo y la responsabilidad individual del Presidente de La República.

III. LAS AVENTURAS DEL SISTEMA

En lo que sigue no pretendo presentar una historia política de los distintos gobiernos democráticos, pues para ello existen otras fuentes de información adecuadas (por ejemplo, Urbaneja 2009). Lo que yo me propongo es desarrollar un somero análisis de las principales cambios que el sistema de partidos venezolano experimentó desde 1958 a 1998, y de sus relaciones con el gobierno y con el sistema político total.

14. *Betancourt (1959-1964): la fundación del sistema*

Bajo la Presidencia de Rómulo Betancourt funcionó en Venezuela el llamado *Pacto de Puntofijo*, un sistema de coalición gubernamental –primero de AD, URD y COPEI, y desde fines de 1960, sólo de AD y COPEI– que no respondía a la necesidad de asegurar una mayoría parlamentaria, pues como resultado de las elecciones de 1958, AD disponía de una cómoda mayoría en ambas Cámaras. Respondía a la exigencia de proporcionar un amplio apoyo, bajo la forma de "gran coalición", al nuevo régimen democrático recientemente instaurado, frente a quienes intentaban derrocarlo (Rey 1972).

Además, el Partido AD tomó la decisión, poca antes de las elecciones, de acuerdo a una propuesta del propio Rómulo Betancourt, de *librar de la disciplina partidista* a su candidato, durante todo el tipo que ejerciese la Presidencia de la República. Se trató de una decisión de gran importancia pues no sólo fue repetida para todos los candidatos posteriores de este partido, sino que también la adoptó COPEI para los suyos.

Se trataba de un recurso que originalmente debía cumplir dos funciones. En primer lugar que el Jefe de Estado pudiera ser considerado como el Presidente de todos los venezolanos, que iba a gobernar en función del interés común, y no como el jefe de una *facción* y de acuerdo al "espíritu de partido". Recuérdese que tal acusación fue unos de los principales pretextos que se usaron en1948 para justificar el derrocamiento de Gallegos; y que precisamente se atribuía a Betancourt ser el principal responsable del sectarismo partidista.

En segundo lugar, la liberación de la disciplina tenía también el propósito de que el Presidente dispusiera de suficiente libertad de maniobra para poder negociar y llegar a acuerdos con las directivas de los otros partidos y con las élites que integrarían el *sistema populista de conciliación*, sin el peligro de que los eventuales compromisos a los que llegara pudieran ser objetados por su propio partido.

Parece evidente, por tanto, que se trataba de recurso puramente temporal, para ser usado mientras que la democracia venezolana no se hubiere consolidado, pero que debería cesar cuando desapareciera la desconfianza de algunos sectores hacia la nueva forma de gobierno y ya no se necesitara de las permanentes gestiones personales del Presidente, en busca de compromisos y transacciones con otras fuerzas.

La liberación de su disciplina fue usada por Betancourt y por algunos otros Presidente con prudencia y moderación, y sin creer que ella le proporcionaba una carta blanca para gobernar a su antojo, pues se mantuvo en permanente consulta con la dirección de su partido, procurando concertar con ella las decisiones gubernamentales.

Pero cuando los sucesivos presidentes fueron automáticamente liberados de su disciplina partidista, y lo que fue un recurso que se justificaba temporalmente, por la existencia de circunstancias especiales, se convirtió en permanente, se iba a abrir paso a una degeneración progresiva del sistema de gobierno venezolano: lo que era en principio una democracia representativa tendería a convertirse en una *democracia delegativa*, en el sentido de O'Donell (*vid, infra*, p. 209). Los presidentes venezolanos quedaban eximidos de su responsabilidad política con su partido, pero como quiera que la Constitución de 1961 prohibió su reelección por dos periodos, quedaban también liberados de su responsabilidad política personal con el electorado. De forma que se convirtieron en *irresponsable desde el punto de vista político*, y sólo quedaban sujetos a la responsabilidad moral y jurídica, incluyendo la penal.

Si atendemos sólo a los aspectos cuantitativos de los resultados electorales de 1958 y a la consiguiente distribución de puestos en el Congreso (*vid. supra*, Tablas 9 y 10), podríamos decir, utilizando una de las tipologías más comunes, que estamos en presencia de un sistema en que AD era el "partido dominante", "partido predominante" o "partido hegemónico". Pero si examinamos el tipo de relaciones existentes entre los partido y en el interior de los mismos, nos encontramos que se trata de un sistema de partidos complejo que se caracteriza por dos tipos de relaciones: por un lado *relaciones de cooperación* entre los distintos integrantes de la coalición gubernamental (AD, COPEI y URD), y por otro lado *relaciones antagónicas* o de *conflicto existencial* entre éstos y el PCV. Pero, por otra parte, si examinamos las relaciones en el interior de AD y de URD, la situación se vuelve más compleja, por la situación existente en esos dos partidos, en los que había divisiones ideológicas, por lo que las relaciones en el interior de ellos no eran puramente cooperativas.

La juventud de AD, que se había desarrollado en la clandestinidad, sin contar con la guía ideológica de los viejos líderes fundadores de partido, pero en estrecho contacto, en cambio, con el PCV, había sido muy influida por la ideología marxista-leninista, y a partir de 1959 por la Revolución Cubana. Como consecuencia, en el interior de AD se habían presentado fricciones, entre otros motivos por las relaciones que debían ser mantenidas con el PCV, con el que muchos jóvenes adecos sentían gran afinidad ideológica. Para 1960 las relaciones en el interior de AD eran de abierto conflicto antagónico, que se

168

solucionó mediante la expulsión de la mayor parte de la juventud y de algunos dirigentes de mediana edad, que pasaron a formar el MIR, para unirse poco después con los comunistas en la insurrección armada contra el gobierno. Ambos partidos (MIR y PCV) fueron ilegalizados por un Decreto del Presidente, el 9 de mayo de 1962.

Con respecto a URD, también en su interior había importantes sectores, sobre todo jóvenes, influidos por el marxismo y simpatizantes de la Revolución Cubana, pero sin que las relaciones en el interior de este partido llegasen a adquirir el carácter de antagónicas, pues desembocaban, más bien, en constantes transacciones y compromisos entre las tendencias en pugna, que si bien evitaban la división provocaban constantes ambigüedades y tensiones en sus relaciones con los otros dos partidos del gobierno.

La táctica de Betancourt, según sus propias palabras, consistía en tratar de mantener la coalición gubernamental para así "aislar y segregar" a la oposición extremista es decir, a quienes no aceptaban las "reglas del juego" establecidas y eran los enemigos irreconciliables (Betancourt 1960: 496). La táctica de éstos, por el contrario, consistía en hacer énfasis en las fricciones que se producían en el seno de coalición gubernamental, para tratar de arrastrar a URD a la oposición.

A fines de 1960 URD se retiró de la coalición y pasó a la oposición, lo cual provocó un cambio de gran importancia en el sistema de partidos venezolano, pues introdujo un tipo de relaciones entre partidos muy común en países con una democracia consolidada, pero inexistente hasta entonces en la Venezuela democrática. Ahora surgía una *relación de conflicto agonal, no antagónico*, entre la coalición de gobierno (AD-COPEI) y URD. Se trataba de una situación llena de ambigüedades y peligros, porque no es sencillo determinar cuál es la conducta "racional" de los distintos actores en circunstancias de este tipo. El problema no surgía por el hecho de que URD hubiera pasado a la oposición, sino porque todavía subsistía un *conflicto existencial, antagónico* con la extrema izquierda insurreccional. El gobierno intentó diferenciar lo más posible los dos tipos de conflictos. Por un lado, el antagónico, con el enemigo existencial que no respeta las "reglas de juego", con respecto al cual dice Betancourt:

"La oposición entre el Gobierno y las fuerzas de izquierda es irreconciliable y sólo puede resolverse por métodos violentos" (Betancourt t. II. 1962: 215)

Pero por otro lado, la relación de conflicto agonal con la oposición democrática, que está interesada en mantener dichas reglas:

"La separación de Unión Republicana Democrática de responsabilidades en la gestión ejecutiva se realzó en forma normal y reveladora de la madurez política que se aprecia en el país. El partido desprendido del gobierno se situó en los rasgos de la oposición que ejerce rodeado de cabales garantías [...] [S]e está dando así al país, y de manera especial a su nueva generación, el tonificador ejemplo de que insalvables zanjas de odios no se abren entre quienes ejecutan una política de gobierno conceptuada como adecuada a la realidad del país, y quienes de ella disienten y la critiquen sin llegar hasta el extremo inaceptable de negar las bases jurídicas y el derecho a gobernar de quienes ejercen la función pública por mandato delegados de las mayorías nacionales" (*Ibíd*., tomo I, p. 459)

La táctica de los partidos de izquierdas consistió, en cambio, en atraer a URD a una política de posición común con ellos. La posición de URD fue más bien ambigua, no sólo por lo compleja que era la situación nacional sino por las relaciones en el interior de este partido, caracterizada por el compromiso y transacciones inestables entre las tendencias que en él pugnaban. Mientras oficialmente el partido afirmaba su respeto a las reglas de juego del sistema y el carácter democrático de su oposición, algunos de sus militantes, especialmente en el ámbito universitario, formaban coaliciones con el PCV y el MIR, y la propia fracción parlamentaria del partido unía sus voces a la de esos dos en el Congreso, para protestar por violaciones gubernamentales a las libertades públicas. Esto era comprensible, pues en una situación de casi permanente suspensión de las garantías constitucionales, como a la que Betancourt estuvo obligado, no era fácil marcar claramente la diferencia entre el enemigo existencial y el simple opositor que respeta las reglas constitucionales, de modo que medidas que en principio debían estar dirigidas contra aquél iban a afectar a la población inocente. Puede entenderse que una situación de este tipo crea un considerable malestar en quienes eran afectados.

Aunque la escisión del MIR privó a AD de un senador y de 17 diputados, el partido continuaba conservando una sólida mayoría en ambas cámaras, de modo que la preservación de la coalición de gobierno no obedecía a las necesidades de aprobaciones legislativas, sino era para contar con un apoyo político y moral que proporcionara legitimidad al gobierno. Pero tras la escisión, que se produce en febrero de 1962, del llamado "grupo Ars"[82] la situación cambia radicalmente, pues la coalición gubernamental de AD y COPEI apenas logra conservar la

---

82 La escisión del "grupo ARS" no respondió a diferencias ideológicos, como las que habían estado presentes en el caso del MIR. Se trataba, más bien, de una fractura faccional, de un grupo al que le unían vínculos personales, que no ideológicos, y que aspiraba a controlar el partido, con amplio antecedentes de tal tipo de conducta en el trienio 1945-48. A partir de 1958, su mayor diferencia con la dirección de AD fue más bien de carácter táctico, pues el "grupo Ars" persistía en mantener el estilo sectario, muy propio del trienio 1945-48, por el que consideraba a COPEI como un enemigo jurado, sin comprender la necesidad de contar con su colaboración para preservar la democracia. Producido la escisión entre los dos grupos, ambos fueron autorizados a participar en las elecciones bajo los nombres de AD-Gobierno y AD-Oposición, de forma que el que obtuvieran mayoría de votos recuperaría para sí el nombre tradicional del partido. Al ser derrotado ampliamente en las elecciones, AD-Oposición decidió convertirse en el Partido Revolucionario Nacionalista (PRN), y dos años más tarde, al incorporarse algunos miembros del MIR, derrotados militarmente, se transforma en el Partido Revolucionario de Integración Nacionalista (PRIN).

mayoría en el Senado, con 27 votos frente a 24, pero la pierde en la Cámara de Diputados, por 55 votos contra 78.

Se trataba de un sistema de *coalición de partidos* necesaria, que se caracterizaba por la precariedad de los efectivos de los dos partidos que formaban la coalición del gobierno y, además, por la existencia de un conflicto existencial con los partidos de la extrema izquierda. El patrón de relaciones en este sistema puede resumirse de la siguiente manera: por una parte, las relaciones de cooperación que existen en el interior de la coalición (AD-COPEI) tendían a estrecharse, al percibir la mayor amenaza representada por el enemigo común. Por otro lado, las relaciones entre los partidos de la oposición democrática –es decir, de quienes aceptan las reglas del juego– tendían también a estrecharse mediante la búsqueda de acuerdos comunes, que si bien fracasaron en sus intentos de conseguir un candidato único a la Presidencia, en numerosas ocasiones lograron en el Congreso formar un frente parlamentario común, frente al Gobierno. Las relaciones de estos partidos con la extrema izquierda, pese a que en algunos momentos se caracterizaron por una cierta ambigüedad, fueron, en general, de diferenciación, de manera que si bien atacaban frecuentemente la política del gobierno, también condenaban públicamente la violencia extremista. En este sentido fueron frecuentes la negociaciones, acuerdos y transacciones entre el gobierno (AD-COPEI) y parte de la oposición democrática (URD y "grupo Ars") para restablecer las garantías constitucionales, pero sin incluir la legalización del PCV y el MIR. Dicho en otros términos, se fue abriendo paso la idea de que entre el gobierno y la oposición democrática podía haber acuerdos puntuales sobre puntos interés común, sin necesitan de llegar a formar una coalición permanente.

Para fines de 1963, el sistema de partidos venezolano había pasado por duras pruebas que habían permitido que se mantuvieran las "reglas de juego" en circunstancias particularmente difíciles. Fue admirable la habilidad de Betancourt para vencer las dificultades, pues no sólo pudo hacer frente con éxito a la subversión armada, sino además llevó a cabo importantes políticas de muy largo alcance. De manera que, como él mismo dijo: "*El gobierno que presidí no sólo sobrevivió, sino que también hizo*"[83].

15. *Leoni (1964-1969): la continuidad del sistema*

Pese a las dos escisiones (del MIR y del "grupo Ars") que AD había sufrido, como resultados de las elecciones de 1963 este partido logró conquistar la presidencia para su candidato, Raúl Leoni, pero con un porcentaje de votos inferior al que cinco años antes había obtenido Rómulo Betancourt, y sin conseguir la mayoría del Congreso.

Como consecuencia de los resultados electorales, la distribución de efectivos en el Congreso configuraba lo que he llamado un *sistema de coaliciones de partidos,* en el que, dada la correlación de fuerzas, era posible formar varias

---

83   Betancourt (2006: 386). Para una relación factual de sus obras durante el período, págs. 387 y ss.

coaliciones ganadores mínimas de dos miembros; pero, teniendo en cuenta la mayoría relativa de AD, este partido tendría necesariamente que formar parte de cualquier coalición de este tipo. El PCV y el MIR, por estar ilegalizados, no pudieron participar en las elecciones, de modo que todos los partidos que estaban representados en el Congreso eran, en principio, posibles candidatos a formar parte de una coalición gubernamental con AD.

Sin embargo, tanto consideraciones de estrategia política como las condiciones que COPEI puso para su colaboración, llevaron a su exclusión del Gobierno[84]. Finalmente formaron parte de la coalición gubernamental con AD, URD (que a principios de 1964 había expulsado a los sectores extremistas del partido) y el Frente Nacional Democrático (FND), organización que era una trasformación del IPFN, un grupo de electores independientes, formado para apoyar la candidatura presidencial del Dr. Arturo Uslar Pietri, que ante un relativo éxito electoral, habían decidido convertirlo en un partido permanente, bajo la jefatura del propio Úslar.

De nuevo nos encontramos con un sistema caracterizado por relaciones de cooperación en el interior de la coalición gubernamental y con relaciones de conflicto agonal entre ésta y la oposición democrática.

Es importante subrayar que el hecho de que COPEI no participara en el gobierno no le llevó a un conflicto radical con éste, pues manifestó su intención de estar dispuesto a toda clase de entendimientos parciales y compromisos, de acuerdo a una línea política que fue bautizada como "AA" (*Autonomía de Acción*), definida por Caldera así:

"No vamos a pasar a la oposición, y mucho menos a una oposición irracional y estridente. Estamos dispuestos a conversar sobre un entendimiento parlamentario. Estamos dispuestos a ofrecer al Presidente desinteresadamente nuestro apoyo nuestro respaldo, nuestra colaboración en los asuntos que sean de gran importancia para el país [...] Estamos dispuestos a mantener nuestra plena autonomía y nuestra plena responsabilidad para aprobar lo que convenga al país y para oponernos a lo que creamos contrario" (Caldera 1964a: 457).

Se trata de una declaración muy interesante porque pone en claro que entre el gobierno y la oposición había intereses comunes y que sus relaciones no podían reducirse a una total y constante contraposición. Sin embargo era tan contraria a los hábitos políticos tradicionales de Venezuela, que no faltaron quienes consideraban que no sólo era imposible cualquier forma de colaboración entre el gobierno y la oposición, sino ni siquiera era posible que el conflicto entre ellos fuera del tipo agonal (sometido a reglas aceptadas por ambos), pues tarde o

---

84 COPEI, que se había convertido en la segunda fuerza electoral del país, exigió como condición para su participación en el gobierno, además de un número de puestos ministeriales igual al que había tenido en la anterior coalición, una participación efectiva en las decisiones fundamentales, todo lo cual fue considerado excesivo por AD.

temprano tendría que convertirse en conflicto antagónico en que ambas partes buscarían la eliminación o la destrucción recíproca. Así Paz Galarraga, que por entonces era el Secretario General de AD decía: "La dinámica política impulsar a cada día más a COPEI a una franca oposición [...] y sus baterías se concentrarán en una guerra sin cuartel contra el Partido [AD]" (Paz Galarraga 1964: 445). Los vaticinios de Paz no se cumplieron.

En marzo de 1966 el FND se retiró del gobierno, como consecuencia de graves desacuerdos con los otros partidos de la coalición, sin que ello llevara a aquel partido a un antagonismo radical, pues anunció que continuaría prestando su apoyo parlamentario en determinados puntos y al propio tiempo, autorizó a sus militantes que desempeñaban altos puestos en la Administración a continuar en sus cargos. Incluso la dirección de FND amenazó a los miembros de la fracción parlamentaria, partidarios de una oposición radical al gobierno, con sustituirlos por otros menos "duros". De esta manera, el Presidente Leoni pudo decir, al tomar el juramento a los nuevos ministros

> "[...] los ministros que hoy se retiran de las responsabilidades del Gobierno no lo hacen como adversarios, ni mucho menos como enemigos del Gobierno que presido [...[tengo la seguridad de que el Partido del Dr. Úslar Pietri no se presentará a desempeñar el papel de oposición terca y sistemática contraria al gran espíritu de convivencia y venezonalidad que caracteriza a Dr. Úslar Pietri" (Leoni 1966: 471)

Este fue el patrón general que se siguió durante este gobierno. Pero tras una nueva escisión que AD sufre al principio de 1968 y que dio nacimiento al Movimiento Electoral del Pueblo (MEP), la coalición gubernamental perdió la mayoría de la que disfrutaba en el Congreso, frente a una contra-coalición de la totalidad de los partidos de la oposición, pero sin que la tensión que estos hechos provocaban en las relaciones entre ambas partes llevaran a un deterioro de las "reglas de juego" que parecían firmemente asentadas.

No es fácil explicar las causas de esta nueva escisión del MEP, que si bien en su orígenes no respondía a una diferente ideológica marcada, pues ambos grupos podían reivindicar su fidelidad a la ideología de AD, tampoco puede atribuirse, como pretende una simplista interpretación, a las rivalidades personales entre los dos grandes líderes, Gonzalo Barrios y Luis Beltrán Prieto Figueroa, disputándose la candidatura presidencial del Partido. Pienso que una explicación verosímil es que las diferencias, en un principio fueron de orden más bien táctico, pero que el transcurso de la polémica se fueron ensanchando hasta convertirse en diferencias políticas irreconciliables[85].

---

85 Un esbozo de explicación, podría ser como sigue. En una situación de incertidumbre o falta de adecuada información, tanto sobre el monto de apoyo que necesita el Gobierno para no ser derrocado como sobre la cantidad de apoyos de los que efectivamente dispone en un momento dado, es fácil una confrontación entre los "prudentes" y los "osados", por sus diversos estimaciones sobre los riesgos existentes en tal situación, y las distintas actitudes que tienen ante los mismos. Pero

16. *Caldera I (1969-1974): la consolidación de sistema*

Durante la primera presidencia de Rafael Caldera, como candidato del partido COPEI, el sistema de partidos venezolano–y con él todo el sistema político– experimentó importantes cambios comparándolo con lo que había sido durante los diez años anteriores.

Ya desde finales del Gobierno de Leoni se habían iniciado ciertas rectificaciones en algunos de los sectores radicales de la extrema izquierda, que habían manifestado sus disposición a abandonar la guerrilla y reintegrarse a la vida democrática. Así, pese a que el PCV continuaba aun en la ilegalidad, se llegó a un acuerdo con el Gobierno, por medio de contactos y negociaciones secretas, por el que fue autorizado a participar en las elecciones legislativas a través de una organización de fachada, Unión Para Avanzar (UPA), creada con ese propósito.

Pero en general ya se podía percibir una cierta atenuación de las diferencias ideológicas entre los principales partidos (algunos han hablado de una "desideologización"), a la que no era extraña la difusión que habían alcanzado a nivel mundial, a partir de 1960, las ideas de Raymond Aron, Daniel Bell y otros autores, sobre el advenimiento de la sociedad postindustrial, y el fin o la declinación de las ideologías, etc.

Conviene recordar que en la campaña electoral venezolana de 1968 se desplegaron, como antes nunca se habían visto, las más sofisticadas y costosas técnicas de comunicación masiva, sobre todo de la televisión, en la que los partidos, especialmente AD y COPEI, utilizaron todos los recursos propios de la propaganda comercial. Más que sobre temas ideológicos y las diferencias en esta materia entre los dos partidos, la propaganda se centraba en las cualidades personales de los respectivos candidatos y en la eficacia de sus posibles gobiernos.

El tema principal de COPEI no fue la superioridad de su ideología socialcristiana sobre la socialdemocrata de AD, sino la mayor capacidad profesional y la superioridad técnica de los miembros del equipo de gobierno que acompañarían a Caldera si ganaba la presidencia. A lo que se añadía, las tradicionales denuncias del sectarismo adeco, que haría imposible la reconciliación de todos los venezolanos, y la total pacificación del país, mientras que Caldera, en cambio, ofrecía con su gobierno el total apaciguamiento y la

---

lo que en principios son diferencias puramente tácticas, que suponen una unidad en los objetivos, es fácil que se conviertan, a medida que se desarrolla la polémica entre ambos, en diferencias políticas irreconciliables. Los "osados", que piensan que se debe intentar realizar de inmediato los objetivos estratégicos, pues subestiman o desestiman las supuesta amenazas a la estabilidad democrática, llegan a acusar a los "prudentes" de ser *claudicantes* o *traidores*. En cambio éstos, que creen que dadas las amenazas que aun existen a la democracia lo sensato es posponer los objetivos estratégicos hasta consolidar el poder, pueden denunciar a aquéllos como *aventureros* o *provocadores*.

reintegración de todos los sectores políticos venezolanos, y en especial de los antiguos guerrilleros a la vida democrática.

AD, por su parte, desprendida de sus elementos más izquierdistas o radicales, por la reciente escisión del MEP, trataba de presentar una imagen más moderna y sofisticada que la tradicional, a lo que se prestaba muy bien la personalidad de su candidato presidencial, Gonzalo Barrios, al que muchos destacados empresarios no tenían inconveniente en reconocer públicamente, por primera vez, su respaldo. Un detalle expresivo de los cambios fue que la popular figura de Juan Bimba (el adequito con alpargatas, liquiliqui, sombrero de cogollo y con una barra de pan asomando de su bolsillo) desparecía de la propaganda electoral, para ser sustituida en la televisión por imágenes de atractivos jóvenes con atractivas vestimentas y peinados y con música estridente, expresivos de una cultura totalmente moderna y urbana, como la que sería propia de la propaganda de cualquier producto comercial de uso masivo.

Como consecuencia de estas elecciones, por primera vez en la historia de la Venezuela el candidato de un partido de oposición, COPEI, conseguía vencer al de un partido como AD, que durante años muchos habían considerado imposible de derrotar. Y lo que fue más importante, el partido perdedor reconoció el triunfo del candidato de la oposición y le entregó el poder, aunque la ventaja del ganador fue la más pequeña de nuestra historia electoral, pues había obtenido sólo el 29 por ciento de los votos válidos, con una ventaja de apenas unos 33.000 (en términos relativos el 0.89 por ciento) sobre el candidato de AD.

Pero aunque COPEI estaba en minoría en el Congreso (la mayoría relativa correspondió a AD), el Presiente Caldera pudo gobernar, pese a todo, y concluir su periodo constitucional. Un factor que fue fundamental para que esto fuera posible fue que el Presidente pudo disfrutar de un sistema de partidos del que se excluyó el conflicto antagónico o existencial, de modo que todos los participantes aceptaron las "reglas de juego" de la democracia representativa.

La legalización, primero del PCV y después del MIR y la "política de pacificación" que llevó a cabo para reintegrar a la vida legal a los restos de las guerrillas, así como los acuerdos parciales de COPEI con los grupos perezjimenistas en el Congreso, fueron intentos exitosos de integrar en el sistema y de evitar la alienación de grupos que anteriormente estaban al margen del juego democrático. De esta manera, el Presidente Caldera pudo gobernar sin que existiera ninguna amenaza visible, por parte de la derecha o de la izquierda, que representara una amenaza real a la democracia: había desaparecido todo conflicto existencial del sistema de partidos venezolano.

Esto hizo posible que un Gobierno, con solo una minoría en el Congreso consiguiera gobernar, gracias a una búsqueda constante y nada fácil, de transacciones y acuerdos ocasionales con las otras fuertes allí representadas.

A partir de esta presidencia de Caldera, el Gobierno minoritario, en lugar de tratar de formar una coalición gubernamental permanente, que sumara la mayoría absoluta de las partidos con representación parlamentaria (lo cual, dada la correlación de fuerzas existente, era imposible), utilizó el recurso de formar coaliciones parlamentarias ocasionales, cada vez que necesitaban que el Congreso aprobara algún asunto.

La imposibilidad de las coaliciones permanencia, se debía a que como la consecuencia de las elecciones de 1968, se había producido una extrema fragmentación y dispersión de la representación partidista y parlamentaria. Pero además, como resultado de diversos reagrupamientos y escisiones que se produjeron entre los miembros de ambas cámaras, una vez elegidos, al poco tiempo de instalarse el Congreso, éste llegó a contar hasta 16 *fracciones* (distintos grupos parlamentarios, cada uno de los cuales votaba siguiendo una disciplina común). Ahora bien, dada la correlación de fuerzas existente en el cuerpo legislativo, la única coalición de partidos que podía asegurar una mayoría viable y estable era la de AD y COPEI. Cualquier otra coalición mayoritaria, además de contar necesariamente con uno de estos dos partidos, requería incorporar un número tan grande y heterogéneo de *fracciones* parlamentarias, que en la práctica su formación resultaría sumamente difícil e inestable. Pero una coalición gubernamental permanente entre AD y COPEI era, en las circunstancias de ese momento, políticamente imposible. Así lo había explicado el Presidente Caldera:

> "la unión del partido Acción Democrática y del Social Cristiano COPEI, haría mayoría absoluta en ambas Cámaras. ¿Pudiera realmente establecerse tal coalición de Gobierno? El Partido Acción Democrática, por una parte, tiene como objetivos inmediatos la reorganización de sus cuadros y a lucha por la conquista del Poder que legítimamente puede hacerla dentro de las leyes y de los cauces que establecen la Constitución y las propias instituciones. Esto es incompatible probablemente, y es lo que ellos han manifestado, con la participación en mi Gobierno. Por otra parte fui electo dentro de un movimiento nacional de aspiración al cambio, y difícilmente entendería el país que yo pudiera gobernar a base de una coalición política muy respetable, pero que ya tenía diez años en el poder y había el deseo de modificar la estructura nacional" (Caldera 1970: 334.).

Excluida la posibilidad de una coalición gubernamental permanente con AD, se trataba de lograr coaliciones parlamentarias ocasionales que asegurasen el funcionamiento del sistema:

> "Yo creo que en el parlamento hay grupos políticos diversos con diversas orientaciones, pero que tiene coincidencia de los intereses de Venezuela; que cuando presentemos medidas legislativas no necesitamos un previo compromiso partidario de apoyar estas medidas, sino que debemos negociar, discutir, conversar, razonar, plantear las cosas, de manera que podamos lograr la aceptación de ellas en beneficio de Venezuela, en beneficio del país [...]" (*Ibid.*,, p. 121).

Pero dada la natural "polarización" que se producía entre AD y COPEI, como los dos "centros" del sistema de partidos, en su lucha respectiva por conquistar y conservar el poder, las relaciones entre ellos tendían a asumir la forma de un juego suma-cero, en que la ganancia de uno tendía a ser como la pérdida del otro, y un acuerdo o compromiso entre ambos no parecía fácil. De hecho, las primeras etapas del nuevo gobierno se caracterizaron por ataques y acusaciones recíprocas por parte de los dos grandes partidos, y por una situación de polarización en el Congreso, en la que el triunfo de las propuestas de votaciones de unos de esos dos partidos era automáticamente visto como una derrota del otro.

Pero, por otra parte, dadas las dificultades que resultaban por la correlación de fuerzas parlamentarias, a la que ya no hemos referido, una coalición de fuerzas distinta a la de esos dos partidos, era difícil e inestable. De manera que ya durante el primer año se comenzaron a percibir áreas de intereses comunes que conducirían a un cambio de la situación. Así, señalaba el Presidente Caldera:

> "Como el partido Acción Democrática ha ejercido el gobierno durante diez años y como lógicamente aspiraba a volverlo a obtener a través de un proceso electoral, sus responsabilidades tienen también mucho que ver con la responsabilidad del gobierno, y su interés ha de coincidir en muchos aspectos, en cuanto se relaciona con la marcha fundamental del Estado, con la fuerza que tiene en este momento sobre sus hombros la mayor responsabilidad en el gobierno […] [E]l que haya acuerdo sobre asuntos fundamentales […] depende en gran medida […] de ambas fuerzas políticas. Además […] todo acuerdo supone concesiones de parte y parte y no implica la aceptación incondicional de términos […] que plantean los diversos partidos […]" (*Ibíd.*, págs. 356-357)

De modo que después de una traumática experiencia del primer año de Gobierno, durante el cual el nuevo presidente copeyano apenas pudo gobernar, por las dificultades para formar coaliciones parlamentarias con partidos distintos a AD, se llegó a la fórmula de que COPEI y AD formaran coaliciones parlamentarias ocasionales, incluyendo eventualmente a otras fuerzas políticas (que fueron llamadas "coincidencias parlamentarias") lo cual le permitió al Presidente Caldera gobernar sin demasiadas dificultades durante el resto de su periodo constitucional.

Sin embargo, es evidente que hay situaciones en las que, por su propia naturaleza, las relaciones entre los partidos tienen a adquirir el carácter de una situación suma-cero, como ocurre, sobre todo, en las confrontaciones electorales. Esto ocurre muy especialmente cuando los partidos se vuelven más pragmáticos, de modo que su objeto prioritario y fundamental tiende a ser la conquista del poder, como les ocurrió a AD y COPEI, especialmente a partir de este periodo.

En efecto, otra de las característica más resaltantes de los cambios en el sistema de partidos que se producen aproximadamente en ese periodo, es que los principales partidos, sobre todo AD y COPEI, se vuelven predominantemente pragmáticos, en el sentido de que su objetivo prioritario va a ser la conquista y conservación del poder gubernamental, desestimando los objetivos ideológicos. Se trata de una importantísima cuestión a la que en la parte final de este libro al final prestaremos toda la atención que merece, pues es una de las causas principales de la crisis de nuestros partidos, pero que ya, desde ahora, debemos subrayar y tener en cuenta.

Hemos visto que durante el trienio 1945-48, una de las característica más resaltantes de nuestros principales partidos era su carácter altamente ideológicos, por la prioridad que daban a este tipo de objetivos sobre los pragmáticos, relacionados con la búsqueda del poder. Hemos visto, también como a partir de 1958 esos mismo partidos acuerdan posponer varios de sus objetivos ideológicos originales, mientras existieran amenazas a la naciente democracia, a cambio de poder conservar los elementos esenciales de ésta y fundamentalmente las elecciones de los gobernante mediante la competencia entre partidos. Se suponía que se traba de una simple postergación temporal, de manera que en cuanto los peligros de la democracia desaparecieran, los objetivos ideológicos podrían ser plenamente recuperados.

Pero ahora, cuando ya parecía que las amenazas a la democracia venezolana habían desaparecido y que ésta se había empezado a consolidar, de modo que los partidos podían abandonar su anterior preocupación, a veces obsesiva, por su mantenimiento, en vez de tratar de recuperar los objetivos ideológicos originales, los partidos AD y COPEI se volvieron cada vez más pragmáticos, pues su preocupación se iba a reducir a la conquista y conservación del poder. No podemos tratar aquí la compleja cuestión de las causas de esta "pragmatización" y "desideologización", que por cierto no es exclusiva de Venezuela, pues coincide con corrientes de pensamiento que ocurren a nivel mundial.

Recordemos que en un debate en el Congreso Nacional, con motivo de las acusaciones que los partidarios de la candidatura presidencial de Luis Herrera habían formulado contra miembros del gobierno del Presidente Caldera por el supuesto uso de la corrupción para imponer la candidatura de Lorenzo Fernández (el famoso caso del "hombre del maletín"[86]), se denunciaba la falta de principios ideológicos y su sustitución por una pura lucha por el poder, incluso en el interior del propio partido, en la que toda instrumento era lícito. El diputado del Partido Liberal, Jorge Olavarría, elegido en las listas de COPEI, se lamentaba de que hasta hacía poco, en el interior de este partido existían numerosas tendencias ideológicas que discutían entre sí, pero que en adelante:

"¡Esa discusión se acabó! Se acabó totalmente. Lo que ha sucedido es que en COPEI, donde había una discusión doctrinaria fecunda e interesante, que reflejaba puntos de vista antagónicos dentro del marco de la Democracia Cristiana, hoy en día se ha convertido en una pugna bastarda y desagradable de puestos, de posiciones, de prebendas, de cargos".

---

86   Se trataba de un curioso personaje (algunos hablaron de más de uno) que se hizo presente en la convención de COPEI encargada de seleccionar el candidato presidencial, provisto de un maletín lleno de dinero en efectivo, con el que, al parecer, compró los votos de algunos de los delegados.

A lo que Olavarría se estaba refiriendo, era la transformación de un partido claramente ideológico, como lo había sido hasta hacía poco COPEI, en un partido predominantemente pragmático[87].

Una de las características de un partido ideológico, es la existencia en su interior de tendencias, que se diferencian por sus divergencias acerca de los principios u objetivos fundamentales que deben ser seguidos por el partido. El peligro, en tales casos, es que como consecuencia de los debates internos, se lleguen a producir divisiones en el partido. En cambio, cuando un partido es pragmático, lo que se produce en su interior son *facciones*, es decir grupos que se forman en función de interés personales y grupales, que cambian y se reacomodan en razón de la búsqueda de puestos, prebendas y posiciones, y cuyo principal elemento integrador es la necesidad de mantener la coordinación necesaria para conquistar el poder y repartirse el botín electoral.

Durante el debate parlamentario al que acabamos de referirnos, alguien comentó una frase supuestamente pronunciada por uno de los militantes copeyanos que habían apoyado la candidatura de Luis Herrera: "Los adecos se dividen pero no se venden". Sea real o inventada, la frase parecía referirse a las escisiones de AD, pero lo cierto es que ya para entonces difícilmente podría decirse que AD era un partido ideológico. En todo caso el faccionalismo iba a ser una de las características más destacadas de Acción Democrática, que se manifestaría algunos años más tarde en forma mucho más dramática. Me refiero a las pugnas entre Carlos Andrés Pérez y Jaime Lusinchi, que llevaron casi a la destrucción del partido.

Pero como ya hemos señalado, cuando las relaciones, así sean de conflicto agonal se prolongan y se intensifican, existe el peligro de que se tienda a vulnerar las reglas de juegos, y lo que hasta entonces era un "juego" se convierta en una verdadera lucha en la que no se respetan reglas.

17. VENEVOTE *(1973): un primer balance del sistema político*

Disponemos de los resultados una importante encuesta nacional, aleatoria y representativa de la población electoral, conocida como VENEVOTE, cuyos datos fueron recogidos en la segunda quincena de septiembre de 1973, es decir, al final de la primera presidencia de Caldera, que recoge la opinión de los venezolanos acerca de los gobiernos de los quince años de democracia, acerca del fenómeno de la corrupción y acerca de su impacto sobre la legitimidad del

---

87 Sobre las tendencias y facciones de COPEI, véase Combellas (1985: espec. 211-216). Es interesante el libro de Carnevali de Toro (1992), basado en entrevistas personales con los protagonistas de los hechos, en el que se estudia el gran conflicto ideológico que se produjo en ese partido, que llevó a la exclusión de su ala más radical y al triunfo del pragmatismo. El libro de Coppedge (1994), como su subtítulo lo indica, analiza el papel del faccionalismo en la política de país, pero presta especial atención al caso de AD.

sistema democrático[88]. Al mismo tiempo nos proporciona una información muy valiosa sobre cómo se valoraba a los partidos políticos y sobre la importancia que le atribuía a las elecciones.

En primer lugar, aunque los encuestados tiene una opinión bastante favorable sobre la capacidad de sus gobernantes de los últimos años (pues el 56,5% los juzgan *capaces*, frente al 28,3% que tiene una opinión negativa), pero en general son muy críticos sobre la forma en que se han comportado. Así, una determinante mayoría opina que *no han hecho lo que debían* (*casi nunca*, de acuerdo el 29,7%; *pocas veces*, según el 43%); y sólo una minoría creía que *han hecho lo correcto* (*frecuentemente*, según el 13,3%; *casi siempre*, de acuerdo al 13,5%).

Eran muy críticos también sobre la forma en que los gobernantes habían *gastado el dinero* (pues el 61,1% opinaba que lo habían *derrochado*, en tanto que sólo el 23,3% creía que había sido *bien gastado*); y también criticaban su *honestidad* (pues sólo el 13,3% los consideraba *honestos*, mientras que 41,6% creía que *muchos son ladrones* y el 45,1% respondía que *algunos son ladrones*).

Pero más allá de estas preguntas, que se referían a la corrupción de funcionaros concretos, cuando se preguntaba si esos gobiernos *habían servido a los intereses de todos lo ciudadano o sólo a los de grupos poderosos*, la respuesta era también muy negativa: el 67,5%, creía que habían servido a los intereses de *grupos poderosos*, en tanto que sólo una minoría del 17,5% opinaba que habían servido a *todos los ciudadanos*, y el restante 15,4% a *ambos*.

Pero pese a que cabría esperar, a juzgar por las repuestas precedentes, un claro rechazo a los gobierno democráticos anteriores, cuando se les preguntaba directamente si los gobiernos de los últimos quince años habían sido beneficiosos para el país o no lo habían sido, *casi la mitad* (el 46,6%) contestaba *afirmativamente*, algo más de una *tercera parte* (35,4%) *negativamente*, y el restante 18% respondía: "*depende*".

También la opinión de los encuestados era tremendamente negativa sobre los políticos, pues la inmensa mayoría opinaba que *siempre mentían* (81,1%), que *hablaban mucho y no hacían nada* (77,7%) y que *sólo se preocupaban por ganar las elecciones* (70,9%).

Una abrumadora *mayoría* (75,3%) opinaba que los *partidos eran importantes* en Venezuela, frente a una *minoría* (de sólo el 10,6%) que los consideraba *irrelevantes*. Pero esto no impedía que una mayoría aun más amplia (80,9%) considerara que estaban *controlados por poderosas minorías* (lo que quería decir. falta de democracia interna en los partidos).

Una *mayoría* (66,1%) estaba a favor de la alternabilidad gubernamental, pues consideraba que *no era bueno que el mismo partido gobernara*, mientras que una *minoría* (22,58%) se declaraba *partidaria de la continuidad de los gobiernos*. También era *mayoritaria* (76,9%) la opinión de quienes

---

88   La encuesta fue diseñada por John Martz y Enrique Baloyra (1979) y es descrita en el libro del que ambos son autores: Appendix A, págs. 195-206.

*consideraban útil la existencia de la critica por parte de la oposició*n, frente al 20,3% que juzgaba que *no lo era.*

Por otra parte, aunque la *mayoría* (70,8%) consideraba que la gente común, como uno, tenia *pocas posibilidades de influir en la política* (frente al 29,2% que creía que *sí* la tenía), cuando se les preguntaba si creían que *el voto era la única forma de ejercer esa influencia* una mayoría del 68,5 % respondía afirmativamente, en tanto que el 31,5% lo *negaba*. Insistiendo sobre esta cuestión, una *abrumadora mayoría* (94,5%) consideraba *importante votar* en las elecciones. Además, el 92,5% creía que *las elecciones eran necesarias* para la democracia. El 72,8% estimaba que, en principio, las *elecciones hacían que los gobiernos se preocuparan por el bienestar los ciudadano*s (aunque el 27,2% no lo creía). Finalmente, ante la pregunta más concreta de si el *candidato electo se preocupaba por quienes los eligieron*, la confianza descendía, pues ahora sólo el 52,5% respondía *afirmativamente*, mientras que el 47,5% lo *negaba*.

En resumen, trascurridos quince años de la instauración de la democracia representativa, la mayoría de los venezolanos eran muy críticos de muchos aspectos de los gobiernos y de los políticos del pasado. Pero al considerar globalmente las cosas, apenas un poco más de una tercera parte de los ciudadanos consultados creía que los gobiernos democráticos del pasado no habían sido beneficiosos para el país, en tanto que casi la mitad consideraba que sí lo habían beneficiado y el resto respondía: "depende".

Lo que es más importante, pese a las críticas, la inmensa mayoría consideraba que las instituciones básicas de la democracia representativa, como son la alternabilidad de los gobiernos, la existencia de la oposición y, sobre todo, las elecciones eran necesarias.

En este sentido, también se *reconocía, por abrumadora mayoría, la importancia de los partidos*, aunque se criticaba *su falta de democracia interna.*

Aunque la mayoría sentía que la gente común tenía, en la práctica, *pocas posibilidades* de *influir en la política*, creía que la votación *en las elecciones era la única forma de hacerlo.* Creían también que precisamente *las elecciones eran el único instrumento capaz de hacer que los gobiernos se preocuparan por el bienestar del pueblo*, aunque casi la mitad reconocía que de hecho *el candidato que resultaba electo no siempre se había ocupado de sus electores.*

Como vamos a ver, todavía durante muchos años la mayoría de los ciudadanos iba a confiar en que la competencia electoral entre los partidos podía y debía ser el instrumento adecuado para hacer efectiva la responsabilidad política de los gobiernos, de manera que éstos se vieran obligados a cumplir con sus ofertas y promesas electorales.

18.   *Pérez I (1974-1979): la desmesura irresponsable*

Como resultado de las elecciones del 1973, se produjo una rectificación de la anterior tendencia a la fragmentación creciente de los votos que parecía estarse imponiendo, para dar lugar, en adelante, a una polarización de la votación a favor de AD y COPEI, que persistirá durante las tres elecciones nacionales siguientes.

Pero el rasgo más sobresaliente del periodo que vamos a examinar es que produce una *extraordinaria concentración de poderes en el Presidente Carlos Andrés Pérez y en su partido, AD*, pero al propio tiempo dicho partido va a consagrar de hecho la *irresponsabilidad política del Jefe de Estado*. Veámoslo.

AD obtuvo en estas elecciones la mayoría absoluta en las dos cámaras del Congreso Nacional, en las veinte Asambleas Legislativas de los Estados, y en los Concejos Municipales de prácticamente de todos los ayuntamientos del país (recuérdese que la votación para todas estas elecciones se hacía simultáneamente y mediante una tarjeta única). A esto hay que añadir que en esa época los gobernadores de los Estados, del Distrito Federal y de los dos Territorios Federales, eran de libre nombramiento y remoción del Presidente de la República, por lo cual Carlos Andrés Pérez, junto a su partido AD, lograron la concentración más absoluta de poder que hasta entonces haya habido en la historia democrática de Venezuela contemporánea, acaparando todo el existente a nivel nacional, provincial y municipal.

Carlos Andrés Pérez, como Presidente, usó sin inhibiciones los mecanismos jurídico-institucionales de la Constitución que le daban al Ejecutivo unos poderes inimaginables en otros países. Así, gracias a la existencia de un estado de suspensión de las garantías constitucionales de la libertad de comercio y de la libertad de industria, heredado de los anteriores gobiernos, Carlos Andrés Pérez disponía de poderes extraordinarios o de emergencia para regular mediante Decretos Ejecutivos cualquier aspecto de tales actividades.

Pero, además de los poderes constitucionales ordinarios y de los poderes extraordinarios a los que me acabo de referir, hay que añadir que gracias al *boom* de los precios de petróleo, que inicia en los últimos meses de 1973, el Presidente Pérez se encontró con las arcas públicas abarrotadas de petrodólares, hasta el punto que se planteó, como una cuestión de verdadera emergencia, qué hacer con tanto dinero.[89]

Pero al Presidente le parecieron pocos los poderes de que disponía, y solicitó y obtuvo del Congreso (recuérdese que AD tenía en las dos cámaras mayoría absoluta) autorización para regular mediante Decretos Leyes ciertas materias económicas y financieras, incluyendo cosas de tanta importancia como, por ejemplo, una reforma global del sistema financiero. Esto equivalía a recibir del Congreso una *carta blanca* por la que el cuerpo legislativo declinaba su competencia para legislar sobre dichas materias, en favor del Ejecutivo.

Hay que recordar que la Constitución venezolana de 1961 permitía al Congreso autorizar al Presidente a "dictar medidas extraordinarias en materia

---

89 Los ingresos fiscales de origen petrolero aumentaron de 11.271,8 millones de bolívares en 1973 a 36.814,4 millones en 1974, y la contribución de sector petrolero al producto nacional bruto se incrementó de 15.673 millones de bolívares en 1973 a 42.167 millones en 1974. (Héctor Malavé Mata 1987: 55-56, nota)

económica y financiera" cuando lo requiriera el interés público, pero se suponía que se trataba de medidas excepcionales que se justificaban si el país estuviera atravesando circunstancias extraordinarias, como por ejemplo una crisis económica o financiera. Ya bajo la Presidencia de Betancourt, en el periodo 1960-61, antes de que fuera aprobada la Constitución, el Congreso autorizó esa tipo de medida en atención a la grave situación de déficit fiscal que atravesaba el país. Pero lo que no se podía imaginar es que las circunstancias que iba a alegar Carlos Andrés Pérez para que se le delegaran poderes era la extraordinaria abundancia de recursos monetarios de los que inesperadamente disponía, y la consiguiente necesidad de modificar los instrumentos económicos y financieros vigentes, para que el Presidente tuviera libertad para invertirlos o emplearlos en la forma que considerara mas conveniente.

En el mensaje especial presentado al Congreso Nacional el 29 de Abril de 1974 ratificó lo que había dicho en la campaña electoral: que su gobierno era "la última oportunidad que nos queda para afirmar la democracia", por tanto, teniendo en cuenta que, por las circunstancias económicas extraordinarias ya señaladas, no había limitaciones presupuestarias a la acción del Gobierno, había que proceder a reformar o incluso eliminar las barreras institucionales que refrenaban su acción, y por ello pedía la autorización de «medidas extraordinarias»:

> "Para conjurar inminentes problemas económicos y financieros, para afrontar las anormales circunstancias en que se desenvuelve la medida económica del país, no puede el gobierno desarrollar planes con eficacia y eficiencia por los cauces normales de la Administración, ni tampoco el Congreso Nacional, por la vía ordinaria de la legislación. Nos encontramos dentro de las previsiones extraordinarias que la Constitución incluye entre las atribuciones del Presidente de la República para proteger en emergencias como ésta la actividad económica y financiera de la nación, de la cual depende el bienestar del pueblo y la propia salvaguarda de la riqueza nacional".

A partir de la visión de que el país se encontraba en una situación de verdadera emergencia, en la cual la intervención estatal era urgente, se sentaban las bases para justificar el relajamiento, cuando no la eliminación, de los formalismos y trámites burocráticos, incluyendo los necesarios para mantener un control sobre la acción estatal, cuya responsabilidad iba a corresponder fundamentalmente al Presidente.

A tal situación le acompañaba una ideología que justificaba el enorme poder del Estado. Así, el V Plan de la Nación (1976-1980), elaborado por el Presidente Pérez, no sólo reconoció el papel fundamental que, dadas las dimensiones que había alcanzado, debía desempañar el Estado, sino que le atribuía en el futuro un papel todavía mayor, pues decía: "El Estado debe mantener el liderazgo del proceso de desarrollo y aumentar progresivamente su participación relativa en el conjunto de la actividad socio-económica".

Para completar el cúmulo de poderes concentrados en el Estado y el gobierno, hay que señalar que fue precisamente durante la primera Presidencia de Pérez, cuando se nacionalizaron las industrias del hierro y del petróleo, con lo cual el espacio que en adelante va a ocupar el sector público de la economía fue colosal y abrumador. Según estimaciones de un reputado economista, después de que Pérez concluyó su primera Presidencia, al Estado venezolano le correspondía el 43% del PIB, el 32% del empleo total, el 50% de la inversión territorial bruta y el 20% del gasto de consumo. Además, el 60% de los ingresos fiscales ordinarios de los que disponía eran autónomos respecto del sector privado. Podía decirse, en resumen, que el Estado tenía entre sus manos entre el 75% y el 80% de toda la riqueza nacional (Mieres 1982: 96-97).[90]

Pero todo ese poder se concentraba en las manos del Presidente, al que el partido AD, además de haberle liberado de disciplina partidista, le había delegado los poderes adicionales, por lo que podía actuar con total libertad, sin controles de ninguna clase. Un político que se atrevió a llegar hasta sus últimas consecuencias en lo que significaba esa enorme concentración de poder en el Presidente, fue Jóvito Villalba, quien en 1977 dijo:

"Creo que hoy no tenemos propiamente un gobierno democrático [...] porque el Congreso lo controla el poder Ejecutivo, porque el Poder Judicial no es independiente de la política, porque el Municipio no está funcionando [...] *En Venezuela no hay sino un poder absoluto de un magistrado que es el Presidente de la República*".[91] (Los subrayados son míos, J.C.R.)

Pero, además de la ausencia de los instrumentos jurídico-constitucionales para controlar de los poderes del Presidente, que señalaba Villalba, faltaban también los posibles controles políticos, pues el propio partido AD había renunciado a ejercerlos. El sistema de partidos, incluyendo al partido mayoritario y hegemónico, que era AD, tenían muy poco que ver con las decisiones del enorme y complejo aparato del Estado, que dependían de la voluntad del Presidente y de su equipo de confianza, en cuya selección privaban criterios más bien personalistas que partidistas.

Hay que señalar que esta intervención estatal en el proceso de desarrollo comprendía también el otorgamiento de beneficios para la clase trabajadora, pues, en este sentido, el V Plan era una crítica bastante explícita de la filosofía de "crecer hoy para distribuir mañana", que según se decía en dicho texto había orientado al menos alguno de los Planes anteriores. En su lugar proclamaba, en tono dramático, que la actual era "la última oportunidad [del sistema democrático] de demostrar su disposición a realizar las aspiraciones de las clases trabajadoras, so pena de sucumbir".

Pero, en realidad, la idea de no posponer la distribución no era nueva, pues como ya vimos fue una de las premisas del modelo de desarrollo democrático

---

90   Aunque las cifras se refieren a los primeros años de la Presidencia de Luis Herrera, esas colosales dimensiones son fundamentalmente obra del Presidente Pérez.

91   Según entrevista de Freilich de Segal (1977: 98-99).

184

que se adoptó en Venezuela desde el principio. Lo nuevo era, por una parte, el monto los recursos –antes nunca vistos– en manos del Gobierno y, por otra, la idea de que el Presidente debía disponer de ellos con plenos poderes y había que prescindir de la intervención del Congreso y de los partidos.

Sin duda que la clase trabajadora, especialmente a través de los sectores sindicales organizados, como la CTV, en muchos casos al servicio del Estado, recibió parte de los beneficios de esa política agresiva de desarrollo que impulsó Pérez. Se puede decir que, en general, fueron los sectores sociales y económicos más organizados y con mayor poder los que recibieron mayores beneficios, en cantidades que nos pueden parecer increíbles.

Así, el capital logró obtener "subsidios, avales, tarifas preferenciales, financiamiento crediticio, precios de garantía, condonación de deudas, franquicias aduanales, contratos y encargos públicos, facilidades cambiarias, exoneraciones industriales y comerciales, desgravámenes impositivos y otros privilegios fiscales», etc. (Malavé 1987: 340-41).

Una política de favorecer al capital no era, ciertamente, nueva en el gobierno venezolano, lo nuevo era su magnitud. Por ejemplo, en 1974 mientras que la Empresas sólo pagaron 1.425 millones de bolívares por concepto de impuesto sobre la renta, recibieron en exoneraciones aduaneras 1.760 millones y fueron beneficiadas por créditos otorgados por las distintas instituciones del Estado por un monto de 3.000 millones de bolívares, cifra que representa alrededor del 7% del gasto fiscal y el 25% del total del financiamiento durante el quinquenio 69-74.

Por las nuevas disposiciones de la Ley del Impuesto sobre la Renta recibirían otros beneficios muy cuantiosos en exoneraciones impositivas, concebidas como estímulos para aumentar la productividad, para incrementar la producción y para desarrollar nuevas industrias, en el entendido de un compromiso implícito de aceptar las cargas sociales que el desarrollo democrático exige (Malavé 1987: 345). Para hacernos una idea del aumento espectacular que se produjo con Carlos Andrés Pérez, señalemos que el promedio anual de exoneraciones concedidos a la industria durante el periodo 1971-1973 fue de 1.621 millones de bolívares, mientras que el promedio anual por el mismo concepto alcanzó en el lapso 1974-1976 a 4.066 millones de bolívares (Malavé 1987: 44).

En cuanto a la agricultura, se eliminaron los impuestos sobre todos los enriquecimientos derivados de la producción en el campo, tanto para la agricultura propiamente dicha, como para la ganadería, la pesquería y la actividad forestal. Y todas la deudas de los campesinos venezolanos fueron remitidas, o condonadas.

Todas las deudas de los empresarios venezolanos con los institutos de crédito oficial fueron consolidadas a largo plazo y bajo interés.

Mediante el Decreto N° 128 del 3 de Junio de 1974, se creó el Fondo de Desarrollo Agropecuario, con 2.000 millones para el financiamiento a mediano y a largo plazo de actividades agrícolas, forestales y pesqueras, a cargo de todos los Bancos; y el Decreto N° 129 del 3 de Junio de 1974, creó el Fondo de Crédito

Industrial, con otros 2.000 millones. Resumiendo: entre octubre de 1974 y diciembre de 1976 los fondos adjudicaron 3.252,5 millones de los cuales 2.622 millones (el 80.6 por ciento) fueron otorgados a través de entidades financieras privadas, y el 19,4 por ciento, por instituciones oficiales de financiamiento.

Entre 1974 y 1978, entre exoneraciones a la industria, avales para créditos y subsidios económicos el gobierno se hicieron transferencias unilaterales al sector privado por 36.365,87 millones de bolívares (Malavé 1987: 351).

La enorme cantidad de recursos económicos bajo el control del Estado, los grandes poderes de que disponía el Presidente y la falta de controles políticos y jurídicos a la acción de éste, fueron un conjunto de circunstancias objetivas que contribuyeron a que la corrupción administrativa se desarrollara como antes nunca lo había hecho en la Venezuela democrática[92]. En el Congreso, donde por primera vez se dedicaron varias sesiones a discutir sistemáticamente ese problema y las causas que lo producían, que angustiaba cada vez más al país, los partidos de oposición, que estaban en minoría, carecían de poder para imponer medidas en contra de ese mal, en tanto que a AD le faltaba voluntad para controlar a su Gobierno.

Las autoridades que tenían responsabilidades legales específicas en la lucha contra la corrupción tuvieron serios choques con el Gobierno y en varios casos se vieron obligadas a dimitir. Uno de los episodios más escandalosos fue el del Contralor General de la Republica, máxima autoridad constitucional en esa materia, que después las denuncias que hizo sobre irregularidades en varios entes públicos, se tuvo que enfrentar con la mayoría de AD en el Congreso y con el propio Presidente de la República, y tras una áspera polémica pública, que duró más de cuatro meses, renunció a su cargo. Algo parecido ocurrió con otros altos funcionarios[93].

La superabundancia de los recursos económicos del Estado, facilitó que se desatendieran o se relajaran los mecanismos y controles para asegurar un uso eficiente de los recursos públicos, y que en muchos sectores se desarrollase una cierta tolerancia hasta el despilfarro y al derroche que, en cambio, en situaciones de escasez probablemente serían considerados criminales. Este contexto de enorme abundancia y el consiguiente relajamiento moral hizo que las autoridades a las que correspondía ejercer el control, no contaran con un sólido respaldo de la opinión pública para tratar de controlar la forma en que se administraron los recursos del Estado. Es más, en varias ocasiones algunas voces

---

92 Véase mi ensayo Rey (1998), en el que analizó la corrupción en los diversos gobiernos democráticos venezolanos y sus conexiones con los partidos políticos.

93 El Presidente de la Comisión Investigadora del Enriquecimiento Ilícito, Gilberto Morillo, renunció a su cargo alegando la escasa cooperación del Gobierno y ausencia de recursos para investigar (EL NACIONAL, 2 de noviembre de 1977, p. D-1). Por otra parte, el Superintendente de Protección al Consumidor, Coronel Oscar Álvarez Beria, que había denunciado varios hechos de corrupción, fue destituido de su cargo por el Ministro de Fomento del que dependía dicha institución (EL NACIONAL, 20 de junio de 1977, p. D-1)

del sector privado se quejaban públicamente por las grandes trabas burocráticas y controles, en su opinión excesivos, que existían para el manejo de los fondos públicos que impedían que ellos los recibieran con la prontitud y facilidades que deseaban.

Sin embargo, no faltaban quienes denunciaban los peligros de la corrupción y sus efectos negativos sobre el deterioro de la legitimidad de la democracia. Pues aunque la corrupción no era el único mal que aquejaba a la democracia venezolana, para algunos ya se estaba convirtiendo en el principal peligro. A mediados de 1978, en un ciclo de conferencias organizadas con motivo de los veinte años de la democracia, en el que participan dirigente políticos de todas la corrientes y otros miembros de la élite venezolana, se pudo registrar un acuerdo prácticamente unánime en que los dos defectos principales del sistema político venezolano eran la ineficacia de la acción del Estado y la corrupción[94]; y para muchos, como dijo Rafael Caldera en su intervención, "[...] la corrupción constituye la mayor amenaza para el futuro de la institucionalidad democrática" (Caldera *et alii* 1979: 35).

A medida que se acercaban las elecciones nacionales, tanto los partidos de oposición –y sobre todo COPEI– como AD no podían ignorar los problemas de la corrupción gubernamental. La polémica fue impulsada en 1977, con el inicio muy adelantado de la campaña electoral, en la que las acusaciones de corrupción iban a jugar un papel muy importante. La campaña electoral del candidato copeyano Luis Herrera, con la pregunta: "¿Dónde están los reales?" y con la consigna "¡Basta ya!" aludía, obviamente, a la corrupción del gobierno.

Pero también iba a ser un tema importante para AD. Luis Piñerúa, con el respaldo de Rómulo Betancourt, logró ser elegido como el candidato de AD a la presidencia de la República, derrotando al que estaba apoyado por Carlos Andrés Pérez. La estrategia electoral del candidato adeco incluyó un evidente intento de diferenciarse y distanciarse del Presidente en funciones. Como, por ejemplo, el presentar la imagen de Piñerúa como un hombre "correcto" e "incorruptible". Así, en el discurso pronunciado por Rómulo Betancourt, en el acto de proclamar oficialmente a Piñerúa como candidato de AD[95], el ex-presidente no nombró para nada la obra realizada por el gobierno de Carlos Andrés Pérez; y sus dos

---

94 Caldera *et alii*, (1979). Sobre la ineficacia de la acción del Estado, me limitaré a señalar que el monstruos aparato administrativo producto de los decretos de Carlos Andrés Pérez resultaba prácticamente inmanejable. La "*decretomanía* oficial" (como la llamaba la oposición) había producido, cuando aun no se había vencido la mitad del lapso para su aplicación, 830 Decretos y 51 Comisiones, con un promedio de 16 Decretos y una Comisión por semana (cada vez que se reunía el Consejo de Ministros). Muchos de esos Decretos no solo no se cumplían sino que ni siquiera eran publicados (se calcula que el diez por cientos no se publicaron).

95 Se trata de la Convención extraordinaria de AD, celebrada en el Teatro Metropolitano de Caracas los días 26, 27 y 28 de Agosto de 1977. El texto del discurso de Betancourt fue publicado por *Resumen*, 11 de Septiembre de 1977, Vol. XVI, N° 201, págs. 33-43

temas principales fueron, por una parte, el elogio de las virtudes del candidato presidencial de AD, resaltando especialmente su honestidad; y, por otra parte, proponer al partido rival, COPEI, emprender acciones conjuntas contra la corrupción administrativa. De Piñerúa, alabó Betancourt la honestidad, la experiencia y "su obsesión en su lucha contra la corrupción". Y en su afán de resaltar esta última cualidad, Rómulo Betancourt llegó a calificar al candidato adeco de ser casi un fanático en esa materia, con estas palabras: "En Luis Piñerúa la honradez administrativa es una posición y una obsesión. Es en él una virtud tan profunda, que a veces colinda con el vicio." Es decir, para Betancourt era claro que la corrupción administrativa había llegado a tal grado de desarrollo, que muchos venezolanos (y él mismo) estaban dispuestos a elegir incluso a quien era casi un fanático para luchar contra ella (no es una casualidad que el apodo de "el incorruptible", aplicado a Piñerúa, había sido el de Robespierre durante la Revolución Francesa).

Los líderes de más experiencia y sabiduría política, tanto en AD como en COPEI, como era el caso de Betancourt y Caldera, tenían muy claro que la corrupción se estaba convirtiendo en una seria amenazada a la democracia y que había que hacer grandes esfuerzos para ponerla fin. Pero al mismo tiempo estaban convencidos de que para tener éxito en esta empresa era necesario que la lucha contra la corrupción no fuera utilizada como un medio para anotarse puntos u obtener ventajas en la polémica interpartidista. Pero para evitar esto se precisaba que cada partido asumiera una responsabilidad fundamental en la vigilancia y sanción de los posibles actos de corrupción de sus propios militantes. Pues mientras que la denuncia de corrupción proviniera de un partido rival, la tendencia natural de los compañeros de partido del acusado, era solidarizarse con éste, considerando que tal denuncia no era sincera, sino que se debía a un intento de desprestigiar y debilitar al propio partido.

Lamentablemente, lo que ocurrió fue que las acusaciones de corrupción se iban a convertir, durante los próximos años, en una de las principales armas en la lucha electoral entre AD y COPEI, sin importar si eran verdaderas o falsas, pues lo que les interesaba no era combatir ese flagelo, sino conquistar el poder. Y esa misma razón llevó a cualquiera de los partidos cuyos miembros fueran acusados de corruptos, a defenderlos a todo trance, sin pararse a averiguar el fundamento de la acusación. Como más tarde veremos, ese mismo procedimiento se llegó a emplear, un poco después, en las luchas entre facciones de un mismo partido.

Pero al lado de la corrupción existía un mal quizá mayor, y era que la democracia venezolana había seguido un patrón de desarrollo crecientemente concentrado y excluyente. La abundancia de recursos económicos había permitido a los sectores con mayor organización y poder acceder a los beneficios de desarrollo, pero lejos de haber disminuido las desigualdades económicas de la sociedad, había aumentado la brecha entre los que tenían más y los que tenía menos. El sistema de partidos existente y los mecanismos del sistema populista de conciliación de élites, dejaban fuera de la participación a abundantes sectores de la población. Venezuela corría el peligro de convertirse en "una democracia sin pueblo"[96].

19. *Herrera (1979-1984): la ineficiencia y el amiguismo*

Bajo la presidencia de Luis Herrera las relaciones en el interior del sistema de partidos se deterioran seriamente, pero también sufrió un gran menoscabo el *sistema populista de conciliación de élites,* que hasta entonces había funcionado, con el resultado de un serio detrimento de la democracia representativa venezolana, cuyos primeros síntomas ya eran visibles. Así, en 1981, apenas un mes antes de morir, Rómulo Betancourt denunciaba de la preocupante crisis tanto política como económica, acompañada de una "falta de fe que se ha extendido en el país", que él atribuía a la "falta de confianza en el régimen democrático" (Betancourt 2006: 443).

Apenas habiendo asumido la Presidencia, y estando COPEI en minoría en un Congreso en el que la mayoría relativa era de AD, el Presidente Herrera, en lugar de intentar desarrollar relaciones si no cordiales, al menos de respeto mutuo con el principal partido de la oposición, mantuvo un estilo polémico y agresivo, con el que quería demostrar, según sus palabras que él podía gobernar "no sólo *sin* Acción Democrática sino *contra* Acción Democrática", jactándose ante los militantes de su partido de los de los duros golpes que le estaba dando al partido rival, debilitándolo. Dentro de tal estrategia un papel esencial lo jugarían las investigaciones sobre presuntas irregulares del gobierno anterior, que culminarían con acusaciones penales, la más famosa de las cuales fue "el caso del Sierra Nevada" en la que se involucró al propio ex Presidente Carlos Andrés Pérez.

Acción Democrática, por su parte, le respondería con el mismo tipo de armas, con grave daño tanto para la sincera lucha contra la corrupción como para la misma democracia.

No es exagerado afirmar que como resultado de este tipo de acciones, el sistema de partidos estuvo próximo a volver al clima de "canibalismo político" propio del siglo XIX, tantas veces denunciado por Betancourt y que se había creído poder cancelar definitivamente en 1958, mediante el Pacto de Puntofijo.

---

96   Esta última observación la hizo Eduardo Fernández en su intervención en un ciclo de conferencias celebrado con motivo de cumplirse los veinte años del régimen democrático. Es interesante que en dicha conferencia, en la que participaron los principales líderes de los principales partidos y del "estatus" (entre otros, Rafael Caldera, Eduardo Fernández, David Morales Bello, Marco Tulio Bruni Celi, Ramón J. Velázquez y Ramón Escobar Salom), pero también exponentes del pensamiento de la extrema izquierda de entonces (como Teodoro Petkoff, Américo Martín y Argelia Bravo), la mayoría estuvo de acuerdo, entre otras cosas, en los peligros que representaba tanto la corrupción como las insuficiencias de nuestra democracia y el modelo de desarrollo concentrador y excluyente que habíamos seguido. Véase, Caldera *et alii* (1979).

El estilo y los métodos políticos del Presidente Herrera contribuyeron en gran medida al aumento de las tensiones políticas en el país, pues no continuó respetando los muchos pactos formales o informales entre las diferentes fuerzas política que existieron anteriormente, sino que prefirió actuar unilateralmente, a veces con el respaldo a sus acciones de un sólo sector limitado de su propio partido y profiriendo ásperas acusaciones y sarcasmos contra quienes no lo eran sus aliados.

Al principio de su gestión el Presidente decidió implantar unilateralmente medidas económicas de carácter neoliberal, tales como una reducción del gasto corriente, la disminución progresiva de subsidios y aranceles y la liberación de la mayoría de los precios, que anteriormente se mantenían controlados, sin atender al proceso de concertación tripartida que había estado vigente durante el Gobierno anterior, y con enorme oposición en la mayoría de los sectores y con gran malestar popular.

Pero, además de la ausencia de concertación, Luis Herrera desarrolló una gran pugnacidad con importantes actores como Fedecámaras, y se enajenó de plano a la CTV, especialmente cuando en noviembre de 1982 intervino la prenda más preciada de esa Central, el Banco de los Trabajadores de Venezuela (BTV), enjuiciando a sus directivos.

Es bajo este Gobierno cuando tanto la CTV como Fedecámaras intentaron, sin éxito, una reordenación, bajo esquemas claramente corporativos, del sistema de concertación anteriormente existente, que ahora se mostraba inoperante, Así, en 1980 la CTV tomó la iniciativa de presentar al país un nuevo proyecto en busca de una profunda reordenación del país en lo político y socioeconómico. En el *Manifiesto de Porlamar* propuso la creación de un Consejo Nacional de Asuntos Económicos y Sociales, que actuase como órgano de consulta y asesoría del gobierno en materias centrales al desarrollo nacional. La idea básica era integrar a representantes del capital, el sector laboral, la tecnoburocracia pública, el Ejecutivo y el legislativo, en un mecanismo que obviamente se dirigía a refrescar los pactos y amoldarlos a nuevas condiciones.

Por su parte Fedecámaras ratificó, en su Asamblea de 1980, la necesidad de que el sector público y el sector privado uniesen esfuerzos para afrontar los retos del país. La idea era empezar con una concertación entre el sector empresarial y el sector obrero, para que después que llegaran a un acuerdo, ambos sectores, en forma conjunta, negociaran con el Gobierno. La *Carta de Maracaibo*, emanada de esa Asamblea, presentaba este intento de concertación, que no se plasmó en medidas concretas. En todo caso, el gobierno de Luis Herrera desestimo ambas propuestas.

Al igual que había sucedido con Rafael Caldera, COPEI liberó de la disciplina partidista a Herrera, que gobernó con criterios claramente personalistas rodeados de sus amigos y de gente que le merecía confianza. Fue el Presidente que más ha insistido en sus discursos y declaraciones públicas, en la importancia que tenían las virtudes o cualidades personales de los funcionarios, para evitar la corrupción; y como Presidente electo proclamó que, más allá de las

190

instituciones o de las leyes, para frenar la corrupción "lo fundamental es [...] la escogencia de los equipos humanos; escogencia de gente honesta para el manejo de los dineros del pueblo [..]"[97]. Al mismo tiempo, Luis Herrera prometió esmerarse en la "atinada escogencia" de los funcionarios que le acompañarían en su gestión.[98] Pero su gobierno se caracterizó, precisamente por el "amiguismo", de modo que a veces más que el gobierno de un partido fue el gobierno de una *facción,* de amigos personales del Presidente. Desgraciadamente, a juzgar por los resultados, fue el presidente que ha tenido menos fortuna al escoger sus colaboradores en el gobierno, pues fueron procesados por delitos de corrupción varios de sus ministros, al menos un gobernador y un número apreciable de los Presidentes o Directores de institutos autónomos o empresas del Estado, algunos de los cuales huyeron del país para no ser apresados.

A las dificultades y tensiones políticas se unió una seria crisis económica y financiera, agravado por el mal manejo de la misma por parte del Gobierno. Durante 1980 y 1981, con motivo de una crisis más en el Medio Oriente, los precios del petróleo alcanzaron un nivel anteriormente desconocido, pero que no fueron acompañados de una política económica y fiscal adecuada por parte del gobierno venezolano. En vez de aprovechar la coyuntura económica favorable para disminuir la descomunal deuda que había dejado Carlos Andrés Pérez, Lis Herrera la aumento. Una prolongada y descomunal fuga de divisas de los particulares, descuidada por el Gobierno, amenazó con dejar al país sin reservas. Cuando los precios del petróleo cayeron, el Banco Central se declaro insolvente, desatando la crisis financiera más grande que conoció la democracia, dando lugar al famoso "viernes negro" del 18 de febrero de 1983, con la devaluación de la moneda y todas sus consecuencias negativas. A raíz de esta situación se implementó un sistema de cambios controlados y la creación de la Oficina de Régimen de Cambios (RECADI), medida que trajo como consecuencia innumerables hechos de corrupción administrativa, favoritismos, ventajismos y mercados negro de divisas. Todo esto ocurrió en el año en el que se iban a celebrar la elecciones nacionales, de manera que es fácil imaginar las consecuencias que tuvo la implantación de tales medidas para un Gobierno que ya había generado una gran insatisfacción y un descontento general.

20. VENEDEMO *(1983): continuidad y cambio de la opinión pública*

Disponemos de los resultado agregados de una encuesta nacional, aleatoria y representativa de la población electoral, conocida como VENEDEMO (1983), cuyos datos fueron recogidos entre octubre y noviembre de 1983, que nos proporciona un cuadro muy completo de cómo los venezolanos veían la situación política general y, en especial, cómo evaluaban a los gobernantes, a los políticos y a los partidos, y la importancia que atribuían a la elecciones y a la democracia representativa. Además, se trata de datos que tiene la ventaja de que

---

97   El Nacional, 23 de Enero de 1979, p. D-2

98   El Nacional, 8 de Febrero de 1979, p. D-1.

pueden ser comparados con los de la encuesta VENEVOTE (1973), recogidos diez años antes, al final del Gobierno de Caldera.[99]

En primer lugar, los electores venezolanos mantienen la baja opinión que tenían hacía diez años, respecto a sus gobernantes anteriores, que en algunas cuestiones muy concretas ha empeorado estrepitosamente. Así, en 1983 sólo el 3,5% cree que los gobernantes son *gente honrada*, frente al 66,0% que cree que muchos son *sinvergüenzas* y el 24,5% que juzga que algunos son *sinvergüenzas*. También ha descendido su opinión sobre su *empleo del dinero*, pues sólo 3,5% creen que lo emplearon *bien*, el 16,5% *entre bien y mal*, y el 68,4% opina que francamente *mal*. También ha empeorado, pero solo ligeramente, su opinión (que ya en 1973 era muy mala) cuando se les pregunta si el gobierno ha servido el interés de *todos los ciudadanos* o sólo el de *grupos poderosos*: el 68,1% responde que el de *grupos poderosos*, sólo el 6,8% opina que de *todos los ciudadano* y el 9,3% que el de *ambos*.

Cuando las preguntas que se les formula sobre los gobiernos son más generales, las respuestas también son negativas, pero ahora no son peores que las de la encuesta de 1973. Así, en relación a la pregunta genérica sobre si los gobiernos han *obrado correctamente*, el 26,4% responde que *casi nunca* y el 42,1% que *pocas veces* (frente al 12,1% que opina que *con frecuencia* y el 10,3% que piensa que *casi siempre*). Al pedírseles que evalúen la gestión del gobierno el 10,2% lo juzgan *bueno*, el 48% *regular* y el 37,8% *malo*. Con respecto al impacto personal que ha tenido la acción del gobierno, una mayoría del 61,5% cree que *no les afectó*, mientras que el 28,8% opina *que les perjudicó* y sólo una pequeña minoría del 7,2% se ha sentido *beneficiados*.

Las opiniones sobre los políticos son también bastante críticas, pero en general tampoco son peores que las de diez años antes. El 60,2% cree que los políticos *no se preocupan por la gente*, frente al 19,9% que piensa que *sí se preocupan*, y el 16,1% que responde que "*depende*". El 36,3% piensa que los políticos *no se preocupan por el país*, frente al 29,0% que piensa que *sí se preocupan*, y el 30,6% que responde que "*depende*". El 72,3% continúa pensando que los políticos *hablan mucho y hacen poco*, frente al 11,6% que opina que esto es *falso*, y al 14,5% que responde: "*depende*".

Pero cuando se les pregunta si sería preferible un *gobierno sin político,* las opiniones casi se dividen por la mitad, pero con una ligera mayoría a favor de los políticos, pues el 45,6% *rechaza prescindir de los políticos*, el 40,3% lo *acepta*, y el 6,0% responde "*depende*". Cuando se les pide su *opinión general sobre los políticos*, la del 47,5% de los entrevistados es *negativa*, la del 23,5% *positiva*, y el 23,0% declara que no es *ni positiva ni negativa*.

---

99   La encuesta fue diseñada por Enrique Baloyra (The University of North Carolina at Chapel Hill)) y Arístides Torres (Universidad Simón Bolívar de Caracas). Los resultados agregados de VENEDEMO (1983) comparados con los de VENEVOTE (1973), han sido publicados por Baloyra (1985) y Torres (1985).

Cuando se llega a la pregunta decisiva de si están *satisfechos con la democracia*, el 22,3% responde estar *muy contento*, el 48,7% que están *más o menos contento*, y una minoría del 23,8% opina que debe sustituirse, lo cual no deja de ser preocupante. La encuesta procede a formular una batería de interesantes preguntas con las que se puede controlar el grado de preferencia de los encuestados. Así, se les pide comparar la democracia con la dictadura a través de una serie de preguntas y las respuestas que se obtienen son las siguientes:

Preguntas	Democracia	Dictadura
	(%)	(%)
¿Cuál de las dos prefiere?	82,2	10.2
¿Cuál resuelve mejor los problemas?	67,0	20,7
¿Cuál produce más bienestar?	68,8	16,0
¿Cuál es mejor para Venezuela?	76,1	14,2

La democracia no sólo es preferida en general, sino que se cree que produce más bienestar, resuelve mejor los problemas y, en concreto, se considera mejor que la dictadura para Venezuela.

Explorando más en detalle la cuestión de cuál de los dos regímenes resuelve mejor los problemas (que de las preguntas anteriores, es en la que la dictadura resultó menos desfavorecida por las opiniones de los encuestados), se les formuló una batería de preguntas adicionales, sobre la capacidad de una democracia como la venezolana para resolver problemas concretos, obteniéndose las siguientes respuestas:

Una democracia como la venezolana	Sí	No
	(%)	(%)
¿Puede corregir el desempleo?	62,2	23,2
¿Puede resolver el costo de la vida?	58,4	28,1
¿Puede resolver la falta de vivienda?	62,9	22.9
¿ Puede resolver la deuda externa?	59.9	23.9
¿Puede resolver las condiciones de vida de los pobres?	56,4	27,6

Y cuando se pregunta a los encuestados quién resuelve los problemas nacionales, el 45,7% responde que los dos grandes partidos nacionales; el 11,8% que los partidos de izquierda; y el 19,1% que los militares o una dictadura.

Teniendo en cuenta las opiniones muy criticas de los encuestados con respecto a la actuación pasada de los gobiernos y de los políticos venezolanos, es impresionante la confianza que aún muestra la gente en la democracia y en los partidos políticos como el instrumento capaz de solucionar los grandes problemas del país, pero al mismo tiempo se puede inferir que la frustración será muy grande si ese tipo de régimen no se muestra capaz, en un futuro no muy alejado, de colmar esas esperanzas.

Más sorprendente, todavía, es que esas esperanzas se producen aunque la mayoría relativa de los encuestados (el 47%) considera que *la democracia es más corrupta que la dictadura* (sólo el 23,2% cree que *la dictadura es más corrupta*) y que la corrupción ha alcanzado un nivel *intolerable* (77%).

Pero la mayoría aun confía en el voto y en las elecciones como un mecanismo utilitario que puede servir para hacer efectiva la responsabilidad política de los gobiernos, haciéndoles cumplir con sus promesas y ofertas electorales.

En efecto, aunque la gente continúa siendo pesimista sobre las posibilidades de que la gente común pueda influir sobre la política y el gobierno (pues el 62,9% cree que *no es posible* y sólo el 25,3% estima que sí lo es), una mayoría (el 69,9%) cree que *votar es la única manera* de hacerlo. En general, una abrumadora mayoría, superior aún a la de la encuesta de 1973, tiene una opinión muy favorable sobre las elecciones, aunque ha decaído un poco su confianza en su eficacia para que el gobierno y el candidato elegido se preocupe por sus electores. Estos son los resultados comparados de ambas encuestas:

	1973		1983	
	Sí %	No (%)	Sí (%)	No (%)
¿Las elecciones son importantes?	94,5	5,5	93,0	3,9
¿Las elecciones son importantes en la democracia?	92,2	7,8	93,5	4,0
¿El candidato elegido se preocupa?	52,5	47,5	44,6	27,8
¿Las elecciones hacen que el gobierno se preocupe?	72,8	27,2	63,8	23,4

Son especialmente relevantes, dado el objeto de este libro, las preguntas sobre los partidos políticos. Una impresionante mayoría (el 76,9%) considera que los partidos políticos son responsables de la corrupción. Pero aunque el número de militantes y simpatizantes de los mismos ha descendido en 1983, la evaluación que se hace de los partidos, aunque continúa siendo negativa, no ha desmejorado en los diez años pasados. Es importante constatar que la opinión de los que dicen no estar interesados en política, que en 1973 fue del 32%, ha disminuido al 23%.

Enrique Baloyra nos proporciona cifras que nos permiten comparar los cambios en las preferencias partidistas ocurridos durante los diez años:

Tabla 13:

PREFERENCIAS PARTIDISTAS (1973-1983)

(%)

Identificación con:

Año	AD	COPEI	Ninguno	Otro
1973	22,3	26,8	34,8	14,8
1978	20,9	24,9	29,5	18,2
1983	36,6	22,1	26,3	11,3

Grado de Simpatías

Año	MUCHA		NINGUNA	
	AD	COPEI	AD	COPEI
1973	17,2	20,4	52, 3	43,4
1983	19,3	10.1	32,6	46,3

FUENTE: Enrique A. Baloyra (1985: Tabla 2, p. 12)

Como puede verse, la identificación con AD, que había bajado ligeramente al final del primer Gobierno de Carlos Andrés Pérez, repunta vigorosamente al finalizar el de Luis Herrera. Y en el mismo período aumenta el grado de simpatía por aquel partido y disminuye muy sensiblemente el porcentaje de quienes le profesan antipatía. En cambio, en el caso de COPEI, desciende el porcentaje de quienes se la identifican con el partido y mucho más el de los quienes tienen un alto grado de simpatía por el mismo, amentando en cambio las antipatías.

Es interesante notar que salvo lo ocurrido en 1978, en que el descenso en la identificación partidista, tanto en AD como en COPEI, fue acompañado por un cierto aumento en la identificación con otros partidos, para 1983 se ha operado una evidente *polarización* pues todas las pérdidas de COPEI no han servido para el aumento de terceros partidos, que más bien han disminuido, sino que redundan en una mejora de AD.

Volviendo a los resultados de VENEDEMO, en 1983 el 35% de los encuestados decía que no tenía ninguna fe en los partidos, pero el 62% afirmaba tener fe al menos en uno de ellos; el 55% creía que todos los partidos eran la misma cosa, pero el 40% no lo creía así; el 29% opinaba que el papel de los partidos había sido negativo, pero el 55% afirmaba que al menos uno de ellos había jugado un papel positivo. En general la evaluación de COPEI era menos favorable que la de AD, pues mientras que el 37% creía que los dos principales partidos habían tenido un papel positivo, el 12% opinaba que el papel de AD había sido positivo pero no el de COPEI, y sólo el 5% creía lo contrario.

21. *Lusinchi (1984-1989): el apogeo del partidismo*

El triunfo electoral de AD, tanto de su candidato a la presidencia, Jaime Lusinchi, como en "tarjetas pequeñas" fue rotundo y holgado, proporcionándole una mayoría sólida en ambas cámaras de Congreso.

Era una victoria electoral que era lógico esperar, dado el deterioro de COPEI, consecuencia en gran parte de la gestión presidencial de Luis Herrera y de la recuperación de AD, que en las elecciones de 1983 usó hábilmente la consigna del *Pacto Social,* con la que ofrecía un acuerdo entre el Estado y los distintos sectores y grupos de interés del país, como respuesta conciliadora para hacer frente a los problemas fundamentales derivados de la crisis creciente del modelo de desarrollo. Con ella se esperaba dar respuesta a los deseos de concertación social lanzados algunos años antes tanto por la CTV como por Fedecámaras.

La candidatura de Lusinchi fue la consecuencia de las maniobras y negociaciones entre *facciones*, en gran parte personalistas, que para entonces ya dominaban en el partido. En 1978 el Presidente Pérez había tratado de imponer, pero sin éxito, la candidatura presidencial de Jaime Lusinchi, frente a la de Luis Piñerúa, apoyada por Betancourt, que fue la que triunfó en el partido, aunque no en las elecciones nacionales. Pero, cinco años más tarde, Lusinchi, que era el Jefe de la fracción parlamentaria de AD, consiguió que su candidatura presidencial triunfara, frente a la que en esta ocasión impulsaba Carlos Andrés Pérez, gracias a un pacto con el máximo líder de la CTV, Manuel Peñalver, por el cual el poderoso sector sindical le daba a Lusinchi su respaldo, a cambio de que el sector sindical obtuviera por primera vez, para Peñalver la Secretaría General del partido.

Una de las características más resaltantes de la presidencia de Lusinchi fue las excelentes relaciones que mantuvo con su partido, probablemente superiores a las de cualquier otro Presidente de AD, y a esas buenas relaciones se debió, en no poca medida, que pudiera superar con relativo éxito las grandes dificultades que encontró.

En un importante discurso ante su partido, pronunciado poco después de asumir la Presidencia[100], Lusinchi presentó sus ideas fundamentales acerca de la relevancia de los partidos para la democracia (y en especial de uno como AD), insistiendo en la importancia de la dirección y la responsabilidad colectiva del mismo, así como sobre las relaciones entre AD y el Gobierno, las fallas que hubo en ellas en el pasado y la forma en que pensaba que debían desenvolverse bajo su Presidencia.

Lusinchi tenía claro que el triunfo de su candidatura presidencial no se había debido a sus méritos personales sino era una victoria de Acción Democrática, y por tanto fruto de un esfuerzo colectivo. Su militancia en el partido le había ensañado la importancia de la dedicación y el esfuerzo colectivo, como colectivas debían ser también las responsabilidades por los éxitos y por los

---

100 Véase, Jaime Lusinchi (1984-1984), "Soy hechura colectiva y al ser colectivo me debo", alocución a la XXIII Convención Nacional del partido Acción Democrática.

fracasos. Queriendo despojar su gestión del personalismo que había aquejado anteriores presidencias del partido (sobre todo la de Carlos Andrés Pérez), insistía en que:

"Nunca me he querido ungido por la divinidad […] [y] si de algo estoy claramente consciente es que he sido la expresión de un esfuerzo colectivo […] Soy hechura colectiva y al ser colectivo me debo".

Y, al finalizar esa alocución, exclama: "Soy –y de ello me enorgullezco– una expresión de la voluntad de […] Acción Democrática".

Lusinchi tenía una clara idea de la importancia capital de los partidos en una democracia, y sobre todo uno como Acción Democrática en Venezuela, tanto por ser el partido de gobierno como por su tradición histórica. Pero al mismo tiempo estaba consciente de las fallas en las que habían incurrido en el pasado reciente los partidos venezolanos.

Según Lusinchi, Venezuela estaba atravesando, desde hacía varios años, un periodo de crisis severa y al aparato político del país no le había sido fácil hacer frente al nuevo estado de cosas. Los partidos habían sido víctimas del desconcierto generalizado, por lo que era necesaria la "modernización de las instituciones partidistas". Según sus palabras, no se trataba de "mantener y exacerbar la partidización excesiva sino más bien atenuarla y ubicar a los partidos e su exacto lugar de contribución al desarrollo moderno de Venezuela". De ahí la importancia que Lusinchi iba a dar a una institución como la COPRE.

Pero, para el Presidente Lusinchi, un tema central a resolver era el de las adecuadas relaciones entre el partido AD y su Gobierno, pues estaba consciente de los graves problemas que se habían presentado recientemente, cuando

"el partido de gobierno y el gobierno se convirtieron en trincheras de la lucha de facciones enfrentadas. Venezuela vio con asombro como un gobierno se desentendió de su identificación partidista y como el partido de gobierno, por una dosis innegable de sindéresis, advirtió como más cónsone con sus posibilidades alejarse prudentemente de la orientación gubernamental. Esta fue la señal de un desastre del cual todavía Venezuela no ha alcanzado a recuperarse de modo adecuado" (*Ibíd.*).

Evidentemente, se estaba refiriendo, aunque sin nombrarlo, a lo que había ocurrido bajo la presidencia de Carlos Andrés Pérez. Según Lusinchi, eso no iba a ocurrir nunca bajo su Gobierno. No pretendía una incondicionalidad en la actitud del partido respecto al Gobierno, pues eso no podría esperarse de la dirección de Acción Democrática, caracterizada por veteranos militantes de gran sabiduría y experiencia, que no se prestarían a la sumisión frente al Presidente. Según Lusinchi,

"Jamás he buscado solidaridades fáciles, ni acuerdos que no provengan de la convicción; jamás serán los resortes del poder los instrumentos para lograrlo. La posición de un partido maduro y batallador como el nuestro es muy claro; ningún adeco es sumiso e incondicional, porque esa no es nuestra historia, ni para eso hemos bregado en las condiciones más adversas y complejas. Aquí hay dirigentes y militantes que son productos del coraje y la fuerza creadora del pueblo y no admiten una posición dócil coma forma de relación ni siquiera con su propio gobierno".

Se trataba de conseguir una *armonía entre el partido y el Gobierno* basada en que las *políticas públicas* que se adoptaran debían ser *previamente discutidas y convenidas por ambos*. Pues, para que el Gobierno y el partido tuvieran éxito, era preciso su vinculación armónica, en la que ambos fueran fieles a las reglas de juego comunes, de modo que

> "las políticas convenidas cuenten con respaldo cierto, porque no serán políticas unilateralmente definidas ni acometidas. Este es un requisito sobre el cual debemos ser claros y enfáticos. Las discrepancias públicas no pueden tener justificación cuando las políticas son previamente discutidas y convenidas".

Los obstáculos que Lusinchi tenía que sortear eran muchos y el panorama no era para nada alentador. Heredaba Lusinchi una grave situación económica, pues hacía apenas un año que la moneda había sido devaluada; y todos los signos monetarios, fiscales y económicos eran negativos. Las fallas en los servicios públicos y la corrupción administrativa hecha pública contribuían a obscurecer mas el panorama. Los precios del petróleo se mantenían muy deprimidos. Y a todo esto se le agregaba el problema de la enorme deuda, tanto interna como externa, que Lusinchi, al asumir el poder, afirmó sin vacilar, que se pagaría "hasta el último centavo". En resumen, todo parecía indicar que Lusinchi debía gobernar en tiempos difíciles, hasta el punto de que fueron numerosos los que temieron que el quinquenio habría de desarrollarse en medio de muy graves confrontaciones sociales.

Pero lo cierto es que Lusinchi pudo sortear con una gran habilidad los muchos obstáculos que encontró en su camino, sobreviviendo a la grave situación económica que había recibido y conservando la confianza del pueblo en la democracia y en las elecciones, de modo que al terminar su mandato pudo entregar el poder al candidato de su propio partido que resultó ganador.

Es evidente que la grave crisis económica no se solucionó, sino apenas se contuvo, y continuó afectando a las gentes de ingresos más bajos. La caída de los ingresos promedios reales, provenientes de sueldos salarios, que había ocurrido durante el gobierno de Luis Herrera, y había afectando a los de más bajos ingresos, continuó con Lusinchi, pero el nuevo Presidente tuvo la habilidad de crear políticas sociales compensatorias que aliviaban la situación de los sectores más desfavorecidos, para que no se cerraran sus esperanzas de progresos futuros.

Las relaciones entre el partido AD y el Gobierno fueron de estrecha colaboración. El partido prestó apoyos esenciales en muchos aspectos al Gobierno, a través de sus organizaciones sectoriales (sindicales, agrarias, etc.) y regionales, que sirvieron para trasmitir información entre el Estado y la Sociedad, en los dos sentidos; y fue, también, instrumento fundamental en la concertación y en la implementación de las políticas sociales compensatorias con las que se aliviaba a los sectores más desfavorecidos.

Frente al tradicional centralismo exagerado, que siempre había sido objeto de crítica, fue muy importante el cuidado que puso el Presidente en contar con la opinión y colaboración de los líderes del partido de las distintas provincias, hasta el punto que en muchas ocasiones fueron ellos los designados como gobernadores por el Jefe de Estado.

Pero el gran acoplamiento de las estructuras del Estado y del partido que tuvo lugar, hizo que los beneficios de con ello recibió AD no fueron pocos, pues gracias a las varias formas de apoyo gubernamental se convirtió en una organización masiva y poderosa, con más de dos millones de militantes inscritos (si creemos las cifras oficiales del propio partido), que de ser ciertas lo convertían en el partido social-demócrata más numeroso del hemisferio.

Lo cierto es que Lusinchi logró romper la tendencia, iniciada por Leoni en 1969, de que ningún Presidente de la República había podido entregar la Presidencia, al concluir su periodo constitucional, a un candidato ganador de su propio partido. Pero él no sólo lo hizo, sino que para ese momento conservaba un nivel de aceptación de la opinión pública superior al de ningún otro Presidente anterior. Había conseguido sortear, sin mayores daños visibles, la grave situación económica que había recibido, sin las graves confrontaciones sociales que muchos vaticinaban cuando asumió la presidencia. De modo que al día siguiente de entregar el poder, le prensa comentaba que el Presidente Lusinchi "evitó la catástrofe económica", y que "su mayor logro y la mejor herencia es la paz social que deja".

Sin embargo, pasado poco tiempo, comenzó una campaña contra la Presidencia de Lusinchi, en la que se le acusaba de numerosos actos de corrupción. La nueva imagen que se pretendía crear era la de un Gobierno totalmente condenable, que se había ocultado tras un gestión comunicacional excelente, por parte de la OCI, coordinado por Carlos Croes y que se había acallado por el uso de los dólares preferenciales de RECADI, con los que se presionaría a los medios de comunicación adversos y a los enemigos del Gobierno. Es evidente que el uso, en gran parte discrecional de las divisas preferenciales de RECADI, que posibilitaba una posible fuente tanto de sobornos como de coacciones por parte del Gobierno, fue hábilmente administrado para satisfacer o contener a distintos sectores sociales. Pero sería una interpretación maniquea y una excesiva simplificación reducir el éxito relativo de Lusinchi a unas relaciones públicas exitosas acompañadas de una mezcla bien balanceada de soborno y coacción, aunque pudo haber elementos de todo esto.

Por otra parte, no hay que olvidar que las principales acusaciones por actos de corrupción contra Lusinchi y su equipo de gobierno, se produjeron después de que cesó de ser Presidente; y fueron el resultado de investigaciones impulsadas no por el gobierno de un partido rival (como venía ocurriendo en Venezuela, desde las elecciones de 1973), sino por un gobierno del mismo partido. Pero, lamentablemente, estos hechos no se debieron a que Acción Democrática hubiera decidido combatir la corrupción, aunque sus autores fueran sus propios militantes, sino que fueron el resultado, como veremos más adelante, de una lucha entre facciones de ese partido.

Entre las medidas para la concertación política que impulsó el Presidente Lusinchi debemos referirnos brevemente a la creación de la Comisión Presidencial para la Reforma del Estado (COPRE). Se trata de un instrumento, creado en diciembre de 1984, como organismo asesor del Presidente para un ambicioso plan de reforma integral del Estado. Estaba formada por 34 personas, de las cuales la mitad eran políticos profesionales y tecnócratas destacados de diversos partidos; la mayoría de ellos del partido de gobierno AD, pero con una buena representación de COPEI y, en menor grado, de otros partidos menores. Después de los políticos, el grupo más importante era el de los académicos (profesores universitarios), completándose el resto con unos cuantos representantes del mundo empresarial, del sindical y del militar.[101]

De acuerdo al Decreto Ejecutivo que creó la Comisión, su asesoría tenia como objetivo general "el establecimiento de un Estado moderno, esencialmente democrático y eficiente, en el cual los postulados de la Constitución adquieran plena vigencia y la participación ciudadana constituya un elemento efectivo en la toma de decisiones de los poderes públicos". Tres son los aspectos de esta definición de objetivos que deben ser resaltados; a) se declaraba que los principios de la Constitución de 1961, en cuanto programa político, continuaban siendo en lo esencial válidos; b) se reconocía, sin embargo, que esos principios *no* habían encontrado en la práctica una *plena realización y vigencia*, pues se habían producido algunas distorsiones, y que lograr dicha realización era un objetivo fundamental de la reforma; y c) entre tales principios se atribuía un papel central al *perfeccionamiento de la democracia* y a la *efectiva participación de los ciudadanos en la toma de las decisiones públicas*.

De acuerdo a esta perspectiva, la COPRE se limitó a sugerir ciertas medidas que no requerían cambios constitucionales pues, en general, existía un amplio consenso, –no sólo entre los integrantes de la Comisión, sino entre la mayoría de la población– en torno a que la Constitución del 1961 había permitido que la democracia perdurase en Venezuela, por un lapso antes nunca conocido, y que aún podía y debería ser útil durante años, con simples enmiendas que, en lo esencial, conservaran su contenido.

Tras un cuidado balance y evaluación de la situación política, por parte de sus miembros[102], la COPRE aprobó el documento titulado *Propuestas para reformas políticas inmediatas* (Comisión Presidencial para la Reforma del

---

101 Durante la Presidencia de Lusinchi la Comisión dio muestras de total de independencia del Jefe de Estado, hasta el punto de que su última etapa llegó a producirse un cierto distanciamiento entre ambos. Con la segunda Presidencia de Carlos Andrés Pérez los integrantes de la Comisión fueron renovados, y el Presidente de la misma se convirtió en un ministro de Estado, al servicio del Presidente de la República.

102 Véase, por ejemplo, Rey (1986a: 19–47)-

Estado, 1986) donde se apuntaba directamente algunas de las imperfecciones más graves y urgentes que venían degradando la democracia venezolana. Las reformas que se proponían en el documento abarcaban distintos aspectos: profundización de la democracia en los partidos; elección popular, directa y secreta de los gobernadores de las entidades federales; reformas a la Ley Orgánica de Régimen Municipal (conteniendo, entre ellas, la creación de la figura del alcalde y su elección directa, del mismo modo que los gobernadores); y problemas del financiamiento de los partidos políticos. No es ésta la ocasión de examinar el destino de las distintas propuestas de la COPRE, pues me limitaré a algunas observaciones sobre los partidos políticos, pues constituyen los cambios más audaces en sus propuestas para las reformas.

En efecto, muchos de los integrantes de la COPRE creían que la mejor manera de atacar la falta democracia en el país, era aumentar la democracia interna de los propios partidos y abriendo la competencia para la postulación de candidatos a los puestos electivos, mediante un sistema de elecciones primarias, lo más abiertas posibles.[103] Así la Comisión propuso una serie de medidas para la democratización interna de los partidos, tales como: la restricción de los cargos vitalicios que no fueran puramente honoríficos; la obligación de renovación periódica de todos los cargos, en todos los niveles, sin aplazamientos y mediante elecciones internas; en materia especialmente importante, la obligación de consulta a la base del partido, mediante referéndums o elecciones en primer grado; en las Asambleas, Congresos o Convenciones de carácter deliberativo de los partidos, limitar la participación de delegados *ex-officio* o, en general, no electivos, de modo que el peso de la decisión esté en manos de delegados elegidos por la base partidista; eliminación de todos los sistemas de elección indirecta más allá del segundo grado. Pero la medida más revolucionaria era la utilización en todos los niveles –desde los concejos municipales hasta la del Presidente de la República– de sistemas de selección de los candidatos mediante elecciones primarias, con la eventual apertura a los simpatizantes o a quienes estuvieran dispuestos a votar por el candidato del partido.

Lamentablemente, tales medidas no sólo contaron con el rechazo nada disimulado de los propios partidos políticos, sino no lograron atraer el menor interés de los sectores extra-partidos, que cada vez más eran *anti-partidos*, pues no estaban nada interesados en que mejorara el funcionamiento de éstos, sino más bien en su desaparición.

En todo caso, más allá del destino de las propuestas que la COPRE presentó, relativas a los partidos, que no fueron aceptadas por éstos (Manuel Peñalver, Secretario General de AD, justificaba el rechazo diciendo que "los venezolanos no somos suizos"), el impacto mayor de la Comisión en esa materia fue que sirvió como un importante foro público, amplificado por la prensa, para un

---

103 Véase, por ejemplo, mis propuestas en la ponencia interna, que presenté a la Comisión Presidencial par la Reforma del Estado, el 27 de febrero de 1985, Rey (1986a: espec. 49–58).

debate abierto en el que diversas personalidades de todos los sectores pudieron debatir sobre esos temas. Como después tendremos ocasión de ver, la "partidocracia" sería uno de los temas centrales (*vid. infra*, pp. 234-241).

22. *Balance de los primeros 30 años de democracia representativa*

Si al final del gobierno del Presidente Lusinchi hiciéramos un balance del desempeño del sistema político venezolano y de su sistema de partidos durante los pasados treinta años, tendríamos un cuadro en el que, frente a logros indudables, habría que resaltar insuficiencias y fallas evidentes.

Es en lo que se refiere a sus objetivos políticos, y sobre todo en el que se propuso como fundamental y prioritario en 1958 –la preservación de la democracia representativa– donde los resultados son francamente positivos. Pero en lo relativos a sus objetivos a más largo plazo, y especialmente en la ampliación y profundización de la democracia política, haciéndola más participativa, y sobre todo, en extenderla a las esferas económica y social, donde aparece las fallas más importantes.

Un inventario de los principales logros del sistema, incluiría los siguientes:

1) Se aseguró el mantenimiento de gobiernos democráticos en circunstancias políticas particularmente difíciles, no sólo frente a los constantes peligros de golpe militar de derechas o insurrección armada izquierdista, como ocurrió durante la etapa de la Junta Provisional de Gobierno (1958–59) y durante las Presidencias de Betancourt (1959–1964) y Leoni (1964–1969), sino también en situaciones menos dramáticas, pero nada fáciles, como sucedió durante las dos Presidencias del Partido Socialcristiano COPEI, Rafael Caldera (1969–1974) y Luis Herrera (1979–1984), en las que el gobierno no contó con mayoría en el Congreso y, pese a ello, pudo gobernar sin recurrir de coaliciones gubernamentales permanentes con otros partidos.

2) Se consiguió que los principales actores políticos aceptaran las reglas de juego de la democracia representativa, al parecer sin reservas. Así, los partidos de extrema izquierda, que en el pasado intentaron la insurrección armada, depusieron su actitud, reconocieron sus errores y desde 1969 se reincorporaron plenamente al sistema democrático representativo. Por otro lado, las amenazas de un golpe militar parecían haber desaparecido del horizonte visible.

3) Por primera vez pudo funcionar efectivamente el viejo ideal, consagrado en todos nuestras Constituciones, de la "alternabilidad del Gobierno". De modo que en cuatro de los cinco de procesos electorales realizados para sustituir al presidente, los votos favorecieran a partidos de oposición y el traspaso del poder se produjo sin mayores traumas, aun en el primer caso en que esto ocurrió en la historia de Venezuela en que esto ocurrió, me le refiero a la elección de Caldera en 1968, pese a que la ventaja del ganador había sido mínima (apenas el 0,89% del total de los votos).

4) Se consolidó un sistema de partidos nacionales, que se caracterizaron por su solidez y disciplina, y por mucho tiempo contaron con un liderazgo y con una

élite política hábil y perspicaz, que logró ganarse la confianza y gozó de una amplia libertad de maniobra para hacer frente a las situaciones difíciles.

5) El peligro que estuvo presente durante las tres primera elecciones del periodo, de que el sistema de partidos se atomizara y se fragmentara, o que se polarizara hacia el extremismo, así como de las actitudes antipartido que se manifestaron a través de los llamados "fenómenos electorales" (caso de las candidaturas de Larrazábal, en 1958, y de Uslar, en 1963; o del voto "pérezjimenista" en 1968), desaparecieron a partir de 1973 para afirmarse cada vez más una tendencia hacia el bipartidismo.

6) Los dos grandes partidos del sistema (Acción Democrática, de orientación socialdemócrata, y el Partido Socialcristiano COPEI) parecían converger hacia el centro del electorado, buscando las preferencias del "votante medio" y fueron cada vez menos ideológicos y más pragmáticos, orientando sus ofertas electorales a la satisfacción de los deseos y aspiraciones concretas y utilitarias de los votantes.

7) Las elecciones se habían sucedido regularmente, atrayendo no sólo el interés, sino el entusiasmo de los votantes; las campañas electorales habían sido coloridas, espectaculares y masivas, y nuestro nivel de participación electoral estuvo, durante años, entre los más elevados del mundo.

8) Las encuestas mostraban que la mayoría de los venezolanos no sólo respaldaban la democracia, sino la competición electoral entre partidos, y consideraba a las elecciones como el medio para hacer que el gobierno se ocupar de las necesidades de la población.

9) Pese a las grandes diferencias socioeconómicas que existían en la población, éstas no se habían expresado en enfrentamientos políticos o en formas de votación o militancia partidista: la acción del Estado y los partidos había logrado "encapsular políticamente" los posibles conflictos sociales y convertir lo que podría haber sido lucha de clases revolucionaria en la lucha democrática mediante el voto (Lipset 1960).

Todas las características que acabo de enumerar constituyen, si creemos a la Ciencia Política más convencional, condiciones políticas ideales para el funcionamiento de una democracia estable. Pero, además, podríamos sumar a los anteriores algunos logros económicos y sociales, nada despreciable, como los éxitos notables en la defensa de nuestros recursos básicos, en especial en la política petrolera, cuyos dos componentes básicos fueron, bajo la presidencia de Betancourt, la creación de la OPEP; y, durante la primera presidencia. de Carlos Andrés Pérez, el haber logrado sin traumas y con el apoyo unánime de todas las fuerzas políticas, sociales y económicas la realización del viejo anhelo del control de nuestras riquezas básicas, con la nacionalización del hierro y del petróleo.

Además, los esfuerzos de nuestros distintos gobiernos por crear una infraestructura básica y una industria pesada, así como para impulsar la industrialización mediante la sustitución de importaciones fueron notables, y todo ello no implicó una disminución de los gastos sociales y de políticas redistributivas, algunos de cuyos renglones, como la educación y la salud alcanzaron montos impresionantes y logros notables.

Sin embargo, en el balance global también debemos presentar un cuadro con rasgos francamente negativos, que no se podían ocultar. Entre ellos destacan los siguientes:

1) Existían indicios de que los gobiernos democráticos que se habían sucedido a partir de 1958 habían decepcionado las aspiraciones del electorado. En efecto, todos los partidos que habían conquistado la Presidencia en Venezuela (con la única excepción de COPEI, tras la Presidencia de Caldera) habían disminuido, a veces considerablemente, su porcentaje electoral en las siguientes elecciones. Por otro lado, el triunfo del partido de oposición, que se había producido en cuatro procesos electorales, podía ser interpretado como el resultado de un "voto de castigo" que expresaría una insatisfacción o protesta frente al gobierno de turno. Es cierto que esos resultados electorales, al abrir paso a nuevos equipos gobernantes, hacía posible una renovación de la confianza en el régimen democrático, y sin duda que éste había sido un factor importante para su estabilidad, pero no era un mecanismo que pudiera asegurar la preservación institucional en forma indefinida, pues lo que existía era un *duopolio* partidista, de modo que si el proceso se repetía una y otra vez y los partidos que se alternaban en el poder eran los mismos, sin renovar sus dirigentes, sus mensajes o sus principios programáticos, cabía esperar que a la larga se acumulara una creciente frustración que, tarde o temprano, podría desembocar en un sentimiento de alienación de los votantes, e incluso en una crisis del sistema democrático.

2) En los últimos años se había venido desarrollando una crisis que afectaba tanto a los dirigentes y a las *élites* políticas como al conjunto de los partidos. Los dirigentes fundamentales y "naturales" de los partidos eran cuestionados o desafiados en el interior de sus propias organizaciones. Por otro lado, el prestigio de los políticos profesionales era bajísimo en la opinión pública, que se expresaba en forma ferozmente crítica sobre ellos. Aumentaban también las críticas de origen externo a la "partidocracia" y las opiniones del público hacia tales organizaciones eran francamente negativas. Los propios militantes de los partidos criticaban, incluso abiertamente, su falta de democracia interna y "oligarquización".

3) La creciente orientación pragmática de los partidos –resentida por una parte considerable de sus militantes y aun dirigentes de primera fila– hacía que el sistema fuera extremadamente vulnerable a los problemas de eficacia y eficiencia a corto plazo, que pasaban a ocupar un primer plano, y el acercamiento entre los dos grandes partidos y la ausencia de otras alternativas viables, podía llevar a que el electorado percibiera la falta de una efectiva competencia interpartidista y a su alienación de las elecciones.

4) El carácter, en gran parte festivo, de nuestros procesos electorales había contribuido probablemente durante algún tiempo, a mantener una alta participación electoral, pero no podía ocultar el bajo nivel y pobre contenido de

los mensajes políticos de los candidatos. Por otra parte, la propaganda electoral era cada vez más abrumadora, masiva y manipulativas, y no estaba destinada a mejorar la racionalidad del votante. En todo caso, la abstención electoral ya había aumentado sensiblemente en las elecciones de 1978, se mantuvo en ese nivel en 1983, para disparase en los procesos electorales posteriores.

5) Se venía desarrollando una creciente insatisfacción con ciertos aspectos de nuestro sistema electoral que provocaban distorsiones en los principios democráticos, limitaban la libertad del elector y mediatizaban sus relaciones con el elegido, de modo que disminuían la posibilidad de ejercer un control sobre éste y de hacer efectiva su responsabilidad frente a aquél. Las críticas a nuestro sistema electoral y las diversas propuestas de su reforma habían proliferado durante la Presidencia de Lusinchi, usando como plataforma para su difusión la Comisión creada por este Presidente para la reforma del Estado (COPRE).

6) El sentimiento de que la corrupción políticas y administrativa se había generalizado y la falta de confianza en la imparcialidad y honestidad de la administración de justicia amenazaba con destruir las bases morales del sistema democrático. La opinión pública acusaba a los partidos políticos de ser los principales responsables de ambos males. Pero incluso el mismo Rómulo Betancourt no dejó de formular graves acusaciones sobre el particular.

En lo que se refiere a la materia económica y social, los logros estaban por debajo de las expectativas de la gente, dado el monto de los recursos utilizados; y la actuación, tanto del sector público como del privado, se había caracterizado por un notable grado de ineficiencia y corrupción.

Aunque podían darse cifras que mostraban que, en términos absolutos, la población había mejorado sensiblemente en muchos aspectos, sin embargo la mayoría reconocía que se había seguido un patrón de desarrollo concentrador y excluyente[104]. Lejos de haber disminuido las desigualdades económicas, había aumentado la brecha entre los que tienen más y los que tienen menos, así como la cifra absoluta de personas en situación de marginalidad y pobreza crítica.

De modo que, si bien las grandes diferencias socioeconómicas existentes no habían dado lugar a luchas sociales abiertas, el potencial de conflicto existente era enorme, y si fallaran los mecanismos políticos de formación de consenso y se perdiera la confianza en la capacidad del sistema electoral para satisfacer las demandas y necesidades populares, se podría crear una situación explosiva. Esto se va a demostrar, a los pocos días de que Lusinchi entregara el gobierno, con los trágico sucesos del 27 y 28 de febrero de 1989.

---

104 Esto era ya reconocido unánimemente en un ciclo de conferencias celebrado con motivo de cumplirse los veinte años del régimen democrático, con la participación de los principales líderes de los principales partidos y del "estatus"·(entre otros, Rafael Caldera, Eduardo Fernández, David Morales Bello, Marco Tulio Bruni Celi, Ramón J. Velázquez y Ramón Escobar Salom), pero en el que también intervinieron exponentes del pensamiento de la extrema izquierda de entonces (como Teodoro Petkoff, Américo Martín y Argelia Bravo). Véase, Caldera *et alii* (1979).

IV. LAS DESVENTURAS DEL SISTEMA

23. *El apogeo del personalismo presidencial, 1989-1999*

Como hemos explicado en varias ocasiones, la *responsabilidad política* de los partidos de gobierno consiste principalmente en su obligación de garantizar que los gobernantes cumplan con las ofertas y promesas electorales que hicieron durante la campaña electoral. Pero en el periodo que ahora vamos a considerar (1989-1999), una proporción cada vez mayor de los ciudadanos venezolanos fue llegando a la conclusión de que nuestros partidos políticos, ya fuera por incapacidad o por su falta voluntad, no cumplían con sus responsabilidades políticas, y que, por tanto, había que olvidarse de la falsa responsabilidad colectiva e institucional de los partidos, y en su lugar afirmar y confiar sólo en la responsabilidad política individual y personal de los candidatos a ocupar cargos públicos, y ante todo en los aspirantes a la presidencia de la República.

En la medida que se fueron generalizado estas ideas, el resultado fue el colapso del sistema partidos que existía desde 1958, la falta de confianza en la democracia representativa, y el intento, plasmado en la Constitución de 1999, de sustituir esta forma de gobierno por un régimen político de otro tipo, al que sus partidarios calificaron como una *democracia participativa y protagónica.*

El desprestigio que sufrió la democracia representativa, es fácil de entender. De acuerdo a la teoría que le es propia, el haber ganado las elecciones significaba que el partido que obtuvo la mayoría de votos estaba autorizado (queda legitimado) para gobernar e implementar las políticas que previamente anunció en su campaña electoral. Pero, por otra parte, el público tiene el derecho a esperar que el nuevo gobierno cumpla con los términos de su mandato. Es decir: en la medida de lo posible debe honrar sus promesas y compromisos electorales. El gobierno tiene el derecho a gobernar y legislar de acuerdo a las políticas que anunció previamente, durante la campaña electoral, pero el ciudadano también tiene derecho a esperar que el gobierno actúe de acuerdo con las intenciones y promesas que proclamó. El derecho a gobernar debe estar controlado por el derecho de los electores a esperar alguna coherencia entre lo que los candidatos han ofrecido antes de las elecciones y sus actuaciones una vez que han triunfado. *Si no existiera una presunción a favor de esta coherencia no quedaría ninguna racionalidad en el acto de votar, ni en la misma democracia.*

La lógica de un partido de gobierno responsable puede resumirse en la autorización que recibe del pueblo que vota por él, y que puede ser concebida así:

> "Nosotros, el pueblo, te autorizamos a ti, gobierno, a gobernar nuestro favor y de acuerdo a nuestros mejores interés. Sin embargo, esperamos que gobiernes de acuerdo a las promesas y políticas que anunciaste durante la campaña electoral. Reconocemos que puedes poseer una autoridad residual para alterar las políticas de acuerdo a las circunstancias, pero en tal caso esperamos que expliques plenamente lo que estás haciendo y sus razones. También esperamos que toda política sea coherente con los principios

hechos públicos por su partido. Naturalmente te haremos responsable por los resultados de tu mandato" (Emy 1997)]

Pero en toda democracia –o, al menos, en todas las que yo conozco– existe una cierta falta de correspondencia, más o menos marcada, entre las políticas que ofrecieron realizar los candidatos que participaron en las elecciones, en caso de ganar, y las que efectivamente realizan cuando llegan al poder. Es sabido que los políticos exageran en sus ofertas electorales, como los vendedores cuando ponderan los productos que tratan de vender, prometiendo más de lo que podrán dar, pero hay una diferencia notable entre estas simples exageraciones y los engaños o fraudes que ocurren cuando los candidatos ofrecen algo, para atraer el voto de los ciudadanos, y lo que llevan a cabo al llegar al poder es exactamente *todo lo contrario a lo que ofrecieron*. Cuando, además, en el momento en que hacía sus promesas electorales, el candidato ya sabía que lo iba a ejecutar en caso de triunfar era todo lo contrario a lo prometido, el hecho constituye una verdadero fraude.

En la historia de todas o de la mayoría de las democracias se podrían citar casos aislados de tales engaños, pero cuando ese tipo de fraude se generaliza, hay que creer que algo muy malo está pasando en los mecanismos de la democracia, que no están funcionando como se debería esperar.

Si nos centramos en América Latina, vemos que desde principio de los años 80, una serie de Presidentes de las Republicas, que fueron electos con programas en los que se prometían políticas de intervención social en beneficio de las clases más desfavorecidas, lo que hicieron, una vez en el poder, fue ejecutar políticas de un tipo totalmente contrario, de carácter neoliberal[105].

Como justificación de tales cambios, se ha utilizado la excusa de que las promesas que hicieron siendo candidatos se basaban en un desconocimiento de la real situación económica y financiera del país; pero que una vez que llegaron al poder y conocieron dicha situación, la gravedad de la misma obligó a modificar los planes originales. Esto puede ser verdad en algún caso, pero no es la regla general en muchos otros. Resulta difícil de creer que candidatos ganadores que pertenecían al mismo partido que estaba en el gobierno cuando se celebraron las elecciones (como fue el caso de Carlos Andrés Pérez en su segunda presidencia), pudieran alegar tal desconocimiento, que en caso de existir mostraría una escandalosa falta de responsabilidad política. Cosa distinta es cuando los cambios en los planes se debe a circunstancias imprevistas y sobrevenidas después que se formularon los planes originales. Tal podría ser el

---

105 Véase, Stokes (2001). Según esa autora, en las 42 elecciones presidenciales celebradas en América Latina entre 1982 y 1995, un considerable porcentaje (el 28.5% de los casos) el candidato ganador llevó a cabo políticas neoliberales contrarias a sus ofertas electorales de corte "populista", y en el 7.1% de los casos sus promesas electorales fueron ambiguas. Entre los casos más notables de "traición" de sus ofrecimientos como candidatos están los de Menem (Argentina), en 1989; Fujimori (Perú), en 1990; y Carlos Andrés Pérez y Caldera (Venezuela), en 1988 y 1993, respectivamente.

caso, en cambio, de la segunda Presidencia de Rafael Caldera, que fue sorprendido por una crisis bancaria imprevisible que estalló poco después de que asumiera el gobierno.

Algunos de los Presidente latinoamericanos ganadores, a los que nos hemos referido antes, eran plenamente conscientes mientras desarrollaban su campaña electoral, que la política que iban a ejecutar en el caso de triunfar iba a ser exactamente contraria a la que estaban ofreciendo al electorado (el caso de Menem, en Argentina, está particularmente bien documentado en el libro de Stokes). Pero sabían que aquella política (la que efectivamente ejecutaron) era altamente impopular, y que en caso de ser anunciada de antemano, probablemente llevaría a su derrota electoral. De modo que decidieron conscientemente engañar al pueblo, en la creencia que tal engaño quedaría justificado *a posteriori* por el éxito que se tendría la implementación de la política neoliberal no anunciada.

En todo caso –y con independencia de los posibles engaños planificados de antemano por ciertos candidatos a la Presidencia–, se ha señalado que, en general, en América Latina existe una seria falla en la representación política democrática, que se expresaría en la falta de correspondencia entre la ofertas electorales y las políticas que realizan los que resultan ganadores. O'Donell cree que algunas recientes democracias de América Latina no son *democracias representativas*, sino que debe llamarse *democracias delegativas*, pues en ellas se delega todo el poder en el presidente electo, sin que él tenga que tener en cuenta, en las políticas que desarrollará cuando esté en el poder, ni las preferencias de los votantes ni las eventuales ofertas que les hizo durante la campaña electoral:

> "La democracias delegativas descansan en la premisa que cualquiera que gana las elecciones a la presidencia está autorizado por ello a gobernar como le parezca adecuado, sólo limitado por los duros hechos de las relaciones de poder y por un término de la función constitucionalmente limitado. Se considera que el presidente es la personificación de la nación y el principal custodio y definidor de sus intereses. Las políticas de su gobierno no necesitan asemejarse a las promesas de su campaña pues el presidente ha sido autorizado a gobernar como mejor le parezca" (O'Donell 1994: 59-60)

Esto significaría que la idea de democracia representativa se reduce a que el elegido recibe mediante el voto plenos poderes para gobernar a su antojo, sin verse limitado por eventuales promesas electorales. Algún autor (Domínguez 1998: 70-84), considera que no es demasiado grave que los gobernantes no cumplan las promesas electorales. Reconocen que "la democracia funciona mal cuando los políticos mienten", pero cree que lo importante es que el elector al terminar el mandato y celebrarse unas nuevas elecciones, pueda juzgar globalmente los méritos o las insuficiencias de la gestión gubernamental. De acuerdo a esta concepción lo esencial de la representación, además de la autorización a gobernar que el representante recibe mediante la elección, es el hecho de que tenga que rendir cuentas al terminar las funciones, pero sin que haya una obligación de comportarse de cierta manera durante éstas.

Aquí desaparece totalmente la idea de un *partido responsable* y la responsabilidad política se reduciría a la *responsabilidad personal* del Presidente.

Se trata de una concepción que no es exclusiva de América Latina, pues se reflejaba, por ejemplo, en la idea de la democracia que Max Weber expuso en una conversación con el mariscal Ludendorff, poco después de acabarse la primera guerra mundial, según nos ha narrado su esposa Marianne. Para Max Weber la democracia no era la "cochinada" *(Schweinerei)* que se había implantado en Alemania con la República de Weimar, pues, más bien:

> "En una democracia, el pueblo elige un jefe en quien confía. Entonces el elegido dice: «Ahora, cierren la boca y obedézcanme». El pueblo y los partidos ya no son libres de intervenir en los asuntos del jefe [...] Luego, el pueblo juzgará. Si el dirigente ha cometido errores... ¡al patíbulo! [...]" (Marianne Weber 1995: 593-594)

Entre los muchos problemas que esta concepción pasa por alto, el más elemental es que cuando se dan plenos poderes al gobernante, existe el gran peligro de que éste los use para eliminar a la oposición y para suprimir o hacer inefectivas las futuras elecciones; o, también, que los puede usar para llevar al país a una catástrofe irreparable, como lo hice Hitler en Alemania. En cualquiera de los dos casos no habrá ninguna oportunidad de que el pueblo pueda exigirle responsabilidad y juzgarle.

24. *Pérez II (1989-1993): la crisis y ruptura del sistema*

Los resultados de las elecciones nacionales celebradas en diciembre de 1988 parecían confirmar la merecida reputación que el país había ganado en los 30 años anteriores, de ser un modelo de democracia estable y consolidada[106]. Al parecer no se percibía en el horizonte ninguna nube que amenazara seriamente el porvenir, pues todo contribuía a presagiar un futuro de progreso y paz.

El Presidente saliente, Jaime Lusinchi, terminaba su periodo constitucional dejando un envidiable legado de paz social, y el nuevo Presidente, Carlos Andrés Pérez, elegido por segunda vez, parecía encarnar las grandes esperanzas que la mayoría de la población ponía en él y en su partido, AD, para mejorar la situación de país. Aunque su partido no había obtenido la mayoría del Congreso –lo cual era la segunda vez que le ocurría (la primera fue en 1963)–, dada la correlación de fuerzas que allí existía, no deberían presentarse mayores dificultades para obtener los votos que le permitirían gobernar con comodidad.

Pero no había transcurrido todavía un mes de la juramentación del nuevo Presidente cuando se produjo en Caracas y en sus zonas aledaños un estallido social de una violencia y ferocidad pocas veces vista, que se extendió a varios

---

106 Para todo lo que sigue, véase Rey (2009).

lugares del país. El orden sólo se pudo restablecer, tras varios días de suspensión de las garantías constitucionales, mediante la acción contundente de las fuerzas militares y a costa de casi medio millar de muertos y alrededor de dos mil heridos, para no mencionar las pérdida millonarias en bienes, consecuencia de los saqueos, destrozos e incendios .

En realidad, los trágicos sucesos del 27 de febrero de 1989 y de los días que siguieron, conocidos como "el *Caracazo*", fueron la manifestación de una grave crisis económica, política y moral que durante muchos años venía desarrollándose en forma en gran parte larvada o solapada, y que ahora, por primera vez, salía en forma espectacular a plena luz pública, para no ocultarse más durante todo el tiempo en que el Presidente Pérez ejerció sus funciones. De modo que la segunda presidencia de Carlos Andrés Pérez se convertiría en un verdadero *vía crucis* para la democracia venezolana, con actos de continuas protestas populares contra la política del Presidente y solicitudes de su renuncia, que someterían a severas pruebas su estabilidad y la fortaleza de sus instituciones.

Los dos intentos de golpe militar del 4 de febrero y del 27 de noviembre de 1992, que obligaron nuevamente al Gobierno a suspender las garantías constitucionales, fueron las pruebas siguientes. Pero aunque de Presidente Pérez sobrevivió a estas confrontaciones, no logró completar su segunda presidencia. El desenlace del drama no fue obra ni de las turbas amotinadas ni de los militares alzados, sino que fue el resultado de la aplicación de mecanismos y procedimientos en apariencia absolutamente jurídicos e institucionales: el 20 de mayo de 1993, la Corte Suprema de Justicia, respondiendo a una solicitud del Fiscal General de la República, que imputaba al Presidente Pérez los delitos de malversación y peculado, declaró que había mérito para que se le siguiera el correspondiente juicio penal. Al día siguiente, el Senado, por unanimidad, autorizaría el juicio del Presidente, con lo cual éste quedó suspendido de sus funciones mientras se desarrollase el juicio. Posteriormente el Congreso decidió que se había producido una vacante absoluta, y designo a Ramón J. Velásquez, que había sido encargado interinamente de la Presidencia por el resto del periodo constitucional.

Ramón J. Velásquez calificó el conjunto de hechos que llevaron a la remoción de Carlos Andrés Pérez de la Presidencia como *"la crisis más peligrosa y profunda de todo el siglo XX"*, y no le faltaba razón, pues lo que en realidad estuvo en juego, con el proceso a Carlos Andrés Pérez no fue, simplemente, la cuestión de la legalidad o la ilegalidad de ciertos actos atribuidos al Presidente y por los que fue removido. Lo que ocurrió fue una respuesta política a la quiebra de algunos componentes del sistema político y social que habían sido esenciales para su funcionamiento, ante cuya falta se produjo una crisis global de la legitimidad del orden político y social de Venezuela.

Ante la inexistencia de mecanismo institucionales y la inutilidad de los instrumentos políticos con los cuales se pudiera exigir responsabilidad política al Presidente, y con el fin de conservar las apariencias de que se respetaba la constitución y a la legalidad, y que no se estaba dando simplemente un golpe de

Estado, se decidió forjar ante la Corte Suprema de Justicia, en contra de Carlos Andrés Pérez, un procedimiento en apariencia penal, pero que en realidad fue político, para poder removerlo de su cargo.[107]

El descontento popular con el Presidente Pérez tuvo su origen en el anuncio que hizo, apenas dos semanas después de asumir el cargo, de la política económica que se proponía llevar a cabo. Se trataba de una nueva política, diseñada de acuerdo al modelo neoliberal, que estaba dirigida contra las políticas calificadas como *populistas* y a poner fin a todas las formas de *estatismo*. La nueva política consistía, esencialmente, en suprimir las regulaciones y controles estatales sobre la actividad económica privada; en privatizar un gran número de empresas y servicios que hasta entonces habían estado en manos del Estado; en eliminar la mayor parte de los subsidios estatales; y en reducir drásticamente el gasto público. Era la política exigida por los organismos financieros internacionales (Fondo Monetario Internacional y Banco Mundial), cuyo respaldo era necesario para que Venezuela pudiera obtener financiamiento y hacer frente al manejo de la deuda externa.

Pero se trataba de una política que sorprendió a todo el mundo, pues no era lo que la mayoría de la gente esperaba, sobre todo quienes habían votado por el Presidente y su partido, teniendo en cuenta, por una parte, cuál había sido la política de Carlos Andrés Pérez durante su primera presidencia, y, por otra parte, la tradición de su partido, AD, que siempre se había caracterizado por preconizar políticas de claro contenido social, en favor de los más desfavorecidos. Además, frente a una política económica confesadamente neoliberal, como era la que había anunciado en su programa de gobierno Eduardo Fernández, candidato la presidencia de COPEI, muchos de quienes votaron por Pérez lo hicieron por el rechazo a ese tipo de política, sin sospechar que iba a ser precisamente el candidato de AD, el que al ganar la iba a lleva a cabo.

Los contrates entre la política económica de los dos gobiernos de Carlos Andrés Pérez son tan notables que su segunda presidencia casi parecería una copia en negativo de la primera. Veámoslo:

1) En su primer gobierno (1974-79), el Presidente Pérez había denunciado a los organismos financieros internacionales –y específicamente al Fondo Monetario Internacional y al Banco Mundial–, acusándolos de ser responsables de la miseria y ruina de los países del tercer mundo, y había calificado los programas de ajustes económicos recomendados por esos organismos, como verdaderas «bombas *sólo-mata-gente*», debido a los efectos que causaban sobre la población. Pero en cambio, en su segundo gobierno, que comenzó en 1989, se comprometió a seguir uno de esos programas, a la vez que alabó públicamente la comprensión y la ayuda que –según él– mostraba el Fondo Monetario Internacional para con Venezuela, absolviendo a este organismo de cualquier

---

107 Para un tratamiento más extenso de esta importante cuestión, véase Rey (2009).

responsabilidad por las consecuencias sociales y políticas de la aplicación del famoso "paquete económico"[108].

2) Quien durante su primer Gobierno nacionalizó el hierro y el petróleo, y se convirtió en el Presidente de Venezuela que más ha contribuido al inmenso crecimiento de la administración descentralizada, y especialmente de empresas del Estado, en cambio, en su segunda presidencia, empleó sus mayores esfuerzos en atraer la inversión extranjera, incluso invitándola a que se hiciera propietaria del tipo empresas que en Venezuela siempre se habían consideradas estratégicas (como es el caso, por ejemplo, de la compañía telefónica); y desmanteló gran parte de la administración descentralizada, creando con tal fin un ministerio encargado exclusivamente de la privatización de las empresas del Estado.

3) Quien en su primera presidencia se autoproclamó como el líder nacionalista y tercermundista por antonomasia, denunciando la hegemonía política de las potencias occidentales, y atacando el «totalitarismo económico» (Pérez *dixit*) de las grandes empresas capitalistas internacionales, en cambio, durante su segunda presidencia aspiró a ser reconocido por los líderes del primer mundo como uno de sus pares; y se ufanó de tener como asesores de su política económica (por supuesto, generosamente pagados por el Gobierno de Venezuela) a un selecto grupo de notables internacionales, destacados como dirigentes de algunas de las principales empresas transnacionales, encabezados, nada menos, que por Henry Kissinger.

4) Finalmente, para no hacer esta lista de contrastes interminable, bastará con recordar que la misma persona que había comenzado su primera presidencia decretando un aumento general de los sueldos y salarios de todos los trabajadores venezolanos, tanto del sector público como del privado, en su segunda presidencia, inauguró su gobierno anunciando un conjunto de medidas cuyo efecto inmediato iba a ser una importante disminución de los ingresos reales de la mayoría de los habitantes y un aumento dramático de la pobreza del país.

No es, por tanto, extraño que muchos de quienes habían puesto grandes esperanzas en el nuevo Presidente, se sintieran burlados e incluso estafados, y que a medida que avanzó la gestión presidencial y se reafirmaran las medidas de la política neoliberal, creciera la irritación y el repudio hacia el Jefe del Estado, hasta llegar a hacerse incontenibles.

En el caso de Carlos Andrés Pérez, él mismo ha alegado en algunas ocasiones, que no anunció las medidas que iba a tomar si ganaba las elecciones,

---

108 Por una coincidencia la "carta de intención" con el FMI fue firmada, a nombre de Venezuela, el 28 de febrero de 1989, es decir, al día siguiente de haber estallado los grandes motines de Caracas y cuando éstos estaban aún en su apogeo. Parece que al señor Camdessus (entonces Director General del Fondo Monetario Internacional) le preocupó, para la buena imagen de ese organismo, que la gente asociara esos motines con el "paquete económico" recomendado por el Fondo, de modo que el Presidente Pérez se apresuró a tranquilarle mediante una carta, que se hizo pública, en la cual les exoneraba de toda responsabilidad en la causa de los disturbios.

porque desconocía cuál era la grave situación económica del país, pues se la ocultaba el Gobierno de Lusinchi, y que sólo al asumir la Presidencia y tener acceso a la información real, tuvo que tomar las medidas a las que la gravedad de la situación le obligaba. Pero esto es muy poco creíble y parece, más bien, un pretexto para tratar de justificar el engaño al que sometió al pueblo, al ocultarle durante la campaña electoral cuál iba a ser, en caso de ganar, su programa de política económica, pues era consciente que si lo hacía público iba a perder una gran parte de sus posibles votos.

En efecto, resulta en verdad increíble que a una persona con la experiencia política, el poder y la influencia Carlos Andrés Pérez, siendo además el candidato a la Presidencia, el gobierno de su propio partido le pudiera ocultar información básica sobre cuál era la situación económica real, y mucho menos que lo pudiera mantener engañado, presentándole una imagen falsa sobre ésta. Por otra parte, el equipo de economistas de primera línea que asesoraron a Pérez durante su campaña electoral tenía el mejor acceso posible a la información económica más exacta y completa sobre Venezuela que se pudiera obtener, tanto de fuentes nacionales como internacionales.

Si esto es así, la explicación de la conducta de Carlos Andrés Pérez debe ser otra. Lo más probable es que, convencido por sus asesores económicos neoliberales de que una política económica de tal orientación aseguraba que, en un plazo razonable, se iba a producir una sustancial mejora de la situación económica y social; pero sabiendo también –pues se lo decía su amplia experiencia política–, que tal tipo de política iba a producir a corto y quizá también a mediano plazo, un gran rechazo de la mayoría, decidió ocultar sus verdaderas intenciones, para poder ganar las elecciones. De modo que una vez llegado al gobierno pudo llevar a cabo la política que hasta entonces había ocultado, confiando en que, pese al rechazo inmediato de gran parte de la población, su gran popularidad personal le iba a permitir continuar con tal política hasta el final, de tal modo que al terminar su mandato, ante el éxito que se manifestaría en una notable mejora económica y social general, todo el mundo reconocería que había tenido razón al emprender ese camino.

Un factor que contribuyó al rechazo de la nueva política económica fue que Venezuela había tenido que soportar, durante toda la década de los años 80, una caída de los ingresos promedio reales provenientes de sueldos y salarios de los trabajadores venezolanos, que no tenía comparación en toda la historia del país. Se trataba de una caída de tal magnitud que se ha dicho, con razón, que sólo fue comparable, en el plano internacional, con lo que significó la Gran Depresión para los Estados Unidos y para Europa[109]. Es asombroso examinar los progresos de la miseria entre la población venezolana, durante esa época: según un estudio de 1992 del Banco Interamericano de Desarrollo, el aumento de la pobreza que sufrió Venezuela no era comparable, dada su magnitud, con el de ningún otro país de América Latina, sino sólo, tal vez, con el que experimentó Chile durante los años más duros de la dictadura de Pinochet (vid., Morley & Álvarez 1992).

---

109   Tal es la opinión de Mommer (1989: 12).

Pero durante el gobierno de Lusinchi la situación se pudo contener gracias a varias medidas, principalmente debido a las políticas sociales de compensación que el gobierno desarrolló a favor de los más pobres y al apoyo de AD. Pero durante el gobierno de Pérez, si a la caída de los salarios y al aumento de la pobreza, le añadimos los efectos de las políticas económicas aplicadas durante el primer año del nuevo Gobierno, y la eliminación de subsidios y compensaciones sociales, calificadas como populistas, el resultado fue una auténtica catástrofe social. Además el Presidente decidió prescindir de AD, sustituyendo las funciones del partido por los servicios de técnicos diversos.

Pensar que en una situación, como la que acaba de ser descrita, medidas económicas como las que el Gobierno se proponía ejecutar podrían ser aceptadas por la población sin grandes resistencias y serias conmociones, sólo se le podía ocurrir a tecnócratas sin ninguna sensibilidad social y con una grave miopía política, como eran buena parte de los ministros de Pérez, especialmente los de la economía. Pero lo que resulta difícilmente explicar es que un político de la talla y experiencia de Carlos Andrés Pérez, cometiera el mismo error y se empecinara, con una terquedad suicida, en no rectificar unas políticas que provocaban un repudio que por su intensidad y extensión no tenían paralelo e la historia democrática de Venezuela. También es difícil de entender que un partido de la tradición de AD permitiera que la situación llegara hasta el punto que llevó a su destrucción, reaccionado tímida y tardíamente ante la irresponsabilidad política de su Presidente.

Ya durante su primera presidencia Pérez había mostrado fuertes rasgos personalistas y Acción Democrática no había reaccionado ante ellos, lo cual le valió un importante descenso en la estimación popular. Era evidente que el primer triunfo electoral de Carlos Andrés Pérez como Presidente, en 1973, se había debido, no tanto a su persona (entonces todavía poco conocida), sino fundamentalmente al partido. Pero durante su ejercicio de la Jefatura del Estado se había acostumbrado a que el papel de AD se limitara a reforzar sus inmensos poderes y a darle pleno respaldo, sin ejercer ningún control sobre sus políticas. Al triunfar para ejercer su segunda presidencia, su gobierno dejó de ser una democracia representativa para configurar algo próximo a las *democracias delegativas* (O'Donell), a las que ya nos hemos referido, pues para Carlos Andrés Pérez los votos que había recibido eran la expresión de la confianza que la mayoría de la población había puesto en su persona, lo cual le autorizaba a gobernar con plena libertad (recuérdese que, al igual que los otros Presidentes, había sido liberado de la disciplina partidista), de manera que la función de su partido, AD, se tenía que limitar a proporcionarle disciplinadamente los votos que requiriera en el Congreso de acuerdo a lo que él, como Presidente que contaba con plena confianza de pueblo, considerara que era lo mejor para Venezuela.

Uno de los rasgos más dignos de subrayarse, en el segundo Gobierno de Carlos Andrés Pérez, fue que el Presidente actuó prescindiendo de los partidos políticos que, desde 1958, habían sido considerados necesarios para que realizaran importantes funciones que habían cumpliendo, pues ahora Carlos

Andrés Pérez creyó que el conjunto de importantes tareas políticas que esas organizaciones habían desempeñado en el pasado, podían ser sustituidas, con ventaja, por funciones técnicas llevadas a cabo por economistas profesionales o por otro tipo de especialistas, tecnócratas sin ninguna militancia política. La imagen que el Presidente ofreció a la opinión pública, fue que en lugar de los viejos, incompetentes y corruptos líderes de los partidos políticos populistas, iban a ser gobernados, en adelante, por los jóvenes, expertos y virtuosos economistas neoliberales, que no pertenecían a ningún partido. De esta manera el papel del partido AD se iba a reducir a proporcionar al Gobierno los votos de que disponía en el Congreso, para aprobar las leyes y las demás medidas necesarias para la gestión gubernamental.

Sin embargo, aunque el partido AD aceptó obrar con plena solidaridad con el Gobierno, incluyendo a sus políticas económica, hay que subrayar que dichas políticas no fueron obra de ese partido, sino que fueron formuladas por un grupo de jóvenes tecnócratas neoliberales, que no sólo no pertenecían a Acción Democrática, sino que en varios casos podían considerase como sus adversarios políticos e ideológicos. De este grupo es de donde se van a reclutar los principales ministros de asuntos económicos y, en general, los más altos cargos de la política económica del Presidente Pérez, hasta el punto que parecería que pertenecer a AD, al partido de Gobierno, en vez de ser un mérito, era más bien un obstáculo para llegar a formar parte del gabinete económico[110].

Pero pretender que las funciones políticas fueran sustituidas por funciones exclusivamente técnicas, fue, en realidad, un intento de ocultar la abdicación, por parte de los principales líderes y partidos políticos (empezando por el propio Presidente de la República y por los del partido AD), a las graves responsabilidades, políticas, intelectuales y éticas, que envuelven las decisiones propias del Gobierno. El negarse a reconocer que existían otras opciones de política económica, distintas al «paquete» neoliberal, sólo se puede explicar por la arrogancia intelectual y la insensibilidad ética de los tecnócratas que fueron ministros o consejeros del Presidente, para los cuales todos los que no compartieran sus recetas para salvar a Venezuela de los errores y vicios del populismo, eran personas de formación intelectual arcaica, que pretendían aplicar criterios morales medievales a las cuestiones económicas y políticas, y

---

110 Para empezar, no pertenecía a AD Miguel Rodríguez (que empezó como Ministro de CORDIPLAN y pasó luego a la Presidencia del Banco Central), a quien se le atribuye una influencia determinante en la política económica gubernamental. Una lista, no exhaustiva, de ministros y otros altos cuadros de la política económica gubernamental, no adecos y neoliberales, incluye a Moisés Naim (Ministro de Fomento), Roberto Smith (Ministro de Transporte y Comunicaciones), Gerber Torres (Ministro de Estado, Presidente del Fondo de Inversiones), Fernando Martínez Móttola (Ministro de Transporte y Comunicaciones), Ricardo Hausmann (Ministro de CORDIPLAN), Gustavo Roosen (Ministro de Educación y más tarde Presidente de PDVSA), Pedro Rosas Bravo (Ministro de Hacienda), Pedro Tinoco (Presidente del Banco Central), etc.

cuyas proposiciones ni siquiera merecía la pena que se perdiese el tiempo en considerarlas.

En todo caso, resulta difícil de entender que esa misma posición neoliberal fuera aceptada por los dos grandes partidos populares –AD y COPEI– que entre ambos habían reunido el 93,3% de los votos presidenciales en las elecciones de 1988. Naturalmente que la principal culpa correspondía a AD, no sólo por su historial sino, además, porque como partido ganador de las elecciones debía haber asumido las responsabilidades de orientar política e ideológicamente el Gobierno. Pero, en lugar de cumplir con esa obligación, Acción Democrática dio muestras de una increíble esclerosis y de una enorme incapacidad intelectual y política pues, aunque no estaba nada convencida de las bondades del «paquete» económico del Gobierno, y pese a que su intuición le llevaba a desconfiar de los arrogantes tecnócratas que rodeaban a Carlos Andrés Pérez, de hecho se limitó a manifestar, con una evidente falta de entusiasmo, su solidaridad formal con las políticas del Presidente, para dedicarse a esperar, con escepticismo, sus resultados.

En cuanto a los restantes partidos, algunos de los más pequeños, como Nueva Generación Democrática (NGD), se confesaban abiertamente neoliberales y apoyaron con sus votos en el Congreso varias medidas presentadas por el Gobierno; las demás organizaciones políticas que se oponían al «paquete», y de las cuales el MAS, con sus 18 diputados era la mayor, no constituían alternativas reales de gobierno, y no iban más allá de un rechazo general de la política neoliberal y a las medidas concretas dictadas para aplicarla, pero sin presentar un plan global alternativo.

La idea de que sólo había un camino posible para enderezar la situación del país –el camino de las políticas neoliberales–, en la medida que se propagó y fue creída, perjudicó gravemente la fe en la democracia. Si tal idea fuera cierta, significaría que las luchas electorales entre los candidatos y los partidos, presentando programas alternativos y ofreciendo opciones políticas aparentemente distintas para disputarse el favor del electorado, no son, en realidad, sino una gran farsa. La competencia electoral, que se supone que es la base de la democracia, quedaría reducida, a partir de esas ideas, a una serie de engaños y trucos para atraer electores ingenuos, pues en el fondo, con independencia de quien resulte el ganador, las políticas del gobierno serán siempre las mismas. El proceso político democrático se degradaría para convertirse en un juego de ilusionismo o de fabricación de falsas esperanzas por parte del gran líder, que actúa como un hábil prestidigitador, mientras el pueblo contempla embobado el espectáculo, sin darse cuenta del engaño, a causa de su natural estupidez. Es evidente que, a partir de esta imagen de la actividad política democrática, el elector que por excepción no es tan necio como la mayoría del pueblo, le queda, como única salida racional, abstenerse de participar en esa farsa (como fue en gran medida lo que iba a ocurrir en el futuro).

En su intento de prescindir de actividades esenciales de los militantes de los partidos políticos, reemplazando sus funciones políticas por tareas meramente técnicas a cargo de los correspondientes especialistas, el Presidente Pérez creyó que toda la información que el Gobierno necesitaba conocer sobre lo que ocurría en la sociedad, se reducía a la que le podrían proporcionar dos canales: en primer lugar, las encuestas y sondeos de opinión, levantados periódica y regularmente entre toda la población; y, en segundo lugar, los informes de los servicios de seguridad y de inteligencia de la presidencia, basados, sobre todo, en la vigilancia y espionaje de los personajes considerados importantes y de los posibles enemigos del gobierno.

En todo caso, el gobierno creyó que las funciones que antes cumplían los partidos podía ser subsanadas –y aun con ventaja, según opinaban algunos– por expertos en los métodos de manejo de los *mass media* y de la propaganda, lo cual condujo al peligro error de creer que las fallas y errores políticos del Gobierno eran el producto de insuficiencias o de un mal manejo de los instrumentos o de las técnicas de comunicación con las masas.

Un problema que debió estar en el centro de la reflexiones de todos, ya desde que se produjo el *Caracaz*o, y que sin duda volvió a ser experimentado con motivo de otros importantes acontecimientos, fue la ausencia total, en todos estos sucesos, de los partidos políticos y de los sindicatos. Lo grave no era que estas organizaciones hubieran fracasado en sus intentos de controlar o, por lo menos, encauzar los movimientos populares; lo más preocupante fue que ni siquiera hicieron el menos esfuerzo para intentarlo, de modo que, para todos los efectos, había sido como si los partidos políticos y los sindicatos no existieran. La misma ausencia se notó con motivos de las tentativas de golpe militar.

Pero, cuando se comparan, por ejemplo, los intentos de *golpe* militar de 1992, con los que ocurrieron durante los primeros años del establecimiento de la democracia, el contrataste de la reacción civil ante ambas situaciones es evidente. Durante los primeros años que siguieron al 23 de enero de 1958, ante cualquier amenaza militar contra el Gobierno democrático, inmediatamente se producían movilizaciones populares, encabezadas por todos los partidos políticos y los sindicatos, que eran verdaderamente impresionantes tanto por el número de personas que en ellas participaban como por su fervor y combatividad. En cambio, en el caso del intento de *golpe* del 4 de febrero de 1992, resulta evidente la frialdad del respaldo al Gobierno, incluso en el caso de los mismos partidos políticos, que ni siquiera intentaron realizar algún tipo de movilización popular para defenderlo. Frente a la evidente frialdad del apoyo popular a las autoridades constitucionales, algunos pequeños grupos en la calle llegaron a manifestar su simpatía con los golpistas, cuya ideología y programa de Gobierno nadie conocía, pero que el solo hecho de haberse alzado contra el Presidente Pérez, bastaba para que fueran atractivos.

Para cualquier conocedor del sistema político venezolano, que sabe el papel esencial que las organizaciones para la agregación y articulación de intereses (es decir, los partidos políticos y los grupos de presión) han desempeñado desde 1958, para el mantenimiento de la democracia, ese tipo de ausencia era inexplicable. No se trataba de una falta accidental o puramente ocasional, pues como lo iban a demostrar los hechos que sucedieron, los partidos y los sindicatos no estuvieron tampoco presentes en ninguno de los sucesos políticos de mayor importancia que siguieron, de manera que no participaron ni en la defensa de la democracia frente a los dos intentos de golpe militar de 1992, ni en la gran manifestación de protesta de la clase media, que fue el «cacelorazo» que se produjo el 10 de marzo de ese mismo año, ni en ningún otro hecho masivo de importancia.

La ausencia de los partidos políticos y de los sindicatos tuvo que ser sentida por todos, en especial por los militares y por los empresarios, que debieron sacar sus propias conclusiones. Todos sabían que la paz y la estabilidad social y política de las que había disfrutado Venezuela desde 1958, se debía, en gran parte, a los partidos políticos y a las organizaciones populares creadas y controladas por ellos, muy especialmente los sindicatos. Frente a los empresarios más jóvenes, propensos a adoptar posiciones radicales neoliberales, y a criticar sin piedad a los partidos y a los políticos populistas, creyéndose capaces de reemplazarles, los empresarios con más experiencia sabían que no bastaba con la posesión de recursos económicos y con la capacidad para manejar los *mass media*, para desempeñarse con éxito en el mundo de la política. Pues para esto se necesitaban habilidades y capacidades especiales (sobre todo la capacidad para organizar, persuadir y movilizar a las masas), que los políticos y partidos llamados populistas habían sido, durante muchos años, los únicos capaces de poseer, garantizando, así, el orden, la paz y la estabilidad. Pero ahora se había mostrado, de la manera más dramática, que no servían para cumplir estas funciones, y que era preciso buscar alguien que les sustituyera.

El 27 de febrero de 1989, que es la fecha en que originan los motines de Caracas, y el 4 de febrero de 1992, que es cuando ocurre el primer intento de *golpe de Estado*, van a constituir verdaderos hitos en la historia contemporánea de Venezuela, y en los tres años que transcurren entre esas dos fechas, los distintos sectores y clases sociales de Venezuela experimentaron los efectos de las nuevas políticas del Presidente. A partir de esa última fecha, la crisis del gobierno se va a desatar en forma incontenible. Durante tres años los efectos de la nueva política económica se hicieron sentir, en forma de ruina de la agricultura y de la mediana y pequeña industria, y en nuevos aumentos de la inflación y de la pobreza. La nueva política económica se convirtió en el símbolo del hambre y la pobreza, odiado por todo el pueblo, que no perdía ocasión de protestar en su contra y pedir al Gobierno su rectificación. El Presidente, mientras tanto, parecía identificar la oposición a su política económica con una conspiración contra su persona y contra la democracia; y dando prueba de una obstinación digna de mejor causa, insistía en la necesidad de mantener el «paquete» a cualquier precio, como si en ello le fuera todo su futuro (como, en efecto, ocurrió)

En todo caso, el alzamiento del 4 de febrero de 1992 sirvió para que todo el país tomara conciencia de la magnitud de la crisis política por la que se atravesaba, que amenazaba con acabar con todo el sistema democrático, y se comenzaron a desarrollar varias tentativas por salir de ella, que fueron fracasando sucesivamente, incluyendo la de incorporar a las funciones del gobierno al Partido socialcristiano COPEI. Este partido aceptó participar en el gobierno –al parecer por un pedido que le hicieron los altos mandos militares, que veían en tal participación una condición necesaria para asegurar la estabilidad– nombrando a dos de sus militantes como ministros en el gabinete de Carlos Andrés Pérez. Pero durante el poco tiempo que duró la presencia de los militantes copeyanos en el gabinete de Pérez, no se notó que representara el menor cambio en sus políticas, de modo que al poco tiempo el propio partido socialcristiano ordenó a los dos ministros que presentaran su dimisión, pues se daba cuenta que tal participación sólo servía para perjudicar las oportunidades electorales de COPEI.

A medida que se cerraban las otras vías, algunas personas empezaron a considerar que la única manera de salvar el sistema democrático, era conseguir que Carlos Andrés Pérez abandonara la presidencia de la República, y se empezaron a desarrollar varias iniciativas diferentes, tendentes a buscar una salida institucional con este fin, incluyendo una eventual reforma constitucional que acortase el período del Presidente que estaba actualmente en ejercicio, y se adelantasen las próximas elecciones, pero fracasaron los distintos intentos de buscar una solución institucional negociada a la crisis. Una vez que el 27 de noviembre de 1992, se produjo en segundo intento de golpe de Estado, que aunque fracasó revelaba la gravedad de la crisis militar, para muchos estaba claro que ni siquiera el poco tiempo que faltaba para que se celebrasen las elecciones nacionales permitía suponer que pudiese concluir normalmente la presidencia de Carlos Andrés Pérez.

Agotadas o cerradas las diversas vías que se habían explorado para sacar a Carlos Andrés Pérez de la presidencia de la República, un mecanismo jurídico previsto en la Constitución para enjuiciar al Presidente de la República acusado de cometer un delito, se iba a convertir, inesperadamente, en el instrumento político para conseguir el fin que tanto se había buscado. El 11 de marzo de 1993, en forma sorpresiva, el Fiscal General de la República, Ramón Escovar Salom, solicitó a la Corte Suprema de Justicia que decidiera si había méritos para juzgar al Presidente de la República Carlos Andrés Pérez y a sus ex-Ministros de Relaciones Interiores, Alejandro Izaguirre y de la Secretaria de la Presidencia, Reinaldo Figueredo, por los delitos de malversación y peculado.

No me corresponde examinar aquí las distintas incidencias del procedimiento judicial.[111] Me limitaré a recordar que a medida que se veía venir una decisión adversa de la Corte Suprema de Justicia, sobre el antejuicio de mérito, Carlos Andrés Pérez puso en juego numerosas estrategias para mantenerse en la presidencia. Frente a sus amenazas, tanto veladas como expresas, del caos y la anarquía que se produciría en el país si la Corte decidiera que procedía el juicio, incluso algunas personalidades de su propio partido mostraron su inconformidad. Octavio Lepage, prominente senador de AD, quien era Presidente del Congreso, y que, en cuanto tal, debía llenar temporalmente la falta del Presidente, si se producía su suspensión, declaró: "El Presidente Pérez debe sopesar muy bien los inconvenientes que pueden significar para él tener que dejar la Presidencia de la

---

111 Pero pueden verse en Rey (2009: 53-81)

República antes de que concluya su mandato, porque podría provocar un caos en el país si se empeña en llegar hasta el final". Por otra parte, el Presidente del Partido Acción Democrática, Humberto Celli, se mostró favorable a que el Presidente presentara su renuncia, aun antes de conocerse la decisión de la Corte, para que "retornara la paz al país". Pero Luis Alfaro Ucero, Secretario General de ese partido, convocó un Comité Directivo Nacional extraordinario, el día 19 de mayo (un día antes de producirse la decisión de la Corte Suprema de Justicia) en el que se destituyó a Celli, alegando que no podía haber dos generales para una sola tropa. Todo el mundo interpretó este acto como un último intento de mostrar al país y a la Corte que Pérez aún dominaba al partido, que en realidad ya había sido destrozado.

Al fin, el 20 de mayo la Corte, por mayoría de votos, declaraba con lugar el antejuicio de mérito Al día siguiente, el 21 de mayo, el Senado, por unanimidad, incluso con el voto afirmativo de AD, autorizó el juicio del Presidente, con lo cual éste quedó suspendido de sus funciones, mientras se desarrollase el proceso. Las funciones de Presidente de la República fueron ejercidas interinamente, de acuerdo a la Constitución, primero por el Presidente del Senado y del Congreso Nacional, Octavio Lepage, del partido AD, y después por Ramón J. Velásquez, que aunque había sido elegido en 1988 senador en las listas ese partido y era considerado como un simpatizante, no militaba en el mismo. El 31 de agosto el Congreso, en sesión conjunta de sus dos cámaras, interpretando que el tiempo transcurrido desde la suspensión de Carlos Andrés Pérez, le autorizaba a declarar la falta absoluta del cargo que había ocupado, decidió –esta vez con los votos en contra de AD– que el Presidente había incurrido en falta absoluta, y así lo declaró, separándolo definitivamente de sus funciones y nombrando como nuevo Presidente, por el resto del periodo constitucional, al Dr. Velásquez la misma persona que estaba ejerciendo temporalmente esas funciones.

En un sistema presidencialista, como era el venezolano de esa época, en el que no existían instituciones como el *impeachment* o el *referéndum* revocatorio presidencial, y en que estaba prohibida la inmediata reelección del Presidente, no había ningún instrumentos institucional para poder hacer efectiva su responsabilidad política individual y era imposible tratar de remover al Jefe de Estado invocando motivos puramente políticos. Por otra parte, tampoco era posible controlar al Presidente a través de AD, como partido políticos de masas, pues hay que recordar que desde 1958 esta organización había adoptado la práctica de liberar de la disciplina partidista a sus candidato a la Jefatura de Estado, de manera que una vez elegidos disponía de una verdadera *carta blanca*, para llevar a cabo cuantas políticas considerasen oportunas, aunque fueran contrarias a la ideología de su partido y al programa electoral que éste había suscrito al postularlo como candidato. .

Nos encontramos así que, dado ese conjunto de factores, el Presidente de Venezuela era totalmente irresponsable desde el punto de vista político; o quizá sería mejor decir que, a la manera de los déspotas clásicos, sólo respondía ante Dios, ante su propia conciencia y ante la historia. Pero pocos podían conformarse con una responsabilidad así concebida.

Se entiende que llevados por un exceso de impaciencia o de ambición, hubo quienes no se resignaron a esperar que transcurrieran los pocos meses que aun faltaban para que Carlos Andrés Pérez culminara el periodo constitucional para el que había sido electo. Entonces, en lugar de usar el clásico recurso para estos casos, que es la rebelión o de la revolución ejercida en forma directa y abierta, se valieron de un medio en apariencia jurídico e institucional, para conseguir lo que ninguno de los dos golpes militares del año 1992 había logrado. Pero, en realidad, no basta con que el método utilizado para desembarazarse de un gobierno indeseable sea "sin derramamiento de sangre" para que podamos considerarlo como democrático (Popper *dixit*) y legítimo. El uso de un procedimiento torticero, como fue el de este caso, estaba muy lejos de fortalecer la institucionalidad democrática, que a largo y a mediano plazo resultó, más bien, sumamente debilitada.

25. *Caldera II (1994-1999): el personalismo trágico.*

El triunfo electoral de Caldera en las elecciones de 1993, apoyado por una coalición de pequeños partidos, en buena parte de izquierda, conocida como "el chiripero", consiguió por primera vez la gran ilusión que esas izquierdas habían acariciado durante largos años: que un candidato no perteneciente a AD y COPEI ocupara la Presidencia.

Como resultado de una gran dispersión de los votos se realizaba la posibilidad, que durante años muchos habían temido, de que un candidato con sólo una muy escasa mayoría relativa resultara elegido Presidente.

En efecto, bajo la Constitución venezolana de 1961, al acoger el principio de la mayoría relativa para la elección del Presidente de la República, había el peligro de que ante una excesiva multiplicación de candidatos y una pareja división del voto entre todos ellos, podía llegar a triunfar el candidato de un partido minoritario extremista. El proceso de creciente fragmentación de la votación, que se produjo entre 1958 y 1968, podía haber conducido, de continuar, a una situación de ese tipo. Sin embargo, a partir de 1973 se desarrolló una tendencia a la concentración del voto para Presidente en los candidatos de los dos grandes partidos (AD y COPEI). En 1993, con la crisis de estos partidos, que habían sido tradicionalmente mayoritarios, Caldera, un candidato apoyado por una diversidad de pequeños partidos y personalidades, algunos de ellos de extrema izquierda, logró obtener la presidencia con una mayoría relativa, equivalente apenas al 30% de votos. Pero en este caso se trataba de un líder que, dada su larga trayectoria anterior, no era sospechoso de intentar ningún cambio radical y era difícil que alguien le pudiera disputar su legitimidad como Presidente.

Sin embargo, dado el carácter minoritario de las fuerzas que apoyaban Caldera en el Congreso, eran superadas ampliamente tanto por AD como por COPEI, pese a la considerable disminución de los votos de ambos, de modo que si estas dos llegaran a formar una eventual alianza, obtendrían una cómoda mayoría absoluta. En esas circunstancias poco sería lo que podría hacer el nuevo

Presidente, si respetar la constitucionalidad, frente a la oposición de los dos grandes partidos tradicionales.

Otro cambo importante en el sistema de partidos, fue que a partir de estas elecciones, frente a la crisis los grandes partidos tradicionales, van a aparecer varios partidos típicamente personalistas, que no sólo compiten con los tradicionales sino que los desplazan y les arrebatan la presidencia dela República, que tradicionalmente monopolizaban. En 1993 ese nuevo partido personalista sólo será Convergencia, pero en las elecciones nacionales siguientes de 1998 aparecerán otros dos movimientos que alcanzarán la mayoría de votos para presidente.

El programa que Caldera había ofrecido en su campaña electoral, para el caso de ganar, consistía en una vuelta al Estado intervencionista y antiliberal, rechazando la política neoliberal y satanizando los programas de asistencia financiera del Fondo Monetario Internacional de ese signo. Para marcar claramente su contraposición con la política económica de Carlos Andrés Pérez, Caldera había llamado a su programa electoral "Mi carta de intención con el Pueblo Venezolano", para contraponerlo a la "carta de intención" que el gobierno anterior había firmado con el Fondo Monetario. No se trataba de una oferta de los partidos que respaldaban a Caldera, sino de un compromiso personal del candidato a la Presidencia con sus electores, y por el que estaba asumiendo una responsabilidad también personal.

El carácter eminentemente personalista del proyecto se refleja en el partido Convergencia, especialmente creado para impulsar la candidatura de Caldera, pues si bien tal organización se declaraba socialcristiana, en cuanto a su ideología básica, varios de sus líderes no tuvieron inconveniente en declarar públicamente que era, sobre todo, un partido "calderista", cosa que COPEI nunca hizo.

Durante la primera mitad de su periodo, Caldera trató de desarrollar una política como la que había prometido. Conforme a ella, s e detuvieron las políticas de privatización que estaban en marcha y el gobierno restableció el control de precios sobre 40 artículos considerándolos como de "necesidad primaria". En junio de 1994 el Presidente suspendió las libertades económicas y usó los poderes que con tal medida adquiría para implantar diversas regulaciones económicas, entre otras el decretar el control de cambios y suspender el impuesto al valor agregado.

Pero la grave crisis bancaria y financiera, que estalló al poco de tomar posesión de la Presidencia, le obligó a cerrar e intervenir el segundo mayor Banco del país (el Banco Latino). La crisis se extendió a otras entidades bancarias y la necesidad de ejecutar medidas de intervención y de prestarles auxilios financieros por sus problemas de liquidez, fue extremadamente costosa e impidió al Gobierno desarrollar la política económica que hubiese deseado.

A partir de 1994, las dificultades económicas por las que atravesaba el gobierno, que le impidieron atender muchas necesidades y demandas de la población, hicieron que la protestas populares en su contra aumentaran, y que tuviera que emplear la represión e, incluso, acudir a la militarización para mantener el orden público.

Finalmente, en el verano de 1966, el Gobierno anuncio que, tras celebrar conversaciones y llegar a acuerdos con el Fondo Monetario Internacional, iba a ejecutar un conjunto de medidas económicas de austeridad, por el cual se eliminaba del control de cambios, se volvía a la libre convertibilidad del bolívar, se incrementaba el precio de la gasolina, se decretaban nuevos impuestos, se anunciaban nuevas privatizaciones de empresas públicas, y como compensación a todas las medidas anteriores se reforzaban los programas destinados a los sectores mas vulnerables de la población.

El nuevo programa, cuya justificación ante la opinión pública estuvo a cargo del nuevo ministro de Planificación, Teodoro Petkoff –brillante político, fundador del MAS y uno de los ideólogos más destacados de un nuevo socialismo democrático– no podía ocultar, por mucha habilidad que usara para hacerlo aceptable, que se trataba de un conjunto de medidas de contenido muy parecido y con el mismo organismo que el famoso "paquete" de Carlos Andrés Pérez, al que Caldera y los que le acompañaban en el Gobierno tanto habían satanizado.

Todas las encuestas revelaban altísimos niveles de rechazo al Gobierno, y muchos de los integrantes del "chiripero" se aprestaban a abandonarlo para ir a apoyar a Hugo Chávez, que emergía como el candidato realmente contestatario, frente a la democracia representativa, para las próximas elecciones. Esto es lo que hizo también el MAS, pero a costa de perder a sus dos dirigentes históricos de mayor prestigio, Pompeyo Márquez y Teodoro Petkoff, que no confiaban en la alternativa que Chávez representaba y decidieron permanecer fieles, hasta el final, al gobierno de Rafael Caldera.

Aunque el "paquete" económico de Caldera fuera en su contenido muy semejante al de Carlos Andrés Pérez, hay que señalar una importante diferencias entre ambas políticas. En el caso de Caldera hubo un intento sincero de aplicar inicialmente una política económica de tendencia claramente intervencionista y antiliberal, y sólo fueron las circunstancias sobrevenidas y totalmente imprevisibles, como fue la colosal crisis bancaria y financiera que se produjo después asumir el poder, la que le llevó a cambiar su proyecto inicial, pues fue convencido de que el "paquete" era la única alternativa posible para salir de la situación catastrófica en la que se encontraba el país.

Durante la segunda Presidencia de Rafael Caldera se produjo un grave enfrentamiento entre él y el Congreso que pudo culminar en una ruptura del orden constitucional. El 27 de junio de 1994, mediante el Decreto 241, el Presidente Caldera, haciendo uso de las atribuciones constitucionales de las que disponía, suspendió las garantías constitucionales relativas a las libertades económicas, para hacer frente a la grave crisis financiera que se había producido. Pero el 21 de julio siguiente, una coalición de AD, COPEI y La Causa R, decidió, contra la opinión del Presidente, que habían cesado las causas que justificaban dicha suspensión y aprobaron, mediante una resolución de las dos

Cámaras del Congreso en sesión conjunta, revocar el Decreto de suspensión de garantías y, en consecuencia, restituirlas, conforme a los poderes que en esa materia reconocía la Constitución al Poder Legislativo. Pero el Presidente Caldera, que no estaba conforme con la decisión del Congreso, resolvió volver a suspender las garantías restablecidas, mediante un Decreto que hizo publicar en la misma Gaceta Oficial en la que apareció la resolución del Congreso que las restituía. Este acto de Caldera no sólo era un desafío al Congreso sino un evidente desacato a la Constitución, que no reconocía al Presidente ninguna posibilidad de oponerse a la eventual restitución de las garantías constitucionales por parte de las Cámaras. Caldera alegaba que de acuerdo a la legislación ordinaria, el Presidente carecía de facultades para hacer frente a una crisis como la que se presentaba, y se negaba a que las garantías fueran restituidas mientras que el Congreso no aprobara varias leyes con poderes especiales al Presidente con tal fin. Además, en caso de que el Congreso insistiera en mantener su decisión, amenazaba con disolverlo, consultando para ello al pueblo, aunque la Constitución no le reconocía ningún derecho para hacerlo. Sin duda que la amenaza de Caldera se basaba en el conocimiento que tenía de las últimas encuestas, que indicaban que la opinión pública apoyaría resueltamente al Presidente en caso de un eventual enfrentamiento con el Parlamento (*Vid. infra*, p. 241).

Esta grave situación pudo superarse porque AD, con el fin de que la crisis no se agravara, resolvió no insistir en la restitución de las garantías y ceder ante el Presidente. Además, las leyes que Caldera solicitaba fueron aprobadas por el Congreso poco después. El acto del Presidente, que técnicamente podría calificarse como un golpe de Estado contra el Congreso, no llegó a tener mayores consecuencias por la cesión de AD. La posterior aprobación de las leyes exigidas por Caldera, constituyó una abdicación más de los poderes del Congreso (y por tanto de los partidos), en beneficio del personalismo presidencial.

Algunos voceros de la alianza que había respaldado a Caldera como presidente, plantearon públicamente la conveniencia de que disolviera el Congreso y gobernara mediante decretos; y Moisés Moleiro, dirigente del MAS-MIR, llegó a proponer un "calderazo", lo cual no es extraño, pues se trataba de una persona de extraordinaria inteligencia, pero con conocidos antecedente de falta de respeto a la legalidad y a la constitucionalidad. Pero la situación planteada era muy semejante a la que, como consecuencia de los resultados de las próximas elecciones nacionales, se le iba a presentar a Hugo Chávez.

26. *Chávez (1999): la liquidación del sistema de partidos*

Para comprender los cambios que se produjeron en el sistema de partidos venezolano como consecuencia de los resultados de las dos elecciones nacionales separadas –una para las dos Cámaras del Congreso Nacional y otra para el Presidente de la República– que se celebraron en 1998, debemos explicar brevemente en qué consistía, en sus grandes rasgos, el proyecto político que ofrecía Hugo Chávez, el candidato a la Presidencia que resultó ganador, y las características del partido y de la alianza política que se creó para participar con éxito en dichas elecciones.

Hugo Chávez empezó a intervenir activamente en la política en 1982, conspirando contra los sucesivos gobiernos constitucionales democráticos a través del Movimiento Bolivariano Revolucionario 200 (MBR-200), organización clandestina fundada por él junto con un reducido número de jóvenes militares, con el propósito de conquistar el poder mediante un golpe de Estado. El MBR-200 no puede ser considerado un partido político, en sentido preciso, pues se trataba, más bien, de una típica logia militar latinoamericana clandestina, a la que posteriormente se incorporaron, como asesores o colaboradores, para un eventual golpe de Estado, pero con un papel marginal, algunos ex-guerrilleros de procedencia marxista-leninista.

A partir de 1994, año en que Chávez logró la libertad, como consecuencia del sobreseimiento de su juicio militar, por decisión presidente Caldera, el MBR-200 "dejó de ser clandestino para transformarse en un movimiento popular, aunque con corrientes militares siempre presentes allí: un movimiento cívico-militar", según palabras del Comandante (Harnecker, 2003: 46). Pero para Chávez y sus seguidores, ese "intento de organización no era un partido político". Es más, "había mucha oposición a que se constituyese en partido" (*Ibíd.*: 76). Era evidente que Chávez y los militares que le acompañaron en la insurrección de 1992 nunca se habían sentido atraídos por los partidos políticos, pues como es típico en quienes han recibido una educación militar como la venezolana, su cultura, de inspiración bolivariana, era francamente antipartidista, invocando la necesidad de la unidad nacional y de lucha contra las "facciones".

Pero debido, en gran medida, a la influencia ejercida por algunos civiles, viejos militantes de los tradicionales partidos de extrema izquierda venezolanos, que los convencieron de sus posibilidades electorales, los antiguos conspiradores se decidieran a crear un nuevo partido, el Movimiento V República (MVR), para poder participar con éxito en las elecciones de 1998.

Era evidente que una organización como el MBR-200 no era un instrumento adecuado para intervenir en unas elecciones y mucho menos para ganarlas, pues para ello era necesario contar con un partido estructurado de acuerdo a las necesidades electorales. Con tal fin Chávez pudo contar con algunos antiguos líderes de los partidos de izquierda, que tenían experiencia en la materia, para crear el nuevo partido.

Según relata el propio Chávez, la idea de convertir el MBR-200 en el Movimiento V República para participar en las elecciones provocó un duro debate por parte de quienes se oponían a la vía electoral. Parece claro que la mayor oposición que manifestaron algunos de los revolucionarios profesionales del MBR-200 a la creación del nuevo partido y a la participación en las elecciones, era el temor de que con ello el proyecto revolucionario original quedara incorporado al sistema político venezolano, que había funcionado desde 1958, y fuera asimilado por éste.

Pero al fundarse el nuevo partido, el MBR-200 no desaparecía ni se fundía con él, sino que debería transformarse en el núcleo revolucionario, la fuerza impulsora del partido electoral.

El MVR ha sido desde su fundación un partido de cuadros, típicamente electoral, sin ninguna unidad ideológica y totalmente carente de democracia interna, producto de la habilidad de viejos políticos izquierdistas que supieron aprovechar la poderosa atracción de un líder carismático, como Chávez. Se trataba de un partido típicamente personalista, al servicio de la voluntad de su máximo líder. Lo que proporcionaba unidad al nuevo partido era la jefatura suprema que todos reconocían, sin necesidad de ninguna elección interna, de Hugo Chávez, aunque para la mayoría de las tareas prácticas era Luís Miquilena –cuyos talentos como operador político todos reconocían y no tenía posible competencia entre los compañeros del MBR-200– quien ejercía la dirección, por delegación expresa de Chávez.

El mismo Chávez ha mostrado, en varias ocasiones, su desprecio hacia esta organización partidista, que no es sino expresión del desprecio general que siempre ha sentido, debido a su formación militar, por los partidos políticos y por las elecciones. Así, refiriéndose al MVR, ha dicho que como "fue formado al calor de un proceso electoral, no se foguó en la lucha clandestina. Como nació en una avalancha [de apoyo a Chávez] ahí se montó mucha gente interesada, ambiciosa, camaleones, etc." (Harnecker 2003: 192).

Es sólo recientemente, a partir del año 2005, con su conversión al socialismo, cuando Chávez ha decidido sustituir el MVR por un nuevo tipo de partido, el Partido Socialista Unido de Venezuela (PSUV), que ya no sería un partido de cuadros con fines electorales, sino que aspira a ser un partido de masas, ideológico y revolucionario, pero de cuya estructura, ideología e incluso su viabilidad, por ahora no se puede tener un juicio preciso.

La experiencia política de los líderes izquierdistas que sirvieron de tutores a Chávez en su empresa electoral, les llevó a organizar el *Polo Patriótico*, especie de "frente popular", formado por pequeños partidos y personalidades de la izquierda tradicional dispuestos a apoyar a Chávez, sin integrarse en el MVR. Además del propio MVR, el principal partido que se integró en este frente fue el Movimiento Al Socialismo (MAS), aunque a costa de una importante ruptura, por la separación definitiva de sus más antiguos y prestigiosos líderes (Pompeyo Márquez, Teodoro Petkoff, sobre todo). Formaron, también, parte del *Polo* los partidos Patria Para Todos (PPT), producto de una división de La Causa Radical (LCR), pues una parte importante de esta organización no quiso apoyar a Chávez; el Movimiento Electoral del Pueblo (MEP); el Partido Comunista de Venezuela (PCV) y otras pequeñas agrupaciones, así como varias personalidades individuales muy variadas.

La formación del Polo Patriótico fue muy importante, no tanto por la fuerza numérica ni mucho menos por las aportaciones ideológicas de sus integrantes, pues la mayoría de tales organizaciones eran insignificantes antiguallas, integrantes de lo que Teodoro Petkoff ha llamado la *izquierda borbónica venezolana* (que, al igual que la dinastía española, "ni olvida ni aprende"), sino porque logró un notable éxito al conseguir polarizar la política electoral de Venezuela en dos grandes bloques, y al lograr asegurar la unidad y cohesión del *polo popular y patriótico* –como se autodenominaban los que apoyaban a Chávez– mediante su oposición radical a todas las otras fuerzas que quedaron agrupados por los chavistas en lo que llamaron un *polo antipatriótico y oligárquico.*

En mayo de 1998 los partidos AD, COPEI y CONVERGENCIA, viendo el peligro que, a juzgar por las encuestas preelectorales, podía representar la candidatura presidencial de Hugo Chávez, decidieron aprobar una reforma de la ley electoral vigente, para hacer frente a la posible amenaza de dicha candidatura. De acuerdo a la legislación electoral, vigente antes de la reforma, en el mes de diciembre de 1998 se debían celebrar elecciones conjuntas para Presidente de la República, Congreso Nacional (Senado y Cámara de Diputados), Gobernadores de los Estados, Asambleas Legislativas, Alcaldes y Concejos Municipales. Pero la reforma aprobada separaba esa elecciones, de modo que se acordó posponer para 1999 las elecciones municipales, en tanto que las elecciones de 1998 se dividían en dos fechas: las elecciones para Gobernadores, Senadores, y Diputados al Congreso Nacional y Diputados a las Asambleas Legislativas de los Estados se celebrarían en el segundo domingo de noviembre, en tanto que las del Presidente tendrían lugar en el primer domingo de diciembre.

La reforma estaba claramente dirigida contra la candidatura de Hugo Chávez y con ella se pretendía conseguir varias cosas. En primer lugar, mediante la separación de las elecciones para el Congreso de las de Presidente, se pretendía conseguir algo parecido a una elección presidencial con dos vueltas: en la primera vuelta, que era la elección del Congreso, se podría ver cual era la fuerza real de los partidarios de Chávez, y si se comprobaba que existía el peligro de que él pudiera ganar, entonces se podría concertar una alianza de los grandes partidos que se le oponían para renunciar a sus respectivos candidatos de manera que todos apoyarían a uno solo frente al Comandante. Efectivamente, así se hizo, pero la candidatura unida de los partidos tradicionales no sirvió para impedir el triunfo de Chávez.

En segundo lugar, los partidos tradicionales, que históricamente habían conseguido desarrollar una gran organización, pensaron que en las primeras elecciones, que eran para el Congreso, contarían con una gran ventaja frente a las fuerzas nuevas que apoyaban a Chávez, que no había dispuesto de mucho tiempo para organizarse. Además, creyeron que al adelantar las elecciones para el Congreso Nacional, los candidatos que apoyaban a Chávez tendrían que competir con los representantes de los partidos tradicionales en base a sus propios méritos, sin poder utilizar la figura del Comandante como "portaaviones" para sus candidaturas, ni beneficiarse del efecto del "arrastre" que solía ejercer el voto presidencial sobre los votos ara el Congreso, como había sido habitual en las elecciones venezolanas.

Pero lo cierto fue que en las elecciones del 9 de noviembre los integrantes de las listas de partidarios de Chávez, pidieron el voto como miembros del *Polo Patriótico*, y como eventuales integrantes del equipo que acompañaría al futuro Presidente para facilitar su gestión, y lograron obtenerlo en tal carácter. Lo asombroso fue el MVR, que pese a ser la primera vez que participaba en unas elecciones, se convirtió en el segundo partido más votado en Venezuela, sólo aventajado por AD. Pero en cambio los otros partidos que apoyaban a Chávez, como el MAS y PPT, disminuyeron ligeramente su votación anterior (los votos del PTT sumados a los de La Causa R, de la que se había desprendido, fueron muy inferiores a los que esta organización había obtenido en 1993). También disminuyeron los votos del MEP, y sólo aumentaron los del PCV, pero en forma insignificante.

Los intentos de última hora de AD y COPEI, de retirar el apoyo a quienes habían sido sus candidatos originales –Alfaro Ucero e Irene Sáez, respectivamente– para apoyar la candidatura de Salas, que parecía ser la única que tenía una oportunidad de derrotar a Chávez, fueron un fracaso.

Las elecciones presidenciales de 1998 significaron una ruptura radical con el sistema político del pasado, no sólo porque había triunfado un candidato que no pertenecía a uno de las dos grandes partidos que desde 1958 se había impuesto en la jefatura del Estado –pues esto ya había ocurrido en 1993 con el triunfo de Caldera–, sino, sobre todo, porque el nuevo ganador, el comandante Hugo Chávez, era el líder del intento del golpe de Estado de febrero de 1992, que ahora había conquistado el poder mediante el voto popular, ofreciendo cambios radicales y sustituir la democracia representativa por una democracia participativa y protagónica.

Chávez triunfó con el 56,2%, de los votos, el mayor porcentaje de todos los presidentes democráticos, superando en más de 15 puntos al candidato que le siguió, y con la debacle en los votos de los grandes partidos tradicionales, de modo que nadie podía discutir la legitimidad de su triunfo, por más radical que fuera visto por muchos y pese a que hubo una considerable abstención del 36,5%, sólo superada por la de 1993.

Pero la situación en que se encuentra Hugo Chávez, como ganador de la elección presidencial de 1998, pero con minoría en el Congreso, era muy difícil, y en la práctica imposible de sostener para una persona que se proponía cambios radicales, que sólo serian posibles si contaba con la mayoría del poder legislativo. Veámoslo.

En el Senado, no había ningún partido que gozase de una mayoría absoluta, pues para ello se requería contar con 28 senadores de un total de 54. El MVR, con sus 12 senadores, necesitaba de 42 votos adicionales para lograrla. Frente a ese partido, los votos sumados de AD (con 19 senadores), de COPEI (con 7 senadores) y el PRVZL (con 4 senadores), daban un total de 30 senadores, que sobrepasaban holgadamente la mayoría requerida, de modo que aunque el Presidente Chávez lograra el respaldo de los restante partidos representados en el

Senado (que en total sumaban 12 senadores), no podría llegar a obtener la mayoría.

En la Cámara de Diputados, sobre un total de 207 integrantes, la mayoría era de 104. Como quiera que el MVR habría obtenido 46 diputados, necesitaba 58 adicionales para obtenerla. Pero AD (con 62 diputados), COPEI (con 28 diputados) y el PRVZL (con 20 diputados) sumaban 110 votos, mayoría más que suficiente. De modo que, tampoco en este caso, aunque Chávez lograra el respaldo de todos los partidos restantes, (que en conjunto sumaban 97 votos), no obtendría la mayoría.

Sin duda que, como hemos visto en los capítulos precedentes, en Venezuela era perfectamente posible que un Presidente que no contara con una mayoría del Congreso pudiera gobernar, no sólo formando una coalición de gobierno permanente, sino también mediante acuerdos y transacciones para aprobación de las cuestiones puntuales que fueran necesarias (las llamadas "coincidencias parlamentarias"). Pero para que esto último fuera posible, era necesario que tanto gobierno como la oposición estuvieran dispuestos a llegar mediante negociaciones a eventuales acuerdos en forma de transacciones, de modo que ambas parte renunciaran a sus aspiraciones máximas y aceptaran unos términos que no corresponderías a tales aspiraciones de ninguna de ellas, pero que ambas partes considerarían preferible a la falta de acuerdo.

Pero Chávez no estaba dispuesto a negociar pacientemente pequeños cambios con la oposición, sino que estaba decidido a introducir cambios radicales que eran totalmente inadmisibles para un Congreso el que estaba en minoría. Se trataba de una situación en la que la gobernabilidad, bajo las reglas constitucionales vigentes, se hacía imposible, por lo que Chávez estaba decidido a modificar de cualquier forma el orden constitucional.[112]

Así, el 2 de febrero de 1999, el mismo día en que tomaba posesión del cargo como nuevo Presidente, emitía un decreto, de constitucionalidad muy dudosa, para anunciaba un *referéndum* en el que el pueblo debía pronunciarse acerca de la convocatoria de una Asamblea Nacional Constituyente[113].

La posterior elección de los miembros de dicha Asamblea se hizo mediante un sistema electoral que prohibía cualquier referencia a la filiación partidista de los candidatos a ser elegido, y en el que se eliminaba la representación proporcional, principio que no sólo era obligatorio, según la Constitución vigente de 1961, sino, de acuerdo a una antigua tradición venezolana, consustancial con

---

112 Hay que recordar que en el acto de su toma de posesión como Presidente, en lugar de emplear la fórmula tradicional, de jurar cumplir y respetar la Constitución vigente, como estaba obligado, mostró claramente que no se sentía vinculado por ella, pues tras de calificarla de "moribunda" lo que juró fue que iba a impulsar las transformaciones para una nueva Carta Magna para la República.

113 La Constitución de 1961, que era la vigente, establecía expresamente unos procedimientos muy rígidos para su modificación distintos al que quería aplicar el Presidente. Sin embargo la Corte Suprema de Justicia, validó, en lo esencial, el procedimiento de dicho decreto.

nuestra democracia. Como resultado de ese inequitativo y complicado sistema, el triunfo de los candidatos del Polo Patriótico fue aplastante. En las circunscripciones regionales, pese a que sólo obtuvieron el 56% de los votos lograron el 87% de los puestos; y a nivel nacional ganaron 20 de los 24 de los puestos, es decir, el 83% del total, con sólo el 65% de los votos.

En la Constitución elaborada por dicha Asamblea, que posteriormente fe aprobada en referéndum, se eliminaron intencionalmente todas las menciones a los partidos políticos o a sus funciones, que figuraban en la Constitución de 1961. Además desaparecía, la expresión *democracia representativa*, pues se pretendía que tal tipo de régimen iba a ser sustituido, en adelante, por una *democracia participativa y protagónica*.

Podemos decir, en resumen, que aunque se conservaron aun los nombres, aunque no la sustancia, de algunos de los antiguos partidos, el sistema que había conocido en Venezuela desde 1958, había dejado de existir sin que estuviera claro qué es lo que lo iba a sustituir.

27. *El auge de los partidos personalistas y la debacle del sistema de partidos.*

Ya hemos explicado anteriormente la diferencia que existe entre el fenómeno del personalismo, que puede darse en el interior de un partido de masas, que además de tener una ideología y una organización propias cuentan con una dirección y una responsabilidad colectivas, frente a un *partido personalista*, creado para promover una candidatura personal y para servir únicamente como instrumento al servicio de la voluntad de esa persona.

Es evidente que la eventual proliferación y el éxito electoral de los *partidos personalistas* no debe entenderse, en ningún caso, como una afirmación y reforzamiento del *sistema de partidos* en tanto que instrumento adecuado para hacer valer la responsabilidad política de quienes gobiernan. Pues, por el contrario, significa la negación de la responsabilidad colectiva e institucional propia de los partidos políticos, para afirmar, en su lugar, la responsabilidad personal e individual del eventual gobernante.

A partir de 1958 en Venezuela se crearon varios partidos típicamente personalistas, en torno a un individuo, para servir de apoyo a su candidatura presidencial, pero que escasamente sobrevivieron más allá de las elecciones para las que fueron creados.

Hasta 1988 inclusive, fueron sólo los partidos políticos relativamente permanentes, dotados de una organización estable y continua, los instrumentos que sirvieron para el triunfo de los diversos candidatos presidenciales, pues los grupos de electores constituidos para apoyar la candidatura de algún individuo particular casi nunca lograron obtener más del uno por ciento de los votos válidos. La mayor excepción fue el IPFN (Independiente Pro-Frente Nacional), creado para apoyar la candidatura de Úslar Pietri en 1963, que logró captar el 16,08% del total de votos.

Además, cuando se ha tratado de capitalizar el caudal electoral de tales candidatos, mediante la creación de un partido político permanente en torno a su persona, esos intentos han fracasado, pues el partido no ha perdurado. Tal fue es el caso del FDP (Frente Democrático Popular), creado en torno a Larrazábal; del FND (Frente Nacional Democrático), en torno a Uslar; y de la CCN (Cruzada Cívica Nacionalista), en torno a Pérez Jiménez.

En cambio, a partir de 1993 los partidos personalistas parecen prosperar, pues dos de ellos han consiguiendo conquistar la Presidencia de la República (Convergencia para Caldera y el MVR para Chávez). Tema interesante para investigar –pero que aquí sólo podemos apuntar– sería hasta qué punto puede atribuirse a la importancia creciente que tienen los medios masivos de comunicación, especialmente la televisión, en las campañas electorales, el que un candidato, gracias a un abundante uso de tales medios, pueda tener éxito en unas elecciones, sin que le sea necesario, como ocurría antes, contar con una organización relativamente estable y continua, basada en un gran número de militantes abnegados, dispuestos a contribuir con sus esfuerzos personales al éxito electoral.

Además, desde 1993 todos los partidos que he llamado "históricos" han sufrido un dramático descenso en su apoyo electoral y tres de ellos (URD, PCV y MEP) apenas sobreviven, pues han obtenido apenas un solo adicional (ninguno directo).

En cambio de los partidos que parecían "ascendentes", por el porcentaje de votos que consigo obtener, tres (Convergencia, MVR y PRVZL) eran claramente partidos personalistas, formados para apoyar las apetencias electorales de Caldera, Chávez y Salas, respectivamente. Pero apenas eran las primeras elecciones en las que participaban (para Convergencia la primera fue la de 1993 y para el MVR y el PRVZL la de 1998), y su futuro político no parecía, en absoluto, prometedor, de modo que las elecciones posteriores han significado prácticamente la desaparición de Convergencia y el PRVZL como partidos nacionales. En cuanto al MVR, en el momento en que escribo esto ya se ha extinguido por decisión unilateral y soberana de Hugo Chávez, demostrando que dicha organización era, efectivamente *su partido* (pues es *su propietario*) y que por tanto podía disponer de él a su antojo.

Norberto Ceresole, un sociólogo argentino, peronista, pro-nazi y antiguo consultor del gobierno de Velasco Alvarado, que fue asesor de Hugo Chávez y que ejerció una importante influencia sobre su pensamiento político hasta poco después de llegar a la presidencia, ha desarrollado en un librito (Ceresole [2000]) un modelo caudillista posdemocrático, inspirado en el nazismo alemán y en el fascismo italiano, basado en la aclamación pública, en el cual el poder del líder emana de una relación directa caudillo-masa y en la que el partido gubernamental juega un papel muy secundario, puramente logístico, en el proceso revolucionario. Se trata de un modelo que se asemeja, en muchos aspectos al régimen de Chávez, aunque resulta difícil determinar hasta qué punto el caudillo venezolano se ha inspirado en este libro, o si, más bien, es el autor argentino el que ha escrito el libro describiendo el sistema chavista.

Chávez, dada su formación militar, siempre ha sido muy consciente de la necesidad de un líder y unas élites en cualquier movimiento. De modo que aunque en público es capaz de los más increíbles pronunciamientos demagógicos en alabanza del pueblo[114], en conversaciones más privadas no vacila en defender la necesidad de los caudillos político y de reconocer el papel que deben cumplir las élites para desarrollar teorías y prácticas transformadoras: "porque –según sus propias palabras– las masas son acríticas e inmóviles".

Él mismo ha reconocido que en el MBR-200 –son sus palabras textuales– "Chávez era el 99 por ciento y el MBR uno por ciento" (Blanco Muñoz 1998: 296). Pero la situación no mejoró mucho posteriormente. Chávez fue líder indiscutido y la autoridad suprema del MVR, cuya Presidencia ocupó permanentemente, sin necesidad de ninguna elección interna. Sólo en el 2005, tras seis años de su fundación, se celebraron las primeras elecciones internas de ese partido, limitadas a la selección de algo menos de la mitad de sus dirigentes de segunda fila. Chávez fue quien decidió, en última instancia, sin elecciones internas, los nombres de los candidatos del partido a todos los puestos electorales, incluyendo a los aspirantes a gobernadores, alcaldes, diputados a la Asamblea Nacional y a las de los Estados. Fue él quien ha decidido, en primera y última instancia, las cuestiones políticas más importantes, sin necesidad de consultar a nadie, pero dando por seguro el asentimiento *a posteriori* de sus seguidores.

El *Führerprinzip* y la aclamación de sus seguidores son, también, las formas de decisión que han prevalecido en los distintos "aparatos políticos" usados por Chávez para sus empresas políticas. Así, por ejemplo, cuando el 25 de abril de 2001, preocupado por la situación en la que estaba el MVR, anunció el relanzamiento del MBR-200, Chávez reconoce que no consultó con nadie para tomar tal decisión. Según ha confesado: "El anuncio lo hice producto de reflexiones no consultadas con el Partido, estoy de acuerdo", e incluso "tomando a todo el mundo por sorpresa". Pero inmediatamente ha tratado de justificarse diciendo: "recuerdo que cuando lo dije se paró todo el mundo a aplaudir allá en la Asamblea y esa gente es del Partido [...]" (Harnecker 2003: 194, §§ 497-498). De modo que la aclamación, tras la decisión tomada por el líder sin consulta ni discusión, previa, sustituye perfectamente los ideales proclamados de protagonismo y a la participación democrática.

Otro ejemplo notable fue cuando Chávez anunció, en un acto público en enero de 2005, que en adelante el proyecto revolucionario iba a consistir en

---

114 Es sabido que, hablando en público, le gusta repetir el adagio "la voz del pueblo es la voz de Dios". Pero la ocasión en que colmó toda medida de adulación fue dirigiéndose a sus partidarios en la Marcha por la Paz y la Democracia, en la Avenida Bolívar, el 13 de octubre de 2002, cuando dijo: "¡Bendito sea este pueblo! ¡Que grandes son ustedes! Verdaderamente, yo me arrodillo ante el pueblo venezolano, le beso la mano al pueblo venezolano, le lavo los pies al pueblo venezolano, cada día amo más al pueblo venezolano, ¡qué bravío pueblo!, ¡qué grande pueblo!, ¡qué inmenso pueblo!".

construir el *socialismo del siglo XXI*. Él mismo ha reconocido que fue una decisión tomada por sorpresa y sin que hubiera una discusión pública previa de los militantes del partido, que sin embargo manifestaron de muchas formas su asentimiento, aunque sea *a posteriori*. Lo mismo ocurrió con la decisión sustituir el MVR por un nuevo partido, el PSUV, cuya presidencia pasó a desempeñar por aclamación, sin necesidad de votación formal, con vicepresidentes designados libremente por él mismo y con una directiva cuya previa selección y designación final también fue obra suya. Cuál será la forma y el destino de este nuevo partido está aun por verse, pero me temo que no pase de ser un simple instrumento al servicio de la voluntad de Chávez.

V. EVALUACIÓN CRÍTICA

28. *La "partidocracia" como la causa de todos nuestros males*:

28.1. *Del antiguo al nuevo antipartidismo*

En Venezuela existe una antigua y muy venerada tradición antipartidista, que, como hemos visto, se origina nada menos que en el pensamiento de Simón Bolívar, que condenaba a los partidos políticos como los peores males que pueden ocurrir a un país, pues expresan un interés egoísta, en vez de un espíritu cívico y amenazan con la desintegración de la República, de modo que en su famosa "última proclama" exhortaba a su cese y al fortalecimiento de la unión republicana. El antipartidismo bolivariano se ha tratado de conservar vivo, muchas veces a través de los militares venezolanos, que se consideraron albaceas del legado espiritual del Libertador.

Hemos visto como el pensamiento antipartidista, que identificaba a los partidos con las facciones, consideradas contrarias al bien común por perseguir intereses egoístas, estaba presente, durante todo el siglo XIX, pese a los esfuerzos de algunos pensadores, sobre todo liberales, de reivindicar a los partidos políticos.

Pero el ataque a los partidos políticos, desde el punto de vista teórico, fue especialmente contundente en los pensadores positivistas. En la práctica, fueron Castro y Gómez quienes desterraron a los partidos de Venezuela. El antipartidismo de López Contreras, supuestamente inspirado en el del Libertador, se manifestó no sólo en su negativa a crear su propio partido (la Asociaciones Cívicas Bolivarianas fueron su sucedáneo), sino por las dificultades de todo tipo que puso a la creación y desarrollo de partidos realmente populares.

Medina, en cambio, mostró una postura que en principio parecía favorable a los partidos, que le llevó a organizar su propio partido y autorizar a Acción Democrática y al Partido Comunista a actuar legalmente. En realidad, se trataba de una actitud política claramente antidemocrática, pues se oponía a establecer el voto universal y la elección directa de todas las autoridades, incluyendo al Presidente de la República. Consecuentemente rechazaba la idea de un partido de masas y el que creó para apoyar a su gobierno (originalmente llamado PPG, transformado después en el PDV) era claramente un partido presidencialista y personalista y de notables.

La exaltación de la *responsabilidad política individual*, que debería sustituir a la *responsabilidad colectiva de los partidos*, ha sido muy común en pensadores de raigambre intelectual liberal, pero antidemócrata, que sólo creían en la responsabilidad política de tipo individual. Un conocido intelectual liberal, Profesor de Yale, William Graham Sumner (1840-1910), atacando la idea de la necesidad de partidos responsables, decía:

> "No puedo confiar en un partido; sólo puedo confiar en un hombre. No puedo considera a un partido responsable; puedo considerar responsable a un hombre. No puedo obtener la expresión de una opinión que es simple y única de un partido; sólo puedo obtenerla de un hombre. Un partido no puede tener carácter ni conciencia ni reputación; no puede arrepentirse ni sufrir penas o ignominias. Se muy bien que acostumbramos a predicar tales cosas de un partido, pero pienso que nuestra experiencia ha ofrecido la más completa prueba de que no podemos predicar adecuadamente ninguna de tales cosas de un partidos, sino en un sentido amplio y semimetafórico, bajo el cual toda la exactitud y eficiencia necesaria para la política práctica se pierde" (Citado por Ranney, 1962: 14).

Ideas muy semejantes a éstas son utilizadas, entre nosotros, por destacadas personalidades liberales, como Uslar Pietri, y constituyen la base de las creencias de muchos de los críticos de la *partidocracia*.

Arturo Uslar Pietri, ministro y asesor principal de Medina, quien fue el impulsor e ideólogo de ese partido gubernamental, nunca comprendió, como buen conservador que siempre fue, cuáles son las funciones y el significado de los partidos de masas en una democracia moderna, con elecciones directas de las autoridades y sufragio universal. De manera que, cuando después de 1958 persistió en sus ambiciones políticas, aspirando a la Presidencia, y después de su relativo éxito electoral creó un partido, el FND, pero persistió en rechazar los partidos de masas, a los que considera que eran organizaciones de tipo leninista, y continuó usando el modelo decimonónico de un partido de notables, al que, sin embargo, pronto abandonó. De todas formas, Uslar actuando como uno de los "notables" más reputados, continuó actuando en política a través de su opiniones, siempre muy apreciadas por la prensa, defendiendo la idea de la representación política entendida como una relación personal y directa entre el elector y el elegido, de manera que la intermediación que ejercían los partidos debía suprimirse, porque traía consigo una mediatización de la libertad de los votantes. Consecuente con tales ideas, Uslar fue partidario de la personalización del sufragio, con la eliminación de las votaciones por medo de listas y de la representación proporcional, y un crítico implacable de la llamada *partidocracia*, todo lo cual no era sino una invectiva contra los modernos partidos de masas.

El rechazo de los partidos políticos, explicable por su formación militar, estaba muy claro en Hugo Chávez, como conspirador contra la democracia. El instrumento para la conspiración, el MBR-200, primero fue un aparato militar clandestino diseñado para un golpe de Estado, que después pretendió convertirse en una organización cívico-militar con apoyo popular, pero siempre insistiendo en que *no era un partido político*. El desprecio hacia los partidos, incluyendo al propio MVR, lo manifestó Chávez incluso después de haberse visto obligado a valerse de ese instrumento como medio para conquistar el poder por medio de unas elecciones, insistiendo en la necesidad de crear una organizaciones y redes sociales *distintas* y *por encima de los partidos* (llámense "Círculo bolivarianos", "Unidades de batalla electoral", "Unidades de batalla endógena", "Consejo comunales", etc.), que fueran los verdaderos instrumentos para impulsar la revolución (Rey 2009: 44-54). Sólo después del 2005, con su confesada conversión al socialismo, parece haber surgido una confianza (no sabemos por cuánto tiempo), en un nuevo partido, de cuyas características lo único que parece claro, es que será un instrumento al total servicio de la voluntad del Presidente.

Pero, pese a la larga tradición antipartidista, durante años el pueblo venezolano confío en la democracia representativa, porque veía en ella no sólo un sistema de gobierno que establecía un conjunto de controles y limites institucionales a la acción del gobierno, evitando que se convirtiera en una tiranía y asegurando la libertad, sino porque la consideraba como el instrumento adecuado para satisfacer sus aspiraciones de justicia y bienestar. Pese a la opinión negativa que en muchos aspectos tenía sobre los partidos y los políticos profesionales, la mayoría del pueblo pensaba que las elecciones eran el mecanismo más adecuado para asegurar la responsabilidad política de los gobiernos, pues la competencia entre quienes aspiraban a gobernar obligaría a los elegidos a cumplir con sus ofertas y promesas electorales.

Pero, con el transcurso del tiempo, los ciudadanos se sintieron cada vez más frustrados por su incapacidad en influir sobre la acción de los gobierno. Como hemos visto, pensaron que los gobernantes hacían muchas promesas para ser elegidos, pero una vez que lo conseguían no se preocupan por los electores, y tendieron a achacar la culpa a los partidos o a la falta de virtudes de sus miembros.

Sin duda, que en un sistema político como el venezolano, en el que los partidos han tenido tantas y tan importantes funciones que cumplir, éstos no pueden dejar de tener una responsabilidad, por acción y por omisión, en su posterior destino. Pero en vez de buscar en dónde cuáles eran las fallas del funcionamiento del sistema de partidos, para corregirlas y estimular a los partidos a cumplir con sus responsabilidades políticas, lo más común en nuestro país fue ver en ellos, en los partidos políticos, el obstáculo o interferencia que había que eliminar para que la democracia funcionara adecuadamente.

La cuestión de la posible responsabilidad de los partidos en las fallas de nuestra democracia y de sus eventuales correctivos fue, a partir de mediados de los años 80 del siglo pasado, una de las cuestiones centrales de los análisis y propuestas de la COPRE. Pero la gran popularidad que este tema llegó a alcanzar se debió, sobre todo, a las discusiones propiciadas y estimuladas desde la tribuna de dicho organismo, en las que tuvieron una participación muy abierta las más destacadas personalidades del país (los llamados "notables"), entre lo cuales las intervenciones ya mencionadas de Uslar Pietri fueron unas de los más destacadas, y a las que la prensa dio la más amplia difusión.

Aparte de algunas pocas personalidades del mundo académico y de ciertos miembros de la propia COPRE, los argumentos que proliferaron y lograron el mayor impacto y acogida en la opinión pública fueron las críticas a los partidos políticos, muy virulentas pero ingenuas y primitivas desde el punto de vista de la Ciencia Política, pues tendían a desconocer el papel que los partidos políticos deben cumplir en una democracia representativa y erraban al intentar señalar sus fallas en el caso de Venezuela.

Según uno de los más reputados especialistas en el análisis jurídico-institucional del Estado venezolano: "Los responsables de la crisis institucional, sin la menor duda, hay que repetirlo una y otra vez, son los partidos políticos" (Brewer Carías 1988: 41); y acusaba a nuestra democracia de haberse convertido en una "partidocracia", porque "ha dejado de ser el gobierno del pueblo y para el pueblo y se ha convertido en un gobierno, no sólo de los partidos, sino para los partidos" (Brewer Carías 1985: 57). Pero con esto se estaba ignorando el poderoso sistema semicorporativo para la toma de decisiones públicas, que funcionaba al margen y sin control de los partidos, así como la práctica que éstos siguieron desde 1958, de liberar de la disciplina partidista a los Presidentes e investirlos de grandes poderes, lo cual permitió a los Jefes de Estado tomar decisiones y aumentar dicho sistema, no sólo sin contar con el partido sino, a veces, contra del mismo (como ocurrió, particularmente, con Carlos Andrés Pérez). De manera que se desconoció que, si por algo habían pecado los partidos políticos, en casos como ésos, era por omisión, por no haber controlado al Presidente, más bien que por acción.

Muy discutible eran también los remedios que se sugerían para superar esta situación. El autor al que nos referimos proponía "modificar y aumentar las bases de la representación política, de manera que además de los partidos, todos los ciudadanos […] puedan directamente e incluso a través de sociedades intermedias, obtener representación en los órganos representativos" (p. 48). De modo que pedía "despartidizar" el Estado, propugnando con esta expresión que los partidos pasaran a compartir el poder (*Ob. cit.*, p. 59), cuando en realidad – teniendo en cuenta la existencia del sistema semicorporativo de consulta y toma de decisiones pública, al que ya me he referido–, se podía más bien acusar a los partidos de haber renunciado a sus responsabilidades políticas, entregando buena parte del poder estatal a sectores privados.

En general, la argumentación básica que, con ligeras variantes, predominaba en la opinión pública, era como sigue: la principal causa de la crisis de la democracia venezolana se debía a que los partidos y los políticos profesionales, preocupados únicamente por ganar las elecciones y por obtener las ventajas personales que el poder les proporcionaba, una vez elegidos se desentendían de las preferencias de la mayoría de sus electores. A ello se debía el que el pueblo, como lo indicaban las encuestas conocidas, se sintiera incapaz para influir en las decisiones gubernamentales.

28.2. ¿Hacia una democracia sin partidos?

Se utilizaban dos posibles explicaciones –no necesariamente contradictorias, pues podían ser complementarias– de este indeseable resultado. Según la primera explicación, ese resultado era consecuencia de la mediatización ejercida por los partidos políticos, que se debía, a su vez, al sistema electoral imperante. La votación por listas cerradas y bloqueadas, elaboradas por las directivas de los partidos, hacía que los elegidos no se sintieran obligados hacia el elector, sino sólo hacia la dirección de su partido, pues era a ésta a la que le debían el puesto. La solución que se proponía no llegaba a eliminar totalmente la mediación partidista, pero sí proceder a reformas electorales que, sin suprimir a los partido, permitieran restablecer la responsabilidad y la relación directa entre del elegido y el elector.

De acuerdo a la segunda explicación, el problema fundamental estaba, efectivamente, en la mediatización ejercida por los partidos políticos, que suprimían toda libertad de decisión del ciudadano, pero para restablecerla era necesario acudir a mecanismo de democracia directa, como plebiscitos, referéndums, revocación del mandato (*recall*), etc.

En todo caso, se intentaba explicar las fallas de nuestra democracia, por una falta de *responsabilidad personal* de los *representantes* elegidos, pero no se era capaz de da razón del fenómeno más grave e inquietante: la *falta de responsabilidad institucional y colectiva de los partidos* a los que éstos pertenecían, que cómo hemos visto es el elemento esencial a considerar cuando se trata de un partidos de masas.

En efecto, ¿cuál es la razón por la que los partidos venezolanos no fueran políticamente responsables ante sus votantes, obligando a serlo a las personas postuladas en sus listas, aplicando para ello la disciplina de la que se supone que disponían?. La respuesta no podía consistir en remitirse a una supuesta falta de virtudes o a las malas cualidades personales (egoísmo, búsqueda de ventajas y beneficios personales, etc.) que supuestamente caracterizarían, en general, a los militantes de los partidos, y a dar por descontado, con absoluta ingenuidad, que tal cosa no ocurriría si los senadores y diputados fueran independientes y no estuvieran sometidos a la disciplina partidista.

En todo caso lo que estaban mostrando esos críticos superficiales de los partidos políticos, a juzgar por la argumentación simplista que estaban utilizando, era su total incomprensión del funcionamiento de la democracia representativa, cuyo mérito no consiste, en ningún caso, en garantizar las virtudes morales de los elegidos, ni requiere que éstos posean atributos éticos especiales. La principal ventaja de la democracia representativa frente a otras formas de gobierno, consiste en que a través del correcto funcionamiento de los mecanismos que le son propios, se obliga a los representantes a que, por su propio interés racional y utilitario, cumplan con sus responsabilidades políticas. Pero para que esto sea posible se tienen que dar un conjunto de condiciones que, como después vamos a ver, han faltado en el caso venezolano (*Vid. infra*, pp. 240-244).

Si esos críticos superficiales de los partidos políticos tuvieran razón, la solución extrema a la que conduciría su argumentación sería la necesidad de eliminar los partidos políticos, como mediadores entre la sociedad y el Estado, para sustituirlos por varías formas de gobierno posibles, pero ninguna de ellas democrática.

La más conocidas entre ellas es la llamada *Yamahiriya Árabe Libia Popular y Socialista*, que dirigía, desde 1969 en Libia, el coronel Gaddafi, que parece haber atraído a algunos sectores chavistas. El propio Presidente Chávez, en varias ocasiones, manifestó lo atractiva que le parecía la idea de la "Yamahiriya", un término inventado por el propio Gaddafi para designar un supuesto gobierno del pueblo sin partidos, pero que no ha conseguido ser popular entre nosotros[115].

Sin llegar al extremo de pretender suprimir a los partidos, la crítica antipartidista se contentó, en muchas ocasiones, con proponer reformas en los mecanismos electorales que pudieran corregir la exagerada intervención partidista. Así, durante la segunda presidencia de Pérez, se designó una Comisión del Congreso, presidida por Rafael Caldera, en su carácter ex-presidente y senador vitalicio, que llegó a elaborar ciertas propuestas de reformas constitucionales que incluían mecanismos de democracia directa, con una gran variedad de referéndums de todo tipo, que superaban en mucho los conocidos en cualquier otro país[116]. Aunque estas reformas no fueron aprobadas durante la llamada IV República, sus ideas fueron incorporadas, en lo esencial, en la Constitución de 1999 como fundamento de la llamada V República.

En principio, la introducción de algunos mecanismos de democracia directa que complementen los de la democracia representativa, siempre que *no se pretenda eliminar o sustituir a esta última*, pueden ser un recurso saludable para tratar de corregir algunos defectos del sistema de partidos, a condición estar conscientes de que estas organizaciones *son absolutamente necesarias* y que no se descuide el someterlas a las reformas que sean necesarias para su mejor funcionamiento democrático.

Pero lo cierto es que la crítica, que en principio estaba dirigida a los partidos políticos y al sistema electoral vigente, corría el peligro de convertirse paulatinamente en una crítica total a la democracia representativa. Algunos círculos académicos eran conscientes de este peligro y en varios diagnósticos de la COPRE y en las propuestas de reformas institucionales que esta entidad presentó durante la Presidencia de Lusinchi, se manifestaba un claro conocimiento del problema y de la dirección en que debían ir las reformas.

---

115 Pese a la admiración por ese modelo, por parte de Freddy Bernal, que trató de hacerlo popular mediante la distribución gratuita, de extractos del *Libro Verde* de Gadafi, traducidos al castellano, en el que se expone su pensamiento político.

116 Véase, Congreso de la República. Comisión Bicameral para la Revisión de la Constitución (1992).

No vamos a repetir aquí lo que ya hemos explicado, pero merece la pena recordar que una de las propuestas de reforma más revolucionarias estaba dirigida a asegurar la total democracia interna de los partidos, tanto en la elección de sus directivas como en la designación de sus candidatos a cargos electorales. Hay que insistir, además, en que la iniciativa no prosperó, no sólo por la oposición de los principales partidos, cuyos dirigentes no querían disminuir su poder, sino también por la falta de apoyo de la mayoría de los ciudadanos que no pertenecían a partidos, que hartos de éstos, en vez de interesarse en su mejora, a lo que aspiraban, más bien, era a la desaparición de los partidos de la escena política, lo cual casi consiguieron, sin darse cuenta de las implicaciones negativas que esto tendría para la democracia.

La información de la que disponemos sobre los cambios ocurridos en la opinión pública nos muestra que durante la segunda presidencia de Carlos Andrés Pérez, el prestigio que aun les quedaba a los partidos políticos sufrió una verdadera catástrofe, hasta llegarse a cuestionar seriamente su necesidad en una democracia..

Ya hemos visto, que para 1983, tal como se evidenció por medio de la encuesta VENEVOTE, pese a que la imagen de los partidos políticos ante la opinión pública era bastante negativa, las mayores críticas se centraban en COPEI, mientras que AD conservaba aun una cierta credibilidad y confianza. Pero desde principios de los años 90, se produce un espectacular derrumbe de la opinión sobre todos los partidos, incluyendo a Acción Democrática.

Según diversas encuestas, las personas que se identificaban como militantes o simpatizantes de los partidos políticos, que eran el 49 por ciento en 1973, descendieron al 38 por ciento en 1983 y sólo llegaron al 28 por ciento en 1992 (Álvarez 1996: 142).

De acuerdo a datos de Mercanálisis la identificación con los distintos partidos individuales cambia en los diez años, que van de 1984 a 1994, en la forma siguiente:

Tabla 14

Identificación con un partido

(%)

Partido	1984	1994
AD	44	10
COPEI	15	6
MAS	9	5
Otros	8	24
Ninguno	24	51

Fuente: *Mercanálisis*, según Salamanca (1997: 236)

Hay que explicar que la subida que experimenta el rubro "Otros" en 1994 se debe al éxito electoral en la elecciones de 1993 de La Causa R y Convergencia, pero que ya se ha desvanecido en 1998, a juzgar por los resultados electorales de este año.

Todas las evaluaciones, de las que disponemos para el conjunto de los partidos, correspondientes a la primera mitad de la década del 90, son impresionantes por lo negativas. Según una encuesta de Gaither, en 1991 el 65 por ciento de los encuestados opinaba que los partidos políticos no servían para nada y sólo el 28 por ciento pensaba que eran "la mejor vía para aliviar los males de Venezuela" (citada por Álvarez 1996: 135). En otra encuesta, levantada por el Instituto de Estudios Políticos de la UCV en 1992, mientras el 51,8 por ciento de los encuestados se mostraba de acuerdo en que las partidos eran necesarios y debían mantenerse, el 41,8 por ciento estaba en desacuerdo; y en la misma encuesta, mientras que el 48,9 por ciento creía que no puede haber democracia sin partidos, un porcentaje casi igual (47,5 por ciento) estaba en desacuerdo (Njaim *coord.* 1998).

En otra encuesta a escala nacional, a finales de 1994, cuando se les preguntó a los venezolanos si consideraban necesarios los partidos políticos, sólo el 53 por ciento de los encuestados contestó afirmativamente, mientras que el 43 por ciento lo negó. En la misma encuesta, a la pregunta de ¿por qué quieren los políticos llegar al poder?, el 72,4 por ciento respondió con visiones francamente negativas (según el 58,6 por ciento para robar; de acuerdo al 4,0 por ciento para enriquecerse; y para el 9,8 por ciento para defender sus propios intereses). Además, el 70,7 por ciento estaba dispuesto a aceptar que en caso de un conflicto entre el Presidente y los parlamentarios, el Jefe de Estado disolviera el Congreso y gobernara por decreto; mientras que sólo el 19,8 por ciento se opondría. Y, por si esto fuera poco, el 80,9 por ciento prefería que el pueblo fuera consultado directamente sobre cuestiones básicas, en vez de dejar que las discutan los parlamentarios; mientras que sólo el 13,3 por ciento preferiría que lo hicieran los representantes (Pirelli y Rial 1995: Cuadro N° 4, 5 y 8).

Todos los datos anteriores demostraban que la opinión pública venezolana cuestionaba seriamente ya no sólo a los partidos y a los políticos profesionales, sino a la misma democracia representativa. Sin duda que Rafael Caldera conocía este tipo de información cuando decidió enfrentarse al Congreso nacional manteniendo la suspensión de las garantías constitucionales, pese a que éste las había restablecido.

En todo caso, hacia mediados de la década de los años 90 del siglo pasado, casi la mitad de los electores creían que era posible una democracia sin partidos políticos y la democracia representativa estaba en grave peligro.

29. La falta de responsabilidad y de democracia en el sistema de partidos venezolano

29.1. Condiciones necesarias para hacer posible la responsabilidad política partidista

Me propongo analizar cuáles han sido las causas por las cuales los partidos políticos venezolanos han faltado a su *responsabilidad política,* al ser incapaces de obligar a los gobernantes electos a cumplir con sus promesas y ofertas electorales. Pero para ello tendré que examinar, previamente, cuáles son las condiciones necesarias para que esa responsabilidad pueda funcionar.

En efecto, para que sea efectiva la responsabilidad política de los gobernantes frente a los electores, es necesario que el correspondiente sistema de partidos cumpla con las siguientes condiciones: debe ser (i) un sistema de *partidos responsables,* (ii) dotados de una *adecuada ideología,* y de (iii) una *apropiada organización,* (iv) cuyos partidos gocen de *democracia interna,* y (v) en el cual exista un *verdadera competencia electoral,* (vi) de manera que *cualquier partido nuevo goce de libertad para organizarse y pueda participar libremente en dicha competencia.* Si se dan este conjunto de condiciones, se supone que las elecciones sucesivas y la alternabilidad de los gobernantes que de ellas puede resultar, se convierte en un *mecanismo semiautomático* que *premia el cumplimiento y castiga el incumplimiento* de las ofertas electorales y de esta manera se hace *efectiva la responsabilidad política de los gobernantes.*

Se trata de un conjunto bastante complejo de condiciones, que es necesario analizar cuidadosamente por separado, y explicar el funcionamiento del mecanismo por el cual se hace efectiva la responsabilidad política.

Es necesario que se trate de (i) *partidos responsables,* y con respecto a este concepto se imponen varias precisiones. En primer lugar hay, que distinguir lo que es la *responsabilidad,* considerada desde el punto de vista de *un partido individual,* de lo que es un *sistema de partidos responsable,* que se *refiere al resultado de la interacción entre varios partidos.*

Comencemos con la idea de *responsabilidad de un partido* considerado individualmente. En un sentido general, *responsabilidad* implica algún tipo de obligación. Entre las obligaciones principales (no únicas) de los partidos políticos, hay dos que vamos a subrayar. Por una parte, un *partido responsable* es aquel que una vez que ha llegado al poder *cumple* (o por lo menos *hace todo lo posible por cumplir*) *sus ofertas y promesas electorales.* Hasta ahora, siempre que he hablado de la *responsabilidad política* de los partidos o de los gobernantes, me he estado refiriendo a este tipo de obligación. Se trata por tanto de una *responsabilidad* que tiene que ver con el *cumplimiento de las promesas u ofertas.*

Pero también los partidos tienen *obligaciones* con respecto al *tipo o a la clase de ofertas o promesas que pueden y deben hacer*. En este sentido, un *partido responsable* puede ser *definido negativamente*, como *lo contrario de un partido demagógico*. Un part*ido demagógico* es aquel que no tiene preferencias propias, sino que en todo momento se limita a *seguir los deseos o incluso los caprichos del pueblo*. En cambo un *partido responsable* trata de ejercer una dirección y un liderazgo sobre la opinión pública del país, para tratar de influir y eventualmente cambiarla, de acuerdo al propio ideal, pues debe tener alguna ideología, y no limitarse a seguir servilmente dicha opinión, de acuerdo a la información que le suministran las encuestas de opinión pública (con lo cual nos estamos refiriendo al cumplimiento de la *condición (ii),* de la que antes señalábamos.

Se trata de una obligación muy compleja, que requiere dos condiciones adicionales: (a) el partido ha de ser capaz de examinar rigurosamente la situación del país, e inspirándose en sus propios principios doctrinarios (su *ideología*), elaborar un programa en el que expongan la reformas que se propone realizar para mejorar la situación en caso de triunfar en las elecciones; y (b) el partido ha de tratar de convencer a la mayoría de la ciudadanía de las bondades de tal programa y de que cuenta con la voluntad y la capacidad para llevarlo a cabo.

De modo que un partido debe ser *responsable* en los dos sentidos que acabamos de señalar. Por un lado, antes de llegar al poder, en la etapa electoral, es *responsable* si no obra demagógicamente, sino que ofrece un programa de acuerdo a un serio análisis y reflexión sobre lo que es más conviene al país y de lo que es posible, y trata de convencer a los ciudadanos a aceptarlo, aun a riesgo de afrontar una impopularidad y un rechazo inicial.

Pero después, si logra conquistar el poder, el partido debe realizar todos los esfuerzos para cumplir lo más fielmente posible sus promesas u ofertas electorales. Pero para que esto sea posible, debe cumplirse con la tercera condición de las señaladas: el partido debe contar con una (c) *organizació*n y una *disciplina interna* lo suficientemente sólidas que le permitan cumplir sus ofertas, obligando a sus militantes, si es necesario bajo la amenaza de sanciones, incluyendo la expulsión, a su cumplimiento.

Tal disciplina no debe ser confundida nunca, con la negación del cuarto otro de los requisitos que hemos considerados necesarios: el de la existencia de (d) la *democracia interna* del partido, pues la existencia de esta última es una de las condiciones necesarias para que los partidos puedan cumplir con sus responsabilidades. Es necesario subrayar que la democracia del partido, en sus diferentes niveles y dimensiones (*vid. infra,* pp. 257-294), es el mecanismo interno que puede servir como medio de presión para obligar a los militantes de la organización, incluyendo a sus dirigentes y a los representantes electos, a cumplir con sus compromisos programáticos, incluso removiéndolo de los puestos de dirección del partido, si no los cumplen. La propia democracia interna debe servir también para actualizar o cambiar los programas del partido ante las insatisfacciones que pueden resultar por su insuficiencia o falta de realismo, cuando se ha intentado su aplicación en la práctica.

Visto el significado de la *responsabilidad* desde el punto de vista de los partidos individualmente considerados, debemos ahora examinar qué es la *responsabilidad de un sistema de partidos*. Esta otra responsabilidad requiere, por una parte, que además de *partidos responsables,* haya una interacción entre ellos (e) *compitiendo entre sí por el éxito electoral,* como se advertía en la quinta condición. Pero para que haya una libre competencia, es necesario que cualquier partido nuevo cuente con (f) una amplia *libertad para organizarse y para participar en las elecciones,* que era el requisito final.

Si se dan conjuntamente esas seis condiciones, podemos afirmar que estamos en presencia de un *sistema de partidos responsable*, en el cual hay *mayores probabilidades,* que en cualquier otro sistema*, de que los gobernante electos cumplan con sus promesas y ofertas electorales*. Esto es así, porque se supone que el sistema funciona de la manera siguiente: los distintos partidos compiten entre sí para conquistar el favor de los electores, ofreciendo para ello sus distintos programas y ofertas electorales. Los candidatos que resultan elegidos tratan de realizar lo mejor que pueden, asistidos y controlados por sus respectivos partidos, lo que éstos ofrecieron en sus programas. Cuando termina el período para el que los representantes fueron elegidos, los electores deben juzgar el cumplimiento de las ofertas electorales, y en función de tal evaluación pueden tomar varias decisiones alternativas.

En primer lugar, si están satisfechos con dicho cumplimento, pueden expresar su satisfacción votando de nuevo por el candidato que presenta el mismo partido (que puede ser el mismo, si la legislación electoral vigente permite la reelección, o un candidato distinto si no la permite). Pero si no están satisfechos, pueden elegir entre varias posibilidades: (a) si consideran que el candidato anterior ha sido el principal responsables de la insatisfactoria gestión gubernamental, pueden valerse de la democracia interna de partido para elegir otro candidato para las próximas elecciones. (b) Pero también puede utilizar los mecanismos de la democracia interna para tratar de cambiar la dirección del partido, si creen que ésta ha sido la responsable, (c) o incluso pueden tratar de cambiar el programa electoral (siempre mediante la democracia interna), si piensan que el fracaso se debió a las deficiencias de éste. También sería posible alguna *mezcla* de estas tres alternativas.

Pero si en el partido que estamos considerando no hubiera democracia interna; o si no se confiara en ella, porque se ha demostrado su inefectividad, entonces el remedio podría ser, en las próximas elecciones, elegir entre los otros partidos aquel cuyo programa parezca más atractivo, y a la vez resulte más confiable, esperando que esta vez, de resultar elegido, cumpla efectivamente sus ofertas.

Pero si, finalmente, todos los partidos existentes defraudan sucesivamente al electorado, entonces se espera que la libertad para la organización de partidos y para acceder a las elecciones, permitirá que surjan nuevos partidos que conquisten el favor de los ciudadanos y desplacen a los antiguos, y así se asegurará que serán satisfechas, al menos a la larga, las preferencias de los votantes.

Se trata de un conjunto de condiciones que por parte de los electores, sólo requieren una racionalidad e información mínimas. Pero, en cambio, para que puedan dar lugar a un sistema de partidos responsable se necesita que éstos cumplan con todos los requisitos antes señalados, lo cual no es nada fácil. En la medida en que falte alguno de tales elementos, la democracia representativa no funcionará de acuerdo al modelo que acabamos de considerar. Veamos, en detalle, cómo en Venezuela, en los 40 años que ha transcurridos desde 1958, han venido a faltar varios de tales elementos.

29.2. *"Desideologización" y "pragmatización" de los partidos políticos venezolanos*

Todo partido, con independencia de que se encuentre en el Gobierno o en la oposición, se propone diversos objetivos. En primer lugar, está el objetivo de conquistar el poder (mediante elecciones, en el caso de un partido democrático) y, una vez conquistado, conservarlo a través de elecciones sucesivas. Los llamaremos *objetivos pragmáticos* o de *poder*. En segundo lugar, están los *objetivos ideológico–programáticos*, que consisten en llevar a la práctica los programas del partido mediante políticas públicas.

En general, todos los partidos persiguen, en mayor o menor medida, ambos tipos de objetivos, combinándolos de alguna manera, y lo que varía de uno a otro es la importancia que les atribuye y la manera de resolver los conflictos que pueden presentarse entre ellos. En atención a tales características, podemos decir que un partido tiene una *orientación predominantemente pragmática o de poder*, cuando en caso de conflicto entre ambos tipos de objetivos está dispuesto a sacrificar la realización de sus objetivos ideológico–programáticos, a cambio de conquistar el poder. Por el contrario, el partido tiene una *orientación predominantemente ideológica,* si está dispuesto a afirmar sus principios ideológico–programáticos aun a riesgo de no conquistar el poder, o de perderlo una vez conquistado. Desde este punto de vista, la orientación de los principales partidos venezolanos durante el trienio 1945–1948 era predominantemente ideológica. En el caso de AD su carácter excesivamente ideológico y su extremo sectarismo sirvieron como pretextos para el golpe de Estado que derrocó al Presidente Gallegos.

Para analizar el comportamiento de los partidos, la Ciencia Política ha desarrollado modelos de partidos que siguen estrategias puras de poder (Downs 1957), que siguen estrategias puramente programáticas (Wittmann 1973) y que siguen estrategias mixtas, en las que se combinan las dos anteriores (Attali 1981); pero en general se ha prescindido de tomar en cuenta los objetivos relativos a la conservación del régimen político, que en ciertas ocasiones pueden convertirse en prioritarios. Este olvido se debe a que en los países de larga tradición democrática, se da por supuesto que todos los actores han aceptado someterse a unas "reglas de juego" comunes, de modo que una vez que se ha elegido a un gobierno mediante el voto, los gobernantes pueden tomar sus decisiones, de acuerdo a los objetivos programáticos o de poder que se propongan, sin preocuparse de que, como consecuencia de tales decisiones, puedan ser derrocado. Y, de manera análoga, en esos países, los partidos de oposición pueden seguir sus propias estrategias, sin preocuparse de que sus acciones puedan provocar el fin del régimen democrático.

Pero, en el caso de una democracia no consolidada, como la que se inicia en Venezuela en 1958, los partidos políticos interesados en el mantenimiento del régimen, al tomar una parte significativa de sus decisiones tienen que considerar la posibilidad real de que el gobierno pueda ser derrocado.

Esto hace que no puedan proseguir libremente sus objetivos ideológicos o de poder, sino que deban incluir, entre sus objetivos explícitos, la preservación del régimen, que incluso puede llegar a convertirse en su objetivo prioritario, para cuya realización es necesario renunciar o posponer los otros.

Cuando un partido está dispuesto a sacrificar no sólo sus objetivos ideológicos, sino los de poder para lograr la preservación del régimen, podemos decir que tiene una *orientación predominantemente institucional*. Esta orientación institucional es la que caracterizó a los principales partidos políticos –y ante todo a AD y COPEI– durante los primeros años que siguieron a la restauración de la democracia en 1958, y es radicalmente diferente de la que adoptaron durante el trienio 1945–1948. Para evitar los males y los peligros del pasado, con el *Pacto de Puntofijo* se institucionalizó un importante cambio en la orientación de los objetivos de AD y también de COPEI, pues se pospusieron los tradicionales objetivos ideológicos, o incluso los eventuales objetivos de poder, para dar prioridad al mantenimiento del régimen democrático.

Particularmente clara fue, a este respecto, la actitud del Presidente Betancourt, quien para preservar la democracia no sólo estuvo dispuesto a afrontar la división de su partido AD, sino a favorecer el fortalecimiento de su tradicional rival COPEI. Este partido, por su lado, además de colaborar lealmente con el Presidente Betancourt hasta el final de su periodo, renunciando a la eventuales ventajas electorales que podría haberle deparado lanzarse a la oposición, mantuvo durante la Presidencia de Leoni, con la línea política conocida como "AA" (Autonomía de Acción), una oposición moderada y constructiva, que no le impedía colaborar con el Gobierno en apoyo de las iniciativas razonables o cuando necesario para la estabilidad institucional.

Se suponía que la posposición de los respectivos objetivos ideológicos y programáticos que AD y COPEI habían acordado en 1958, en aras del mantenimiento de la democracia, era un expediente temporal adoptado en una situación de emergencia, por los peligros que en aquellos momentos había para el mantenimiento del nuevo régimen, pero que debía cesar tan pronto como desapareciera la doble amenaza a la democracia de la derecha militarista y de la guerrilla marxista-leninista.

Pero, aproximadamente a partir de 1969, cuando en la primera Presidencia de Caldera se puede considerarse que habían desaparecido tales amenazas y había comenzado la consolidación del régimen democrático; y, por tanto, cuando AD y COPEI podían abandonar su preocupación hasta entonces obsesiva por la preservación de la democracia, para tratar de recuperar los objetivos ideológicos que se suponía que sólo habían sido pospuestos, los partidos parecieron que habían olvidado sus antiguas ideología, para convertirse en partidos crecientemente *pragmáticos*, con una orientación hacia el *puro poder*, hasta el punto de que en varios aspectos se van a parecer a los partidos personalistas de nuestro siglo XIX. Se trataba de una nueva orientación claramente pragmática o de poder, semejante a la del modelo desarrollado por Downs (1957), según el cual los partidos no tratan de ganar las elecciones para la realización de sus programas, sino que elaboran programas para ganar las elecciones.

Un partido como AD se alejó, cada vez más, del ideal del *partido responsable* al que nos hemos referido, renunciando a las funciones de conducción y liderazgo sobre la opinión pública que tradicionalmente había ejercido, para convertirse en algo próximo a un receptáculo ideológicamente vacío, sin preferencias propias, que se limitaba a recoger los resultados que les proporcionan las encuestas de opinión pública, para acomodar sus ofertas electorales a las que parecían ser las opiniones de la mayoría. Y un proceso semejante ocurre en COPEI.

Como resultado de esta creciente "pragmatización", nuestros principales partidos, AD y COPEI, se convirtieron en lo que los norteamericanos llaman *catch-all parties,*[117] que no se oponen entre sí en función de sus diferencias ideológicas, expresadas a través de programas políticos también diferentes, sino que limitaban a una competencia por el éxito electoral. Cuando esto ocurre el éxito o el fracaso del partido no consiste (como ocurre con los partidos ideológicos y programáticos) en lograr realizar sus programas, sino en conquistar

---

117 El término (que puede traducirse literalmente como *partidos atrapa todo*) y el concepto son de Otto Kirchheimer (1966: espec. págs. 184-197).

y conservar de poder, y la única función que cumplen los programas y las ofertas electorales que se presentan al electorado es la de maximizar los votos que obtendrá el partido.

Ciertamente, en una democracia, los partidos políticos deben tratar de expresar los deseos y aspiraciones populares, pero han de ser igualmente responsables de la formación de tales deseos y aspiraciones. La democracia no supone una visión irreal del pueblo que conduzca a su deificación ("Vox populi, Vox Dei", "el pueblo nunca se equivoca", etc.); supone que aunque se reconozca que gran parte del pueblo puede, de hecho, en un momento determinado no estar adecuadamente informado o no ser consciente de sus verdaderos intereses, es capaz de superar esta situación, a condición de que se discutan seriamente con él los problemas y las alternativas. Esta función no sólo corresponde a los medios de comunicación, sino muy especialmente a las élites, los líderes y sobre todo los partidos políticos responsables.

29.3. *Las luchas por el poder*

A partir del momento en que el objetivo fundamental de los partidos –y en muchas ocasiones el único– es la conquista del poder, no vacilan en utilizar cualquier medio en el enfrentamiento con el contrario, sin reparar en límites para vencerlo.

Mientras en Venezuela hubo amenazas directas, de derecha o de izquierda, a la democracia, los partidos respetaron las "pautas de convivencia", formalizadas en el Pacto de Puntofijo, tendentes a que no se consideraran enemigos irreconciliables, sino a lograr "la inteligencia, mutuo respeto y cooperación" entre ellos, lo que implicaba la prohibición de usar ciertos métodos o procedimientos y, en concreto, la despersonalización del debate y la erradicación de la violencia interpartidista. Pero, una vez desaparecidas las amenazas directas a la democracia, los partidos dejan de temer que los eventuales ataques mutuos vayan a poner en peligro la estabilidad del sistema.

Con ello se van a crear las condiciones para que llegue un momento en el que los partidos, con una orientación cada vez más pragmática, usen todos los recursos disponibles para conquistar el poder y mantenerse en él, sin que tengan inconvenientes en utilizar las peores armas para atacar el partido contrario.

Ya desde 1973 los ataques virulentos y las acusaciones recíprocas entre AD y COPEI, incluyendo los ataques personales, con motivo de las campañas electorales, nada tenían que ver con el combate electoral entre caballeros propugnado por el Pacto de Puntofijo. Pero es sobre todo a partir de 1978, con la campaña presidencial y el posterior gobierno de Luís Herrera cuando el país volvió a vivir un clima de "canibalismo político" partidista como no se recordaba desde el trienio 1945-1948.

Por otra parte, hay que subrayar que, mientras la lucha contra la corrupción –preocupación obsesiva de Rómulo Betancourt– fue una de las grandes banderas de los primeros gobiernos democráticos contra la dictadura de Pérez Jiménez, a medida que los recursos económicos se convirtieron en una condición indispensable para el éxito electoral, se llegó a tolerar el uso ilegal de fondos del Estado, al principio no para un beneficio personal, pero sí para obtener los recursos económicos que necesitaba el partido para derrotar al contrario.

Abierta esta vía, se convirtió en un pretexto para toda clase de abusos y para el uso de la corrupción para beneficio personal. Las acusaciones de corrupción contra el contrario, así fueran falsas (aunque en muchos casos eran verdaderas), se convirtieron en un medio a través del cual se trataba de obtener ventajas electorales frente a él.

Las acusaciones de corrupción, que son prácticamente inexistentes durante la presidencia de Betancourt y muy escasas con Leoni y Caldera, se convierten en un continuo escándalo a partir de la primera presidencia de Carlos Andrés Pérez (véase mi ensayo, Rey 1998). De manera que en 1978 Rafael Caldera afirmaba que "la corrupción constituye la mayor amenaza para el futuro de la institucionalidad democrática"; y un año después, Luís Beltrán Prieto Figueroa, haciendo un balance de los veinticinco años de la democracia venezolana, consideraba la corrupción como "el peor mal que agobia a la República".

29.4. *Faccionalismo partidista*

En todo caso las acusaciones de corrupción contra el enemigo político se convirtieron en una de las armas político-electorales preferidas a partir de la elecciones de 1978. El resultado previsible fue el desprestigio mutuo, de ambos partidos, a lo que también ayudó mucho el *faccionalismo* interno.

En efecto, en cuanto los partidos se orientan pragmáticamente hacia el poder éste ya no es un medio para la realización del programa sino que convierte en la fuente de recompensas y satisfacciones para gran parte de la militancia. Frente a los partidos ideológicos, en que las pugnas internas daban lugar a escisiones por diferencias de principios, cuando los partidos se convierten en pragmáticos lo que ocurre es la *faccionalización*, un proceso muy semejante a lo que ocurría con los partidos del siglo XIX, que se caracteriza por la aparición de grupos de escasa duración y sin ninguna estructura organizativa, en torno a caudillos, unidos por relaciones puramente personales, que no encarnan diferencias ideológica, pues sólo están interesados en puestos y emolumentos y que, con este fin, luchan por la conquista de posiciones y de poder dentro del partido.

Se trata de *facciones* que no vacilan en emplear en sus enfrentamientos internos las mismas tácticas, totalmente carentes de escrúpulos, que caracterizan los enfrentamientos entre partidos rivales. La unidad formal del partido puede mantenerse, pero no pasa de ser una laxa federación de facciones cuya vinculación se limita a la necesidad de asegurar el mínimo de coordinación, que permita la conquista del poder, y el consiguiente reparto del botín. Los enfrentamientos, primero entre partidos, y después entre facciones en el interior de cada partido, dieron como resultado el total desprestigio del sistema partidista venezolano. Tanto AD como COPEI comenzaron a transitar, desde hace tiempo, el camino que conduciría en esta dirección.

Ya hemos explicado las causas de las tres escisiones que se produce en AD, durante las Presidencias de Betancourt y Leoni, y los distintos componentes (ideológicos o faccionales) de cada una de ellas. En todo caso, la lección que representó para AD la escisión del MEP, pues por primera vez en su historia perdió las siguientes elecciones nacionales, hizo que en adelante, pese a la lucha entre facciones por el control del partido o por la candidatura presidencial, se mantuviese la unidad –aunque a veces puramente formal– del partido[118].

Desde su primera presidencia, Carlos Andrés Pérez formó y dirigió una facción que ha estado permanentemente activa, aunque como es lo común en las facciones cambiando sus integrantes y sus objetivos tácticos, pero siempre en busca del control de partido. Ya en aquella época trató, sin conseguirlo, de imponer la candidatura presidencial de Lusinchi, frente a la de Piñerúa, que estaba apoyada por el "sector ortodoxo" (en realidad, otra facción, aunque por mucho tiempo mayoritaria). Pero Lusinchi formó su propia facción, que logró imponer su candidatura presidencial, negociando y consiguiendo el apoyo del poderoso "sector sindical", frente a la nueva candidatura que ahora impulsaba Carlos Andrés Pérez.

Pero, después que Lusinchi entrego la Presidencia a Carlos Andrés Pérez, la lucha a muerte entre estos dos personajes por el control del partido, en la que se emplearon toda serie de armas lícitas e ilícitas, prácticamente lo destruyó, pues una de las principales armas que ambos usaron fueron las acusaciones recíprocas de corrupción, tanto ante Tribual de Ética del Partido como ante la prensa y los tribunales de la República.

El Tribunal del Partido conoció en 1989 varias acusaciones contra militantes destacados que habían ocupado altos puestos en el gobierno del Presidente Lusinchi[119], y la primera de una serie de sus decisiones, recayó sobre Blanca Ibáñez, quien había sido la secretaria privada de ese Presidente, durante toda su gestión, y que después se convertiría en su esposa, a la cual, por sentencia del 31

---

118 Sobre la unidad y faccionalismo en AD, véase el Capítulo VI del libro de Martz (1966). Más recientemente el libro de M. Coppedge (1994), cuyo subtítulo indica que analiza el papel del faccionalismo en la política de país, pero presta especial atención al caso de AD.

119 La principal documentación sobre la actuación del Tribunal, incluidas noticias de la prensa, está recogida en *Blanca Ibáñez y las miserias del poder,* publicado por ediciones Catalá en 1990. Véase también, Catalá ed. (1990).

de agosto de 1989, le impuso la pena máxima: expulsión definitiva del partido. La segunda decisión del tribunal, fue sobre José Ángel Ciliberto, quien había sido el Ministro de Relaciones Interiores de Lusinchi, a quien se le impuso la misma pena (expulsión definitiva). En los meses siguientes continuaron las sentencias contra otras personas, no tan conocidas, hasta completar trece sanciones contra otros tantos militantes, la mayoría de los sancionados estaban personal y políticamente vinculados a Jaime Lusinchi, de modo que las decisiones del Tribunal de Ética, podían ser interpretadas como un episodio de las luchas faccionales por el control de partido, entre él y Carlos Andrés Pérez. La mayoría de los sancionados, decidieron plantear la lucha en este terreno, apelando ante el organismo superior de partido, que era el Comité Directivo Nacional. En la reunión de ese organismo, el ex-presidente Lusinchi, dando una muestra de su dominio sobre el partido, consiguió, por una abrumadora mayoría, que fuera revocada las sanciones de todos los que habían apelado la decisión del Tribunal de Ética. El Presidente Carlos Andrés Pérez, que por entonces pretendía ser el paladín de la lucha contra la "corrupción *lusinchista*", y que había alabado las sanciones de expulsión impuestas por el Tribunal de Ética, no asistió –aunque era esperado– a la reunión del Comité Directivo Nacional, probablemente para evitar la humillación de verse derrotado, e hizo conocer públicamente su disgusto, frente a la decisión de este organismo.

Por otra parte, en las acusaciones por el "caso RECADI" (el conjunto de hechos de corrupción por el otorgamiento de divisas a la rata de cambio preferencial), utilizadas como un arma por los enemigos políticos de Lusinchi, jugaron un papel muy importante miembros de su propio partido e incluso del propio Gobierno de Pérez, pues tan pronto como aquél dejó la Presidencia comenzaron los primeros ataques contra altos funcionarios de la política económica de su gobierno. De acuerdo a repetidos rumores, esa campaña estaba apoyada y alimentada por el propio presidente Carlos Andrés Pérez. A la vieja rivalidad entre Jaime Lusinchi y Carlos Andrés Pérez, por el control del partido, se unía, ahora, un nuevo motivo de enemistad entre ambos, pues a medida en que iban surgiendo las críticas a la política del nuevo gobierno de Pérez, éste buscaba justificarse, echando la culpa de los males, al desastre dejado por la administración anterior. Producto de esa rivalidad fue que muchas de las acciones legales que se desarrollaron contra los principales colaboradores del gobierno de Lusinchi, fueron posibles gracias a las informaciones suministradas por la nueva administración de Carlos Andrés Pérez, que más tarde sería retribuido con la misma moneda, por parte del ex-presidente Lusinchi o por su grupo[120].

---

120 Hubo muchos rumores de que, en el llamado "caso de los 250 millones", por el cual fue removido de la presidencia y enjuiciado Carlos Andrés Pérez, la información que produjo las primeras denuncias periodísticas fue suministrada por Jaime

En el caso de COPEI, los problemas no parecían ser tan graves. Alrededor de 1965 se inició un conflicto interno entre un grupo reducidos de jóvenes radicales y la mayoría más conservadora que dominaba el partido, conflicto que culmina en 1968 tras la aprobación de la candidatura presidencial de Caldera, y con la expulsión del partido del ala radical y el triunfo del pragmatismo[121]. De manera que, como ya hemos señalado, durante la primera presidencia de Caldera, se puede decir que COPEI había dejado de ser un partido ideológico, para ser cada vez más pragmático (*Vid. supra*, pp. 82-83). Pero aunque dentro de ese partido existieron varias "tendencias" (en realidad *facciones*), durante muchos años se conservó la unidad partidista[122].

Pero Rafael Caldera, quien fue el fundador y durante muchos años el principal líder del Partido COPEI, anunció, en 1988, que había pasado temporalmente a la reserva política, no sólo por haber sido derrotado en la pelea interna por la candidatura a la presidencia, sino también por su inconformidad por el estilo político con que pretendía conducir el partido el equipo encabezado por el Secretario General Eduardo Fernández. Muchos creyeron que se trataba sólo de una disputa por la candidatura presidencial y por el control del partido, pero el desarrollo posterior de los acontecimientos pareció indicar que se trata de una diferencia mucho más profunda, que no se reducía a una cuestión de "estilo político", pues envolvía divergencias fundamentales acerca de las bases filosóficas y doctrinarias de un partido que se proclamaba socialcristiano. Aprovechando el gran impacto positivo de su intervención en el Congreso, el 4 de febrero, de 1992, con motivo del intento de golpe militar, que había sido transmitida en cadena de radio y televisión a todo el país, Caldera se convirtió en el centro de convergencia de varios partidos y sectores populares distintos de AD y COPEI, que buscaban una "tercera alternativa". En 1993, se separó formal y definitivamente de COPEI y fundó Convergencia, para apoyar su propia candidatura presidencial, llevándose consigo buena parte de los militantes y, sobre todo, de simpatizantes de su antiguo partido.

Otra gran escisión, de naturaleza evidentemente ideológica, es la que sufrió el PCV en 1979, con la fundación del MAS, con dirigentes tan valiosos como

---

Lusinchi o por alguien de su grupo, como una venganza por la intervención de Pérez en las denuncias sobre "el caso RECADI".

121 Véase el interesante el libro Carnevali de Toro (1992) basado en entrevistas personales con los protagonistas de los hechos, en el que se estudia el gran conflicto ideológico que se produjo en ese partido, que llevó a la exclusión de su ala más radical y al triunfo del pragmatismo.

122 Sobre las tendencias y facciones de COPEI, véase Combellas (1985: 211-216)

Teodoro Petkoff –a quien, sin duda, se le debe el deslinde ideológico del nuevo movimiento– y Pompeyo Márquez[123].

29.5. *La competencia electoral duopólica y el "turno" en el poder*

La presencia en cualquier país de partidos organizados implica siempre la existencia de algún elemento oligopólico en la vida política, pues para que hubiera una competencia política perfecta sería necesario, como proponía Rousseau, prohibir los partidos (lo que él llamaba *facciones*), para que cada individuo decidiese individualmente, sin tener la posibilidad de concertar su acción con otros. Esto, de ser posible, resultaría indeseable, pues, como hemos visto anteriormente, los partidos políticos de masas son indispensables para la moderna democracia de masas, y si se eliminara el papel que en ésta deben desempeñar serían sustituidos por organizaciones de intereses privados, o por demagogos o por líderes irresponsables con la pretensión de tener un contacto directo con el pueblo, por medio de la aclamación. Ninguno de estos eventuales sustitutos sería capaz de ejercer cabalmente las funciones de los partidos.

Pero sin pretender eliminar a los partidos y, por tanto, reconociendo que es necesario mantener ciertos elementos de oligopolio, lo que hay que intentar eliminar son las más toscas "barreras de entrada" a la competencia electoral: sobre todo los monopolios partidistas y especialmente los duopolios, que como Hirschman (1977) ha demostrado, son particularmente nocivos, especialmente cuando no están contrarrestado por una democracia interna de los partidos.

En efecto, Albert Hirschman ha estudiado el paralelismo entre la competencia oligopólica en el mundo económico y la que se lleva a cabo entre partidos políticos y ha mostrado cómo los intereses de los consumidores, en el primer caso, y de los electores, en el segundo, se ven perjudicados.

En un mercado de competencia perfecta o cercano a ella, la respuesta típica del consumidor ante un desmejoramiento de la calidad o precio de un bien o servicio es la "salida", es decir, dejar de comprar al productor o proveedor habitual y hacerlo a otro; y este solo mecanismo basta para que los productores se vean obligados a vigilar la calidad y el precio de sus productos. Pero, bajo condiciones de monopolio no existe esa posibilidad, por lo que el único recurso del que dispone el consumidor es utilizar lo que Hirschman llama la "voz", es decir, la acción de protesta, eventualmente mediante la organización de los consumidores, tendiente a presionar al productor.

Algo análogo ocurre en el campo de la política: bajo un sistema de libre elección y competencia entre partidos, la respuesta típica del elector descontento es votar en las siguientes elecciones por un partido distinto, pero si existe un

---

123 Para una buena historia de las circunstancias en las que nace ese partido y su evolución posterior, véase Ellner (1989).

monopolio bajo la forma de partido único, el único recurso es tratar de utilizar la "voz" para mediante una acción interna de presión tratar de modificar su orientación. Pero, como Hirschman señala, en condiciones de oligopolio –y muy especialmente de *duopolio*– los recursos de que dispone el consumidor o el votante pueden ser más débiles que los existentes en el monopolio y su indefensión ante una un desmejoramiento en el producto o de las políticas públicas puede ser mayor.

En efecto, en el oligopolio el incentivo para utilizar la "voz" está limitado por la existencia de la posibilidad de "salida" y ésta no es efectiva para mantener la calidad del producto, pues las pérdidas que cada oligopolista sufre como consecuencia de ella, y que representan ganancias para los otros, están compensadas por las pérdidas que sufren los otros por las mismas razones y que representan ganancias propias, de modo que quedan equilibradas por un número de entradas aproximadamente iguales. Bajo el oligopolio puede no haber incentivo para las empresas para competir a través de mejoras en la calidad de los productos o de bajas de los precios, pues a diferencia del competidor perfecto, que es capaz de vender a corto plazo todo lo que puede producir, el oligopolista sólo puede vender a corto plazo una parte o porción relativamente fija del mercado. Si un oligopolista redujera el precio de sus mercancías ello provocaría una guerra de precios con sus competidores, con lo cual ninguno de ellos aumentaría substancialmente su cuota del mercado y los beneficios de todos disminuirían, amenazando con la ruina, de manera que tarde o temprana se producirá la colusión, es decir, el acuerdo para repartirse cuotas fijas de mercado. Por todo ello la forma típica de la competencia entre los oligopolistas no es en torno a la calidad o a los precios, sino una competición por la diferenciación del producto a través de la propaganda, tendiente a producir una desinformación que imposibilite la comparación.

Ahora bien, en Venezuela, a partir de 1973, se implantó un sistema de competencia electoral duopólica entre AD y COPEI, en el que se apuntaban varios de los rasgos indeseables de este tipo de competencia señalados por Hirschman. Entre tales rasgos estaban, el hecho de que las campañas electorales tendían a revestir la forma de diferenciación del producto a través de la publicidad, utilizando las técnicas y modalidades de la propaganda comercial; los frecuentes acuerdos tácitos entre los dos partidos (equivalentes a la "colusión", que elimina la competencia en el área económica), no sólo para limitar la competencia interpartidista y evitar formas de "guerra sucia" (equivalentes a la "guerra de precios"), sino para sustraer temas de extraordinaria importancia del debate político; la poca efectividad, a la larga, de los mecanismos de "salida", pues las pérdidas que sufre el partido de gobierno y que lo llevan a perder las siguientes elecciones, se ven compensadas por las que también sufrirá el antiguo partido de oposición al llegar al gobierno, con lo cual, a la larga, unas y otras se compensan, pues se establece la alternabilidad entre los dos grandes partidos duopolistas. Y, para hacer la situación más preocupante, el hecho de que la poca efectividad de los mecanismos de "salida" no esté compensada por adecuados mecanismos de "voz", por las limitaciones de la democracia interna de los partidos.

La *"desideologización"* y *"pragmatización"* lleva inevitablemente a una aproximación entre los dos principales partidos, cuyas ofertas electores se asemejan cada vez más, en función de las preferencias de las mayoría, según indican las encuestas pre-electorales. Pero los partidos trataron de diferenciarse en las campañas electores, utilizando lo métodos típicos de competencia entre los oligopolistas, a través de una propaganda tendente a producir una desinformación que imposibilitara la comparación.

En general, la propaganda electoral se va a centrar en las cualidades personales, reales o inventadas, del candidato a la presidencia. En aquellos temas generales en la que la distribución de la preferencia de los electores suele ser estadísticamente *normal*, las ofertas electorales de los partidos convergen hacia el centro, buscando la atracción del *votante medio*. Pero en aquellas otras cuestiones en que existe incertidumbre sobre la distribución de tales preferencias, las ofertas son muy generales y abstractas o vagas.

Y junto a todas esas, se presenta un agregado de ofertas muy concretas y específicas (tipo "listas de mercado") para satisfacer diversos intereses sectoriales. De esta manera se pretende lograr una amplia y heterogénea coalición de intereses diversos que aspira a obtener la mayoría para lograr el éxito electoral. Pero una vez que se ha conquistado el poder resulta difícil satisfacer a todos esos intereses, y cuanto más amplia y heterogénea es la coalición que llevó al triunfo y los ingresos del gobierno son menores, la dificultad es mayor. De modo que paulatinamente se van produciendo crecientes descontentos y rupturas en la coalición inicial. Además, cuanto más escasean los recursos gubernamentales, el deterioro es más rápido y amplio.

El resultado es que el ejercicio de la función gubernamental, en tales condiciones, lleva necesariamente a un desgaste del caudal electoral con que se llegó al poder.

Bajo estas circunstancias, la función del principal partido de oposición parece muy sencilla: la de criticar sistemáticamente a las políticas del gobierno no para modificarlas o para proporcionar otras alternativas viables, sino con el fin de capitalizar su fracaso, formando una coalición ganadora con todos los descontentos o desencantados con esas políticas.

Si el descontento con el gobierno es suficientemente profundo funciona el "péndulo" electoral y el principal partido de oposición logrará sustituirlo en las siguientes elecciones. De esta manera los dos principales partidos se turnan periódicamente en el ejercicio de las funciones gubernamentales. Pero, a la larga, la repetición de los mismos partidos produce el hastío de los electores que conducen a la abstención y a la alienación con la democracia.

El gran peligro de una situación de este tipo es que a largo plazo se produzca una frustración del electorado, y una pérdida de confianza en la capacidad de los mecanismos electorales para satisfacer sus aspiraciones, como efectivamente ocurrió en Venezuela.

En el caso de Venezuela, para explicar el papel central que AD y COPEI han llegado a jugar en la vida política del país hay que recurrir, como explicación inicial, a factores históricos y organizativos (sobre la importancia del factor organizativo para explicar el éxito de los partidos venezolanos, consúltese: Levine 1988). La aparición de la concentración duopólica no se debió en nuestro país a ningún privilegio legal, pues más bien nuestra legislación electoral fue excesivamente liberal en lo referente a la posibilidad de crear partidos y lanzar candidatos que participasen en las elecciones, sino más bien se debió al alto grado de especialización, profesionalización y sofisticación que en Venezuela alcanzaron los partidos políticos, y de los extraordinarios recursos que eran necesarios para financiar su mantenimiento, no sólo electoral, sino también en sus actividades permanentes y cotidianas.

Ahora bien, un factor de primera importancia que sirvió para reforzar la concentración oligopólica, fue el empleo de los modernos *mass media* y en especial la televisión en las campañas electorales, que hizo necesaria la utilización de una gran cantidad de dinero, o *en su defecto, del favor de los propietarios de tales medios*, una condición necesaria para el éxito electoral (Véase Rey *et alii* 1981)

En efecto, antes de la utilización de los modernos sistemas de comunicación de masas y de la publicidad de tipo comercial en gran escala, el dinero era un recurso importante, pero no decisivo pues, por un lado, su falta podía ser en gran parte compensada por el trabajo abnegado y entusiasta de los militantes y simpatizantes; y, por otro lado, dados los recursos financieros relativamente limitados que exigía una campaña, éstos podían ser reunidos mediante pequeñas contribuciones de un gran número de militantes o amigos de escasas posibilidades económicas. Pero cuando la campaña electoral se basa en la utilización masiva de los medios de comunicación e información social, como la televisión, el dinero, que proporciona acceso a tales medios, se convierte en un recurso imprescindible y fundamental, hasta el punto de que, como lo han demostrado ciertos candidatos en algunas campañas electorales venezolanas, se puede llevar a cabo íntegramente una campaña sin ninguna organización partidista, utilizando como recurso principal grandes cantidades de dinero *electoral* (como lo demostraron palpablemente los casos de la candidatura presidencial de Pedro Tinoco en 1973, y la de Diego Arria en 1978).

El acceso a tales medios de comunicación e información social, sea porque se dispone de dinero para ello o porque se cuenta con el favor de sus dueños, no garantizaba ciertamente el éxito electoral, pero se convirtió en una "barrera de entrada" decisiva que favoreció la concentración duopólica.

En efecto, al lado de los recursos financieros con fines electorales recibidos oficialmente por los partidos del Estado, que en realidad sólo representaban un pequeña proporción del gasto electoral total, la mayoría de tales recursos provenían de dos fuentes principales: la utilización ilegítima de los recursos del Estado (obtenido por medio de alguna forma de corrupción administrativa, como "comisiones" sobre los contratos públicos) y de los aportes voluntarios de los sectores económicamente poderosos.

En cuanto a la obtención ilegal de los recursos del Estado, sólo tenían acceso a ella los partidos que habían ocupado u ocupaban alguna posición en alguno de los niveles o ramas del poder público, lo cual tenía como consecuencia una concentración del poder partidista. En la medida en que un partido había ocupado u ocupaba el poder, y había obtenido recursos por ese medio, aumentaban las probabilidades de ocuparlo en el futuro.

En cuanto a los aportes de los económicamente poderosos, incluyendo los favores de quienes controlan los *mass media*, aunque no podían determinar quién sería el ganador, sí podían decidir quiénes no lo sería, pues poseían en la práctica un derecho de veto sobre los candidatos o partidos considerados indeseables, negándoles el acceso a los medios, y excluyéndolos de tal forma de las posibilidades de éxito electoral. De esta manera, a través de financiamiento privado, prácticamente sin límites y sin controles, se mediatizaba la actuación de quienes resultaban electos por parte de quienes los financiaban y se debilitaban la responsabilidad frente a los electores

Ya para la campaña de 1968, AD y COPEI se acusaban mutuamente del excesivo gasto electoral y cuestionaban el origen de los fondos utilizados por el contrario. En 1973 la duración de la campaña y la cantidad de recursos económicos utilizados eran de tal magnitud que estaban fuera del alcance de todos los partidos, salvo de AD y COPEI (Martz y Baloyra 1976: 201). Y para 1978, un observador norteamericano consideraba a las campañas electorales venezolanas como las más caras del mundo democrático (Penniman 1980: XI). En 1983 y 1988, la duración y el costo de las campañas no hizo sino aumentar.

Al menos desde 1980 tanto politólogos como juristas provenientes de las universidades, como los propios partidos políticos tenían claras las distorsiones a la igualdad en la competencia electoral entre partidos que resultaban del sistema de financiamiento de las campañas electorales existentes y propusieron normas para corregir la situación (Rey *et alii* 1981). Lo mismo hizo algunos años más tarde, durante la presidencia de Lusinchi, la Comisión Presidencial para la Reforma del Estado (COPRE), pero aunque se mejoró y se hizo más equitativa la financiación procedente del Estado, no se establecieron límites precisos a la financiación privada ni al total de gastos, y, desde luego, continuó sin freno la proveniente de la corrupción. De esta manera, a través del sistema imperante de financiamiento privado de las campañas electorales, prácticamente sin límites ni controles, se mediatizaba la actuación de quienes resultaban electos, por parte de quienes los financiaban y se debilitaba la responsabilidad frente a los electores.

Habría que tener en cuenta que la presencia de partidos políticos organizados implica siempre un elemento oligopólico en la vida política (sobre los partidos como oligopolistas consúltese, también: Ware 1979: 37–52). No se trataba, por tanto, de propugnar la eliminación la competencia oligopólica para sustituirla por una competencia perfecta, que resultaría imposible y, en todo caso, indeseable, pues para ello habría que destruir a los partidos, que son un factor indispensable para la moderna democracia de masas. Lo que habría que tratar, más bien, es de asegurar una competencia oligopólica imperfecta, pero ser satisfactoria, en la medida que será capaz de proporcionar incentivos suficientes a los partidos para satisfacer los deseos e intereses del electorado. Para ello era necesario, fundamentalmente, por un lado, bajar esa "barrera de entrada", a la que nos hemos referido, no para colocar a todos los partidos en situación de igualdad, sino para permitir un mínimo satisfactorio de competencia efectiva. Por otro lado, habría que eliminar las distorsiones que introduce el sistema de financiamiento privado, a cargo de los económicamente poderosos. Y junto a ello sería necesario aumentar la democracia interna de los partidos para hacerlos más responsables ante sus militantes de base y su electorado.

29.6.   *La falta de democracia interna en los partidos*

La democracia interna de los partidos comprende, al menos, las siguientes cuestiones: 1) la participación de sus miembros en elaboración y aprobación de la doctrina y programas del partido; 2) las elecciones periódicas, mediante votación democrática de todas sus autoridades; y 3) la designación por la base de los candidatos a todos los puestos electivos.

Hemos señalado cómo estas tres cuestiones, que en la conceptualización desarrollada por Hirschman son las que hacen posible al uso del recurso de la "voz", en vez de la "salida", y son fundamentales para asegurar que las elecciones sean un instrumento adecuada para satisfacer a los ciudadanos (*Vid. supra*, pp. 253-254).

Se supone que un elemento esencial en un partido de masas es la democracia interna, en sus diversas dimensiones. Sin embargo, la situación de la clandestinidad en que se desenvolvió la vida del PDN (1937-1941), le impidió desarrollar una organización democrática, como en cambio fue posible con AD, tan pronto como adquirió el status de un partido legal en 1941. Sin embargo, esa situación apenas duró siete años, pues en 1948, al pasar de nuevo a la clandestinidad, por ser ilegalizada por la Junta de Gobierno, AD tuvo que adoptar una organización que en muchos aspectos recordaba a las células comunistas y que implicaba importante restricciones a la democracia interna. Reconquistada la legalidad en 1958 el partido volvió a tratar de recuperar la democracia interna, pero con dificultades, como vamos a ver.

Sin embargo hay que tener presente, que aunque los estatutos de los partidos democráticos de masas solían establecer inequívocamente la democracia interna para la toma de las principales decisiones, en la práctica se dieron frecuentes desviaciones antidemocráticas y oligárquicas en los mismos. Me refiero a las "tendencias oligárquicas de la democracia moderna", que Robert Michels denunció como presentes en los partidos socialista y obreros europeos, en su libro clásico sobre *Los Partido Políticos*, cuya primera edición aparece ya en 1911 (Michels 1969). Pero las tendencias oligárquicas existentes en los partidos socialistas alemanes anteriores a la primera guerra mundial, estudiadas por Michels, –algunas tendencias semejantes han estado en AD–, eran muy semejantes a las que Moisei Ostrogorski, en su libro publicado en 1903 (Ostrogorski 1993), ya había detectado como presentes en los partidos políticos que se desarrollaron en Inglaterra y los Estados Unidos, a medida que se hizo democrático, como consecuencia de la extensión del derecho al sufragio,. Y años más tarde, análogas manifestaciones aparecerán en los partidos de tipo leninista, no ya en la clandestinidad sino en el poder. Estamos, por tanto, en presencia de un problema de la sociología de la organización que no tiene que ver con la ideología política, puesto es común tanto de los partidos ingleses y norteamericanos de fines del siglo XIX y principios de XX, como de los partidos socialdemócratas alemanes anteriores a la primera guerra mundial, y de los posteriores partidos leninistas, aun en la legalidad. Por tanto, no es de extrañar que algunos de los mismos rasgos también aparezcan en un partido de masas como AD, de modo que no se puede afirmar, como lo hizo Manuel Caballero, que esto se debería a que Betancourt mantenía una concepción leninista del partido (Caballero 2004: 354-368, espec. 360-362). Tal afirmación podría tener algo de verdad si se refiriera a la organización en células del PDN clandestino, o a la que AD adoptó durante la dictadura militar en el periodo 1948-1957, cuando el partido fue ilegalizado, pero no para su funcionamiento en condiciones de legalidad.

En todo caso, hay que subrayar que la supuesta "ley de hierro de las oligarquías", cuyo descubrimiento se atribuye a Michels , según la cual sería inevitable que se desarrollen características oligárquicos en los partidos democráticos de masas, no es tal ley, sino una simple *tendencia empírica,* que sin duda se da en muchos casos, pero que no es ineluctable, pues se puede combatir con éxito contra su aparición y desarrollo, mediante normas e instituciones adecuadas, como lo demuestran varios ejemplos empíricos[124].

Dicho lo anterior, hay que reconocer que efectivamente, a partir de 1958 se dieron en AD ciertos rasgos que no favorecían la democracia interna, que se creyeron necesarios para la estabilidad democrática del país, como fue, entre otros, la mencionada liberación del presidente de la disciplina interna del partido. Pero sobre todo, debido al desarrollo de las tendencias concentradoras y oligárquicas, que como vimos se implantaron en nuestros partidos y organizaciones populares, después de 1958, el poder se concentró en las élites partidistas (*Vid. supra*, p. 124). Los partidos (tanto AD como COPEI) establecieron procedimientos no democráticos, tales como: que las elecciones de la dirección de los partidos fueran poco frecuentes y no directas; que numerosas designaciones de autoridades fueran *ex-officio*, sin elecciones; ausencia de democracia en la elaboración de las listas de candidatos para participar en las elecciones al Congreso nacional, y el que se reservaban los principales puestos "salidores" (los primeros puestos en las *planchas*, que era prácticamente seguro que iban a ser elegidos) para los candidatos que designasen las direcciones nacionales de los partidos.

Los directivos de AD y COPEI, durante varios años alegaron las razones de "emergencia", en que se encontraba la democracia, con grave peligro para su supervivencia, para restringir o diferir la democracia interna. Pero, a partir de la primera Presidencia de Caldera, cuando ya había desaparecido el peligro de que pudiera ser derrocada, consiguieron varios pretextos para continuar a diferir las reformas que garantizasen una verdadera democracia interna. Por ejemplo, las directivas de los partidos se reservaban el derecho a ser ellas las que seleccionaran ciertos candidatos y el lugar de ellos en las *planchas* electorales, alegando que era necesario para que se pudieran incluir personalidades con especiales credenciales (científicas, técnicas, artísticas, etc.) que podían no ser populares, pero que harían un aporte muy importante a las deliberaciones del legislativo. O también, que la inclusión, por parte de la directiva, de diversas personalidades como candidatos a cargos electivos, era necesaria pues se había concertado para hacer posible una alianza interpartidista. Pero se silenciaba que en muchos casos, esa inclusión era una forma de pagar el apoyo financiero o de otra índole, que ciertos grupos económicos o de propietarios de medios de comunicación prestaban en las campañas electorales.

A lo anterior hay que añadir, como consecuencia del proceso de desideologización y pragmatización al que antes me he referido, la falta de

---

124 Quienes estén interesados en tales ejemplos deberán consultar, especialmente, los dos libros de Lipset, *Agrarian Socialism* (1950) y de Lipset Trow y Coleman, *Union Democracy* (1956).

participación de la militancia del partido en la renovación de las bases ideológicas y programáticas, que en el caso de AD continuaban siendo, en lo esencial, las mismas del trienio 1945-48.

Un profesor universitario militante de COPEI, autor de una importante monografía sobre ese partido, decía en 1985 que el debate interno copeyano "es formalmente democrático pero poco participativo"", pues las grandes reuniones deliberativas "se contentan con ratificar decisiones tomadas fuera de su seno, bien sea a través del unanimismo, la aclamación o el conteo de votos"; y que "el estilo de democracia interna es «permeado» por la capacidad de liderazgo de algunos dirigentes del partido" (Combellas 1985: 76-77). En resumen, afirmaba que en COPEI existía una "excesiva centralización y concentración de poderes" (*Ibíd.*, p. 80).

Debe recordarse que entre las propuestas de reforma más audaces e interesantes de la COPRE, durante el gobierno de Lusinchi, estaban las dirigidas a la total democratización interna de los partidos, tanto en la elección de sus directivas como en la designación de sus candidatos a los cargos electorales. Entre las primeras estaba la prohibición de cargos vitalicios que no fueran puramente honoríficos; la obligación de renovación periódica, mediante elecciones internas de los cargos de dirigencia partidista a todos los niveles; la fijación de ciertas materias importantes, para las cuales se exigía consulta directa de la base del partido mediante referéndum o elecciones directas de primer grado; la prohibición de delegados *ex-officio* o en general no electivos en las Asambleas, Congresos o Convenciones de carácter deliberativo del partido o, al menos, reducción drástica de su porcentaje; y prohibición de todos los sistema de elección indirecta más allá del segundo grado. Entre las reformas que se propusieron para la nominación de los candidatos presentados por el partido para ocupar cargos públicos electivos, estaban la obligación de utilizar en todos los niveles –desde los Concejos Municipales hasta la Presidencia de la República– sistemas de elecciones primarias a cargo de los militantes de base respetivos.

Ninguna de esas dos iniciativas de la COPRE prosperaron, no sólo por oposición de los dos principales partidos, cuyos dirigentes no querían disminuir su poder, sino también por falta de apoyo de la mayoría de los ciudadanos que no pertenecía a los partidos, quienes, hartos de éstos, y achacándoles la responsabilidad de todos los males de nuestra democracia, en lugar de interesarse en el mejoramiento de los mismos, a lo que aspiraban, más bien, era a que los partidos desaparecieran de la escena política, sin darse cuenta de las implicaciones negativas que esto tendría para la democracia representativa.

Pero, por otra parte, hay que tener en cuenta que la experiencia de algunos partidos (como fue el caso de AD en 1968 y en 1978; o el MAS, también en 1978), les demostró que la selección de candidatos directamente por la base podía conducir a graves conflictos internos , lo cual explica que en los estatutos de COPEI y del MAS, se procuraba evitar la confrontación y buscar el consenso para la elección de candidatos, eliminándose la necesidad de las elecciones internas, cuando una mayoría calificada de la directiva apoyara a uno de los aspirantes (Ellner 1996: 42-56).

De toda formas, en 1988 COPEI decidió utilizar, por primera vez en Venezuela, el revolucionario procedimiento de las elecciones primarias abiertas para seleccionar su candidato a la Presidencia. Se trataba de un procedimiento que creaba grandes expectativas, pues era considerado como el más democrático posible[125]. Todos los venezolanos, y no solo los militantes de COPEI, podían votar en estas elecciones, que eran supervisadas por el Consejo Supremo Electoral. Pero el Secretario General del partido, Eduardo Fernández, que había propugnado tal procedimiento, sufrió una severa derrota, y el candidato que triunfó, que fue el gobernador del Zulia, Oswaldo Álvarez Paz, no tuvo un buen desempeño en las elecciones nacionales.

Los resultados de las primarias abiertas no satisficieron a nadie, y pronto proliferaron las críticas a este sistema para seleccionar los candidatos, argumentándose que debilitaba la concepción del partido como organización cohesionada, y alegándose, en su contra, que era la militancia del partido la que tenía que tomar tales decisiones, porque al permitir a extraños participar en esa elección, se facilitaba la penetración de poderosos intereses económicos que financiando a un precandidato podían determinar su triunfo.

La dirección de AD aceptó en 1993 la celebración de primarias para la elección de su candidato presidencial, que fueron ganadas aplastantemente por Claudio Fermín, pero sin que este método pudiera demostrar las ventajas que de él se esperaba, en lo relativo a los resultados que obtuvo quien así fue seleccionado, cuando participó en las elecciones Presidenciales nacionales.

En general, la tendencia que predominó tanto en AD como en COPEI, fue oponerse a la celebración de primarias para escoger a las autoridades del partido.

29.7. *Los poderes incontrolados del Presidente*

Tanto los constitucionalistas como los politólogos están de acuerdo en reconocer que, incluso en los países como más sólidas tradiciones cívicas y democráticas, los regímenes presidencialistas fomentan, en mayor medida que los parlamentarios, el despliegue del personalismo y del autoritarismo de quien dirige el gobierno.

---

125 Parece que la adopción de este procedimiento no se debió a sus virtudes democráticas, sino a un cálculo político del Secretario General, pues esperaba que con el mismo, el proceso de selección del candidato a la Presidencia de la República de COPEI, podría ser atractivo para Rafael Caldera, y así se decidiera a participar en él, pues se temía, con razón, que podía presentarse a dichas elecciones como candidato de otro partido. Véanse las explicaciones en Ellner (1996).

El que eso ocurra va depender, en gran medida, de diversos factores históricos y de la existencia de instituciones políticas y jurídicas que lo impidan, como son, por una parte la existencia de sólidos partidos de masas modernos, no personalistas, dispuestos a ejercer una dirección y una responsabilidad política colectivas; y, por otra parte, un adecuado diseño constitucional que vigile las prerrogativas concretas que se le asignen al Presidente y que garantice el funcionamiento de la división de poderes y de un sistema de controles sobre el Ejecutivo.

Ya hemos examinado un conjunto de fallas que impedían que el sistema de partidos venezolano pudiera hacer efectiva la responsabilidad política de los gobiernos. Pero además se asentó y adquirió cada vez más auge en el país una concepción según la cual el liderazgo político supremo correspondía al Presidente de la República, y para afirmar su exclusiva responsabilidad política personal y directa en la dirección del Gobierno.

AD y COPEI, los dos únicos partidos políticos que hasta 1988, habían conseguido elegir a los Presidentes, no sólo lo liberaron de la disciplina partidista, sino que llegaron a renunciar a sus funciones y obligaciones que les correspondían, como partidos de gobierno responsables, pues no solo manifestaron en el Congreso una solidaridad, sin reservas, con las acciones y políticas de sus militantes que habían sido electos, sino que en muchos casos llegaron a declinar sus responsabilidades legislativas, cediéndoselas al Jefe del Estado, permitiéndoles conservar indefinidamente los poderes de emergencia, por la permanente suspensión de algunas garantías constitucionales, o también por medio de delegaciones legislativas que en ocasiones fueron verdaderos cheques en blanco. Pero, además, permitieron a sus presidentes que desarrollara un poderoso aparato administrativo, a través del cual se llegó a concentrar la mayor parte del gasto público, sobre el cual el Jefe de Estado pudo ejercer un poder casi total, pues escapaba a los controles del poder legislativo y de los partidos allí representados.

Hay que recordar que, basándose en la poderes que le reconocía la Constitución de 1953, que la Junta de Gobierno de 1958, al asumir el poder había declarado válida, el Presidente Betancourt había suspendido ciertas garantías constitucionales. Al promulgase la Constitución 1961, Betancourt ratificó la suspensión, pues aun subsistían las razones que habían llevado a su anterior decisión. Pero el propio Presidente Betancourt, el 3 de enero de 1963, restableció todas las garantías que habían sido suspendidas, con la sola excepción de la de liberad económica (libertad de industria y comercio) que permaneció suspendida por otros 28 años (hasta 1991). Basado en ese poder, que se suponía que debía ser provisional y excepcional, pero que de hecho se convirtió en permanente y normal, los Presidentes pudieron regular mediante decretos las más diversas actividades económicas, entendiendo este término en un sentido muy amplio, que en la práctica incluía casi cualquier actividad social. Fue durante la primera Presidencia de Carlos Andrés Pérez cuando la capacidad reguladora del Ejecutivo, basada en estos poderes, llegó al máximo.

Aunque el Congreso hubiera podido declarar en cualquier momento, la restitución de las garantías, por estimar que habían cesado las causas que justificaron su suspensión, lo cierto es que ningún partido o coalición de partidos de los que alguna vez consiguieron controlar la mayoría en el Congreso (AD fue el único partido que por sí sólo obtuvo en ocasiones dicha mayoría,) quiso hacerlo y de esta forma privar de tales poderes al Presidente.

El pretexto utilizado para mantener la suspensión de la garantía de la libertad económica por 28 años, fue la falta de leyes ordinarias adecuadas que regularan el mundo de la economía, por lo cual era necesario que el Presidente dispusiera de poderes extraordinarios (llamados "de emergencia"), para hacerlo. Pero lo cierto es que el Congreso no se preocupó durante todo ese tiempo de dictar las leyes necesarias para remediar esa carencia, y aunque en dos ocasiones otorgó amplísimos poderes a los Presidentes para legislar mediante decretos-leyes, sobre las más diversas materias económicas, los Jefes de Estado siguieron utilizando los poderes que tenían en virtud de la suspensión de la garantía de la libertad económica, para regular tales materias.

En este aspecto, podemos decir que el pecado de los partidos con mayoría en el Congreso fue de omisión más que de comisión, pues podrían haber restituido las garantías constitucionales suspendidas por el Presidente y no lo hicieron. Curiosamente, no fue el Congreso, sino el propio Carlos Andrés Pérez, durante su segunda presidencia, quien puso fin a esa situación, restituyendo en 1991 las libertades económicas. Pero por una ironía histórica, se vio obligado, en tres ocasiones (el llamado el *Caracazo* del 28 de febrero de 1989 y en los dos intentos de golpe fallidos del 4 de febrero y del 27 de septiembre de 1992), a suspender las garantías constitucionales relativas a las libertades civiles y a los derechos políticos, que durante los últimos 28 años se había mantenido incólumes, lo cual fue un indicador inequívoco del grado de gravedad de la crisis de la democracia representativa venezolana.

La crisis continuó durante el gobierno que le siguió, la segunda presidencia de Caldera, quien mediante el Decreto N° 241 del 27 de junio de 1994, suspendió de nuevo un conjunto de garantías constitucionales, incluyendo esta vez también las económicas. Ya hemos relatado el conflicto del Presidente con el Congreso cuando éste trató de restituir dichas garantías (*Vid supra*, pp. 224-225). Aunque el Congreso, mediante un Acuerdo del 21 de julio de este año, acordó restituir la mayoría de esas garantías, tal decisión en la práctica no surtió ningún efecto, pues en la misma Gaceta en que dicho Acuerdo fue publicado apareció el Decreto N° 285 del Presidente, por el cual, en abierto desafío a la mayoría del Legislativo y a la Constitución vigente, volvía a suspender las garantías restituidas por el Congreso. La decisión del Presidente Caldera de mantener la suspensión de garantías, hasta que el Congreso dictara las leyes que le otorgarían los poderes especiales que él reclamaba, significó un abierto triunfo del personalismo sobre el institucionalismo, y pudo prevalecer porque Acción Democrática decidió ceder, probablemente porque conocía, lo mismo que el Presidente, que éste contaba con el respaldo abrumador de la opinión pública venezolana, que cuestionaba seriamente no sólo a los partidos sino a la misma democracia representativa, y que prefería una democracia directa, en la que se prescindiera de los partidos, pues confiaba más en la personalidad del Presidente que en éstos (*Vid. supra*, p. 241).

Pero, además de los poderes extraordinarios de los que gozaba el Jefe de Estado por la suspensión de las garantías constitucionales, la Constitución venezolana de 1961 permitía al Congreso autorizar al Presidente a "dictar medidas extraordinarias en materia económica o financiera", cuando lo requiriera el interés público. Se suponía que se trataba de medidas en cierta manera excepcionales que se justificaba por haber sobrevenido circunstancias extraordinarias, pero que no debían confundirse con los decretos de emergencia dictados por el Presidente en caso de suspensión de garantías. El objeto de tal legislación delegada en el Ejecutivo, no podía versar sobre cualquier asunto sino sólo en materia económica o financiera, aunque de hecho se tendió a interpretar bastante ampliamente tales materias. El Congreso debía fijar la mayor o menor amplitud de tales poderes y el tiempo para ejercerlos. Varios Presidentes venezolanos solicitaron y obtuvieron autorizaciones del Congreso para dictar decretos legislativos por tiempo limitado, en diversas ocasiones: Betancourt, (1960-1961), Pérez (1974-75), Lusinchi (1974-75), Ramón J. Velásquez (1973). El caso de Rafael Caldera (en 1994) es excepcional, porque sólo contaba con el apoyo de una minoría del Congreso, y la iniciativa partió del partido de la oposición, AD.

En el caso de Betancourt la concesión de la delegación legislativa se justificaba por la crítica situación económica que atravesaba el país, que exigía medidas drásticas y urgentes, como la rebaja de sueldos de los empleados públicos y el control cambiario. En el caso de Pérez, la delegación se produjo en una situación de increíble bonanza económica; y los poderes que se le otorgaron fueron tan amplios y sobre tantas materias que equivalían al otorgamiento por el Congreso de una carta en blanco para legislar. También fueron muy amplios, aunque en menor medida, los poderes para legislar que recibió Lusinchi. En todo caso, a través de estas delegaciones legislativas, el partido que contaba con mayoría en el Congreso, AD, en dos ocasiones (durante la primera presidencia de Carlos Andrés Pérez y la de Lusinchi) abdicó temporalmente a sus potestades legislativas, a favor del Presidente, que pudo sumar estos nuevos poderes a los que ya tenía en virtud de estar suspendida la libertad económica.

29.8. *El significado del dominio del Presidente sobre la administración descentralizada*

Las decisiones y actuaciones de la administración central venezolana, estaban sometidas a los controles ordinarios que, de acuerdo a la Constitución y las leyes, el Congreso podía ejercer sobre el Ejecutivo, siempre, claro está, que los partidos allí representados estuvieran dispuestos a ejercerlos. Distinta era, en cambio, la situación de una descomunal administración descentralizada que escapaba en la práctica al control del Congreso.

Se trataba de una parte cada vez más importante de la administración del Estado, producto de su crecimiento desordenado y caprichoso, que había dado lugar a un cúmulo de entes descentralizados, en forma de Institutos Autónomos y empresas del Estado, en cuyos organismos de dirección, de acuerdo a las normas jurídicas que los crearon, participaban, junto a los representantes del gobierno, sectores empresariales, laborales, además de profesiones y gremios diversos. Constituía parte del aparato semicorporativo *del sistema populista de conciliación de élite*s, cuyo origen y funciones ya hemos explicado.

Pero el control que el Congreso debería ejercer sobre el conjunto de la administración pública descentralizada, resultaba muy difícil de ser ejercido pues faltaba una normativa general que la regulara. Aunque a partir de 1976, se dictó la Ley Orgánica de Régimen Presupuestario, el Congreso sólo podía ejercer un control indirecto sobre los presupuestos de los Institutos Autónomos, pues no conocía el detalle de los presupuestos de cada institución, y todo el control en realidad era ejercido por el propio Ejecutivo. Las empresas del Estado sólo eran controladas (pero sólo en teoría) por su Ministro de adscripción.

La falta de controles del Congreso sobre la administración descentralizada, era particularmente alarmante, si tenemos en cuenta que la parte del gasto público consolidado, correspondiente a dicha administración, era la que había sufrido un desarrollo más espectacular durante la democracia, pues mientras en 1959 su nivel era relativamente modesto, aumentó aparatosamente, sobre todo a partir de 1974, durante la primera presidencia de Carlos Andrés Pérez.

En efecto, de acuerdo a datos de García Araujo (1975), en 1960 el gasto total de la administración pública descentralizada abarcaba el 30 por ciento del total del gasto público consolidado, y dentro de él, el 7 por ciento correspondía a los Institutos Autonómicos y el 23 por ciento a las empresas del Estado; en cambio en 1974, la administración pública descentralizada ya alcanzaba el 62 por ciento del total del gasto público consolidado, del cual el 13 por ciento correspondiente a los Institutos Autonómicos y el 49 por ciento a las empresas del Estado.

El desarrollo espectacular de las empresas del Estado, significaba que a partir de 1974 la gran mayoría del gasto público para el desarrollo económico y social, que el Estado venezolano llevaba a cabo, no iba a estar incluida en el presupuesto público que era presentado y aprobado cada año por el Congreso, ni estaba sometido a los controles presupuestarios normales de éste (y por consiguiente escapaba al control de los partidos políticos allí representados). De manera que, como se señaló en un trabajo precursor (García Araujo 1975), los directorios del conjunto de las empresas del Estado, que eran los que decidían sobre tales gastos, sin ninguna intervención del Congreso, constituían de hecho una poderosa oligarquía cuyo único control político era el que quisiera y pudiera ejercer el Presidente de la República.

El Congreso (y por tanto, los partidos políticos allí representados) carecía de controles sobre la distribución de ese gasto, de modo que había surgido una poderosísima oligarquía burocrática, constituida por unas decenas de Presidentes y Directores de esas empresas, que decidían sobre cómo y dónde se iba a emplear e invertir una buena parte de los gastos públicos (casi la mitad del total).

Parte considerable de esa oligarquía estaba formada por representantes diversos del sector privado, pero la mayoría de ella era de represents del Gobierno, que *sólo respondía a los deseos del Presidente de la República que los nombraba y removía a su voluntad.* Se trataba de un grupo de personas que por diversas razones –y no necesariamente por su militancia partidista– *contaban con la confianza personal del Presidente.* Pero el hecho de que a menudo los representantes del Gobierno en el sistema de administración descentralizada, nombrados por el Presidente, fueran miembros de su partido no significaba que ese partido influyera, a través de ellos, en las decisiones de esos organismos, pues en la mayoría de los casos, pese a su formal pertenencia partidista, no eran políticos profesionales y cuando participaban como representantes del Estado en los entes de la administración descentralizada, no estaban cumpliendo funciones partidistas. Estos funcionarios formaban lo que podríamos llamar una burocracia o tecnocracia económica gubernamental, integrada por personas que tenían similar educación, status y funciones que los empresarios privados y que se entrecruzan con éstos. Su nombramiento *no* lo debían al partido, ante el cual *no* eran responsables, sino al Presidente, que a su vez estaba liberado de disciplina partidista.

Se trataba, por tanto, de un *sistema bajo la absoluta autoridad del Presidente de la República*, a través del cual los poderes de los Jefes de Estado venezolanos, que de hecho no estaban sometidos al control del Congreso, habían aumentado considerablemente.

La participación de representantes del sector privado, tanto empresarios como trabajadores, era importante, pero varió notablemente con los distintos Presidentes de la República[126].

VI. RESUMEN Y CONCLUSIONES

Una crisis de un régimen político de una magnitud tal como la que experimentó la democracia representativa venezolana al final del siglo pasado, siempre se debe a una multitud de causas de naturaleza diversa (políticas, económicas, sociales, etc.) que interactúan en forma muy compleja, de modo que mi investigación apenas ha explorado un conjunto limitado de tales factores, relacionados con el sistema de partidos, que en mi opinión han contribuido especialmente a dicha crisis.

Toda mi exposición se basa en dos supuestos que considero fundamentales, de los cuales depende la validez de mis análisis (e incluso la de las eventuales soluciones futuras a la crisis que aún estamos experimentado): la primera, que una característica esencial, aunque no es la única, de un gobierno democrático representativo es que debe satisfacer las demandas de los ciudadanos; y, la segunda, que la competencia electoral entre partidos es el mecanismo adecuado para asegurar ese resultado, para lo cual es necesario que el sistema de partidos cumpla con ciertas condiciones que he expuesto en detalle. Pero son muchos los que dentro y fuera de Venezuela rechazan alguno de estos dos supuestos o ambos

- En primer lugar, fueron muy pocos en Venezuela, con posterioridad a 1936, los defensores de una democracia exclusivamente "formal", que se limitara a un conjunto de mecanismos que sirvieran para proporcionar un control puramente negativo y limitado sobre el contenido de las decisiones del Gobierno evitando que se volviera tiránico. Dado que para la mayoría, el Estado debía "sembrar el petróleo", le atribuían un papel muy activo en la economía. El liberalismo económico fue un sistema muy minoritario, apenas defendido por algún empresario excéntrico y por unos cuantos economistas académicos, pero todos desde un punto de vista puramente teórico, y nunca en la práctica. Sin embargo, a partir de 1980 el neoliberalismo recibió apoyos cada vez más extensos, tanto en sectores académicos como en los prácticos, llegando a dominar totalmente las políticas gubernamentales durante la segunda Presidencia de Carlos Andrés Pérez. Es evidente la influencia que tuvo, para que tales ideas se extendieran a nuestro país, el auge mundial de las políticas neoliberales de

---

126 Véase el Apéndice del libro de Crisp (1997), que presenta los datos cuantitativos sobre los porcentajes de representantes de los diversos sectores en las directivas de los organismos descentralizados, según los Presidentes.

Reagan y Thatcher y su éxito en toda Latinoamérica, donde se presentaron como las únicas políticas económicas viables, con independencia de la forma de gobierno, pues se aplicaron con igual éxito tanto por regímenes como el de Pinochet como las democracia neo-populistas.

Pero, aparte de razones teóricas y propiamente ideológicas, el atractivo que ejercieron las ideas neoliberales en ese momento en Venezuela resulta explicable porque ante la crisis del sistema populista de conciliación por las dificultades para satisfacer las demandas heterogéneas y crecientes, la tentación de "cerrar" el sistema ante ellas e incluso de descargarse de las que fuera posible, aumentando la desmovilización que era una de sus características, y de exigir paciencia y pasividad a las masas, era muy grande. A esta necesidad práctica, más que a consideraciones teóricas, respondían las críticas al *populismo* y a la *partidocracia* de la segunda presidencia de Carlos Andrés Pérez y sus políticas concretas de privatización, desregulación y eliminación de subsidios.

Pero el sistema político y social venezolano, se caracterizó, desde 1958, por que había que mantener las esperanzas de ascenso social de los grupos más bajos; en un alza continúa de las expectativas de todos los grupos sociales, incitándose al consumismo, cada vez que se producía una bonanza petrolera; y en la existencia de una clase media que desarrolló gustos y exigencias que en otros países estaban limitados a las élites más exclusivas. Pretender que las clases más bajas se resignaran a permanecer indefinidamente en su situación; y que las clases medias no sólo renunciaran a los hábitos de consumo adquiridos, sino que aceptaran verse amenazadas con la pobreza; y todo esto, además, en una situación en que las organizaciones y los líderes políticos habían perdido su credibilidad y estaban muy deteriorados, era totalmente irreal. Las posibilidades de que la mayoría del país aceptara pacíficamente un "cierre" de sistema, sin acudir a una dura represión y, en definitiva, sin poner fin a la democracia, era ilusorio. La aceptación de un política neoliberal sin una dictadura política hubiera requerido un largo proceso de revolución educativa, que debería abarcar no solo la educación formal sino también los poderosos medidos de educación informal, para producir una verdadera revolución cultural total en los hábitos de la sociedad venezolana

• <u>En segundo lugar</u>, hubo algunos sectores que creyeron que la conservación y el eventual aumento de la democracia en un país como Venezuela, debería consistir en una reordenación e incluso una ampliación del sistema de privilegios de naturaleza semicorporativa que había existido durante mucho tiempo (el *sistema populista de conciliación*), incluso incorporando al mismo nuevos grupos sociales. Eran personas que confundían la *participación democrática* con una *participación privilegiada del tipo corporativo*. Ejemplos de tal confusión fueron, en el año 1980, el de la CTV con el Manifiesto de Porlamar o el Fedecámaras con la Carta de Maracaibo.

268

Pero las dificultades teóricas y prácticas de una solución de este tipo son insuperables. No existe una teoría satisfactoria de algo que puede ser considerado una democracia corporativa, pues un sistema corporativo supone una distribución desigual del poder y de los privilegios. Es incompatible, por tanto, con los valores básicos de la democracia, especialmente en una situación como la venezolana en la que los grandes sectores populares carecían de organización, y, por consiguiente, carecían de poder de negociación. Pero, además, el sistema de privilegios existente durante muchos años, encontraba límites infranqueables en la escasez de recursos, y sólo sería viable a partir de un sistema de desarrollo económico basado en un aumento progresivo e ininterrumpido de la renta petrolera, que no se dio.

A medida que la economía del país se volvía más dependiente de los recursos de origen interno y menos de los petroleros de origen externo, aumentarían los conflictos distributivos e incluso se convertirían en conflictos *redistributivo*s, en los que hay que "quitar" a unos para "dar" a otros, de modo que lo que en realidad estaba planteado, no era el aumento de los privilegios, sino cuáles de los antiguos beneficiarios debían ser excluidos de los mismos. En realidad, para la realización de una verdadera democracia habría que desmantelar los mecanismos de representación y participación semicorporativa existentes, o limitarlos severamente, asegurando y reforzando el control democrático sobre la toma de decisiones públicas; pero ello no debería implicar no una eliminación de las actividades distribuidoras y políticas sociales del Estado, ni tampoco una disminución de su capacidad para responder a las preferencias de la mayoría, sino por el contrario, un aumento de ambas.

- En tercer lugar, la crítica a los partidos populista, a la "partidocracia" y a las políticas correspondiente a tales gobiernos, también provenía de la izquierda tradicional de inspiración marxista, por considerarlos un engaño que creaba falsas ilusiones de mejoras y desviaba a las clases explotadas de la verdadera vía revolucionaria. Para tal concepción las elecciones no podían constituir un mecanismo efectivo para la satisfacción de las demandas de la mayoría de los electores, pues sólo eran un "vehículo de legitimación", que creaba ilusiones de participación y que servía como "válvula de escape" de las tensiones acumuladas.

Se trataba de un rechazo, por parte de los revolucionarios, del llamado *revisionismo* y de las ilusiones electorales propias del *reformismo*, pues, según ellos, mientras subsistieran las clase sociales y la explotación capitalista era inútil esperar una mejora real de las clases explotadas a través del voto. Incluso rechazaban la idea misma de *partido* en la medida que fuera entendida en un sentido reformista, pues una eventual participación electoral sólo podía ser una táctica ocasional de una organización auténticamente revolucionaria, al servicio de la estrategia final que debía consistir en la conquista del poder por los medios que fueran necesarios[127].

• En cuarto lugar, una crítica muy generalizada a los partidos políticos, que desde mucho antes de 1958 había estado presente en Venezuela, y que parece repetirse constantemente, era la de inspiración roussoniana-bolivariana, muy arraigado en el estamento militar, y consiste en rechazar el "espíritu de partido", como equivalente a *facción,* a lo que se le acompaña la exhortación a la construcción de la "unidad moral" de la república, mediante la superación o renuncia por parte de todos a los intereses particulares. Se trataba de una crítica que tradicionalmente había estado asociada a los sectores más conservadores, pero que últimamente se había extendido a sectores de extrema izquierda, incluso a algunos que pretendían ser marxistas. Me parece evidente que esa eliminación del "espíritu de partido" sólo sería posible a corto plazo mediante la instauración de una dictadura o alguna forma de despotismo estatal, y a mediano y largo plazo mediante el establecimiento de un Estado totalitario que suprimiera toda forma de pluralismo político, social y cultural.

• En quinto lugar, estaban quienes aun admitiendo la necesidad de las responsabilidad política de los gobernantes en la democracia representativa, creían que tal responsabilidad debía ser exclusivamente personal y directa, entre el elector y el elegido. Reconocían la utilidad de los partidos políticos como instrumentos mediante los cuales los electores podían hacer que sus votos concertados fueran más eficaces, de lo que serían si los votantes siguieran sus preferencia individuales, pues al asociarse en un partido podían conseguir que el triunfo de su candidato común fuera mucho más probable. Pero creían que los partidos políticos, en vez de haberse comportado como instrumentos al servicio de los ciudadanos, habían usurpado el poder que debería corresponder a éstos para establecer una forma de Gobierno al servicio de tales organizaciones y de los políticos profesionales que las controlaban. Se trataba de la crítica de lo que llaman *partidocracia.*

---

127 Parece que muchos "izquierdistas" prefieren utilizar el término *movimiento* en vez de *partido* para la propia organización. Tal es el caso en Venezuela del Movimiento de Izquierda Revolucionaria, Movimiento Electoral del Pueblo, Movimiento al Socialismo, Movimiento Quinta República, etc. Al parecer el término *partido* sugiere un cierto reformismo, pues sería propia del "estatus", al reconocer o aceptar el sistema institucional existente y estar dispuestos a entrar en su juego. En cambio, el término *movimiento* implicaría una ruptura revolucionaria con el sistema. Pero también, el adoptar el término *movimiento* puede tener que ver con el rechazo del modelo de los tradicionales partidos burocráticos y antidemocráticos comunistas.

*****

Como hemos tratado de explicar, la creencia en una supuesta *partidocracia* parte de dos serios errores: por una parte, desde el punto de vista empírico, desconoce la forma en que efectivamente se han tomado la mayoría y las más importantes decisiones públicas en el sistema político venezolano; por otra parte, desde un punto de vista teórico, no tiene en cuenta las funciones que deben cumplir los partidos políticos modernos de masas, funciones relacionadas con su responsabilidad política; y tampoco comprende que para poder cumplir con esta responsabilidad, sistema de partidos venezolano necesita cumplir de un conjunto de condiciones, no fáciles de satisfacer, de las que ha carecido.

En efecto, se les ha atribuido a los partidos políticos la responsabilidad de ser los autores de la mayoría y de las más importantes decisiones del Estado venezolano, bajo la idea simplista y errónea de que el nuestro era un *Estado de partidos*, cuando en realidad una parte muy importante de las decisiones estatales –a partir de 1974 la mayoría de las que se refieren al gasto público– se originaban en sistema de la administración pública descentralizada que estaba bajo el absoluto control del Presidente del Presidente de la República, que habiendo sido liberado de la disciplina partidista, podía tomar tales decisiones no sólo sin contar con la opinión de su partido, sino frecuentemente contra dicha opinión, como fue el caso, particularmente, de la segunda presidencia de Carlos Andrés Pérez.

Por otra parte, los partidos permitieron que se mantuvieran suspendidas continuamente las garantías constitucionales relativas a las libertades económicas, convirtiendo los que se suponía debían ser poderes excepcionales y temporales del Presidente, en facultades normales y permanentes. A esto hay que añadir las delegaciones legislativas otorgadas por los partidos en el Congreso, que por la amplitud de materias y escasos límites de la autorización constituían cartas en blanco.

Se trata de una conjunción de factores cuya consecuencia fue un notable debilitamiento de los controles institucionales, tanto políticos como jurídicos, de nuestro sistema político y de gobierno y que trajo consigo un gran desarrollo de personalismo presidencial. La conjunción de todos estos factores constituye una verdadera *dejación*, por parte de los partidos políticos mayoritarios, de sus responsabilidades políticas y constitucionales, pues, por una parte, renunciaron a ejercerlas sobre sus Presidentes y, por otra, no dudaron en entregarles poderes extraordinarios, renunciando a los que les eran propios, más allá de lo que aconsejaba una elemental prudencia política, e incluso yendo contra el espíritu de la Constitución.

De manera que la responsabilidad de nuestros partidos políticos, en atención a los factores que hemos considerado, es por *omisión* más que por *acción*.

Pero, por otra parte, como hemos visto con algún detalle, para que los partidos políticos pudieran cumplir con su responsabilidad política, se necesitaba que se dieran ciertas condiciones que faltaron en el sistema de partidos venezolano. Recordémoslas: se requeriría que los partidos fueran *responsables*, en los diferentes sentidos de este término; pero nuestros partidos han sido cada vez más pragmáticos, olvidando su ideología y enzarzándose en una competencia demagógica por el puro poder, que incluía la proliferación del faccionalismo interno. Los partidos requerirían de democracia interna, en sus distintas dimensiones, porque éste es uno de los mecanismos indispensables para presionar por los cambios que son necesarios ante una eventual insatisfacción de sus militantes y simpatizantes; pero en los partidos venezolanos se perpetuaban las oligarquías, se elaboraban las listas de los candidatos a las distintas elecciones sin consultar a la base del partido y faltaban las discusiones internas en torno a la ideología y sobre los programas. Los partidos políticos necesitaban mantener la disciplina interna, como medio para obligar a sus militantes que resultaran electos a cumplir con los programas y las ofertas electorales avaladas por el partido; pero la liberación de la disciplina partidista del Presidente se convirtió en el principal obstáculo para conseguirlo, pues se desarrollo una concepción que se aproxima a la de *democracia delegativa* (O'Donell). Se requería que existiera una libre concurrencia electoral de partidos, pero se desarrollo de hecho un duopolio, por las "barreras de entrada" que representaban los grandes gastos de las campañas electorales y el uso ilegal de los recursos del Estado, provenientes de la corrupción; a lo cual se unía que las posibilidades de financiamiento privado, sin ningún límite ni control, limitaban y condicionaban grandemente las posibilidades de una real competencia electoral.

Lamentablemente, en vez de analizar seriamente las causas de la falta de responsabilidad política de nuestro sistema de partidos, para tratar de corregirlas, la mayoría de nuestra opinión pública, aconsejada por buena parte de nuestros "notables", ignorando cuáles son las funciones políticas de los partidos en la democracia representativa, se inclinó por la solución más tosca y simplista. Se trataba de eliminar las funciones de los partidos como intermediarios entre el elector y el representante, para establecer, en cambio, una relación directa entre ambos. Con ello se pretendía que la responsabilidad política personal del representante individual sustituyera a la responsabilidad institucional y colectiva del partido. Lo cual, aplicado al caso del Presidente de la República, en vez de solucionar los problemas de nuestra democracia representativa, tendía a agravarlos fortaleciendo el ya muy desarrollado personalismo presidencial. En este sentido el triunfo de Chávez en las elecciones presidenciales de 1998, aunque puede parecer –y lo es desde cierta perspectiva– una reacción contra la situación anterior, visto desde otro punto de vista no es sino la continuación y la agravación del personalismo presidencial ya muy marcado durante la segunda Presidencia de Carlos Andrés Pérez y que persiste durante la de Rafael Caldera.

Quiero subrayar que cuando defiendo la superioridad de la *responsabilidad política institucional y colectiva,* propia de los partidos de masas, frente a la *responsabilidad personal e individual* de la democracia representativa clásica, propia de los partidos de notables, no pretendo que esta última forma de responsabilidad desaparezca en la democracia de masas. La aparición de los partidos de masas no significa que se vaya a eliminar la responsabilidad individual de los gobernantes, ni en cuanto a su *responsabilidad penal,* ni tampoco en tanto a su *responsabilidad moral* (esta última, en la medida en que pueda subsistir como creencia realmente sentida por algunas personas). Tampoco pretende eliminar la *responsabilidad política* individual y personal del gobernante, que puede mantenerse en la medida en que la reelección esté permitida (y que por tanto pueda funcionar el "voto castigo" como sanción personal e individual), y siempre que el gobernante sea un político profesional que esté interesado en conservar el cargo para el que ha sido electo, con lo cual el que no se vote por él, lo sentirá como que se le aplica una sanción. La responsabilidad política institucional y colectiva, propia de los partidos de masas, debe funcionar *además* de la responsabilidad individual penal y moral de los gobernantes. Pero hay que tener en cuenta que, por una parte, la responsabilidad colectiva del partido es una forma de responsabilidad política imprescindible en aquellos casos en que la responsabilidad política individual, por las razones ya señaladas (prohibición de la reelección o falta de interés en ella del que fue una vez electo) no puede funcionar. En todo caso, aun cuando sea posible hacer efectiva la responsabilidad política personal e individual, la responsabilidad colectiva del partido es un instrumento que resulta indispensable pues es muy superior a la primera, teniendo en cuenta su continuidad y fiabilidad.

Sé que al defender las funciones que deberían cumplir los partidos de masas, puede parecer que voy contra de la corriente general de la mayoría de los países, que es fuertemente antipartidista, y en especial contraria a los llamados partidos de "integración social", que pretender absorber gran parte de la personalidad y actividades de sus militantes, y que corresponden, en gran parte, a lo que yo he llamado partidos de movilización de masas. Soy consciente de que, en muchos aspectos, la estructura y la organización tradicional de los partidos de masas no pueden ser mantenidas, dados los recientes cambios de las sociedades modernas y sobre todo, la tremenda revolución en las tecnologías de comunicación e información, cuyas repercusiones sobre la forma de organización partidista apenas se apuntan. Creo que el gran reto que se nos plantea en el presente es el de cómo utilizar las fantásticas nuevas herramientas que la tecnología de la información y de las comunicaciones nos proporcionan, no para eliminar a los partidos, sino para modificar su estructura y organización, de tal forma que se conserven las funciones necesarias para preservar la responsabilidad política que es imprescindible en una democracia representativa.

APÉNDICE

ÍNDICES DE INCOHERENCIA DE LOS VOTOS "GRANDES" Y "PEQUEÑOS" RECIBIDOS POR LOS DISTINTOS PARTIDOS EN LAS ELECCIONES NACIONALES (1958–1988)

1958

Partido	Votos "grandes"		Votos "pequeños"		Índices de incoherencia	
	Absolutos	%	Absolutos	%	I	II
	(a)	(b)	(c)	(d)	$(a-c)/c$	$(b-d)$
AD	1284092	49.18	1275973	49.45	0.01	−0.27
URD	800716	30.67	690357	26.76	0.16	3.91
COPEI	396293	15.18	392305	15.20	0.01	−0.02
PCV	84451	3.23	160791	6.23	−0.47	−3.00
MENI	18312	0.70	14908	0.58	0.23	0.12
IR	15564	0.60	19424	0.75	−0.20	−0.15
PST	11405	0.44	15476	0.60	−0.26	−0.16
Otros[a]	0	0.00	10983	0.43	−1.00	−0.43
Total	2610833	100.00	2580217	100.00	0.01	0.00

a   Partidos que concurrieron a las elecciones solamente con la *tarjeta pequeña*

1963

Partido	Votos "grandes"		Votos "pequeños"		Indices de incoherencia	
	Absolutos	%	Absolutos	%	I	II
	(a)	(b)	(c)	(d)	(a − c) / c	(b − d)
AD	957574	32.81	936124	32.71	0.02	0.10
COPEI	589177	20.19	595697	20.82	−0.01	−0.63
URD	510975	17.51	497454	17.38	0.03	0.13
IPFN	469363	16.08	381600	13.33	0.23	2.75
FDP	275325	9.42	274096	9.58	0.00	−0.16
AD–OP.	66880	2.29	98494	3.44	−0.32	−1.15
PSV	24128	0.83	24670	0.86	−0.02	−0.03
MENI	16163	0.55	18510	0.65	−0.13	−0.10
MAN	9292	0.32	15746	0.55	−0.41	−0.23
Otros[a]	0	0.00	13785	0.68	−1.00	−0.68
Total	2918877	100.00	2856176	100.00	0.02	0.00

a   Partidos que concurrieron a las elecciones solamente con la *tarjeta pequeña*.

1968

Partido	Votos "grandes"		Votos "pequeños"		Indices de incoherencia	
	Absolutos	%	Absolutos	%	I	II
	(a)	(b)	(c)	(d)	(a − c) / c	(b − d)
COPEI	1067211	28.68	887174	24.16	0.20	4.52
AD	1021725	27.46	938853	25.57	0.09	1.89
MEP	645532	17.35	475052	12.94	0.36	4.39
URD	439642	11.82	340195	9.26	0.29	2.55
FDP	240337	6.46	194931	5.31	0.23	1.15
FND	132030	3.55	96027	2.62	0.37	0.98
PRIN	68417	1.84	88509	2.41	−0.23	−0.57
PSV	27336	0.73	29920	0.81	−0.09	−0.08
MDI	16501	0.44	18337	0.50	−0.10	−0.06
API	15370	0.41	18332	0.50	−0.16	−0.09
MENI	14749	0.40	13847	0.38	0.07	0.02
MAN	12587	0.34	24407	0.66	−0.48	−0.32
PRIVO	6672	0.18	6178	0.17	0.08	0.01
AIR	5731	0.15	9154	0.25	−0.37	−0.10
OPINA	5512	0.15	7339	0.20	−0.25	−0.05
OPIR	1308	0.04	2271	0.06	−0.42	−0.02
Otros[a]	0	0.00	521424	14.20	−1.00	−14.21
Total	3720660	100.00	3671950	100.00	0.01	0.00

a   Partidos que concurrieron a las elecciones solamente con la *tarjeta pequeña* y/o votos válidos con más de un sello

1973

Partido	Votos "grandes"		Votos "pequeños"		Indices de incoherencia	
	Absolutos	%	Absolutos	%	I	II
	(a)	(b)	(c)	(d)	(a − c) / c	(b − d)
AD	2128161	48.64	1955439	44.44	0.09	4.20
COPEI	1544223	35.29	1330514	30.24	0.16	5.05
MEP	191004	4.37	218192	4.96	−0.12	−0.59
MAS	161780	3.70	232756	5.29	−0.30	−1.59
URD	134478	3.07	140462	3.19	−0.04	−0.12
FDP	35165	0.80	54759	1.24	−0.36	−0.44
OPINA	33977	0.78	32751	0.74	0.04	0.04
PCV	30235	0.69	52754	1.20	−0.43	−0.51
PNI	24833	0.57	30618	0.70	−0.19	−0.13
MIR	23943	0.55	44012	1.00	−0.46	−0.45
IP	20350	0.46	27528	0.63	−0.26	−0.17
PSV	11965	0.27	12238	0.28	−0.02	−0.01
MAN	9331	0.21	12588	0.29	−0.26	−0.08
FND	6176	0.14	11313	0.26	−0.45	−0.05
MDI	3754	0.09	6220	0.14	−0.40	−0.05
MPJ	3394	0.08	8324	0.19	−0.59	−0.11
PRN	2168	0.05	3658	0.08	−0.41	−0.03
FE	1736	0.04	2309	0.05	−0.25	−0.01
Otros[a]	8596	0.20	223330	5.08	−0.96	−4.88
Total	4375269	100.00	4399765	100.00	−0.01	0.00

a Partidos que concurrieron a las elecciones sólo con la *tarjeta grande* o sólo con la *tarjeta pequeña* y/o votos válidos con más de un sello

1978

Partido	Votos "grandes"		Votos "pequeños"		Indices de incoherencia	
	Absolutos	%	Absolutos	%	I	II
	(a)	(b)	(c)	(d)	(a − c) / c	(b − d)
COPEI	2414699	45.28	2103004	39.80	0.15	5.48
AD	2309577	43.31	2096512	39.68	0.10	3.63
MAS	250605	4.70	325328	6.16	−0.23	−1.46
C.COMUN	71206	1.34	85432	1.62	−0.17	−0.28
MEP	59747	1.12	117455	2.22	−0.49	−1.10
URD	56920	1.07	88807	1.68	−0.36	−0.61
MIR	52287	0.98	123915	2.35	−0.58	−1.36
PCV	29305	0.55	55168	1.04	−0.47	−0.49
VUC	25478	0.48	46847	0.89	−0.46	−0.41
MDT	18854	0.35	22966	0.43	−0.18	−0.08
MORENA	13918	0.26	26235	0.50	−0.47	−0.24
FDP	8623	0.16	13697	0.26	−0.37	−0.10
FUN	8336	0.16	12986	0.25	−0.36	−0.09
OPINA	7076	0.13	7961	0.15	−0.11	−0.02
CCN	6081	0.11	10906	0.21	−0.44	−0.09
Otros[a]	0	0	145760	2.76	−1.00	−2.76
Total	5332712	100	5282979	100.00	0.01	0.00

a Partidos que concurrieron a las elecciones solamente con la *tarjeta pequeña* y/o votos válidos con más de un sello.

1983

Partido	Votos "grandes"		Votos "pequeños"		Indices de incoherencia	
	Absolutos	%	Absolutos	%	I	II
	(a)	(b)	(c)	(d)	(a − c) / c	(b − d)
AD	3680549	55.32	3284166	49.90	0.12	5.41
COPEI	2166467	32.56	1887226	28.68	0.15	3.88
MAS	223194	3.35	377795	5.74	−0.41	−2.39
URD	86408	1.30	125458	1.91	−0.31	−0.61
ICC	80074	1.20	63822	0.97	0.25	0.23
MEP	73978	1.11	129263	1.96	−0.43	−0.85
PCV	67681	1.02	115162	1.75	−0.41	−0.73
NA	44340	0.67	68729	1.04	−0.35	−0.38
MIR	40424	0.61	103923	1.58	−0.61	−0.97
OPINA	32254	0.48	130022	1.98	−0.75	−1.49
LS	25157	0.38	59870	0.91	−0.58	−0.53
MIN	19528	0.29	53506	0.81	−0.64	−0.52
IRE	13062	0.20	29642	0.45	−0.56	−0.25
NGD	12174	0.18	10388	0.16	0.17	0.03
CIMA	11565	0.17	18762	0.29	−0.38	−0.11
FUN	11258	0.17	12262	0.19	−0.08	−0.02
MIO	10115	0.15	10020	0.15	0.01	0.00
RN	8820	0.13	15083	0.23	−0.42	−0.10
GAR	7833	0.12	15033	0.23	−0.48	−0.11
LCR	5917	0.09	35304	0.54	−0.83	−0.45
CONFE	3236	0.05	4348	0.07	−0.26	−0.02
VOI	2284	0.03	4135	0.06	−0.45	−0.03
SOC. IND.	2108	0.03	2467	0.04	−0.15	−0.01
FE	1650	0.02	2874	0.04	−0.43	−0.02
NOR	1610	0.02	2751	0.04	−0.41	−0.02
PNV	1363	0.02	2112	0.03	−0.35	−0.01
EI	1077	0.02	1629	0.02	−0.34	−0.01
Otros[a]	19191	0.29	15147	0.23	0.27	0.06
Total	6653317	100.00	6580899	100.00	0.01	0.00

a   Partidos que concurrieron a las elecciones sólo con la tarjeta grande o sólo con la tarjeta pequeña y/o votos válidos con más de un sello.

1988

Partido	Votos "grandes" Absolutos (a)	% (b)	Votos "pequeños" Absolutos (c)	% (d)	Indices de incoherencia I (a − c) / c	II (b − d)
AD	3859180	52.76	3115787	43.24	0.24	9.52
COPEI	2932277	40.08	2238163	31.06	0.31	9.02
MAS–MIR	198361	2.71	731179	10.15	−0.73	−7.44
ORA	63795	0.87	92756	1.29	−0.31	−0.42
URD	50640	0.69	103933	1.44	−0.51	−0.75
MEP	28874	0.39	116933	1.62	−0.75	−1.23
NGD	28329	0.39	238038	3.30	−0.88	−2.91
LCR	26870	0.37	118700	1.65	−0.77	−1.28
PCV	24652	0.34	69069	0.96	−0.64	−0.62
MIN	15680	0.21	34056	0.47	−0.54	−0.26
IRE	10998	0.15	19669	0.27	−0.44	−0.12
OPINA	10759	0.15	42078	0.58	−0.74	−0.43
LNR(Olav)	10209	0.14	25058	0.35	−0.59	−0.21
LS	10073	0.14	33229	0.46	−0.70	−0.32
PN	7778	0.11	14961	0.21	−0.48	−0.10
FUN	5802	0.08	11204	0.16	−0.48	−0.08
RENOV.	3599	0.05	7913	0.11	−0.55	−0.06
ICC	2980	0.04	3533	0.05	−0.16	−0.01
NOS. PSN	2642	0.04	4726	0.07	−0.44	−0.03
CCN	2553	0.03	4506	0.06	−0.43	−0.03
NA	2484	0.03	11759	0.16	−0.79	−0.13
PLV	2235	0.03	2846	0.04	−0.21	−0.01
FEVO	1507	0.02	2597	0.04	−0.42	−0.02
MNV	1452	0.02	5113	0.07	−0.72	−0.05
FNP	1232	0.02	1961	0.03	−0.37	−0.01
MOMO	1033	0.01	2820	0.04	−0.63	−0.03
NOR	845	0.01	2275	0.03	−0.63	−0.02
FE	796	0.01	1735	0.02	−0.54	−0.01
MPDIN	598	0.01	4396	0.06	−0.86	−0.05
ONI	408	0.01	1080	0.01	−0.62	0.00
PUEBLO	377	0.01	1968	0.03	−0.81	−0.02
MIAP	316	0.00	4229	0.06	−0.93	−0.06
AMI	248	0.00	966	0.01	−0.74	−0.01
Otros[a]	5604	0.08	136819	1.90	−0.96	−1.82
Total	7315186	100.00	7206055	100.00	0.02	0.00

a   Partidos que concurrieron a las elecciones sólo con *tarjeta grande* o sólo con *tarjeta pequeña* y/o votos válidos con más de un sello.

FUENTE: Elaboración y cálculos propios a partir de los datos del Consejo Supremo Electoral (1987, 1993a, 1993b, 1998)

REFERENCIAS BIBLIOGRÁFICAS

Acedo de Sucre, M. de L., Nones Mendoza, C.M., 1967. *La generación venezolana de 1928. (Estudio de una élite política)*. Caracas: Ediciones Ariel.

Alexander, R. J., 1964. "The Emergence of Modern Political Parties in Latin America", en Joseph Maier & Richard W. Weatherhead (eds.), *Politics of Change in Latin America*. New York: Frederick A. Praeger, pp. 101–12

_____1971. El Partido Comunista de Venezuela, México: Ed. Diana.

Álvarez, F., Caballero, M., Martín, A., Boersner, D., Rangel, D. A., Acosta Saignes, M., 1974. *La Izquierda Venezolana y las Elecciones del 73*. Caracas: Síntesis Dosmil.

Álvarez, A. E. (s.f.) "Las Estrategias de Propaganda de las Cuatro Primeras Fuerzas Electorales en las Campañas de 1958, 1963 y 1968. Un Estudio de las Interacciones Políticas de los Partidos a la Luz de los Contenidos de sus Avisos de Prensa". (Trabajo de Ascenso a la Categoría de Profesor Asistente). Universidad Central de Venezuela. Facultad de Ciencias Jurídicas y Políticas. Instituto de Estudios Políticos. [Multigrafiado].

Álvarez, A. E. (coord.), 1996. "La crisis de hegemonía de los partidos políticos venezolanos", en *El Sistema Político Venezolano: Crisis y Trasformación*. Caracas: Universidad Central de Venezuela, pp. 131-154.

Arcaya, P. M., 1941. *Estudios de Sociología Venezolana*. Caracas: Editorial Cecilio Acosta.

Aron, R., 1968. *Democracia y Totalitarismo*. Barcelona: Seix Barral.

Arrow. K. J., 1976. *Social Choice and Individual Values*. New Haven: Yale University Press.

Attali, J., 1981. *Analyse Économique de la Vie Politique*. París: Presses Universitaires de France.

Baloyra, E., 1980. "Del Dicho al Hecho: Problemas de la Predicción Electoral en el Sistema Político Venezolano". *Politeia*. 9: 217–262.

Baloyra, E. A., 1985. "Public Opinion and the Support for Democratic Regimes, Venezuela 1973-1983". Paper prepared for delivery at the 1985 Annual Meeting of the American Political Science Association, The Orleans Hilton, August 29- September 1, 1985. (Multigrafiado)

Baptista, A., 1980. "Gasto público, ingreso petrolero y distribución del ingreso". *El Trimestre Económico*. México, abril.

_____1985. *"Gasto público, ingreso* petrolero y distribución del ingreso. Una nota adicional". *El Trimestre Económico*. México, junio.

Bentley, A. F., 1967. *The Process of Government*. Cambridge: Harvard University Press

Betancourt, R., [1932] 1990. *Con quién estamos y contra quién estamos*. 1932. *Antología Política*. Volumen Primero 1928-1935. Caracas: Fundación Rómulo Betancourt.

_____1956. *Venezuela, política y petróleo*. México, Fondo de Cultura Económica.

_____1962. *Tres años de Gobierno Democrático*. Caracas: Imprenta Nacional.

_____1995. "Discurso pronunciado por Rómulo Betancourt el 8 de marzo de 1936 en el Metropolitano". *Antología Política*. Volumen Segundo 1936-1941. Caracas: Editorial Fundación Rómulo Betancourt.

_____2006. *Selección de Escritos Políticos* (1929–1981). Compilación y estudio preliminar de Naudy Suárez Figueroa. Caracas: Fundación Rómulo Betancourt.

Bigler, G. E., 1981. *La política y el capitalismo de Estado en Venezuela*, Madrid, Ed. Tecnos.

Black, D., 1958. *The Theory of Committees and Elections*. Cambridge: Cambridge University Press.

Blanco Muñoz, A., 1998. *Venezuela del 04F-92 al 06D-98. Habla el comandante Hugo Chávez*. Caracas: Universidad Central de Venezuela.

Blank, D. E., 1973. *Politics in Venezuela*. Boston, Little, Brown and Co.

Bloom, D. J., 1980. "El Desarrollo de los Partidos Políticos en Venezuela: Crecimiento Electoral del Partido Socialcristiano (1963–1973) y Observaciones sobre la Elección Presidencial de 1978". *Politeia*. 9: 287–309.

Bonilla, F., 1972. *El Fracaso de las Élites*. Caracas-Cambridge (Mas.): CENDES-MIT.

Bonilla, F. y Silva Michelena, J. A. (eds.), 1967. *Exploraciones en Análisis y en Síntesis*. Caracas- Cambridge (Mas.): CENDES-MIT.

Brewer Carías, A.-R., 1973. "Obstáculos Políticos al Desarrollo en Venezuela". *Revista de la Escuela Superior Fuerzas Armadas de Cooperación*. 1: 103–128.

_____1974. *Cambio Político y Reforma del Estado en Venezuela*. Madrid: Tecnos, 1975.

_____1985. *El Estado incomprendido*, Caracas: Vadell Hermanos, 1985.

_____1988. *Problemas del Estado de partidos*, Caracas: Editorial Jurídica Venezolana-

_____1989. "Evolución institucional de Venezuela, 1974-1989", en *Venezuela contemporánea, 1974-1989*, Caracas, Fundación Eugenio Mendoza, pp. 323-561.

Buchanan, J. M. y Tullock, G., 1962. *The Calculus of Consent. Logical Foundations of Constitutional Democracy*. Ann Arbor: University of Michigan Press.

Bunimov Parra, B., 1968. *Introducción a la Sociología Electoral Venezolana*. Caracas: Editorial Arte.

Burgraff, W., 1972. *The Venezuelan Armed Forces in Politics. 1935-1959*. Columbia: University of Missouri Press

Caballero, M., 1978. *La Internacional Comunista y América Latina. La sección venezolana*, México, Pasado y Presente.

_____1998. "¿Revolución o pronunciamiento?, en M. Caballero, H. Njaim *et alii.*, *La Revolución de Octubre*. Caracas: Fundación Centro de Estudios Latinoamericanos Rómulo Gallego, pp. 9-39.

_____ 2004. *Rómulo Betancourt, político de nación*. Caracas: Alfadil / Fondo de Cultura Económica.

Caldera, R. 1970. *Habla el Presidente*. Tomo I. Caracas: Oficina Central de Información.

Caldera, R. *et alii*, 1979. *Sobre la Democracia. Ciclo de conferencias sobre la Democracia e Venezuela, realizadas en Junio y Julio de 1978, bajo los auspicios del Ateneo de Caracas y la Escuela de Estudios Políticos y Administrativos de la U.C.V.* Caracas: Ateneo de Caracas.

Carnevali de Toro, D., 1992. *Araguatos, Avanzados y Astronautas. Copei: conflicto ideológico y crisis política en los años sesenta.* Caracas: Editorial Panapo.

Catalá, J. A. (ed.), 1990. *49 Años de Acción Democrática Contra la Corrupción: De Rómulo Betancourt/1941 al Tribunal de Ética/1990: 13 Juicios para 10 Absoluciones,* Caracas: Centauro, ediciones.

Ceresole, N., 2000. *Caudillo, Ejército, Pueblo. La Venezuela del Comandante Chávez.* Madrid: Estudios Hispano-árabes

Chiossone T., 1969. *El Decenio Democrático Inconcluso. Eleazar López Contreras e Isaías Medina Angarita.* Caracas: Editorial Ex Libris.

Combellas, R., 1975. "La inserción de los grupos de intereses en el Estado venezolano". *Politeia,* 4, pp. 109-132

_____1985. *COPEI. Ideología y liderazgo,* Caracas, Ariel.

Congreso de la República de Venezuela. Comisión Bicameral para la Revisión de la Constitución, 1992. *Proyecto de Reforma General de la Constitución de 1961, con exposición de motivos.* Caracas.

Consalvi, S. A., 1991. *Auge y Caída de Rómulo Gallegos.* Caracas: Monte Ávila.

Consejo Supremo Electoral de la Republica de Venezuela [División de Estadística del], 1987. *Los Partidos Políticos y sus Estadísticas Electorales: 1946–1984.* 2 Tomos. Caracas: 1ª Edición.

_____[1993a], *Elecciones de 1993. Presidente de a República.* Folleto mimeografiado por el CSE, sin fecha ni empresa editorial.

_____[1993b], *Elecciones 1993. Comportamiento Electoral. Votos Partido Políticos (Congreso y Asamblea Legislativas).* Folleto mimeografiado por el CSE, sin fecha ni empresa editorial-

_____1998. *Resultados electorales. Venezuela, 1998,* [*CD-ROM*[.

Constant, B., 1963. *Liberalismo y Democracia.* Presentación de J. C. Rey. Cuaderno del Instituto de Estudios Políticos, Nº 5. Caracas: Universidad Central de Venezuela.

Coppedge, M., 1994. *Strong Parties and Lame Ducks, Presidential Partyarchy and Factionalism in Venezuela.* Standorf: Standorf University Press.

Crisp, B. F., 1997. *El Control Institucional de la Participación en la Democracia Venezolana.* Caracas: Editorial Jurídica Venezolana.

Dahl, R., (ed.,), 1966. *Political Opposition in Western Democracies.* New Haven: Yale University Press.

Deutsch, K. W., 1961. "Social Mobilization and Political Development". *The American Political Science Review.* N° 55, pp. 493-514

Di Tella, T. S., 1973. "Populismo y reformismo", en Gino Germani, Torcuato S. di Tella y Octavio Ianni, *Populismo y contradicciones de clase en Latinoamérica.* México: Era, pp. 38-82.

Díaz Sánchez, R., 1975. "Evolución social de Venezuela (hasta 1960)", en M. Picón-Salas, Augusto Mijares y Ramón Díaz Sánchez, *Venezuela Independiente, Evolución Política y Social 1810-1960.* Caracas: Fundación Eugenio Mendoza.

Díez-Picazo, L. M., 1996. *La Criminalidad de los Gobernantes.* Barcelona: Grijalbo-Mondadori.

Domínguez, J., 1998. "Free Politics and Free Markets in Latin America". *Journal of Democracy,* 9 (4), pp. 70-84

Downs, A., 1957. *An Economic Theory of Democracy,* New York, Harper & Row.

Duverger, M., 1951. *Les Partis Politiques.* Paris: Armand Colin. (Traducción castellana del Fondo de Cultura Económica de México: 1957).

_____1984. *"Which Is the Best Electoral System?".* En Lijphart y Grofman, (eds.): 1984, pp. 31-39.

_____1986. *"«Duverger's Law»: Thirty Years Later".* En: Lijphart y Grofman (eds.): 1986, pp. 69-84.

Ellner, S., 1989. *De la derrota guerrillera a la política innovadora. El Movimiento al Socialismo (MAS).* Caracas: Monte Ávila.

Emy, H., 1997. "The mandate and the responsible government". *Australian Journal of Political Science,* 32 (1), pp. 65 y ss.

España N., L. P., 1989. *Democracia y renta petrolera,* Caracas: Instituto de Investigaciones Económicas y Sociales, Universidad Católica Andrés Bello.

Febres, C. E., 1984. "El movimiento sindical: Actor social o gestor institucional", en Naim, M. y Piñango, R. (eds.), *El caso Venezuela: una ilusión de armonía.* Caracas, Ediciones I ESA, pp. 288-309.

Freilich de Segal, A., 1977. *La Venedemocracia.* Caracas: Monte Ávila Editores,

Friedman, J., 1965. *Venezuela: From Doctrine lo Dialogue,* Syracuse: Syracuse University Press.

Fuenmayor, J. B., 1968. 1928–1948: *Veinte años de política.* Caracas: Edición del autor.

Gallegos, R., 1983a. "Las Causas", *La Alborada,* N° II, Caracas, 19 de febrero de 1909. Reproducida en *La Doctrina Positivista.* Tomo II. *Pensamiento Venezolano del Siglo XIX.* Volumen 14. Caracas: Ediciones del Congreso de la República.

_____1983b "Alocución inaugural del Presidente Rómulo Gallegos (15 de febrero de 1948), en Suárez (1983: 207–216).

García Araujo, M., 1975. "El Gasto Público Consolidado en 1974". *Revista Resumen,* 26 de Octubre, Vol. IX, N° 103, pp. 8–15.

Gil, F. G., 1953. "Responsible Parties in Latin America". *Journal of Politics.* N° 15.

Gil Fortoul, J., 1890. *Filosofía Constitucional.* París: Hermanos Granier.

_____1954. *Historia Constitucional de Venezuela.* Tomo II. Vol. II. 4ª edición. Caracas: Ministerio de Educación.

_____1956. *El Hombre y la Historia. Obras Completas.* Vol. IV. Caracas: Ministerio de Educación´

Gil Yépez, J. A., 1978. *El reto de las élites,* Madrid: Tecnos.

Giordani C., J. A., 1986. *Planificación, ideología y Estado: El caso de Venezuela,* Valencia (Venezuela): Vadell Hermanos.

González, J. V., 1983. *Biografía de José Félix Ribas. La Doctrina Conservadora.* Tomo I. Pensamiento Político Venezolano del Siglo XIX. Caracas: Ediciones del Congreso de la República.

Grases, P., 1997. *La Conspiración de Gual y España y el Ideario de la Independencia.* 3ª edición. Caracas: Academia Nacional de la Historia.

Guzmán, A. L., 1983. *La Doctrina Liberal.* Tomo I. Pensamiento Político Venezolano del Siglo XIX.. Caracas: Ediciones del Congreso de la República.

Harnecker, M., 2003. *Hugo Chávez. Un hombre, un pueblo.* Bogotá: Ediciones desde abajo

Hartlyn, J., 1993. *La política del régimen de coalición. La experiencia del Frente Nacional en Colombia.* Bogotá: Tercer Mundo Editores.

Herman, D. L., 1980. *Christian Democracy in Venezuela.* Chapel Hill: University of North Carolina Press.

Hirschman, A. O., 1970. *Exit, Voice and Loyalty.* Cambridge: Cambridge University Press.

Instituto de Estudios Políticos 1960. *Documentos. Revista de Información Política.* UCV. Caracas. N ° 3.

Instituto de Estudios Políticos 1964a. *Documentos. Revista de Información Política.* UCV. Caracas. N ° 16.

Instituto de Estudios Políticos 1964b. *Documentos. Revista de Información Política.* UCV. Caracas. N° 22.

Instituto de Estudios Políticos 1964c. *Documentos. Revista de Información Política.* UCV. Caracas. N° 24.

Johnston, R. J., 1984. "Seats, Votes, Redistricting, and the Allocation of Power in Electoral Systems". Lijphart, A. & Grofman, B. (eds.), *Choosing an Electoral System. Issues and Alternatives.* New York: Praeger.

Kelly de Escobar J., 1984. "Las empresas del Estado: del lugar común al sentido común", en Naim M. y R. Piñango (eds.), *El caso Venezuela: una ilusión de armonía.* Caracas: Ediciones IESA, pp. 122-151.

Kirchheimer, O., 1966. "The Transformation of the Western Party Systems". Joseph LaPalombara & Myron Weiner (eds.), *Political Parties and Political Development.* Princeton: Princeton University Press, pp. 177-200.

Konopczynski, L., 1930. *Le Liberum Veto. Étude sur le Développement du Principe Majoritaire.* Paris: Librairie Ancienne Honoré Champion.

Kornblith, M., 1988. *Concepción de la política y conflicto antagónico en el trienio. Su estudio a través de los debates de la Asamblea Constituyente de 1946-47,* Caracas: Instituto de Estudios Políticos, Universidad Central de Venezuela. (Multigrafiado).

_____1991. "The Politics of Constitution-making. Constitutions and Democracy in Venezuela". *Journal of Latin American Studies.* N° 23, pp. 61-89.

Kornblith, M. y Maingón T., 1985. *Estado y gasto público en Venezuela, 1936-1980,* Caracas: Universidad Central de Venezuela, Ediciones de la Biblioteca.

Kornblith, M. y Quintana, L., 1981. "Gestión fiscal y centralización del poder político en los Gobiernos de Cipriano Castro y Juan Vicente Gómez". *Politeia.* N° 10, pp. 143-238.

Laakso, M. & Taagpera, R., 1979. "«Effective» Number of Parties: A Measure with Application to West Europe". *Comparative Political Studies.* N°12, pp. 3-27

Lander, T., 1983. *La Doctrina Liberal.* Pensamiento Político Venezolano del Siglo XIX. Caracas: Ediciones del Congreso de la República.

Lassalle, F., [1864] 1984. *¿Qué es una Constitución?.* Barcelona: Ariel.

Levine, D. H, 1973. *Conflict and Political Change in Venezuela,* Princeton: Princeton University Press.

_____ 1988 "Venezuela: The Nature, Sources, and Future Prospects of Democracy". Diamond, L., Linz, J. & Lipset, S. (eds.), *Democracy in Developing Countries.* Boulder: Lynne Rienner Publishers, pp. 247-289.

Lijphart, A., 1977. Democracy in Plural Societies. A Comparative Exploration. New Haven: Yale University Press.

_____ 1987. Las Democracias Contemporáneas. Un Estudio Comparativo. Barcelona: Ariel.

Lijphart, A. & Grofman, B. (eds.), 1984. *Choosing an Electoral System. Issues and Alternatives.* New York: Praeger.

Lijphart, A. & Grofman, B. (eds.), 1986. *Electoral Laws and Their Political Consequences.* New York: Agathon Press.

Lipset, S. M., 1950. *Agrarian Socialism: The Cooperative Commonwealth Federation in Saskatchewan: A Study in Political Sociology.* Berkeley: University of California Press.

_____ 1960. *Political Man.* Garden City, New York: Doubleday.

Lipset, S. M., Trow, M. & Coleman, J. S., 1956. *Union Democracy: The Internal Politics of the International Typographical Union.* New York: The Free Press.

Lusinchi, J., 1984-1986. *Papeles del Presidente.* Vols. I-II. Caracas: Ediciones de la Presidencia de la República.

Machado de Acedo, C., Plaza, E. y Pacheco, E., 1981. *Estado y grupos económicos en Venezuela (Su análisis a través de la tierra, construcción y banca).* Caracas: Editorial Ateneo de Caracas.

Magallanes, M. V., 1973. *Los partidos políticos en la evolución histórica de Venezuela.* Caracas: Editorial Mediterráneo.

Malavé Mata, H., 1987. *Los extravíos del poder. Euforia y crisis del populismo en Venezuela.* Caracas: Universidad Central de Venezuela.

Martz, J. D., 1966. *Acción democrática. Evolution of a Modern Political Party in Venezuela.* Princeton: Princeton University Press.

Martz, J. D. y Baloyra, E. A., 1976. *Electoral Mobilization and Public Opinion. The Venezuelan Campaign of 1973*. Chapel Hill: The University of North Carolina Press.

Martz, J. D. & Baloyra, E. A., 1979. *Political Attitudes in Venezuela*. Austin and London: University of Texas Press.

Meehl, P. A., 1977. "The Selfish Voter Paradox and the Thrown –Away Vote Argument". *The American Political Science Review*. 71: 11–30.

Medina Angarita, I., 1963. *Cuatro años de Democracia*. Caracas: Pensamiento Vivo.

Michels, R., [1911] 1969. *Los Partidos Políticos*. 2 vols. Buenos Aires: Amorrortu.

Mieres, F., 1982. "El intento de industrialización de un país petrolero". Caracas: Universidad Central de Venezuela. Maestría de Hidrocarburo. (Multigrafiado).

Mijares A., [1938] 1998. *La interpretación pesimista de la sociología venezolana. Obras Completas*. Tomo II. Caracas: Monte Ávila Editores.

Molina, J. E. y Pérez Baralt, C. 1994. "Venezuela: ¿Un nuevo sistema de partidos? Las elecciones de 1993". *Cuestiones Políticas*. N° 13, pp. 63-89

Mommer, B., 1986. "La renta petrolera, su distribución y las cuentas nacionales: el ejemplo de Venezuela". *Cuadernos del CENDES*. N° 5, pp. 189-211.

_____1988a. *La cuestión petrolera*. Caracas: Tropykos.

_____1988b. "La economía venezolana: de la siembra del petróleo a la enfermedad holandesa". *Cuadernos del CENDES*. N° 8, pp. 35-56.

_____1989. "Presentación". En Nissen, H.-P. y B. Mommer, (coordinadores) *¿Adiós a la Bonanza? Crisis de la distribución del ingreso en Venezuela*. Caracas: ILDIS/CENDES-Editorial Nueva Sociedad.

Monsalve Casado, Ezequiel, 1993. *Enjuiciamiento de Presidentes de la República y de los altos funcionarios públicos*. Caracas: Editorial Jurídica Venezolana.

Morley, S. A. & Carola Álvarez, 1992. "Poverty and Adjustment in Venezuela". Department of Development Studies of the Inter-American Development Bank. Preliminary version. May.

Muñoz Tébar, J., 1890. *Personalismo y Legalismo*. Nueva York (s/e).

Nissen, H.-P. y Mommer, B. (coords.), 1989. ¿Adiós a la bonanza? Crisis de la distribución del ingreso en Venezuela, Caracas: ILDIS/CENDES-Editorial Nueva Sociedad.

Njaim, H., 1973. "Marco conceptual". Politeia. N° 2, pp. 285-300.

_____1975. "La regulación constitucional de los grupos de presión: la crisis de los Consejos Económicos-Sociales ilustrada por el caso venezolano". *Politeia.* N° 4, pp. 87-108.

Njaim, H. (coord.), 1998. *Opinión pública y democracia en Venezuela.* Caracas: Universidad Central de Venezuela.

O'Donell, G., 1994. "Delegative Democracy". *Journal of Democracy,* 5 (1), pp. 55-69.

Offe, C., 1984. *Contradictions of the Welfare State.* Cambridge: MIT Press.

Olson, M., 1965. *The Logic of Collective Action.* Cambridge: Harvard University Press

Ostrogorski, M., [1903] 1993. *La Démocratie et les Partis Politiques.* Fayard.

Otero Silva, M., 1959. "Discurso de Orden". *Gaceta del Congreso,* mes 1, 23 de enero, N° 3. Caracas.

Penniman, H. R. (ed.), 1980. *Venezuela at the Polls. The National Elections of 1978,* Washington: Enterprise Institute for Public Policy Research.

Pirelli, C. y Rial, J., 1995. "Las instituciones democráticas y la acción de los partido políticos: percepción ciudadana en los países andinos". *Boletín Electoral Latinoamericano.* XIII, Enero-Junio.

Pitkin, H. F., 1967. *The Concept of Representation.* Berkeley: University of California Press.

Pocaterra, J. R., 1973. *Archivo de [...] La Oposición a Gómez II* (1929–1935). Caracas: Ediciones del Banco Industrial de Venezuela.

Powell, J. D., 1971. *Political Mobilization of the Venezuelan Peasant,* Cambridge, (Mass.), Harvard University Press.

Purroy, M. I., 1986. *Estado e industrialización en Venezuela.* Valencia (Venezuela): Vadell Hermanos.

Rae, D. W. 1971. *The Political Consequences of Electoral Laws.* New Haven: Yale University Press.

Ragowski, R., 1974. *Rational Legilimacy. A Theory of Political Supporl,* Princeton: Princeton University Press.

Rangel, D. A., 1974. *Los andinos en el poder.* 2ª ed. Caracas: Vadell Hermanos.

Ranney, A., 1962. *The Doctrine of Responsible Party Government. Its Origins and Present State.* Urbana: The University of Illinois Press

Rapoport, A., 1970. *Fights, Games, and Debate*s. Ann Arbor: University of Michigan Press.

Ray, T. F., 1969. *The politics of the Barrios of Venezuela.* Berkeley-Los Angeles: University of California Press.

Rescigno, G. U., 1967. *La Responsabilità Politica.* Milano: A. Giuffrè

Rey, J. C., 1972. "El sistema de Partidos Venezolano". *Politeia.* N° 1, pp. 175–230

_____1976. "Ideología y Cultura Política: el Caso del Populismo Latinoamericano". *Politeia.* N° 5, pp. 123–150

_____1979. "Foro Final". En: Caldera, R. *et alii, Sobre la Democracia.* Caracas: Editorial Ateneo de Caracas, pp. 317–331.

_____ 1986a. "Reformas del Sistema Electoral Venezolano", en Manuel Vicente Magallanes (coord.,). *Reformas Electorales y Partidos Políticos.* Caracas: Publicaciones del Consejo Supremo Electoral, pp. 119-158.

_____1986b. "Los veinticinco años de la Constitución y la reforma del Estado", en *Venezuela 86.* N° 2, pp. 26-34.

_____1987. "Reformas del Sistema Electoral". *Revista Venezolana de Ciencia Política.* Mérida, Venezuela. N° 1, pp. 13–50.

_____1988. "Castro, Gómez y la Integración Nacional", en Fundación Universidad Metropolitana. *Apreciación del Proceso Histórico Venezolano.* Caracas: Fondo Editorial Interfundaciones, pp. 60-64.

_____1989a. *El futuro de la democracia en Venezuela.* Caracas: Colección IDEA.

_____1989b. "Continuidad y Cambio en las Elecciones Venezolanas: 1958–1988". En: M. Caballero, J. C. Rey, J. Marta Sosa, A. Sosa Abascal, F. Álvarez y A. Stambouli, *Las Elecciones Presidenciales (¿La Ultima Oportunidad o la Primera?).* Caracas: Grijalbo, pp. 11–119

_____1991. "La democracia venezolana y la crisis del sistema populista de conciliación". *Revista de Estudios Políticos* (Madrid), N° 74, Octubre-Diciembre, pp. 533-578.

_____ 1992. "Apogeo y Decadencia de la Democracia Representativa", en J. C. Rey, J. Barragán, y R. Hausmann, *América Latina. Alternativas para la Democracia.* Caracas: Monte Ávila Editores, pp. 15-50.

_____1994. "Polarización electoral, economía del voto y voto castigo en Venezuela: 1958–1988". *Cuestiones Políticas*. Órgano divulgativo del Centro de Estudios Políticos y Administrativos de la Facultad de Ciencias Jurídicas y Políticas de la Universidad del Zulia. Maracaibo. N° 12, pp. 3–95

_____1998. "Corruption and political Illegitimacy in Venezuelan Democracy", en D. Canache & M. R. Kulisheck (ed.), *Reinventing Legitimacy. Democracy and Political Change in Venezuela*. Westport (CT): Greenwood Press. , pp. 113-135.

_____2003a. "Esplendores y miserias de los partidos políticos en la historia del pensamiento venezolano". (*Conferencia José Gil Fortoul 2003*). *Boletín de la Academia Nacional de la Historia*. N° 343-344. Julio-Diciembre de 2003, pp. 5-43.

_____2003b. "Poder, libertad y responsabilidad política en las democracias representativas". *Revista de Teología ITER*, N° 30-31, Enero-Agosto, pp. 37-87.

_____2008. *Personalismo o liderazgo democrático. El caso de Rómulo Betancourt*. Caracas: Fundación Rómulo Betancourt.

_____ 2009. *Crisis de la responsabilidad política en Venezuela. La remoción de Carlos Andrés Pérez de la Presidencia*. Caracas: Fundación Manuel García-Pelayo.

Rey, J. C. *et alii, 1981. El Financiamiento de los Partidos Políticos y la Democracia en Venezuela*. Caracas: Editorial Ateneo de Caracas-Editorial Jurídica Venezolana.

Riker, W. H., 1961. *The Theory of Political Coalitions*. New Haven: Yale University Press.

_____1982. "The Two–Party System and Duverger's Law: An Essay on the History of Political Science". *American Political Science Review*. 76: 753–766.

Riker, W. H. & Ordeshook, P. C., 1973. *An Introduction to Positive Political Theory*. Englewood Cliffs: Prentice-Hall.

Rivera Oviedo, J. E., 1969. *Historia e Ideología de los Demócratas Cristianos* Venezolanos. Caracas: [Impresos Hermar]

Rodríguez Iturbe, J., de Cuahonte, C. G., Tarre Briceño, G., Melchert F., A. 1974. *Polarización y Bipartidismo en las Elecciones de 1973*. Caracas: Colección Análisis Político.

Rojas, P. J., 1983. *La Doctrina Conservadora*. Tomo I. Pensamiento Político Venezolano del Siglo XIX. Volumen 7. Caracas: Ediciones del Congreso de La República.

Rosenblat, A., 1974. *Buenas y malas palabras en el castellano de Venezuela*. Tomo IV. Segunda Serie (Tomo II). 4ª edición. Madrid: Editorial Mediterráneo.

Rousseau, J. J. [1762] 1964. *Du Contract Social. Œuvres Complètes*. Vol. III. París: Galllimard.

Sabino, C. A., 1988. *Empleo y gasto público en Venezuela*, Caracas: Editorial Panapo.

Salamanca, L., 1982. "El papel de la CVT en el sistema político venezolano: la hipótesis corporativista". *Politeia*. N° 11, pp. 173-195.

_____ 1997. *Crisis de la modernización y crisis de la democracia en Venezuela. Caracas:* Universidad Central de Venezuela. Instituto Latinoamericano de Investigaciones Sociales (ILDIS).

Sartori, G. 1976. *Parties and Party Systems*. Cambridge: Cambridge University Press.

Schaposnik, E. C., 1985. *La democratización de las Fuerzas Armadas venezolanas*, Caracas: ILDIS-Fundación Nacional Gonzalo Barrios.

Silva Michelena, J. A., 1970. *Crisis de la Democracia*. Caracas-Cambridge: CENDES-MIT.

Sosa Abascal, A., 1995. *Betancourt y el Partido del Pueblo*. Caracas: Editorial Fundación Rómulo Betancourt.

Stambouli, A., 1980. *Crisis Política Venezuela 1945-58*. Caracas: Editorial Ateneo de Caracas.

Stokes, S. C., 2001. *Mandates and Democracy. Neoliberalism by Surprise in Latin America*. Cambridge: Cambridge University Press

Suárez Figueroa, N., 1983. *Programas Políticos Venezolanos de la Primera Mitad del Siglo XX*. Tomo II. Caracas: Colegio Universitario Francisco de Miranda.

_____2006. "Estudio preliminar". *«Puntofijo» y otros puntos. Los grandes acuerdos políticos de 1958*. Caracas: Fundación Rómulo Betancourt.

Tocqueville, A. de - Mill, J. S., 1985. *Correspondencia*. México: Fondo de Cultura Económica.

Toro, F. 1983. *La Doctrina Conservadora*. Pensamiento Político Venezolano del Siglo XIX. Volumen 1. Caracas: Ediciones del Congreso de La República.

Torres, A., 1980a. "Crisis o Consolidación de los Partidos en Venezuela". *Argos*. 1: 9–21.

_____1980b. "La 'Experiencia' Política en una Democracia Partidista Joven: El Caso de Venezuela". *Politeia*. 9: 263–286.

_____1982. "Familia, Fiesta Electoral y Voto: Un Análisis de las Lealtades Partidistas en Venezuela". *Revista de Estudios Políticos*. 1: 19–46.

_____1985. "Fe y Desencanto Democrático en Venezuela". *Nueva Sociedad*. N° 77. Mayo/Junio, pp. 52-64.

Truman, D. B., 1951. *The Governmental Process*. New York: Alfred A. Knopf.

Urbaneja, D. B., 2009. *La política venezolana desde 1958 hasta nuestros días*. Temas de Formación Sociopolítica, N° 7. Caracas: Centro Gumilla-Publicaciones UCAB

Vallenilla Lanz, L., 1983. "Las Constituciones de papel y las Constituciones orgánicas", *Cesarismo Democrático*. Apéndice IV, en *Obras Completas*. Tomo I. Caracas: Fondo Editorial Lola Fuenmayor. Centro de Investigaciones Históricas. Universidad Santa María.

Ware, A., 1979. *The Logic of Party Democracy*. London: Macmillan Press.

Weber, Marianne, 1995. *Biografía de Max Weber*. Trad. del inglés de M.A. Neira Bigorra. México: Fondo de Cultura Económica.

Wiatr, J.J., 1970. "The Hegemonic Party System in Poland", en Erik Allardt y Stein Rokkan (eds.), *Mass Politics. Studies in Political Sociology*. New York: The Free Press, pp. 312-321.

Wittman, D. A., 1973. "Parties as Utilitiy Maximizers". *American Political Science Review*. N° 63, pp. 490-498

Wolf, E., 1945. *Tratado de Derecho Constitucional Venezolano*. Tomo I. Caracas: Tipografía América.

www.ingramcontent.com/pod-product-compliance
Lightning Source LLC
Chambersburg PA
CBHW020339270326
41926CB00007B/242